"Amerika ist immer woanders"

Die Rezeption des *American Dream* in Italien

von

Gamal Morsi

Tectum Verlag
Marburg 2001

Die Deutsche Bibliothek - CIP-Einheitsaufnahme

Morsi, Gamal:
"Amerika ist immer woanders".
Die Rezeption des American Dream in Italien.
/ von Gamal Morsi
- Marburg : Tectum Verlag, 2001
Zugl: Mannheim, Univ. Diss.
ISBN 978-3-8288-8325-3

© Tectum Verlag

Tectum Verlag
Marburg 2001

Die vorliegende Dissertation wurde im Sommersemester 2000 von der Fakultät für Sprach- und Literaturwissenschaft der Universität Mannheim angenommen. Die letzte mündliche Prüfung fand am 8. Februar 2001 statt (Dekanin Frau Prof. Dr. J. Gvozdanović).

Mein Dank gilt Herrn Prof. Dr. Frank Baasner, dem Betreuer und Erstgutachter der vorliegenden Arbeit, sowie dem Zweitgutachter, Herrn PD Dr. W. Reinhart.

Ganz herzlich danken möchte ich besonders meiner Frau für ihre Geduld und Unterstützung.

Heidelberg, im März 2001   Gamal Morsi

»Man entdeckt keine neuen Weltteile,
ohne den Mut zu haben,
alte Küsten aus den Augen zu verlieren!«

Andrè Gide, 1869-1951

INHALTSVERZEICHNIS

1. **EINFÜHRUNG IN DIE THEMATIK** 3
   1.1. Grundsätzliche Überlegungen zur Amerikarezeption 3
   1.2. Auswahl der Autoren und Methodik 11
   1.3 Forschungsabriss 25

2. **DAS GEISTIGE KLIMA DER ZEIT** 37
   2.1. Der Futurismus 37
      2.1.1. Futurismus: der Anbruch einer „neuen Zeit" 38
      2.1.2. Grundzüge des Futurismus 41
      2.1.3. Der politische Charakter des Futurismus 46
      2.1.4. Die Vereinnahmung des Futurismus durch den Faschismus 51
   2.2. Der Faschismus 54
      2.2.1. Die Zwischenkriegszeit und die Entstehung des Faschismus .. 54
      2.2.2. Faschistische Ideologie und Führerkult 58
      2.2.3. Die Faschisierung der Gesellschaft 66
   2.3. Die Opposition zum Faschismus 76
      2.3.1. Möglichkeiten der Opposition 79
      2.3.2. Die Bewegung *Giustizia e Libertà* und der Spanische
             Bürgerkrieg 81
      2.3.3. Der „Fall" Benedetto Croce und die Innere Emigration 88
   2.4. Die italienisch-amerikanischen Beziehungen 94
      2.4.1 Die Rezeption des italienischen Faschismus in Amerika 96
      2.4.2. Berührungs- und Verlustängste: die Migrationspolitik
             beider Staaten 99
      2.4.3. Der italienische Antiamerikanismus 104

3. **DAS MODELL „AMERIKA"** 112
   3.1. Die Möglichkeiten der Amerikarezeption unter dem
        Faschismus 113
   3.2. Amerika in der Vorstellung der Europäer 126
   3.3. Die inneramerikanische Kritik am *American Dream* als
        Voraussetzung für eine positive Amerikarezeption in Italien 131

4. **DER *AMERICAN DREAM*** 145
    4.1. Der *American Dream* und seine Bestandteile 145
    4.2. Die *Manifest Destiny* 157
        4.2.1. Die Ursprünge der *Manifest Destiny* und ihre Entwicklung .. 157
        4.2.2. Der erschütterte Glaube: die *Manifest Destiny* in der amerikanischen Literatur 163
        4.2.3. Die Wiederbelebung der *Manifest Destiny* in der italienischen Literatur 183
    4.3. Die *Frontier* 206
        4.3.1. Die Mehrschichtigkeit in der Bedeutung der *Frontier* 206
        4.3.2. Grenzgänger im eigenen Land: die *Frontier* in der amerikanischen Literatur 212
        4.3.3. Grenzgänger und Heimkehrer: die *Frontier* in der italienischen Literatur 226
    4.4. Das *Self Improvement* 234
        4.4.1. *Success* und *Progress*: der Beitrag des Individuums zur Gesellschaft 234
        4.4.2. Die Kritik am *Self Improvement* in der amerikanischen Literatur 239
        4.4.3. Die Voraussetzung für einen Neuanfang: das *Self Improvement* in der italienischen Literatur 251

5. **ZUSAMMENFASSUNG UND AUSBLICK** 259

6. **LITERATURVERZEICHNIS** 263

1. Einführung in die Thematik
1.1. Grundsätzliche Überlegungen zur Amerikarezeption

Dass die Amerikarezeption einen großen Teil der italienischen Literatur zur Zeit des Faschismus entscheidend mitgeprägt hat, ist unumstritten wie zahlreiche Studien ausführlich belegen.[1] Schon 1968 verfasst Schlumbohm einen Forschungsbericht zu diesem Thema, in dem er unter anderem feststellt:

> »Bei dem Versuch, die Ursprünge und die möglichen Vorbilder dieses neuen italienischen Realismus zu erkennen, mußte notwendig das Augenmerk auf die amerikanische Literatur gelenkt werden, denn das Vorbild Vergas und der Veristen, die in linguistischer und ästhetischer Hinsicht innerhalb der italienischen Tradition dem neuen Realismus am nächsten kamen, genügte nicht, um das Phänomen zu erklären.«[2]

Doch auch die Flut an Studien zu diesem Themenkomplex wirft oft mehr Fragen auf, als sie beantwortet. Die zahllosen Einzelstudien und De-

---

[1] Dabei findet auch immer wieder eine partielle Gleichsetzung von Amerikarezeption-Resistenza-Literatur und *Neorealismo* statt, die im Rahmen der vorliegenden Untersuchung allerdings nicht weiter untersucht wird. An dieser Stelle mag ein kurzer Hinweis darauf genügen, dass auch die Werke Paveses und Vittorinis Züge dieser in sich sehr diffusen literarischen Strömung aufweisen. Zudem bestätigt ein kurzer Blick in die Inhaltsverzeichnisse selbst neuerer italienischer Literaturgeschichten, dass es trotz der vielfältigen Forschungsbemühungen bisher nicht gelungen ist, zu einer zufrieden stellenden einheitlichen Beschreibung des literarischen Phänomens *Neorealismo* zu gelangen. Der *Neorealismo* selber ist als literarische Strömung kaum zu erfassen, sondern ist in erster Linie der Welt des italienischen Nachkriegsfilms und solchen Regisseuren wie etwa De Sica, Rosselini und Visconti zuzurechnen. Literarisch betrachtet handelt sich allerdings mehr ein Konglomerat einzelner Schriftsteller, die sich eher zufällig unter diesem Begriff zusammengefunden, selber aber keineswegs einen Anspruch auf einen einheitlichen Stil erhoben haben. Vgl. hierzu z.B. C. Bo, *Inchiesta sul neorealismo*, Torino, 1951. Ders., „Il neorealismo, trent'anni dopo", in: *Lettere italiane: Rivista Trimestrale*, Firenze, 1975, V 27 (4), S. 396-409. Außerdem E. Chicco Vitizzizai (a.c.d.), *Il neorealismo. Antifascismo e popolo nella letteratura dagli anni trenta agli anni Cinquanta*, Torino, 1977, und B. Falcetto, *Storia della narrativa neorealista*, Milano, 1992. Außerdem auch R. Luperini, „I poeti italiani del novecento: problemi di metodo e di meriti", in: *Belfagor*, Firenze, 1979, Vol. 34, S. 189-205. Aufgrund der Vielzahl eingenommener Positionen ist nur konsequent, dass sich auch in den Geschichten der italienischen Literatur keine einheitliche Darstellung zum *Neorealismo* finden lässt. Übereinstimmung herrscht lediglich hinsichtlich des Ausklanges dieser Bewegung mit dem Erscheinen von Vasco Pratolinis Roman *Metello* (1953, dtsch. 1957).

[2] D. Schlumbohm, „Der Einfluß der amerikanischen Literatur auf die moderne italienische Prosa (insbesondere auf die Werke Paveses und Vittorinis). Ein Forschungsbericht", in: *Romanistisches Jahrbuch*, Hamburg, 1968, Bd. 19, S. 133.

tailanalysen können allein insofern nicht zufrieden stellen, als sie sich mit der Erforschung von partikulären Aspekten in der literarischen Produktion der beiden Autoren befassen und somit von vornherein gar nicht dazu geeignet sind, eine solch komplexe Fragestellung wie jene nach dem Einfluss der amerikanischen Literatur auf die Werke von Pavese und Vittorini umfassend zu beantworten.

Darüber hinaus sind aber auch ihre Resultate längst nicht immer überzeugend, wie der folgende Ausschnitt aus O'Healy zu illustrieren vermag.

»For some weeks after graduation he [Pavese] considered the possibility of going to America, and he initiated a correspondence with Columbia University to inquire about the prospect of studying and teaching there. He eventually lost interest in the project, however, suspecting perhaps that the America that so fascinated him was to be found in the pages of literature rather than in the concrete reality of a geographical location.«[3]

Dieser kurze Abschnitt gibt hinreichend Aufschluss über O'Healys spekulatives Vorgehen, das sich durch ihre gesamten Ausführungen zieht: Pavese ist nicht aufgrund mangelnden Interesses oder aus Angst, die Realität könne seinen Traum zerstören, nicht nach Amerika gegangen, sondern weil das ihm ursprünglich zugesagte Stipendium zwischenzeitlich anderweitig vergeben worden war. Abgesehen von solchen „freieren Interpretationen" stoßen wir aber auch immer wieder auf schlichtweg falsche Darstellungen, wie z.B. jene von R. Assunto in seiner *Theorie der Literatur bei Schriftstellern des 20. Jahrhunderts*, in welcher er Pavese eine „aktive Teilnahme am Kampf gegen den Faschismus" bescheinigt und diesen Kampf „auf mannigfache Weise mit dessen theoretischen Begründungen verknüpft [sieht]".[4] Tatsächlich hat Pavese sie aber nie aktiv am Kampf gegen den Faschismus beteiligt, sondern das aufgrund dieser Passivität verspürte moralische Dilemma in seinem Roman *La casa in collina* (1948) in der Person des Protagonisten Corrado zu verarbeiten versucht.[5]

---

[3] A. O'Healy, *Cesare Pavese*, Boston, Massachusetts, 1988, S. 9.

[4] R. Assunto, *Theorie der Literatur bei Schriftstellern des 20. Jahrhunderts*, übers. von C. Baumgarth, Reinbek b. Hamburg, 1975, S. 95.

[5] Vgl. außerdem C. Pavese, Eintragung vom 16.10.1935, *Il mestiere di vivere*, Torino, 1990, S. 13: »Non posso che sperare di incontrarmi in altri valori storici che non siano le

Neben solcherlei „Ungereimtheiten" finden wir außerdem noch eine Unzahl von Arbeiten, die mit ermüdender Eintönigkeit immer wieder die Argumente ihrer Vorgängerstudien wiederholen, ohne jedoch die noch offenstehende Beweisführung nachzuliefern und so Lücken der Forschung zu schließen. Exemplarisch hierfür sei auf die 1993 erschienene Studie zu Gabriele D'Annunzio hingewiesen, in welcher zwar die Amerikabegeisterung jener Zeit als selbstverständlich vorausgesetzt wird, die von R. Puletti zusammengewürfelten Daten aber nur den unkundigen Leser in die Irre führen können.

>>Pavese aveva scoperto nella letteratura nordamericana qualcosa di vivo e di umano [...]. L'interesse per la letteratura americana era vivo nel 1930. Erano gli anni in cui Emilio Cecchi scriveva *America amara*, Soldati *America: primo amore*, Vittorini preparava, da Bompiani, l'antologia *Americana* [...]. La letteratura americana con il suo profondo interesse per l'uomo, con la sua costante ricerca di un linguaggio che potesse adeguarsi alla realtà del mondo, con il volto di letteratura nazionale e popolare insieme, stava davanti a Pavese come un modello, come una sorta di terra vergine e selvaggia, a cui rivolgersi per guarire della decadenza.<< [6]

Was Puletti im Einzelnen dazu geführt hat, solche Ereignisse wie die Publikationen von *America primo amore* (Soldati: 1935), *America amara* (Cecchi: 1938) und *Americana* (Vittorini: 1942)[7] in das direkte Umfeld von 1930 zu datieren, dem Jahr also, in dem Sinclair Lewis seinen Literaturnobelpreis bekam und Pavese sich mit ersten *saggi* über amerikanische Schriftsteller zu profilieren versuchte, ist mehr als unklar. Denn folgt man Pulettis Argumentation, so scheint es, als ob die massive Auseinandersetzung mit der amerikanischen Literatur in diesem beschränkten Zeitraum stattgefunden hätte, während sie sich doch tatsächlich über fast zwei Jahrzehnte kontinuierlich entwickelt hat. Darüber hinaus spricht Puletti von der Hochzeit des italienischen Faschismus, der mit seiner rigiden Kulturpolitik

---

rivoluzioni violente e, di questi, secondo le mie facoltà, fare immagini. Che è anche ragionevole. [...] Che è molto ragionevole. Se non è però pigrizia o vigliaccheria.<<

[6] R. Puletti, „L'esordio narrativo di D'Annunzio e quello lirico-saggistico di Pavese", in: F. Perfetti (a.c.d.), *D'Annunzio e il suo tempo. Un bilancio critico*, Genova, 1993, S. 78f.

[7] Die ursprünglich für 1941 vorgesehene Ausgabe war von der faschistischen Zensur verboten worden.

zunächst sicherlich nicht als besonders amerikafreundlich zu betrachten ist.[8] Für solche Studien gilt eben jene Erkenntnis, die Möller Osmani schon für die deutsche Hemingway-Kritik konstatieren konnte, als sie in ihrem Forschungsabriss die unbewiesene Aufstellung von Behauptungen und die sich daraus ableitenden Fehlinterpretationen offengelegt hatte,[9] welche dann wiederum in die Sekundärliteratur einfließen.

Aber auch ohne diese Mängel scheint es schwierig, der Sekundärliteratur in ihrem Diktum zu folgen, es habe „einen" amerikanischen Einfluss auf die beiden italienischen Autoren gegeben. Denn trotz der Vielzahl der zur Fragestellung erschienenen Untersuchungen gibt es keine vergleichende Studie, welche Pavese und Vittorini als Hauptvertreter der Amerikarezeption auf eventuelle Gemeinsamkeiten bzw. Unterschiede in ihrer jeweiligen Rezeption untersucht hat. Darüber hinaus geht aus den Forschungsergebnissen weder klar hervor, wie denn nun der amerikanische Einfluss konkret ausgesehen habe, noch wird die Frage beantwortet, ob und wie er sich gegebenenfalls in den Werken der Autoren widerspiegelt.

Das reale Amerika der 30er und 40er Jahre konnte keinen direkten Einfluss auf die beiden Autoren ausüben, da weder Pavese noch Vittorini jemals in die USA gereist sind – ihr Amerika also nur aus dritter Hand kannten. Die Vermittlung amerikanischer Vorstellungen und Werte kann

---

[8] So versucht Puletti am Beispiel des 1907 in Italien veröffentlichten Werkes *Leaves of Grass* (Erstveröffentlichung 1855 mit zwölf Gedichten, Neubearbeitung mit beinahe 400 Gedichten 1891/1892) von W. Whitman den Eindruck zu erwecken, alle Literaten und Literaturkritiker hätten sich mit Begeisterung auf die Neuentdeckung des Menschen in der amerikanischen Literatur gestürzt. Gerade die Werke Cecchis und Soldatis weisen aber ein durchaus kritisches, streckenweise auch ideologisch gefärbtes Amerikabild auf. Ferner lässt die von Puletti stark betonte Whitman-Rezeption unberücksichtigt, dass jener zunächst von den Futuristen Marinetti und Boccioni gelesen wurde, welche mit ihrer Verherrlichung der Technik unter gleichzeitiger Herabsetzung des Menschen ja den Brückenschlag zum Faschismus darstellen.

[9] Vgl. hierzu K. Möller Osmani, *In einem andern Land. Ernest Hemingway und die „Junge Generation"*, Würzburg, 1996, S. 18f: »Entsprechend [den Angaben der Autoren] sind auch in der Sekundärliteratur zur Nachkriegsliteratur und zu den amerikanisch-deutschen Literaturbeziehungen kontinuierliche Verweise auf Hemingway zu finden. Betrachtet man die Aussagen der Kritiker jedoch genauer, wird deutlich, daß diese „Feststellung" der Bedeutung Hemingways für die deutsche Nachkriegsliteratur tatsächlich kaum je über den Charakter einer bloßen Behauptung hinausgelangt ist.«

also nur über Umwege stattgefunden haben, weshalb den von Pavese und Vittorini rezipierten amerikanischen Autoren ein besonderes Augenmerk gebührt.

Darüber hinaus gibt es zunächst keinen zwingenden Anlass, von einem einheitlichen Amerikabild der beiden Autoren auszugehen, zumal sie sich an so unterschiedlichen Schriftstellern wie etwa Anderson, Hemingway oder Steinbeck geschult haben. Es ließe sich an dieser Stelle ebenso vermuten, dass es sich bei den Amerikarezeptionen Paveses und Vittorinis um gänzlich voneinander unabhängige gehandelt hat, die von der bisherigen Forschung nur unter einem Oberbegriff zusammengefasst worden sind. Umgekehrt ist aber beim jetzigen Erkenntnisstand genauso wenig eine Unterschiedlichkeit in der Rezeption zwingend vorauszusetzen,[10] und so scheint die Forschungslandschaft an dieser Stelle doch noch nicht so hinreichend bestellt, wie es zunächst vielleicht auf den ersten Blick den Anschein hat.

Zudem wird immer wieder pauschal von einem „amerikanischen" Einfluss auf die beiden Autoren gesprochen, ohne jedoch gleichzeitig zu präzisieren, was diesem Einfluss zugrunde liegt und ob denn auch wirklich auf beide Autoren dieselbe Wirkung zu verzeichnen ist. Wir wissen zum Beispiel, dass Pavese einen wesentlichen Schwerpunkt auf die Erforschung von Mythen gelegt hatte, was sich natürlich auch in seinen eigenen Romanen nachweisen lässt.[11] Elio Vittorini hingegen gilt als ein strikter Befürworter der Moderne, der in Amerika ihre Inkarnation zu sehen glaubte, was

---

[10] Zu einem ähnlichen Schluss kam schon D. Schlumbohm, „Der Einfluß der amerikanischen Literatur auf die moderne italienische Prosa", S. 142f: »Pavese und Vittorini hatten keine direkte Kenntnis von Amerika. Für beide wird Amerika ein Mythos, ein geheiligtes Land der Freiheit und Ursprünglichkeit, das der faschistischen Doktrin von Amerika als dekadenter Demokratie entgegensteht. [...] Die kritischen Essays über die amerikanische Literatur [...] werden von den Kritikern regelmäßig im Hinblick auf ihre Bedeutung bei der Herausbildung der persönlichen Ästhetik der beiden Schriftsteller interpretiert [...]. Und doch befriedigt die bisherige Interpretation dieser kritischen Aufsätze über die amerikanischen Literatur nicht. Denn sie sind nicht nur jeder für sich Ausdruck des Amerika-Mythos oder der ästhetischen Lehre, die der einzelne Schriftsteller aus der amerikanischen Literatur zog; sie stehen auch untereinander in einem literarhistorischen Zusammenhang.«

[11] Wohl bekanntestes Beispiel hierfür sind seine *Dialoghi con Leucò* (1947), deren Lektüre eine profunde Kenntnis der griechischen Mythologie voraussetzt.

ihm die U.S.A. als alternatives Lebensmodell zu Italien erscheinen ließ:
»La letteratura americana è l'unica che coincida, dalla sua nascita, con l'età moderna e possa chiamarsi completamente moderna. Tutte le altre letterature conservano, pur nei loro aspetti contemporanei, caratteri umanistici e medioevali. Scriverne (...) è scrivere anche dell'umanesimo e del medioevo, mentre scrivendo dell'americana si scrive soltanto dell'età moderna e si può isolare la modernità in se stessa, coglierla come tale, studiarla come soltanto tale.«[12]

Neben den Autoren sind in diesem Zusammenhang aber auch die zwischen Amerika und Italien lange Zeit vorherrschenden politischen und kulturellen Verbindungen von Interesse, die erst im Verlaufe des Zweiten Weltkrieges immer schwächer werden sollten, um schließlich mit dem Eintritt der U.S.A. in den Krieg völlig zu erkalten.

Zu guter Letzt ist in diesem Zusammenhang bisher ebenso wenig die Stellung der amerikanischen Schriftsteller in ihrem literarhistorischen Kontext präzisiert, deren Einfluss immer wieder konstatiert wird.[13] Die dieser Arbeit zugrunde liegende Thematik verlangt letztlich ein ebenso starkes Engagement seitens der italianistischen wie auch der amerikanistischen Literaturwissenschaft. Bei genauerer Betrachtung stellt sich zwar heraus, dass die für einen Einfluss in Frage kommenden Autoren fast alle dem Dunstkreis der *Lost Generation* zuzurechnen sind; sei es nun als direkte Vorläufer derselben – wie z.B. Sherwood Anderson, der in den Anfangsjahren von John Dos Passos, Ernest Hemingway oder etwa John Steinbeck einen prägenden Einfluss auf dieselben hatte und als einer ihrer geistigen Mentor gilt,[14] oder

---

[12] E. Vittorini, „Una letteratura nata moderna: l'americana"(1946), in: ders., *Diario in pubblico* (1957), Milano, 1980, S. 229.

[13] Vgl. auch M. Praz, "Hemingway in Italy", in: C. Baker (ed.), *Hemingway and His Critics*, New York, 1961, S. 120, der für Vittorinis Roman *Uomini e no* (1945) die Einflüsse von nicht weniger als drei amerikanischen Autoren ausfindig machen zu können glaubte, die keineswegs alle einer einheitlichen Richtung zuzurechnen sind: »Hemingway and Saroyan are the evident literary sponsors of the book which he [Vittorini] published in 1945, *Uomini e no*: from the very title, which sounds very quaint in Italian until one realizes that the model has been supplied for it by Hemingway's *To Have and Have Not*, combined with Steinbeck's *Of Mice and Men* (*Uomini e topi* in the Italian translation).«

[14] Zu der lange Zeit anhaltenden Unterbewertung von Sherwood Anderson vgl. auch J. Dierking, „Sherwood Anderson: Erzähler des amerikanischen Traums", in: ders. (Hrsg.), *Sherwood Anderson. Erzähler des amerikanischen Traums*, Hamburg, 1990, S. 45: »Zwar

seien es die Genannten selber, deren Gemeinsamkeit in ihrer Kritik am *American Dream* in seinen negativen Auswirkungen auf die Gesellschaft besteht.[15] Wie diese Kritik sich aber geäußert hat, lässt sich bisher nur an Einzelstudien zu den Autoren nachvollziehen, was eine Parallele zur Forschungssituation bezüglich Pavese und Vittorini darstellt.

Zudem sind die Schriftsteller der *Lost Generation* als beeinflussende amerikanische Autoren zwar immer wieder implizit angeführt worden, doch wurden in der Italianistik die Forschungserträge aus der Amerikanistik bezüglich der von den Autoren vorgebrachten Gesellschaftskritik für die eigene Disziplin bisher nicht fruchtbar gemacht. Ohne extensive Berücksichtigung der amerikanischen Komponenten sind aber auch entsprechende Analogiebildungen, die über ein allgemein skizziertes „geistiges pattern"[16] hinausgehen, nicht möglich. Genau hier möchte die vorliegende Arbeit einsetzen und so versuchen, die noch bestehende Lücke zu schließen. Deshalb wird neben den historischen und kulturellen Voraussetzungen jener Zeit auch zu klären sein, ob die von der *Lost Generation* vorgebrachte Kritik sich in gleicher oder ähnlicher Form bei den italienischen Autoren wiederfinden lässt, ob sich also trotz der unterschiedlichen nationalen und historischen Kontexte – die *Lost Generation* setzt mit ihrer Kritik immerhin beinahe zwanzig Jahre früher an – Gemeinsamkeiten in den Lösungsansätzen der Autoren feststellen lassen. Ebenso könnten die Autoren in ihrer Interpretation gesellschaftlicher Missstände und den daraus abgeleiteten Notwendigkeiten zur Behebung derselben auch voneinander abweichen. Es wird zu untersuchen sein, ob die Rezeption des *American Dream* zu Adaptionen

---

tut sich die Literaturgeschichtsschreibung auch in der Heimat des Autors schwer, ihm endlich eine andere Rolle als bloß die des Vorläufers von Hemingway, Faulkner, Fitzgerald, Steinbeck, Saroyan und Thomas Wolfe anzuweisen, aber die Forschung seines Landes neigt doch mehr und mehr dazu, in Sherwood Anderson einen großen Erzähler von ganz eigenständigen Verdiensten zu sehen [...].«

[15] Der *American Dream* selber ist allerdings schwer zu erfassen und lässt in seiner Interpretation entsprechende Freiräume zu, wie z.B. auch die sehr populistische Monografie D. J. Boorstin, *Das Image: der amerikanische Traum*, übers. von M. Delling/R. Voretzsch, Reinbek b. Hamburg, 1987, zeigt.

[16] D. Schlumbohm, „Der Einfluß der amerikanischen Literatur auf die moderne italienische Prosa", S. 138.

desselben und/oder seiner einzelnen Bestandteile auf italienische Verhältnisse geführt hat, wobei eine Übereinstimmung der Ansätze Paveses und Vittorinis keineswegs zwingend vorauszusetzen ist.

Ziel dieser Arbeit ist es, ein differenziertes Bild der Zusammenhänge zwischen der Literatur der *Lost Generation* und der Prosa von Pavese und Vittorini zu entwerfen. Zum einen soll die Frage geklärt werden, welche Aspekte der amerikanischen Literatur einen direkten Einfluss ausgeübt haben und vor allem, warum gerade diese. Zum anderen soll erläutert werden, wie sich dieser Einfluss jeweils in den Werken Paveses und Vittorinis niederschlägt.

1.2. Auswahl der Autoren und Methodik

Unbestritten ist in der Italianistik die Tatsache, dass während der 30er und 40er Jahre in Italien eine verstärkte Rezeption amerikanischer Literatur stattgefunden hat, die gleichzeitig als Zeichen des Widerstands gegen das faschistische Regime gedeutet wird.[17] Ebenso unbestritten ist die Tatsache, dass es sich bei den Hauptvertretern dieser Amerikarezeption und maßgeblichen Wegbereitern für spätere Generationen um Cesare Pavese und Elio Vittorini gehandelt hat.[18] Dennoch ist eine solche Gleichsetzung von Amerikarezeption und Widerstandsliteratur nicht ganz unproblematisch: denn der italienische Faschismus hatte eine Regierungsdauer von 1922 bis 1943, also von gut zwanzig Jahren, der Beginn der verstärkten Amerikarezeption wird auf den Anfang der 30er Jahre datiert,[19] mit den U.S.A. hingegen befand Italien sich erst seit dem Eintritt der Vereinigten Staaten in den Zweiten Weltkrieg am 07.12.1941 im Kriegszustand, was für den Zeitraum von 1930 bis 1941 zumindest theoretisch die Möglichkeit einer Amerikarezeption zulässt, die nicht zwingend mit dem Etikett des Widerstandes versehen werden muss.

---

[17] Vgl. u.a. T. Bremer, „Den Menschen neuschaffen. Kriegserfahrung und Sozialproblematik im neorealistischen Roman", in: H. L. Arnold (Hrsg.), *Text+Kritik. Zeitschrift für Literatur. Italienischer Neorealismus*, München, 1979, Heft 63, S. 3-18. Außerdem D. Schlumbohm, *Die Welt als Konstruktion. Untersuchungen zum Prosawerk Cesare Paveses*, München, 1978, S. 13: »Die italienische Kultur, soweit sie dem Faschismus Widerstand leistete, wandte sich in den 30er Jahren entschieden von der Ideologie des offiziellen Rom ab und suchte gegenüber der zwangsweise erstarrten Kultur Italiens mit ihrer hohlen Rhetorik die Öffnung zu der als freiheitlich interpretierten amerikanischen Tradition.«

[18] Vgl. hierzu entsprechende Einzelstudien zu den Schriftstellern wie etwa die Studie von E. Gioanola, *Cesare Pavese. La poetica dell'essere*, Milano, 1971, A. Giuduccis *Invito alla lettura di Pavese*, Milano, 1972, oder etwa die neuere Darstellung F. Pappalardo La Rosas, *Cesare Pavese e il mito dell'adolescenza*, Torino, 1996. Zu Elio Vittorini siehe u.a. auch A. Panicali, *Il primo Vittorini*, Milano, 1974, F. Zanobini, *Elio Vittorini. Introduzione e guida allo studio dell'opera vittoriniana. Storia e antologia della critica*, Firenze, 1980, oder etwa M. Gesthuisen, *Elio Vittorini und sein literarisches Werk in der Zeit*, Münster/Wesel, 1987.

[19] Die zeitliche Eingrenzung wird u.a. von Pavese selber vorgenommen. Siehe hierzu auch C. Pavese, „Ieri e oggi" (1947), in: ders., *Saggi letterari*, Torino, 1968, S. 173: »Verso il 1930, quando il fascismo cominciava a essere 'la speranza del mondo', accadde ad alcuni giovani italiani di scoprire nei suoi libri l'America, una America pensosa e barbarica, felice e rissosa, dissoluta, feconda, greve di tutto il passato del mondo, e insieme giovane, innocente [...].«

Auf der anderen Seite gestaltet sich die Auswahl der amerikanischen Autoren als problematisch, denn eine wesentliche Ursache für die verstärkte Beschäftigung mit der amerikanischen Literatur liegt zunächst in der gleich dreimaligen Verleihung des Literaturnobelpreises in den dreißiger Jahren an amerikanische Autoren: nämlich an Sinclair Lewis (1930), Eugene O'Neill (1936) und Pearl S. Buck (1938).[20] Das intellektuelle Amerika war mit einem Schlage in das Interesse der Weltöffentlichkeit gerückt, und die Konsequenzen hieraus waren einerseits eine punktuelle Beschäftigung mit Autoren wie Sinclair Lewis, andererseits aber auch eine verstärkte generelle Sensibilisierung gegenüber der amerikanischen Literatur.

Für Pavese und Vittorini hatte dieses zunehmende Interesse eine umfangreiche Übersetzertätigkeit zur Folge, die insofern bemerkenswert war, als die Autoren auch unter der später zunehmenden Bedrohung durch das faschistische Regime nicht davon abließen, wenngleich sich die ursprüngliche Begeisterung nun mittlerweile u.a. auch in eine ökonomische Notwendigkeit gewandelt hatte. Ein kurzer Blick auf die übersetzten amerikanischen Autoren erscheint also geboten: Pavese übersetzte z.B. Werke von Anderson, Dos Passos, Faulkner, Lewis, Melville, Stein und Steinbeck. Die Übersetzungen Vittorinis hingegen reichen von Faulkner und Galsworthy über Lawrence und Roberts bis hin zu Steinbeck und Saroyan.[21] Es versteht sich von selbst, dass nicht alle übersetzten Autoren in der vorliegenden Arbeit berücksichtigt werden können. Die Auswahl wird sich deshalb auf die Hauptvertreter der amerikanischen Literatur zu jener Zeit beschränken. Besonders auf Ernest Hemingway soll an dieser Stelle hingewiesen werden, der in seinem ersten Roman *The Sun also Rises* (1926), mit

---

[20] Diese „Erfolgsserie" hielt allerdings auch weit über die 30er Jahre hinaus an, wie Nobelpreisverleihungen an T.S. Elliot (1948), W. Faulkner (1949) und E. Hemingway (1954) belegen, so dass die Blütezeit der Amerikaner von 1930 bis in die Mitte der 50er Jahre reicht. Einen Nachzügler hingegen stellt J. Steinbeck (1964) dar.

[21] Allerdings hat die Forschung im Falle Vittorinis mittlerweile nachgewiesen, dass Vittorini gerade seine ersten Übersetzungen von einer Signora Rodocanachi hat anfertigen lassen, um sie dann unter Mithilfe von Mario Praz zu korrigieren und als seine eigenen zu veröffentlichen. Vgl. hierzu auch G. Gronda, *Per conoscere Vittorini*, Milano, 1979, S. 38f.

dem ihm eigenen knappen und kargen Sprachduktus das Gefühl der Verlassenheit und Einsamkeit seiner Helden so eindringlich beschrieben hat, dass er schnell als Wortführer der *Lost Generation*[22] betrachtet wurde. Schon Mitte der dreißiger Jahre erfreute sich Hemingway aber nicht nur in der westlichen Hemisphäre, sondern auch in der UdSSR großer Beliebtheit, so dass man bei ihm durchaus von einem weltweiten Rezeptions-*Boom* sprechen darf.[23]

Weiterhin von Bedeutung für die vorliegende Arbeit sind die Autoren John Dos Passos und John Steinbeck mit ihren sozialkritischen Werken, sowie in Ansätzen Sinclair Lewis und Sherwood Anderson, zwei Wegbereiter der späteren *Lost Generation*. Keine Berücksichtigung findet in der vorliegenden Arbeit hingegen William Faulkner, der in seinen Werken eindeutig einen Schwerpunkt auf die experimentelle Erzählperspektive und die Zeitstruktur in seinen Werken gelegt hat und damit auch innerhalb der Amerikanistik eine Sonderstellung einnimmt.

Die Vermutung liegt nahe, dass über die Bearbeitung der amerikanischen Originaltexte durch Pavese und Vittorini und die daran anschließenden Reflexionen über Formen und Inhalte dieselben Eingang in die eigene Textproduktion der beiden italienischen Autoren gefunden haben. Es wäre

---

[22] Der Begriff *Lost Generation* wurde von der 1903 nach Europa übersiedelten Gertrud Stein für die amerikanischen Kriegsteilnehmer verwendet, auf die sie in deren literarischer Entwicklung neben Sherwood Anderson einen maßgeblichen Einfluss hatte. Stein zielte mit ihrem *bon mot* eigentlich auf die Ziellosigkeit und Vergnügungssucht der sie umgebenden jugendlichen Gesellschaft ab. Vgl. hierzu auch W. F. Schirmer, *Geschichte der englischen und amerikanischen Literatur. Bd. 8: Das Zwanzigste Jahrhundert*, Tübingen, 1983, S. 991.

[23] Es ist quasi unmöglich, in jener Zeit keine Beeinflussung durch Hemingway zu finden. Vgl. hierzu die Darstellung von J. Raeburn, *Fame Became of Him. Hemingway as Public Writer*, Bloomington, 1984, S. 22: »The social effect of *The Sun also Rises* was enormous. Malcolm Cowley recalled that Smith College girls in New York modeled themselves after Lady Brett Ashley and that "hundreds of bright young men from the Middle West were trying to be Hemingway heroes, talking in tough understatements from the sides of their mouths. . . ." Richmond Barrett noted that young people regarded that novel as their bible, "learned it by heart and, deserting their families and running away from college, immediately took ship to Paris to be the disciples of the new faith under the awnings of the Dôme and the Rotonde and the other sidewalk cafes."« Außerdem D. Brown, "Hemingway in Russia", in: C. Baker (ed.), *Hemingway and His Critics. An International Anthology*, S. 145-161.

aber sicherlich zu einfach gedacht, wollte man nun eine 1:1-Kopie der jeweiligen Vorlage in den italienischen Texten wiedererkennen, wenngleich inhaltliche Ähnlichkeiten wie etwa zwischen *The Sun also Rises* (Hemingway) und *Tra donne sole* (Pavese) oder *For Whom the Bell Tolls* (Hemingway) und *Uomini e no* (Vittorini) sich nicht von der Hand weisen lassen. Vielmehr stellt sich aber die Frage, wie Pavese und Vittorini die Anregungen adaptiert und transformiert haben, was diese Anregungen in der Ära des Faschismus für sie bedeutet und wie sie dieselben an die italienischen Verhältnisse angepasst haben.

Eben diese Fragestellung finden wir auch bei K. Möller Osmani aufgeworfen, wenn sie den „Anspruch von Rezeptionsuntersuchungen, nämlich nicht lediglich Quellen und Vorbilder nachzuweisen"[24] formuliert, sondern darüber hinaus fordert, „in detaillierten Einzeluntersuchungen der Rezeption [...] mit unterschiedlichen Textbeispielen und Untersuchungsschwerpunkten im einzelnen nachzugehen."[25] In Übereinstimmung mit H.-J. Gerigk wird Dichtung hier als Welt verstanden, so wie sie der Autor wahrgenommen und fiktional konzipiert hat.

> »Die Literaturwissenschaft hat der Erfahrung zu entsprechen, die unser natürliches Verstehen mit der Dichtung macht. Diese Erfahrung wird uns, recht besehen, von der Dichtung vorgeschrieben, denn Dichtung ist ja immer – wer wollte das leugnen! – bereits verstandene Welt. Dichtung interpretieren heißt zunächst nichts anderes, als eine Weltauslegung, die bereits stattgefunden hat, nachzuvollziehen.«[26]

Die Interpretation der Dichtung (des Werkes) soll Rückschlüsse darauf erlauben, wie die Konzeptionen Paveses und Vittorinis von der Welt ausgesehen haben. Eine solche Vorgehensweise birgt natürlich auch entsprechende Gefahren in sich. So ist zu berücksichtigen, dass existierende Klischees eine erfolgreiche Interpretation verhindern können. Im Falle der vorliegenden Studie wäre zum Beispiel denkbar, dass die Amerika zuge-

---

[24] K. Möller Osmani, *In einem andern Land*, S. 22.
[25] op. cit., S. 20.
[26] H.-J. Gerigk, *Die Russen in Amerika*, Stuttgart, 1995, S. 93.

schriebenen exemplarischen Eigenschaften[27] einer jungen und modernen Nation[28] sich zurückführen ließen auf die ursprünglichen europäischen Eindrücke von der *Neuen Welt* seit Entdeckung des amerikanischen Kontinents, die dann wiederum immer nur kolportiert – nie aber einer ernsthaften Prüfung unterzogen worden wären. Jede Forschung muss sich also zunächst mit den möglichen Ursprüngen einer Rezeption beschäftigen, die in sich die Aspekte der Imagologie,[29] der Rezeptionsgeschichte,[30] der soziokulturellen Wechselwirkungen[31] und der biografischen Komponenten der Autoren miteinander vereint.[32]

Genauso denkbar wäre es andererseits aber auch, dass der heutige Leser den Klischees seiner Zeit unterläge und die Werke dementsprechend ausdeutete. Dieser Leser sähe sich dann zusätzlich mit einer doppelten

---

[27] Vgl. hierzu C. Pavese, „Ieri e oggi", S. 174: »Ci si accorse, durante quegli anni di studio, che l'America non era un *altro* paese, un *nuovo* inizio della storia, ma soltanto il gigantesco teatro dove con maggiore franchezza che altrove veniva recitato il dramma di tutti.«

[28] Vgl. hierzu E. Vittorini, „Autobiografia. Americanismo non solo per dispetto" (1938), in: ders., *Diario in pubblico*, S. 84: »[...] uno magari arrivato di fresco dal vecchio mondo e che abbia il suo carico di vecchio mondo sulle spalle [...]. America significherà per lui uno stadio della civiltà umana, egli l'accetterà come tale, e sarà americano in tal senso, puro, nuovo [...].«

[29] Zum imagologischen Aspekt vgl. auch M. S. Fischer, *Nationale Images als Gegenstand vergleichender Literaturgeschichte. Untersuchungen zur Entstehung der komparatistischen Imagologie*, Bonn, 1981, S. 24: »Der komparatistischen Imagologie fällt die Aufgabe zu, das Bild vom anderen Land in der Literatur sowie in allen Bereichen der Literaturwissenschaft und -kritik zu untersuchen, seine Genese und Wirkung (ggf. auch im extraliterarischen Bereich) zu erklären und sich vor allem auf jene modifikationsauslösenden Funktionen zu konzentrieren, die nationenbezogenen Auto- und Heteroimages im Prozeß internationaler Literaturbeziehungen nachweislich zufallen können.«

[30] Vgl. hierzu auch H. Link, *Rezeptionsforschung. Eine Einführung in Methoden und Probleme*, Stuttgart, 1976.

[31] Vgl. hierzu M. S. Fischer, *Nationale Images als Gegenstand vergleichender Literaturgeschichte*, S. 82: »1. die Vorstellungen vom anderen Land; 2. die Diffusion und Rezeption ausländischer Literatur und 3. den wirklichen literarisch-psychologischen Einfluß [...].«

[32] Dieser Aspekt ist in der Forschung unbestritten und fließt vor allem immer wieder in die psychologisierenden Deutungen der Werke mit ein. Vgl. hierzu z.B. H. Marek, *Elio Vittorini und die moderne europäische Erzählkunst (1926-1939)*, Heidelberg, 1990, S. 6: »Natürlich bringt der Autor [hier Vittorini] durch sein historisch-kulturelles Umfeld und seine eigene Persönlichkeit bestimmte Voraussetzungen mit, die seinen Umgang mit vorgefundenen Stoffen und Formen in besonderer Weise prägen.«

Schwierigkeit konfrontiert, denn zum einen würde er eine Zeit beurteilen, deren historische Ausdeutung sich mittlerweile gewandelt hat, zum anderen würde er die Wahrnehmung einer fremden Kultur innerhalb seines eigenen kulturellen Kontextes beurteilen, die sich aber aufgrund des zeitlichen Abstands zwischen damals und heute ebenfalls gewandelt haben könnte. Solche Gefahren lassen sich zwar prinzipiell nicht ausschließen, doch weist F. Baasner auf die Chancen hin, die sich in einer solchen Revision tradierter Bilder und vorhandener Klischees verbergen, wobei allerdings eine „*kritische* Brechung der tradierten Bilder [erforderlich ist], um ihr naives Fortwirken soweit wie möglich zu unterbinden."[33]

So ist also der historische Kontext, in welchem der Text produziert worden ist, unbedingt in den Interpretationsprozess einzubeziehen, um die Gefahr einer Fehlinterpretation durch den mittlerweile großen zeitlichen Abstand zu verringern.[34] Um dieses zu gewährleisten, ist es in der vorliegenden Arbeit zwingend notwendig, das durch den Faschismus geschaffene und kontrollierte geistige Klima in Italien einerseits und die historisch entsprechenden gesellschaftlichen Gegebenheiten in den U.S.A. andererseits in die Analyse mit einzubeziehen. Aus diesem Grunde wird sich die

---

[33] Vgl. hierzu F. Baasner, „Deutsche Geschichten der italienischen Literatur" in: ders. (Hrsg.), *Literaturgeschichtsschreibung in Italien und Deutschland. Traditionen und aktuelle Probleme*, Tübingen, 1989, S. 16: »Die Bedingungen jeder Literaturgeschichte einer fremden Kultur sollten als Chance, nicht als Hindernis gesehen werden. Es wäre naiv, eine Beschäftigung ohne den Rückgriff auf irgendwelche Klischees, welcher Art auch immer, zu verlangen. Vielmehr kann die kritische Reflexion existierender oder auch historisch weit zurückliegender Fremdklischees Ausgangspunkt für eine Sichtung des Bildes einer anderen Kultur und für die Spiegelung der eigenen kulturellen Identität im Anderen sein. Erforderlich allerdings ist gerade diese *kritische* Brechung der tradierten Bilder, um ihr naives Fortwirken soweit wie möglich zu unterbinden.«

[34] Vgl. zu dieser Problematik auch die Ausführungen von J.-D. Müller, „Literaturgeschichte/Literatur-geschichtsschreibung", in: D. Harth/P. Gebhardt (Hrsg.), *Erkenntnis der Literatur. Theorien, Konzepte, Methoden*, Stuttgart, 1982, S. 196: »Der Autor hat teil an bestimmten Vergesellschaftungsformen, an den politischen und ökonomischen Verhältnissen, den religiösen, wissenschaftlichen, moralischen Anschauungen seiner Zeit, den Selbstverständlichkeiten alltäglicher Lebenspraxis, aber auch den kollektiven Phantasiewelten, die sich ihr entgegenstellen. Diese allgemeinen historischen Bedingungen sind in individuellen Bildungsgeschichten verankert, die mehr oder minder große Distanz zu den übergreifenden soziokulturellen Prozessen und Strukturen zulassen. Das gleiche gilt für die Rezipienten, wobei beider 'Voraussetzungssysteme' stark voneinander abweichen können.«

vorliegende Arbeit ebenso mit sozialhistorischen wie auch mit literaturwissenschaftlichen Fragestellungen beschäftigen müssen, denn eine klare Unterscheidung zwischen analogen Entwicklungen und einseitigen Einflüssen kann nicht getroffen werden.[35] Es versteht sich von selbst, dass hier nicht die Arbeit eines Historikers übernommen und einer neuer Beitrag zur Faschismusforschung geleistet werden kann, aber Literatur kann im vorliegenden Fall nur dann adäquat interpretiert werden, wenn die äußeren Schaffensbedingungen ausreichende Berücksichtigung finden. Eben diesen Ansatz vertritt auch G. Petronio, wenn er auf die „Geschichtlichkeit der Literatur" verweist, die selbst dann noch ihre Gültigkeit besitzt, „wenn seine [des Autors] Botschaft im Laufe der Zeit universell gültig werden mag."[36]

Lässt man sich aber auf einen solchen „historischen" Forschungsansatz ein, dann ist es nur konsequent, zu überprüfen, ob die Rezeption und Verbreitung der amerikanischen Literatur wirklich erst mit Pavese und Vittorini einsetzte, oder ob die beiden Autoren nicht an schon bestehende Strukturen angeknüpft haben. Denn tatsächlich besteht hier, will man von

---

[35] Vgl. V. Zirmunskij, „Die literarischen Strömungen als internationale Erscheinungen", in: H. Rüdiger (Hrsg.), *Komparatistik. Aufgaben und Methoden*, Stuttgart, 1973, S. 105: »Eine auf internationale Beziehungen zurückgeführte Ähnlichkeit literarischer Fakten kann einmal auf einer *Analogie* der literarischen und sozialen Entwicklung der Völker, zum anderen aber auch auf einem kulturellen oder literarischen *Kontakt* beruhen. [...] Im allgemeinen stehen beide in ständiger Wechselbeziehung; ist doch eine literarische Beeinflussung nur möglich, wenn sich durch die literarische und soziale Entwicklung analoge Verhältnisse ergeben haben.« Außerdem H.-J. Gerigk, *Die Russen in Amerika*, S. 97: »Es zeigt sich nun folgender Sachverhalt: Das Vergleichen der Vergleichenden Literaturwissenschaft hat ganz offensichtlich einen ausgesprochenen Hang zur Geschichte, zur Literaturgeschichte als Teil der Sozialgeschichte, der Geistesgeschichte, der Kulturgeschichte und politischen Geschichte.«

[36] Vgl. auch G. Petronio, „Geschichtlichkeit der Literatur und Literaturgeschichte", in: F. Baasner (Hrsg.), *Literaturgeschichtsschreibung in Italien und Deutschland*, S. 138: »Die Elemente oder konstitutiven Faktoren müssen also immer in ihrem verschlungenen Zusammenspiel, in ihrem gegenseitigen Bedingungszusammenhang betrachtet werden, und Sinn und Wert besitzt jedes von ihnen nicht aus sich selbst heraus, sondern aus der Verbindung mit den anderen. [...] Eine vierte und letzte Beobachtung [...] betrifft den Umstand, daß all diese Elemente nur dann aussagekräftig sind, wenn sie historisch, also unter Berücksichtigung ihrer »Zeitdimension«, betrachtet werden. Der Sender der Botschaft, der Autor, ist nicht, ganz allgemein, ein Mensch, der zu den Menschen spricht, selbst dann nicht, wenn seine Botschaft im Laufe der Zeit universell gültig werden mag.«

solch partikulären Publikationen wie jener von H. Reiske[37] einmal absehen, deren Aussagen über weite Strecken auf Dokumenten aus nicht zugänglichen Privatarchiven basieren, durchaus noch ein großer Klärungsbedarf. So wurde bisher der Futurismus als letzte Avantgardebewegung vor dem Weltkrieg und intellektueller Wegbereiter des nachfolgenden Faschismus noch nicht hinsichtlich einer möglicherweise schon hier stattfindenden Rezeption amerikanischer Literatur untersucht. Es ist nachzuweisen, inwieweit eine frühe Funktionalisierung dieser amerikanischen Kritik an Amerika – es wurden ja hauptsächlich jene amerikanischen Autoren in Italien rezipiert, die den U.S.A. kritisch gegenüberstanden – zu Propagandazwecken durch den Faschismus stattgefunden hat,[38] und ob in diesem Sinne die Arbeiten Paveses und Vittorinis nicht als Fortführung eines kontinuierlichen Rezeptionsprozesses in Italien zu betrachten sind.

Darüber hinaus ist es zu einfach gedacht, das gesellschaftliche und politische Spannungsverhältnis jener Zeit auf die Dichotomie Faschismus-Kapitalismus (Italien-Amerika) beschränkt zu sehen. Die Suche nach einem alternativen Gesellschaftssystem hätte vor dem Hintergrund der vorherrschenden politischen Trias Faschismus – Kapitalismus – Kommunismus bei Gelingen auch immer zwingend einen Wechsel des politischen Systems mit eingeschlossen – ein umso gefährlicheres Unterfangen, als die westlichen Demokratien England und Frankreich geschwächt waren und keinerlei Schutz für die übrigen Länder Europas zu bieten hatten. Die Frage nach der Wahl der „richtigen" Partei entschied also auch über das eigene Fortleben innerhalb eines Regimes, das mit seinen Oppositionellen nicht allzu glimpflich umsprang, wie die zahllosen Verbannungen und To-

---

[37] H. Reiske, *Die USA in den Berichten italienischer Reisender*, Meisenheim/Glan, 1971. Um sich ein umfassendes Bild über die Amerikabilder in Italien zu verschaffen, ist das Buch Reiskes sicherlich eine wichtige Referenz, die allerdings eben jenen Nachteil aufweist, dass sie im Detail nur schwer nachprüfbar ist, da der Autor sich häufig auf den Bestand von Privatarchiven bezieht, die nicht weiter zugänglich sind.

[38] Dabei waren die faschistischen Reihen nicht ganz so geschlossen, wie man es vielleicht vermuten könnte. Zur Kontroverse hinsichtlich der faschistischen Haltung gegenüber den U.S.A. vgl. z.B. auch die Tagebuchaufzeichnungen des Mussolini-Schwiegersohnes *Galeazzo Ciano: Diario 1937-1943*, Milano, 1990, S. 399, der bis zur Kriegserklärung 1941 an seinem proamerikanischen Kurs festhielt.

desurteile der faschistischen Schnellgerichte beweisen. Deshalb muss auch die Rolle der italienischen Intellektuellen, unter besonderer Berücksichtigung Benedetto Croces als führendem Kopf der inneritalienischen Opposition,[39] untersucht werden, um so ein umfassendes Bild der geistigen Atmosphäre zu zeichnen, in welche Pavese und Vittorini hineingeboren wurden und in der sie lebten. Möglich schien für die Intellektuellen zum einen die persönliche Integration in das faschistische System, sei es nun aus Überzeugung, sei es aus Opportunismus, zum anderen die Möglichkeit zum aktiven bzw. passiven Widerstand,[40] sei es nun anfangs in Form der parlamentarischen Opposition, sei es später in Form der inneren Emigration oder des aktiven Partisanenkampfes. Ein eindrucksvolles Bild dieser Möglichkeiten gibt z.B. die Entwicklung von Vittorini ab, der sich vom Linksfaschisten über das Partisanentum bis hin zum Kommunisten entwickelte, um schließlich doch wieder in das parteiungebundene Engagement zurückzukehren.[41]

Darüber hinaus tritt noch ein besonderer Aspekt der Amerikarezeption deutlich zu Tage, denn als Folge der Kritik, welche die Mitglieder der

---

[39] Zur beherrschenden Sonderstellung B. Croces innerhalb der italienischen Geisteswelt vgl. auch F. Baasner, „«L'uomo che dominò due generazioni». Die öffentlichen Reaktionen auf den Tod Benedetto Croces 1952 und ihre Hintergründe", in: *Italienisch. Zeitschrift für Italienische Sprache und Literatur*, Frankfurt/M., 1989, Bd. 22, S. 62-72.

[40] Zum schon frühzeitig einsetzenden Antifaschismus vgl. auch F. Rosengarten, *The Italian Anti-Fascist Press (1919-1945). From the Legal Opposition Press to the Underground Newspapers of World War II*, Cleveland, 1986.

[41] Die Ursache hierfür lag vermutlich in Vittorinis Anspruch, Kunst habe die Gesellschaft mitzugestalten. Vgl. hierzu auch H.-G. Funke, „Die Problematik des «Impegno» im neorealistischen Roman am Beispiel von Vittorinis *Uomini e no* und Paveses *La casa in collina*", in: *Italienische Studien*, Wien, 1987, Bd. 10, S. 58: »Das Interesse Vittorinis und Paveses gilt der Motivation des intellektuellen Individuums [...]. Ihre Romane [...] realisieren das in ihren theoretischen Schriften erhobene Postulat einer wohlverstandenen «Autonomie» der Kunst, die in einer ihr spezifischen Erkenntnisleistung Ausdruck findet.« Insofern ist es auch durchaus zutreffend ihn in die Reihe der neorealistischen Schriftsteller einzureihen, deren hervorstechendstes Merkmal der *impegno* war. Und op. cit., S. 41: »Wenn bei den Versuchen, die Zeitgrenzen, Themen und narrativen Formen des italienischen Neorealismus zu definieren, die Bestimmung allgemeingültiger Merkmale vor der Fülle und Vielfalt der individuellen Phänomene zuweilen versagt zu haben scheint, so besteht in der Literaturwissenschaft doch Konsens darüber, das politisch-gesellschaftliche Engagement, den *impegno*, als das Hauptmerkmal des «neorealismo» einzuschätzen.«

Lost Generation an ihrem eigenen Land und an der amerikanischen Gesellschaft geübt hatten, verwischen immer wieder die Grenzen zwischen den „Amerikabefürwortern", wie z.b. Pavese und Vittorini und den „Amerikagegnern", wie z.b. Cecchi und Soldati. Beide Seiten griffen entsprechend der von ihnen eingenommen Perspektive auf dieselbe genuin amerikanische Kritik zurück. Die Kritiker Amerikas erblickten hier den schon lang prophezeiten Abgesang auf die Vereinigten Staaten und amerikanische Werte, für die Befürworter lag hingegen die Stärke der rezipierten amerikanischen Autoren in eben jener Fähigkeit und Möglichkeit zur kritischen Auseinandersetzung mit dem eigenen Gesellschaftssystem. Insofern scheint die These gerechtfertigt, dass Hemingway, Steinbeck und Dos Passos ebenso wie Anderson, Faulkner oder Dreiser ein jeder im Rahmen seiner Möglichkeiten dem Anspruch des *impegno* viel näher gekommen sind, als es den italienischen Autoren und Intellektuellen unter der restriktiven Kulturpolitik des Faschismus möglich war.

Es stellt sich aber weiterführend die Frage, ob denn nun Amerikabewunderung und -rezeption auch wirklich immer als oppositioneller Akt zu verstehen sind, wenn selbst das faschistische Regime den U.S.A. lange Zeit nicht explizit feindlich gesonnen war. Geht man anderweitig von einem zur offiziellen Kulturpolitik alternativen Amerikabild aus, so bleibt zunächst offen, ob dieses in sich wirklich homogen war oder ob nicht auch hier Differenzierungen zwischen Angehörigen verschiedener Gruppen, wie z.B. bürgerlichen und kommunistischen Oppositioneller, vorzunehmen sind. Darüber hinaus ist außerdem zu bedenken, inwiefern die möglichen Amerikabilder tatsächlich durch Amerika vermittelt wurden bzw. nicht eventuell auf originär europäische Ursprünge zurückzuführen sind. Ein Problem besonderer Art stellt letztlich die Frage nach etwaigen Exil- und Emigrationsbewegungen während des Faschismus dar, die bis zum heutigen Tage nicht zufrieden stellend beantwortet worden ist.[42]

---

[42] Einer der wenigen relevanten Studien hierzu ist die schon oben erwähnte von F. Rosengarten, der in seinem *The Italian Anti-Fascist Press (1919-1945)* das antifaschistische Pressewesen aufarbeitet. Die meisten der von ihm behandelten Intellektuellen, wie z.B. Giovanni Amendola, Piero Gobetti oder etwa Antonio Gramsci sind den faschistischen Repressalien

Im dritten Abschnitt dieser Arbeit soll untersucht werden, welche geistigen Strömungen das kulturelle Leben in den USA nach dem Ersten Weltkrieg beherrscht haben, um somit die amerikanischen Autoren, deren Rezeption Einfluss auf die Werke Paveses und Vittorinis genommen hat, präzisieren zu können. Es wäre schlichtweg falsch, wollte man z.b. einen Edward Estlin Cummings, eine Willa Cather, einen Ernest Hemingway oder einen John Dos Passos auf einen vermeintlich gemeinsamen Nenner bringen. Denn zwar gehören diese Schriftsteller alle dem sogenannten amerikanischen Realismus an, doch stellt dieser Realismus kein in sich einheitliches literarisches Phänomen dar, sondern spaltet sich wiederum in eine gemäßigte und eine naturalistische Strömung wie schon 1949 der ansonsten in seinen Ausführungen kritisch zu betrachtende Frahne feststellte:

»Dabei gabelte sich der Strom des erzählenden Schrifttums von Anfang an in zwei Arme: einen, der breit und ruhig dahinfloss, und einen, der reißend über die Ufer trat. Der erste, auch gemäßigter Realismus genannt, wurde hauptsächlich von Willa Cather, Booth Tarkington und Edith Wharton benutzt, der zweite, naturalistische, von Sherwood Anderson, Erskine Caldwell, Theodore Dreiser, William Faulkner, Ernest Hemingway, Jack London, John Steinbeck und Thomas Wolfe. Dazu kam – gleichsam als Nebenfluß – der soziale Realismus, dem sich vor allem John Dos Passos, Sinclair Lewis und Upton Sinclair zuwandten.«[43]

Selbst wenn man nun also von einem Einfluss des amerikanischen Realismus auf die italienischen Autoren ausgeht, muss immer noch spezifiziert werden, welche der diversen Richtungen tatsächlich rezipiert wurde.

---

zum Opfer gefallen. Nur wenigen wie Don Luigi Sturzo (England), Conte Carlo Sforza (U.S.A.) und Filippo Turatti (UdSSR) gelang die rettende Flucht ins Ausland, von wo sie ihre Arbeit fortsetzten. Enttäuschend und für die Forschungssituation in Italien entlarvend zugleich sind hingegen die beiden von M. Sechi herausgegebenen Anthologien *Fascismo ed esilio. Aspetti della diaspora intellettuale di Germania, Spagna e Italia*, Pisa, 1988 und *Fascismo ed esilio II. La patria lontana: testimonianze dal vero e dall'immaginario*, Pisa, 1990, die schon im ersten Teil nur einen Beitrag über das italienische Exil und den Abessinienkrieg aufweisen, im zweiten Teil hingegen nur noch Beiträge zum spanischen, argentinischen und deutschen Exil beinhalten. Ein kurzer Blick auf die Forschungslage innerhalb der Germanistik zeigt, wie ungleich gründlicher hier die Fragestellung des Exils und der Inneren Emigration behandelt worden ist. Vgl. hierzu z.B. A. Schmollinger, »*Intra muros et extra«. Deutsche Literatur im Exil und in der Inneren Emigration. Ein exemplarischer Vergleich*, Heidelberg, 1999, S. 27-40.

[43] K. H. Frahne, *Von Franklin bis Hemingway. Eine Einführung in die Literatur Nordamerikas*, Hamburg, 1949, S. 113f.

Bei detaillierter Ansicht kristallisiert sich schließlich die *Lost Generation* jener jungen Schriftsteller heraus, die nach Frahne dem Umfeld „des naturalistischen und des sozialen Realismus" zuzurechnen sind. Die Motivation der Amerikaner für ihre Kritik lässt sich auf das durch den Zusammenbruch der Ordnungssysteme[44] erlittene Trauma des Ersten Weltkrieges zurückführen. Dabei konnte die *Lost Generation*, die ihre Jugend auf dem Schlachtfeld geopfert hatte, entgegen der Einschätzung des amerikanischen Soziologen D. Riesman[45] ihre Enttäuschung nur bedingt durch den auf die Wirtschaftskrise folgenden *New Deal*[46] kompensieren.

---

[44] Wie groß das damalige ideologische Durcheinander tatsächlich war, lässt sich auch daran ermessen, dass es in Amerika durchaus Befürworter und Bewunderer der totalitären europäischen Systeme gab, die hierin eine Alternative zum amerikanischen System zu erkennen glaubten. Vgl. hierzu auch A. Brinkley, *The End of Reform. New Deal Liberalism in Recession and War*, New York, 1995, S. 155, der in seiner Studie eben diese zeitweise Begeisterung (1920-30) für die „wirtschaftlichen Erfolge" Hitlers und Mussolinis herausgestellt hat.

[45] Vgl. hierzu D. Riesman, *Die einsame Masse* (*The Lonely Crowd. A Study of the Changing American Character*, 1950), übers. von R. Rausch, Hamburg, 1970, S. 322f: »Die Intellektuellen nahmen in der amerikanischen Gesellschaft der *New-Deal*-Periode eine hervorragende Stellung ein. Setzten sie sich in den zwanziger Jahren weitgehend innerlich und äußerlich von der Gesellschaft ab, in dem Bewußtsein, kaum eine Funktion im „geistfeindlichen" Amerika zu haben, so gaben sie unter ROOSEVELT nicht nur ihre Distanzierung von der Gesellschaft auf, sondern übernahmen sogar Führungsfunktionen in ihr. Vom „*Brains-Trust*" ROOSEVELTS bis zu den jungen Künstlern, die im Regierungsauftrag Postämter mit Wandgemälden aus der amerikanischen Geschichte versehen, nehmen Intellektuelle aktiv am geistigen, sozialen und politischen Wiederaufbau ihres Landes teil. Sie tun dies in dem Bewußtsein, daß Amerika sie braucht und daß sie eine zentrale Verantwortung und Aufgabe in der amerikanischen Gesellschaft haben.«

[46] Zum Wesen des *New Deal*, der in erster Linie ökonomisch und in zweiter Linie sozial orientiert war, vgl. auch P. K. Conkin, *The New Deal*, New York, 1970, S. 22f. Insgesamt handelte es sich hierbei lediglich um ein 5-Jahres-Programm (1933-1938), so dass es sich hier wohl eher von einem psychologischen Phänomen als von einer massiven staatlichen Unterstützung sprechen kann, mit dem Roosevelt den Amerikanern ein neues Selbstbewusstsein vermittelt hat. Gleichzeitig liegt hier auch eine Ursache für den später verstärkt zunehmenden Antiamerikanismus in Europa. Vgl. außerdem K. Bracher, *Zeit der Ideologien*, Stuttgart, 1984, S. 63: »Die USA, größte Vormacht des Progressivismus und technologisch am weitesten fortgeschrittene Liberaldemokratie, vollzog eine Distanzierung von Europa und seinen Krisen und entwickelte schließlich die umstrittenen Ideen des »New Deal« – Stärkung der staatlichen und sozialen Komponenten des Liberalismus.«

Die unter dem Schlagwort des *American Dream*[47] zusammengefasste Vision einer sich beständig zum Positiven weiterentwickelnden Gesellschaft schien der enttäuschten Generation der Kriegsteilnehmer nun zum *American Nightmare*[48] geworden zu sein. Dementsprechend springt der ihrer Lebenshaltung zugrunde liegende Pessimismus in ihren Werken dem Leser geradezu ins Auge. Dass es sich hierbei allerdings ein Stück weit auch um Zweckpessimismus gehandelt haben dürfte, wird vor allem aus dem anhaltenden Engagement der Schriftsteller ersichtlich. So hat z.B. Dos Passos sich trotz des negativen Grundtones seiner Trilogie *U.S.A.* erst mit der Hinrichtung der Anarchisten Sacco und Vanzetti aus der Politik zurückgezogen, Hemingway hat sich trotz der scheinbar gleichgültigen und ablehnenden Haltung seiner Helden gegenüber der Welt, im Zweiten Weltkrieg dennoch wieder freiwillig als Kriegsberichterstatter an die Front begeben, und Steinbeck hat in seinen Werken im Wesentlichen eine beinahe heitere und augenzwinkernde alternative Gesellschaftsutopie entwickelt, die deutlich erkennen lässt, dass er seinen Glauben an den Menschen keineswegs verloren hat.

Eine bedingte Vergleichbarkeit Europas und Amerikas scheint zudem über die literarische Ebene hinaus auch auf der gesellschaftlichen gegeben zu sein, lassen sich doch für jene Zeit in Amerika – parallel zu jenen in Europa – Bestrebungen ausmachen, in den UdSSR mit der erfolgreichen Oktoberrevolution eine mögliche Alternative zum gescheiterten kapitalistischen Gesellschaftssystem des eigenen Landes zu sehen. Und selbst mit dem Faschismus als möglichem Retter aus Krisenzeiten wird in den Vereinigten Staaten zwischenzeitlich geliebäugelt.

---

[47] Siehe hierzu P. Freese, *The American Dream. Humankind's Second Chance?*, München, 1996.

[48] Vgl. auch L. Tyson, *Psychological Politics on the American Dream*, Columbus, 1994, S. 5: »[...] there is a general awareness that the American dream is an ideological structure in which material and spiritual domains are yoked in a way that promotes an unrealistic reliance on the former to the detriment of the latter. Nevertheless, many Americans believe that the American dream is not inherently corrupt but has become so over time.« Anhand von Tysons Darstellung lässt sich deutlich erkennen, wie diffus der *American Dream* selbst von Amerikanern wahrgenommen wird.

Um Klarheit zu verschaffen wird deshalb im letzten Abschnitt der Arbeit vor dem Hintergrund einer ausführlichen Textanalyse dargelegt, welche Lösungsansätze die Autoren der *Lost Generation* zur Überwindung dieser Krise entwickelt haben. Gleichzeitig wird erläutert, inwieweit Pavese und Vittorini sich an jenen Konzepten orientiert haben: Sei es nun, indem sie dieselben an italienische Verhältnisse adaptierten, sei es, indem sie diese Konzepte ablehnten oder sei es, dass sie dieselben zur Lösung der durch den Totalitarismus hervorgerufenen Krise in der italienischen Geisteswelt heranzuziehen versuchten.

1.3 Forschungsabriss

Wie schon weiter oben ausgeführt, fallen die Kernzeiten der italienischen Amerikarezeption und jene des Faschismus zusammen, wobei letzterer wiederum erst mit großer Verzögerung aufgearbeitet worden ist. Die Ursachen hierfür sind sicherlich vielfältig: zum einen hatte der Faschismus mit seiner Diktatur das italienische Volk nicht nur von den Erfahrungshorizonten westlicher Demokratien ferngehalten, sondern er hatte die Italiener über den Umweg der Republik von Salò und die Resistenza darüber hinaus in einen Bruderkrieg geführt. Dies galt es nach Kriegsende erst einmal zu verarbeiten, was unmittelbar nach Kriegsende eine Flut literarischer Produktionen mit sich brachte, die sich in zwei grobe Kategorien unterteilen lassen: die „Partisanenliteratur" oder „Bekenntnisliteratur", die häufig aus Tagebuchaufzeichnungen oder niedergeschriebenen Erzählungen und Überlieferungen besteht,[49] und die „Literatur der Literaten",[50] welche die Erlebnisse des Krieges in fiktional verfremdeter Form schildert und sich dabei recht zügig um eine Relativierung der ideologischen Positionen bemüht. Das Bestreben Italiens ging – auch wenn der *Partito Communista d'Italia* (*PCdI*) kurzfristig einen Alleinvertretungsanspruch für die Ergebnisse der Resistenza beanspruchte – eindeutig in die Richtung, die Kluft zwischen Italienern und Italienern so schnell wie möglich zu überwinden.[51]

---

[49] Vgl. hierzu z.B. P. Levi Cavaglione, *Guerriglia nei Castelli Romani*, Torino, 1945, oder etwa P. Malvezzi/G. Pirelli (a.c.d.), *Lettere di condannati a morte della Resistenza italiana*, Torino, 1955

[50] Als Beispiele hierfür sind Vittorinis *Uomini e no* (1945) zu nennen, in welchem der Autor die Trennlinie zwischen Gut und Böse, zwischen Partisanen und Faschisten aufhebt und für beide Lager einheitliche moralische Wertmaßstäbe anwendet, sowie das später von Pavese hochgelobte Werk *Il sentiero dei nidi di ragno* (1947) von I. Calvino, der die Kämpfe zwischen Faschisten und Partisanen aus Sicht des kindlichen und deshalb als neutral zu betrachtenden Erzählers Pin schildert.

[51] So machte z.B. B. Croce allein die Deutschen für das Unheil des Krieges verantwortlich und sprach Italien damit von jeder Schuld moralisch frei. Vgl. B. Croce, „Contro il dettato di pace", in: ders., *Filosofia – Poesia – Storia. Pagine tratte da tutte le opere a cura dell'autore*, Milano-Napoli, 1955, S. 1066-1072. G. Turi hingegen sieht in der Haltung der italienischen Intellektuellen eine wenngleich nicht immer aktive, so doch zumindest passive Bestätigung des faschistischen Regimes und damit auch eine Mitschuld der Intelligenzia. Vgl. hierzu G. Turi, „Faschismus und Kultur", in: J. Petersen/W. Schieder (Hrsg.), *Faschismus*

Insofern konnte von einer objektiven Auseinandersetzung mit der jüngsten Geschichte und damit ihrer Bewältigung nicht die Rede sein. Schnell waren Mussolini und die Deutschen zu den alleinigen Sündenböcke geworden, auf deren Schultern die Verantwortung für das Geschehene abgeladen werden konnte. Verstärkt wurde diese Tendenz noch durch die Zielsetzung der Alliierten, die vor dem Hintergrund des heranziehenden Kalten Krieges eine möglichst schnelle Demokratisierung Italiens und eine damit einhergehende Schwächung des *PCd'I* auch zum Preise einer dafür notwendigen Geschichtsklitterung favorisierten.

»The Italians fondly imagined that in Mussolini's grave they had buried their recent past for ever. Winston Churchill was not being accurate when on 23 December 1940 he said that 'one man and one man alone' had been responsible for Italy's disasters. He was however a sound psychologist and a good prophet: he understood that the Italians would do all they could to prove him right.«[52]

Diese mangelhafte Auseinandersetzung mit dem Faschismus schlägt sich verständlicherweise auch in einer nur mangelhaften Untersuchung jener Zeit und einer ebensolchen Auseinandersetzung mit ihrem kulturellen und geistigen Leben nieder. Das ändert sich erst, als es Mitte der siebziger Jahre zur einer allseits geforderten Neubewertung der faschistischen Ära kommt.[53] 1990 gibt R. de Felice zwar erneut weiterführende Interpretati-

---

und Gesellschaft in Italien, Köln, 1998, S. 98: »Die breite Grauzone der Passivität, des Mitläufertums und des schweigenden Gehorsams darf nicht darüber hinwegtäuschen, daß es zahlreiche überzeugte Anhänger gab. Der Faschismus konnte einen breiten Konsens innerhalb der Intellektuellen mobilisieren, ohne dabei von Anfang an auf repressive Herrschaftsmethoden zurückgreifen zu müssen.« Auch der zahlenmäßig geringe Widerstand der italienischen Professorenschaft gegen den Faschismus deutet auf die Richtigkeit dieser These hin. Vgl. hierzu auch H. Goetz, *Der freie Geist und seine Widersacher. Die Eidverweigerer an den italienischen Universitäten im Jahre 1931*, Frankfurt/M., 1993.

[52] P. Melograni, „The Cult of the Duce in Mussolini's Italy", in: G. L. Mosse (ed.), *International Fascism: New Thoughts and New Approaches*, London-Beverly Hills, 1979, S. 89.

[53] Vgl. hierzu M. A. Ledeen, „Renzo de Felice and the Controversy over Italian Fascism", in: G. L. Mosse (ed.), *International Fascism: New Thoughts and New Approaches*, S. 129: »*L'Espresso* carried a brief debate between De Felice, Giuliano Procacci (Communist, University of Florence) and Giuseppe Galasso (Republican, University of Naples), plus a short analysis by Adrian Lyttleton. Procacci pronounced himself 'stupefied' by De Felice's claim that fascism aimed at the creation of new values, and that he linked this to the French Revolution. On the other hand, Procacci was in complete agreement with the necessity of dealing with fascism with a certain objectivity (even though he felt De Felice had gone too far).« Mit dieser Diskussion ging natürlich auch die Frage nach einer Neubewertung der Re-

onsansätze,[54] die zu neuen Erkenntnissen in der Faschismusforschung führen sollen, die aber im Sinne einer gegenseitigen Akzeptanz von Regime und Intellektuellen immer noch als revisionistisch verstanden werden.[55] Und so kann G. Turi noch 1998 in einer Neubearbeitung seines erstmals 1994 erschienenen Artikels die Unzulänglichkeiten der Forschung bemängeln,[56] welche bisher weder den Faschismus, noch seine Kulturpolitik,[57] noch die damit verbundene Fragestellung nach der Amerikarezeption in einem wünschenswerten und zufrieden stellenden Umfange untersucht hat. Dieses Defizit schlägt sich sowohl in der allgemeinen Literaturgeschichtsschreibung[58] wie auch in den speziellen Forschungsansätzen zu Pavese und Vittorini nieder.

---

sistenza-Bewegung einher. Vgl. hierzu u.a. C. Pavone, *Una guerra civile. Saggio storico sulla moralità nella resistenza*, Torino, 1994, sowie die Jubiläumsausgabe des *Zibaldone*, Hamburg, 1995, Bd. 19, zum 40. Jahrestag des Kriegsendes, u.a. mit Beiträgen von J. Petersen, T. Heydenreich und T. Migge.

[54] R. de Felice, „Fascism and Culture in Italy: Outlines for Further Studies", in: *Stanford Italian Review*, Saratoga/Calif., 1990, Bd. 8, S. 5-11.

[55] G. Turi, „Faschismus und Kultur", S. 92: »Croce hatte den Faschismus als reine Barbarei, als „Ausdruck einer Antikultur" begriffen. Faschismus und Kultur waren somit zwei antithetische, nicht miteinander zu vereinbarende Sphären. Damit wurde jegliche moralische und politische Mitverantwortung der Intellektuellen am Regime Mussolinis a priori ausgeschlossen. Diese positive Bewertung der Intellektuellen ist freilich indirekt von der revisionistischen Forschung um de Felice übernommen worden, wenn auch unter anderen Vorzeichen. Nach de Felice bestand nicht zuletzt deshalb ein enges und harmonisches Verhältnis zwischen Kultur und Faschismus, weil sich das Regime weitgehend tolerant gegenüber den Intellektuellen verhielt.«

[56] op. cit., S. 95: »Das Interesse der jüngsten Forschung gilt der institutionellen Ausgestaltung und den politischen Instrumenten der faschistischen Kulturpolitik. [...] Trotz der inzwischen zahlreichen Studien zu einzelnen Institutionen fehlt es aber noch an einer Gesamtinterpretation, die die Bedeutung der Kulturpolitik für den Staat Mussolinis ausreichend würdigt.«

[57] Hier sind bisher nur wenige Ausnahmen zu nennen wie etwa der Sammelband von J. Petersen/W. Schieder (Hrsg.), *Faschismus und Gesellschaft in Italien*, oder der schon etwas ältere Beitrag von S. von Falkenhausen, *Der zweite Futurismus und die Kunstpolitik in Italien 1922 bis 1943*, Frankfurt/Main, 1979. Für die frühzeitigen Ansätze faschistischer Politik siehe vor allem auch J. Charnitzky, *Die Schulpolitik des faschistischen Regimes in Italien (1922-1943)*, Tübingen, 1994, und ders., „Unterricht und Erziehung im faschistischen Italien. Von der Reform Gentile zur Carta della Scuola", in: J. Petersen/W. Schieder (Hrsg.), *Faschismus und Gesellschaft in Italien*, S. 109-131.

[58] Diverse Literaturgeschichten wie etwa jene von G. Petronio, *L'attività letteraria in Italia*, Sancasciano-Firenze, 1990, die von V. Kapp (Hrsg.), *Italienische Literaturgeschichte*, Stuttgart, 1992, oder etwa M. Hardts *Geschichte der italienischen Literatur*, Düsseldorf, 1996, belegen die Uneinheitlichkeit im Verständnis jener Zeit.

Ohne Zweifel gehört Pavese innerhalb des deutschen Sprachraums mit zu den bekanntesten italienischen Schriftstellern der Nachkriegszeit. Ihm ist hierbei eine ähnliche Sonderstellung zuzuordnen wie sie etwa auf anderer Seite Klaus Mann oder Ernest Hemingway zugesprochen wird,[59] wobei er gerade zu letzterem eine starke persönliche Affinität verspürte.[60] Besonders verdient gemacht bei der Verbreitung seiner Werke in der Bundesrepublik Deutschland hat sich der Claasen-Verlag, der den deutschen Leserkreis frühzeitig mit Übersetzungen vertraut gemacht hat. Allerdings dürfte der Freitod des Autors kurz nach Verleihung des begehrten italienischen Literaturpreises *Premio strega* mit zum wachsenden Interesse an dieser tragischen Person beigetragen haben. Eine der frühesten und lange Zeit wegweisenden deutschsprachigen Publikationen war die Monografie von J. Hösle[61], der sich in ersten Ansätzen auch schon des amerikanischen Einflusses auf die Werke Paveses annahm.

Schnell spaltete sich die Forschung zu Pavese allerdings in drei Hauptströmungen auf: Die eine beschäftigt sich vorzugsweise vor psychoanalytischem Hintergrund mit den pathologischen Neigungen des Autors, mit seinen sexuellen Dissonanzen, seinen extremen Schwierigkeiten im Umgang mit Frauen und seinem späteren Selbstmord.[62] Diese Forschungsrichtung legt in positivistischer Manier die biografischen Aspekte Paveses der Deutung seiner literarischen Produktion zugrunde und beurteilt den

---

[59] Vgl. zu den Parallelen zwischen diesen drei Schriftstellern auch H. J. Baden, *Literatur und Selbstmord. Cesare Pavese – Klaus Mann – Ernest Hemingway*, Stuttgart, 1965.

[60] Vgl. hierzu auch den fiktiven Brief an Hemingway, in C. Pavese, Eintragung vom 03.10.1948, *Il mestiere di vivere*, S. 353: »Did you ever see Piedmontese hills? They are brown, yellow and dusty, sometimes » green « .... You'd like them. Yours C.P.«

[61] J. Hösle, *Cesare Pavese*, Berlin, 1964.

[62] Zu diesem Bild hat die vom Pavese-"Kenner" und "Freund D. Lajolo herausgegebene Monografie *Il „vizio assurdo". Storia di Cesare Pavese*, Milano, 1960, lange Zeit beigetragen, die über weite Strecken nicht nur unpräzise ist, sondern im Sinne einer Effekthascherei auch vor verfälschender Darstellung nicht zurückschreckt. Siehe außerdem die Monografie von V. Lenzen, *Cesare Pavese. Tödlichkeit in Dasein und Dichtung*, München, 1989, die sich um einen betont psychoanalytischen Ansatz bemüht.

Werdegang und das frühzeitige Ende des Schriftstellers fast ausschließlich vor dem Spiegel seiner persönlichen Defizite.[63]

Eine andere Richtung sieht in Pavese den Mythenforscher, der sich immer wieder den Fragen nach Ursprung und Seinsgrund aussetzte und schließlich am Spannungsverhältnis Kindheit-Adoleszenz-Reife, aus dem er sich nicht zu befreien wusste,[64] zugrunde ging. In diesem Lichte sind dann u.a. auch seine Forschungen zu G. Vico[65] zu betrachten. Die Frage nach dem Mythos in Paveses literarischer Produktion, seinen Bestandteilen und seiner Darstellung hat bis in die jüngste Vergangenheit eine Vielzahl von Studien hervorgerufen,[66] und greift auch in die Deutung seiner Amerikarezeption ein.

Die dritte Richtung behandelt in ihm schließlich den Lektor des Turiner Einaudi-Verlages, der in Nachfolge von Leone Ginzburg den Verlag während des Krieges mit aufgebaut und für die Verbreitung amerikanischer Literatur in Italien gesorgt hatte, den *americanista* Pavese. Eine Forschungsrichtung, die sich in zahllosen Einzeluntersuchungen verloren und damit ebenfalls Anlass zu vorliegender Arbeit gegeben hat.[67]

---

[63] Vgl. auch S. Pautasso, *Guida a Pavese*, Milano, 1980, S. 8: »Sul piano privato, invece, si rivelò in tutta la sua drammaticità il rovello amoroso e sensuale che aveva attanagliato Pavese per tutta la vita. Il contrastato ultimo amore con un'attrice americana era soltanto l'anello conclusivo di una catena di delusioni: il tradimento e l'abbandono lo richiamarono brutalmente alla realtà della propria difficile situazione fisica e umana che nessun film, né tanto meno il grande successo letterario e mondano, avrebbero mai potuto cancellare.«

[64] Vgl. auch G. Venturi, „Ritratti critici di contemporanei. Cesare Pavese", in: *Belfagor*, Firenze, 1967, Vol. 22, S. 434: »L'adolescenza è un tempo interiore, è interpretata come momento unico dell'avventura umana, è il carcere da cui Pavese crede di non poter mai uscire per ritrovare la maturità [...].«

[65] Vgl. hierzu C. Pavese, Eintragung vom 19.08.1944, *Il mestiere di vivere*, S. 288: »Quel che t'incanta in Vico è l'aggirarsi perpetuo tra il *selvaggio* e il *contadinesco*, e i loro sconfinamenti reciproci, e la riduzione di tutta la storia a questo germe.« Außerdem die schon erwähnten *Dialoghi con Leucò*.

[66] Angefangen bei D. Schlumbohms *Die Welt als Konstruktion* bis hin zum erst kürzlich erschienenen *Cesare Pavese e il mito dell'adolescenza* von F. Pappalardo La Rosa.

[67] Vgl. auch R. H. Chase, "Cesare Pavese and the American Novel", in: *Studi americani*, Roma, 1957, Nr. 3, S. 347-369, N. D'Agostino, „Pavese e l'America", in: *Studi americani*, Roma, 1958, Nr. 4, S. 399-414, oder etwa P. Lorenzi-Davitti, *Pavese e la cultura americana*, Messina-Firenze, 1975.

Auch für Vittorini, den zweiten hier untersuchten *americanista*, stellt sich die Sichtung der Forschungslandschaft, wenngleich weniger auf inhaltlicher als vielmehr auf politischer Ebene, ebenso vielschichtig dar. Schließlich befand sich Italien mit Kriegsende in einem moralischen Dilemma, und nicht selten war der antifaschistische Widerstand zur Begleichung persönlicher Rechnungen missbraucht worden, wie die autobiografisch gefärbten Romane Calvinos, Fenoglios und auch Vittorinis selber belegen. Umgekehrt war aber eine aktive Beteiligung an der Resistenza fast schon als moralischer Freibrief für die eigenen Handlungen zu betrachten.

> »Aus dem Geist der Resistenza schufen die Verfassungsväter 1946/47 das neue Grundgesetz, geboren aus dem Geist des Widerstands, besiegelt durch den Märtyrertod von Tausenden von Blutzeugen. Der Antifaschismus und die Resistenza wurden so, vor allem seit Beginn der sechziger Jahre, zum Gründungsmythos des neuen Staates und Teil der politischen Kultur Italiens. [...] Tagebücher, Erzählungen und Romane wie die von Italo Calvino, Beppe Fenoglio, Elio Vittorini oder Alberto Moravia sollten zur Pflichtlektüre in den Schulen werden. Keine Stadt ohne via Giacomo Matteotti oder viale Antonio Gramsci.«[68]

Nun ist aber gerade Vittorini zwingend unter politischen Vorzeichen zu interpretieren, hat die Forschung doch nachgewiesen, dass der Autor im *impegno* eine wesentliche Aufgabe seines Schaffens sah.[69] Betrachtet man die Biografie Vittorinis, so spiegelt sich diese Überzeugung u.a. in den vielfältigen Stationen seines politischen Lebens wider. Schwieriger hingegen gestaltet sich die Interpretation seiner Werke, da hier einerseits seine Tätigkeit als Literaturkritiker und seine literaturkritischen Schriften gebührende Berücksichtigung finden müssen, Vittorini andererseits aber eine eigene Geschichtsklitterung in Form von immer wieder überarbeiteten Romanversio-

---

[68] J. Petersen, „Mythos Resistenza", S. 5-17, in: *Zibaldone*, Hamburg, 1995, Bd. 19, S. 5f.

[69] H. Funke, „Die Problematik des «Impegno» im neorealistischen Roman am Beispiel von Vittorinis *Uomini e no* und Paveses *La casa in collina*", S. 44, erkennt hierin auch das Hauptanliegen von *Uomini e no*: »Der problematische *impegno* des Intellektuellen im militärischen Kampf des antifaschistischen Widerstands ist das eigentliche Thema des Romans. Im Resistenzabild Vittorinis bilden Intellektuelle und Arbeiter eine Aktionseinheit, die von der Übereinstimmung in politischer Zielsetzung, militärischer Aktion und klandestiner Lebensweise getragen und durch eine wechselseitige affektive Zuwendung befestigt wird.«

nen betrieben hat, – es gibt kaum einen Roman Vittorinis, der nicht eine zweite, wesentlich überarbeitete Auflage erfahren hat – die sich sicherlich nur ein Stück weit mit seinem politischen Anspruch begründen lässt.

Die Forschung ist hier vor die schwierige Aufgabe gestellt, zwischen authentischer, zeitgenössischer und später überarbeiteter Literatur zu differenzieren und dies bedeutet in letzter Konsequenz auch, dass die Biografie des Autors – wenn auch nicht in dem oft für Pavese angewandten und überzogenen Maße – ebenfalls immer wieder in die Betrachtungen mit einbezogen werden muss. Eine sehr differenzierte Darstellung des frühen Vittorini unter besonderer Berücksichtigung seiner linksfaschistischen Anfänge finden wir in der Monografie von H. Marek *Elio Vittorini und die moderne europäische Erzählkunst (1926-1939)* (1990),[70] welche M. Gesthuisens Monografie *Elio Vittorini und sein literarisches Werk in der Zeit* (1987) ergänzt. Marek legt in ihren Ausführungen einen besonderen Schwerpunkt auf die Entwicklung des linksfaschistischen Vittorini, dessen politische Anfangsjahre sie in seinem literarischen Frühwerk ebenso analysiert, wie sie Hinweise auf später vorgenommene kosmetische Operationen durch den Autor gibt.

Man täte Vittorini allerdings Unrecht, wollte man ihn als politischen Opportunisten bezeichnen, der kein authentisches Anliegen gehabt hätte, denn seine politischen Wechsel von den linksfaschistischen Ursprüngen zum Resistenza-Kämpfer,[71] vom Kommunisten der Nachkriegsjahre zum erklärten Gegner des Kommunismus haben alle den gemeinsamen Nenner des *impegno*: Dass Vittorini hierbei ein strikter Befürworter der Modernität mit einem am wissenschaftlichen und sozialen Fortschritt orientierten Literaturverständnis war, rückt ihn zunächst in die Nähe futuristischer Positionen, was wiederum aufgrund seiner profaschistischen Grundhaltung der

---

[70] H. Marek, *Elio Vittorini und die moderne europäische Erzählkunst (1926-1939)*, S. 12-15. Marek stützt sich in ihren Ausführungen auf die Untersuchungen von A. Asor Rosa, *Scrittori e popolo. Il populismo nella letteratura italiana contemporanea* (1964), Torino, 1988, S. 73-127, und A. Panicali, *Il primo Vittorini.*, S. 3-78.

[71] Vgl. hierzu R. Scrivano, „Vittorini nel fascismo e dopo", in: P. M. Sipala/E. Scuderi (a.c.d.), *Elio Vittorini. Atti del convegno nazionale di studi. Siracusa-Noto, 12-13 febbraio 1976*, Catania, 1978, S. 47-61.

Anfangsjahre nur bedingt zu überraschen vermag.[72] Seine Forderung nach Fortschritt um jeden Preis, die Vittorini aus einem politischen Lager zum nächsten getrieben hat und ihn seine Romane immer wieder entsprechend seiner eigenen Entwicklung und veränderten Überzeugung „aktualisieren" ließ, ermöglicht ein Verständnis seiner Werke letztlich nur dann, wenn man seine Entwicklungsstadien berücksichtigt. Die literarische Produktion und das *impegno* sind bei Vittorini untrennbar miteinander verbunden.[73]

Da das *impegno* jedoch lange Zeit unter den Vorzeichen der Resistenza beurteilt worden ist, konnte sich das wirre Knäuel von unterlassener Faschismusforschung, Resistenza-„Bonus" und Werksrevision durch den Autor, welche allein die editionsgeschichtliche Forschung erheblich komplizierte, nur langsam lösen.

Ebenso wie die Forschungslandschaft zu den beiden Autoren spaltet sich auch jene, die sich speziell mit dem Aspekt ihrer Amerikarezeption beschäftigt, in mehrere Richtungen auf. Der nach Ende des Krieges einsetzende Forschungsboom, der u.a. auf die amerikanische Besatzung und die damit automatisch einhergehende Konfrontation mit amerikanischer Kultur und Lebensart zurückzuführen ist, lässt sich grob in zwei Richtungen unterteilen: Die erste setzte den Einfluss einzelner Schriftsteller wie etwa

---

[72] Vgl. hierzu E. Niccolini, „Der frühe Vittorini", in: *Zibaldone*, Hamburg, 1989, Bd. 8, S. 88-96.

[73] Vgl. auch Gronda, *Per conoscere Vittorini*, S. 9: »Questo volume è costruito, giusta le parole di Sereni, sulla convinzione che *per conoscere Vittorini* non giovi separare la sua produzione narrativa dalla sua attività saggistica ed editoriale: pagine di racconti e di romanzi, articoli, saggi, lettere e traduzioni si succedono perciò le une alle altre, secondo un ordine strettamente cronologico, fissato sempre, anche nei casi di opere riedite e rielaborate più volte, sulla data della prima composizione. Un semplice allineamento dunque.« Außerdem E. Sallager, „Elio Vittorinis Roman *Uomini e no*", S. 18-33, in: *Italienisch. Zeitschrift für Italienische Sprache und Literatur*, Frankfurt/M., 1981, Bd. 5, S. 18: »Ohne einem platten *l'homme et l'oeuvre*-Erklärungsmodell zu verfallen, kann behauptet werden, daß die Werkinterpretation des *scrittore* Vittorini nicht geleistet werden kann, wenn sie von den vielfältigen Aktivitäten des *organizzatore culturale* absieht, welcher Vittorini Zeit seines Lebens gewesen ist.«Wie weit diese Verquickung seiner Auffassung nach tatsächlich geht, zeigt Sallager, op. cit., S. 20, wenn er sich zur Editionsgeschichte von Vittorinis *Diario in pubblico* äußert: »Das Epitheton *in pubblico* ist demnach in doppeltem Sinn aufzufassen: öffentlich waren alle „Eintragungen" immer schon gewesen, und öffentlich vorgelegt wird jetzt auch – allerdings im oben dargestellten Rechtfertigungsbestreben autobiografisch „frisiert" – die Bilanz von Vittorinis öffentlicher Tätigkeit als engagierter Schriftsteller.«

Hemingway oder Steinbeck auf die Werke der italienischen Autoren voraus. Analog zu den weiter oben angeführten Untersuchungen zu Pavese existiert hier ebenfalls eine hinreichende Zahl von Detailstudien zur Prosa Vittorinis.[74] Nur einige wenige Italianisten versuchten sich dabei allerdings an dem Unterfangen,[75] die geistesgeschichtliche Situation eines kaum überwundenen historischen Kontextes zu skizzieren,[76] indem sie etwa einen Vergleich zwischen den beiden führenden *americanisti* wagten.[77]

Einige der Ursachen für die vorhandenen Defizite sind in der italienischen Aufarbeitung der eigenen Vergangenheit begründet und wurden schon ausführlich erläutert. Sie liegen in einer unzureichenden Bewertung sowohl der Dichotomie Faschismus-Resistenza wie auch des Anspruchs

---

[74] Speziell im Falle Elio Vittorinis wäre hier exemplarisch auf die Aufsätze von P. De Tommaso, „Ritratti critici di contemporanei. Elio Vittorini", in: *Belfagor*, Firenze, 1965, Vol. 20, S. 552-578, und von A. Panicali, „Elio Vittorini: dal «Quaderno sardo» a «Sardegna come un'infanzia»", in: *Rassegna della letteratura italiana*, Firenze, 1969, Jg.73, Bd. 2-3, S. 425-431, zu verweisen. Darüber hinaus existieren Aufsatzsammlungen und Jubiläumsbände wie etwa der Sammelband von P. M. Sipala/ E. Scuderi (a.c.d.), *Elio Vittorini*. Außerdem L. Desideri (a.c.d.), *Per Vittorini. Materiale bibliografico e documentario (giornata di studio, 28. novembre 1986)*, Empoli, 1986.

[75] Vgl. hierzu erneut D. Schlumbohm, „Der Einfluß der amerikanischen Literatur auf die moderne italienische Prosa", S. 138: »Wie aus diesem kurzen Überblick über die wichtigsten Publikationen zu unserem Thema zu ersehen ist, stehen fast immer Pavese bzw. Vittorini im Mittelpunkt der wissenschaftlichen Untersuchungen. Die Frage nach der spezifischen Wirkung der einzelnen amerikanischen Schriftsteller in Italien ist nach der vorliegenden Literatur noch nicht befriedigend zu beantworten. Die einzige Einflußstudie dieser Art ist der schon häufiger zitierte, letztlich aber doch sehr summarische Aufsatz von Mario Praz über Hemingway in Italy.«

[76] Wie stark das Interesse unmittelbar nach dem Kriege an der nordamerikanischen Literatur war, belegen auch die von B. Tedeschini Lalli 1966 herausgegebenen Bibliografien *Repertorio bibliografico della letteratura americana in Italia*, Vol. 1: 1945-1949, Coordinatore: R. Perrault, Vol. 2: 1950-1954, Coordinatore: A. Pinto Surdi, Roma, 1966. Die beiden in einem Buch vereinten Einzelbände belegen eine Vielzahl von Rezensionen, Artikeln und Übersetzungen. Wie zu erwarten stieg das Interesse jeweils mit der Verleihung der Nobelpreise an W. Faulkner (1949) und E. Hemingway (1954) sprunghaft an, um dann schließlich Mitte der fünfziger Jahre stark nachzulassen. Die Sammlung ist sehr gewissenhaft und gut recherchiert und sicherlich ein wertvolles Nachschlagewerk für jeden, der sich vor dem Hintergrund der Amerikarezeption über diesen Zeitraum informieren möchte.

[77] Zu nennen wären hier z.B. die schon recht frühe Studie von V. Amoruso, „Cecchi, Vittorini, Pavese e la letteratura americana", in: *Studi americani*, Roma, 1960, Nr. 6, S. 9-71, und erneut H. Funke, „Die Problematik des «Impegno» im neorealistischen Roman am Beispiel von Vittorinis *Uomini e no* und Paveses *La casa in collina*".

der Autoren, über die formalen Neuerungen hinaus, die sie aus der amerikanischen Literatur übernahmen,[78] Lösungsansätze für die Aufarbeitung des moralischen Dilemmas zu präsentieren, in dem Italien sich befand.[79] Wenngleich Studien wie jene von D. Fernandez[80] und jene von N. Carducci[81] zu einer Aufhellung der Thematik beständig beitrugen, gelang es erst M. Nacci[82] mit ihre Arbeit Ende der achtziger Jahren eine bis dato wesentliche Lücke zum Verständnis der Epoche zu schließen. Angesichts des komparatistischen Ansatzes, welcher Rezeptionsforschungen innewohnt, ist es zudem unverständlich, dass bei dem Versuch der Aufarbeitung interdisziplinäre Forschungsansätze weitgehend unberücksichtigt blieben, obwohl Publikationen wie etwa jene des Kunsthistorikers H. Honour[83] schon frühzeitig mit wesentlichen Erkenntnissen zum europäischen und damit auch italienischen Amerikabild aufwarteten.

Erneute Aktualität erlangte Vittorini schließlich ebenso wie Pavese anlässlich des 50. Jahrestages der Beendigung des Krieges. Im Zuge der Revision von Faschismus und Resistenza entstand hier ein allgemeines

---

[78] Wie z.B. die von Pavese eingeführte „Dialektsprache", die er von den Amerikanern übernommen hatte. Vgl. außerdem J. Hösle, *Cesare Pavese*, S. 8: »Paveses Auseinandersetzung mit der amerikanischen Kultur war also von allem Anfang an [...] nicht nur eine Frage seiner politischen Sympathien und Antipathien, sondern auch seines ernsten Bemühens, auf die technischen Probleme seines eigenen Schaffens eine Antwort zu finden.«

[79] Vgl. hierzu C. Pavese, „Leggere" (1945), in: ders., *Saggi letterari*, S. 203: »Ciascuno pensa che un racconto, una poesia, per il fatto che parlano non al fisico, al ragioniere o allo specialista, ma all'uomo che è in tutti costoro, siano naturalmente accessibili all'ordinaria attenzione umana. E questo è l'errore. Altro è l'uomo, altro gli uomini. Ma è del resto una sciocca leggenda che poeti, narratori e filosofi si rivolgano all'uomo cosí in assoluto, all'uomo astratto, all'Uomo. Essi parlano all'individuo di una determinata epoca e situazione, all'individuo che sente determinati problemi e cerca a modo suo di risolverli, anche e soprattutto quando legge romanzi.«

[80] D. Fernandez, *Il mito dell'America negli intellettuali italiani dal 1930 al 1950*, Caltanisetta-Roma, 1969.

[81] N. Carducci, *Gli intellettuali e l'ideologia americana nell'Italia letteraria degli anni trenta*, Manduria 1973.

[82] M. Nacci, *L'antiamericanismo in Italia negli anni trenta*, Torino, 1989.

[83] H. Honour, *The European Vision of America*. Ausstellungskatalog des Cleveland Museum of Art, Cleveland, Ohio, 1975. Und ders., *The New Golden Land. European Images of America from the Discoveries to the Present Time*, London, 1976.

Interesse an einer Neubewertung der Autoren, das u.a. auch erneut die Problematik von Vittorinis politischem Engagement betonte.[84] Nicht erneut gestellt wurde bei dieser Gelegenheit allerdings die Frage nach der Rezeption und Verbreitung nordamerikanischer Literatur. So mangelt es im Umfeld der Amerikarezeption, begreift man sie denn als Teil eines antifaschistischen Engagements, sowohl in der Italianistik wie in der Amerikanistik nach wie vor an zufrieden stellenden Studien.[85]

Auffällig ist außerdem die beinahe schon sträfliche Unterlassung einer Untersuchung des Phänomens „Exil" während der faschistischen Herrschaft. Und dieses nicht etwa deshalb, weil es ein solches Phänomen, vergleichbar mit der Situation im nationalsozialistischen Deutschland, nicht gegeben hätte. Einzelne Beispiele wie der frühzeitig in die Schweiz emigrierte Antifaschist Ignazio Silone, die schon erwähnte Studie zum antifaschistischen Pressewesen von F. Rosengarten[86] oder etwa die Aufarbeitung der antifaschistischen Bewegung durch G. Amendola belegen dies immer wieder eindrucksvoll.[87] Über die zu dieser Thematik von M. Sechi[88] veröffentlichten

---

[84] Vgl. hierzu auch E. Vittorini, *Die rote Nelke*, Köln-Basel, 1995, übers. von B. Kleiner, aus dem Nachwort, S. 281: »Frühere Übersetzungen sind dem aus den verschiedensten Gründen nicht oder nur ungenügend gerecht geworden. Politische Berührungsängste und historisches Unverständnis beeinträchtigten zumal die Erstübersetzung der *Roten Nelke* von 1956 ganz erheblich. Ein neues, gewandeltes Erkenntnisinteresse sowie eine bewußtere Übersetzungspraxis sind Voraussetzung und Bedingung für die mit diesem Band in Angriff genommene Werkausgabe Vittorini.«

[85] Siehe hierzu z.B. die zunächst vielversprechend erscheinende Anthologie von P. D'Acierno (ed.), *The Italian American Heritage. A Companion to Literature and Arts*, New York-London, 1999, die einseitig über den Beitrag der Italo-Amerikaner zur amerikanischen Kultur berichtet und in ihrem Inhalt von Beiträgen über Filmdarsteller wie Robert De Niro und Al Pacino bis hin zu Wirtschaftsmagnaten wie Lee Iacocca reicht. Das Buch ist sehr populistisch geschrieben und enttäuscht hinsichtlich seines Titels, da u. a. auch eine Klärung der Ursprünge und Verbindungen zwischen Italien und Amerika zu erwarten gewesen wäre.

[86] F. Rosengarten, *The Italian Anti-Fascist Press (1919-1945)*.

[87] Vgl. dazu G. Amendola, *Der Antifaschismus in Italien*, übers. von T. Rafalski, Stuttgart, 1977, S.5: »Faschismus und Antifaschismus (aus dem dann 1943 die Widerstandsbewegung, die Resistenza, hervorging) haben über zwei Jahrzehnte der italienische Wirklichkeit gebildet. Viele Jahre vor 1933 begann mit dem Aufbau der faschistischen Diktatur in Italien die erste Welle der europäischen Emigration.«

[88] M. Sechi (a.c.d.), *Fascismo ed esilio. Aspetti della diaspora intellettuale di Germania, Spagna e Italia*, und dies., *Fascismo ed esilio II. La patria lontana: testimonianze dal vero e dall'immaginario*.

Ergebnisse wurde schon an anderer Stelle berichtet. Aber auch jüngste Publikationen wie jene von Barron/Eckmann herausgegebene Anthologie,[89] deren Titel ihren gesamteuropäischen Anspruch belegt, behandeln trotz der mittlerweile durchgeführten historischen Revision schwerpunktmäßig deutschsprachige Exilanten und Emigranten sowie vereinzelte Teile Osteuropas. Es scheint so, als würde Italien in der Exilforschung sowohl national wie international kaum existieren, was verwundert, wenn man bedenkt, dass der italienische Faschismus und der deutsche Nationalsozialismus Hand in Hand gingen.

Abschließend ist festzuhalten, dass die Frage nach der Rezeption nordamerikanischer Schriftsteller in Italien zwischen 1930 und 1950 zwar vielfältig untersucht worden ist, dass sich diese Untersuchungen aber, wie gezeigt, auf Detailstudien zu einzelnen Autoren oder aber den Versuch einer soziokulturellen bzw. gesellschaftspolitischen Gesamtdarstellung konzentrieren, wobei die erste Ausrichtung ungeeignet ist, um die Problematik vollständig zu erfassen, die zweite hingegen den literaturwissenschaftlichen Nachweis konkreter Einflüsse versäumt. Das Anliegen der vorliegenden Studie ist es, bisher bestehende Lücken zu schließen und dem Leser aufzuzeigen, ob und wie sich die Einflüsse der nordamerikanischen Schriftsteller in den Werken der italienischen Autoren manifestiert haben. Durch den diesem Anspruch impliziten Vergleich Paveses und Vittorinis miteinander versteht es sich von selbst, dass damit eine Differenzierung des vermeintlich einheitlichen Amerikabildes der beiden Autoren einhergeht. Auf diese Art sollen Bausteine sowohl zur Neubewertung der Autoren wie auch zur Neubewertung jenes von Schlumbohm beschworenen „geistigen *pattern* ihrer Epoche"[90] geliefert werden.

---

[89] S. Barron/S. Eckmann (Hrsg.), *Exil. Flucht und Emigration Europäischer Künstler 1933 - 1945*, München-New York, 1997.

[90] D. Schlumbohm, „Der Einfluß der amerikanischen Literatur auf die moderne italienische Prosa", S. 138.

2. Das geistige Klima der Zeit
2.1. Der Futurismus

Die in Italien stattfindende Auseinandersetzung mit den U.S.A. und der amerikanischen Literatur mag zu Beginn des 20. Jahrhunderts noch marginaler Natur gewesen sein, aber spätestens mit dem Eintritt der Amerikaner in den Ersten Weltkrieg im Jahre 1917 rückte der geografische Topos in das europäische Bewusstsein. Andererseits wurde nach 1918 Paris zu einem kulturellen Anziehungspunkt für die amerikanischen Intellektuellen, die sich im Umfeld von Gertrud Stein sammelten und dort mit Vertretern der europäischen Geisteswelt zusammentrafen, so dass ein reger geistiger Austausch die Folge war.

Die Untersuchung des Futurismus, der seinen festen Platz als italienische Avantgardebewegung in der Literaturgeschichtsschreibung hat und mit seiner Programmatik als ideologischer Vorläufer des Faschismus gilt,[91] soll im Folgenden Aufschluss darüber geben, ob und gegebenenfalls inwieweit Pavese und Vittorini mit ihrer Amerikarezeption an eine schon existierende Strömung angeknüpft haben, was wiederum den oppositionellen Charakter der Rezeption relativieren würde.

---

[91] Dieser sollte schließlich den von F. T. Marinetti angeführten Futurismus nach dem Ersten Weltkrieg absorbieren, indem er sich dessen revolutionären Impetus zunutze machte. Vgl. hierzu P. Aragno, „Futurismus und Faschismus. Die italienische Avantgarde und die Revolution", in: R. Grimm/J. Hermand (Hrsg.), *Faschismus und Avantgarde,* Königstein/Taunus, 1980, S. 83-91.

2.1.1. Futurismus: der Anbruch einer „neuen Zeit"

Die Wandlungen, die der Futurismus von seiner Begründung bis zum Untergang des faschistischen Regimes durchgemacht hat,[92] sind in der Forschung durch die gängige Unterteilung in den „ersten" und den „zweiten Futurismus" dokumentiert worden, wobei der Erste Weltkrieg sowohl programmatisch wie auch in der Mitgliederstruktur einen entscheidenden Einschnitt darstellt. Die Bewegung kann aufgrund ihrer programmatischen Affinitäten als Beispiel einer „originären" faschistischen Kultur gelten, insofern man von der Existenz einer solchen überhaupt sprechen darf.[93] Schon bei einer oberflächlichen Sichtung zeichnet sich das Problem einer literaturwissenschaftlichen Analyse in seinem ganzen Ausmaß ab: Der Futurismus wurde 1908 von F. T. Marinetti mit seinem Gründungsmanifest[94] als literarische Avantgarde-Bewegung in Szene gesetzt. Folgt man der gängigen Forschung, so handelt es sich hierbei zunächst weniger um eine kohärente Gruppe, als vielmehr um ein Konglomerat verschiedener Gruppierungen, die noch nicht einmal ein einheitliches Ziel verfolgt haben:

> »Eine Analyse des Futurismus, die nicht auf dessen einzelne, kunsthistorisch oder ideengeschichtlich zu untersuchende, ästhetische oder ideologische Manifestationen sich beschränkte [...] setzte die Einheit des betrachteten Gegenstandes voraus. Eine solche dem Futurismus zuzusprechen, wäre schon Mystifikation. Er präsentierte sich zwar stets als Verbrüderung von Gleichgesinnten, [...] war jedoch in Wahrheit, vor allem in der Zeit nach

---

[92] Vgl. zu den unterschiedlichen Phasen des Futurismus vor allem P. Demetz, *Worte in Freiheit. Der italienische Futurismus und die deutsche literarische Avantgarde 1912-1934*, München, 1990, J. Eltz, *Der italienische Futurismus in Deutschland 1912-1922*, Bamberg, 1986, und S. von Falkenhausen, *Der zweite Futurismus und die Kunstpolitik in Italien 1922 bis 1943*, Frankfurt/Main, 1979.

[93] Letztlich hat die Kulturpolitik des Faschismus lange Zeit von bestehenden künstlerischen Strömungen gezehrt, indem sie diese ebenso zu vereinnahmen versuchte, wie dies beim Futurismus der Fall war. Vgl. hierzu M. Hinz, *Die Zukunft der Katastrophe. Mythische und rationalistische Geschichtstheorie im italienischen Futurismus*, Berlin-New York, 1985, S. 4.

[94] F. T. Marinetti, „Fondazione e Manifesto del Futurismo" (1909), abgedr. in: A. Saccone, *Marinetti e il futurismo. Materiali per lo studio della letteratura italiana*, Napoli, 1984, S. 23-29.

dem Ersten Weltkriege, ein nur loses Konglomerat sich zeitweilig verbündender Einzelintellektueller und Untergruppen, zusammengehalten mehr durch das Etikett Marinettis als durch eine substantielle Gemeinsamkeit.«[95]
Dementsprechend bietet der Futurismus dann auch ein eher diffuses Bild. Seine ideologischen Ansätze entsprangen den umwälzenden technischen Neuerungen der vorangegangenen Jahrzehnte: Von der Verwendung des Telegrafen und des Telefons als moderne Kommunikationsmittel, die es ermöglichten, Distanzen in Sekunden schrumpfen zu lassen, bis zu den ersten erfolgreichen Flugversuchen – Marinetti selber war begeisterter Flieger – war die Welt mit neuen Erfindungen konfrontiert, die das Gefühl einer berauschenden Allmacht erzeugten.[96] Der Mensch beherrschte die Maschine und, so schien es zumindest, mit ihr auch die Welt. Aber ebenso wie Zeit und Raum sich in ihren bisherigen Dimensionen auflösten, so löste sich auch die gesamte bis dahin gültige Ordnung der Welt auf. Der Philosoph Karl Jaspers sollte diese Situation 1931 folgendermaßen beschreiben:

> »Der Erdball ist überall zugänglich; der Raum ist vergeben. Zum erstenmal ist der Planet der eine umfassende Wohnplatz des Menschen. Alles steht mit allem in Beziehung. Die technische Beherrschung von Raum, Zeit und Materie wächst unabsehbar [...]. Die Rapidität der Bewegungen ist von Jahrzehnt zu Jahrzehnt gewachsen. Nichts ist mehr fest, alles befragt und in die mögliche Verwandlung gezogen [...].«[97]

So brachten die technischen Neuerungen auch die Notwendigkeit einer neuen Orientierung mit sich, welche der Futurismus seinen Anhängern ermöglichen wollte.[98] Der Mensch sollte mit Hilfe der Technik sein

---

[95] M. Hinz, *Die Zukunft der Katastrophe*, S. 6.

[96] Vgl. hierzu F. W. Malsch, *Künstlermanifeste: Studien zu einem Aspekt moderner Kunst am Beispiel des italienischen Futurismus*, Weimar, 1997, S. 85f. Hier werden die industriellen Errungenschaften und die neuen Kommunikationsmittel als aufkommende Gebrauchsmittel für den futuristischen Künstler ebenso analysiert wie ihre Auswirkungen auf das Sozialgefüge. Außerdem A. Herbert-Muthesius, *Bühne und bildende Kunst im Futurismus*, Heidelberg, 1985, S. 37.

[97] K. Jaspers, *Die geistige Situation der Zeit* (1931), Berlin-New York, 1979, S. 18f.

[98] Vgl. hierzu F. T. Marinetti, „Fondazione e Manifesto del Futurismo", S. 27: »È dall'Italia, che noi lanciamo pel mondo questo nostro manifesto di violenza [...] perché vogliamo liberare questo paese dalla sua fetida cancrena di professori, archeologhi, di ciceroni e d'antiquarii.« Außerdem die Interpretation des Futurismus von H.-G. Schmidt-Bergmann,

Heil finden und um dieses erreichen zu können, musste er sich nach Auffassung der Futuristen den von der Technik vorgegebenen Bedingungen unterordnen. Das Neue am Futurismus war in erster Linie sein erfolgreiches Bemühen um Breitenwirkung, sein inhaltliches Spezifikum hingegen die Verherrlichung der Maschine.[99]

»Die futuristische Bewegung ist als Reaktion auf eine allgemeine Krisensituation zu verstehen, die in ganz Europa herrschte und sowohl eine kulturelle (die Entstehung der abstrakten Kunst) als auch politische (Ausbruch des Ersten Weltkrieges) Wende zur Folge hatte. Die Avantgardebewegungen dieser Zeit wollten die alten gesellschaftlichen Werte zerstören, was sie in ihren zahlreichen Manifesten artikulierten, in denen sie zum Teil auch neue Gesellschaftsformen vorschlugen. Der Futurismus erreichte aber im 20. Jahrhundert mit seinen Erneuerungsversuchen erstmals eine breitere Masse.«[100]

Der Futurismus ist somit nur als Teil einer internationalen Gesamtbewegung zu betrachten. Im Gegensatz zur späteren Kritik Jaspers empfand Marinetti, der sich dabei einseitig auf die positive Ausdeutung des Phänomens der Technik beschränkte, die Auflösung der seiner Ansicht nach starren und einengenden Grenzen als eine Erleichterung, als eine Chance für die Menschheit, die es nun zu nutzen galt. Denn mit den Neuerungen der Technik bot sich dem Einzelnen eine Vielzahl an neuen Möglichkeiten zur Gestaltung des eigenen Lebens. Es wurde das erklärte Anliegen des Futurismus, der sich allein durch seine Namensgebung der Progressivität und Moderne verschrieben hatte, aus der Konfrontation mit neuen Technologien die als überkommen und veraltet empfundenen Traditionen des *passatismo* in allen Lebensbereichen abzuschütteln.

Die Anfänge der literarischen Avantgarde in Deutschland. Über Anverwandlung und Abwehr des italienischen Futurismus, Stuttgart, 1991, S. 14f.

[99] Siehe hierzu auch den berühmten Vergleich aus dem Gründungsmanifest von F. T. Marinetti, „Fondazione e Manifesto del Futurismo", S. 26: »Un automobile da corsa [...] un automobile ruggente [...] è più bello della *Vittoria di Samotracia*.« Außerdem ders., „L'uomo molteplicato e il regno della macchina" (1910), abgedr. in: A. Saccone, *Marinetti e il futurismo*, S. 34-36 und A. Herbert-Muthesius, *Bühne und bildende Kunst im Futurismus*, S. 36.

[100] A. Herbert-Muthesius, *Bühne und bildende Kunst im Futurismus*, S. 10.

2.1.2. Grundzüge des Futurismus

Eine wesentliche Besonderheit des Futurismus ist, dass er zwar als originär literarische Avantgardebewegung gegründet wurde, dauerhafte Leistungen aber nicht in der Literatur, sondern in den bildenden Künste erbracht hat.[101] Die literarische Produktion seines Begründers und Hauptvertreters Marinetti hat hingegen trotz einer Vielzahl von Schriften keine größeren Spuren hinterlassen.[102] Die Bedeutung Marinettis für die italienische Literatur liegt sicherlich in der Öffnung Italiens zum Dialog mit der europäischen Geisteswelt, den er schon mit der von ihm gegründeten Zeitschrift *Poesia. Rassegna internationale* (1905)[103] begonnen hatte. Seine eigene Rolle als literarischer Avantgardist ist allerdings eher zweifelhaft,[104] der Futurismus als literarische Strömung mit dauerhaftem Charak-

---

[101] Vgl. hierzu auch H.-G. Schmidt-Bergmann, *Die Anfänge der literarischen Avantgarde in Deutschland*, S. 102, der den internationalen Einfluss des Futurismus eindeutig der bildenden Kunst und nicht der literarischen Produktion zuschreibt, womit er die herausragende Stellung des Futurismus als italienische Avantgarde aber nicht anzweifelt.

[102] Vgl. hierzu op. cit., S. 55: »Doch mit seinen über vierzig Büchern hat Marinetti keine literarische Tradition begründen können; sie sind [...] epigonale Derivate verschiedenster moderner Stilhaltungen, mit denen er in Paris in Berührung gekommen war.« M. Calvesi et. al., *Marinetti e il futurismo*, Roma, 1994, S. 36, weisen außerdem nach, dass *Mafarka* stilistisch dem Symbolismus nahe steht: »La sua produzione letteraria scorre senza sostanziali differenze formali da quella precedente; il futurismo si esprime nella scelta di contenuti, ma non nella ricerca di nuove soluzioni stilistiche. Marinetti prosatore e poeta è ancora tutto calato nella cultura simbolista.«

[103] Vgl. hierzu auch O. Büdel, „Die italienische Literatur 1890-1920", in: K. von See (Hrsg.), *Neues Handbuch der Literaturwissenschaft, Bd. 19: Jahrhundertende-Jahrhundertwende (II. Teil)*, Wiesbaden 1976, S. 227f: »Seine [des Futurismus] internationale Bedeutung manifestiert sich vor allem in seinen Verflechtungen mit der englischen und französischen Literatur, durch Marinetti selbst und durch G. Apollinaire, und mit der russischen durch V. Majakovskij.« Büdel lässt trotz der persönlichen Beziehungen zwischen Marinetti und G. Benn bzw. H. Walden leider den deutschen Expressionismus unerwähnt. Außerdem H.-G. Schmidt-Bergmann, *Die Anfänge der literarischen Avantgarde in Deutschland*, S. 49.

[104] Wenngleich man die Verflechtungen und Auswirkungen auf internationaler Ebene nicht außer Acht lassen darf. Vgl. zur Wirkung des futuristischen Gründungsmanifestes in Europa auch E. Bolla, „Die italienische Literatur", in: K. von See (Hrsg.), *Neues Handbuch der Literaturwissenschaft, Bd. 20: Zwischen den Weltkriegen*, Wiesbaden, 1983, S. 371.

ter in Italien nicht zuletzt auch aufgrund der im „Manifesto tecnico della letteratura futurista" (1912)[105] aufgestellten Forderungen bedeutungslos.

Unterzieht man das Manifest einer genaueren Analyse, so treten die Schwachpunkte seiner Programmatik schnell in den Vordergrund. So wird z.B. die Sprache als Mittel zur Erzeugung von Literatur ganz in den Dienst der beständigen Revolution und Veränderung gestellt. Ihre Funktion als Kunstwerk wird als »passatistisch« angeprangert und stattdessen Zerstörung der Syntax und Aufhebung der Semantik gefordert.

»Bisogna distruggere la sintassi disponendo i sostantivi a caso, come nascono.«[106]

Somit wird aber gleichzeitig auch der Grundstein für die Unbeständigkeit der futuristischen Literatur gelegt, denn der Zirkelschluss, der sich aus der beständigen Forderung nach Neuerungen und der Ablehnung des Alten ergibt, lässt auch den Augenblick in seiner Beständigkeit nicht mehr zu. Marinetti hatte zwar die Literatur wieder ihrem „ursprünglichen Zweck" zuführen wollen, d.h. den Autor und die Sprache (das Symbol) aus dem Text eliminieren und die Dinge (das Symbolisierte) unmittelbar sprechen lassen wollen,[107] die notwendige Beweisführung zum Erreichen seines Zieles war er aber schuldig geblieben und hatte sich stattdessen in immer fantastischeren Wortkreationen verloren, die sich schließlich jeglicher Deklamierbarkeit entzogen. Ergänzt wurden diese Versuche durch Bemühungen, auch das Schriftbild dem beabsichtigten Worteffekt anzupassen, wie Marinetti es im Abschnitt zur „rivoluzione tipografica" der „Parole in libertà" (1913) genauer erläutert:

---

[105] F. T. Marinetti, „Manifesto tecnico della letteratura futurista" (1912), abgedr. in: A. Saccone, *Marinetti e il futurismo*, S. 63-65.

[106] op. cit., S. 63.

[107] op. cit., S. 65: »Le intuizioni profonde della vita congiunte l'una all'altra, parola per parola, secondo i loro nascere illogico, ci daranno le linee generali di una psicologia intuitiva della materia.« Außerdem E. Hesse, *Die Achse Avantgarde-Faschismus. Reflexionen über Filippo Tommaso Marinetti und Ezra Pound*, Zürich, 1991, S. 129: »Wie der Betrachter des avantgardistischen Bildes in das Bild, so wird der Leser in den Entstehungsprozeß des avantgardistischen Textes einbezogen.«

»Noi useremo perciò un una medesima pagina, *tre o quattro colori diversi d'inchiostro*, e anche 20 caratteri tipografici diversi, se occorra. Per esempio: *corsivo* per una serie di sensazioni simili o veloci, *grassetto tondo* per le onomatopee violente, ecc. Con questa rivoluzione tipografica e questa varietà multicolore di caratteri io mi propongo di raddoppiare la forza espressiva delle parole.«[108]

Eindrucksvollstes Zeugnis des protofaschistischen Ansatzes ist und bleibt Marinettis Erstlingswerk, der 1909 zunächst in französischer, 1910 dann in italienischer Sprache veröffentlichte Roman *Mafarka, Le Futuriste*, in welchem sich die futuristische Verherrlichung der Technik und des Krieges gleichermaßen lokalisieren lassen.[109] Der Titelheld Mafarka ist durch Gewalttaten zum König von Afrika geworden und macht sich nun daran, sein Reich zu erweitern. Mafarka verkörpert den Typus des Übermenschen, der in seinen Empfindungen und seinen Taten weit über seine Mitmenschen erhoben ist. Grausamkeit und Zerstörung sind die Mittel, die er zum Erwerb und zum Erhalt seiner Macht einsetzt. Auf dem Thron seiner Einsamkeit sitzend verspürt Mafarka schließlich das Verlangen nach einem Sohn und Erben, den er aus mechanischen Teilen zusammenbaut und für dessen Schöpfung er letztlich sogar sein eigenes Leben hingibt. Für Mafarka ist der Wille das allein Entscheidende in der menschlichen Existenz. Nur mit seinem Willen führt Mafarka unter Ausschluss der Frau die „Zeugung" und die „Geburt" seines Sohnes Gazurmah durch, um so die „Befleckung" des Kindes durch menschlichen Ursprung zu verhindern und

---

[108] F. T. Marinetti, „Distruzione della sintassi Immaginazione senza fili Parole in libertà" (1913), abgedr. in: A. Saccone, *Marinetti e il futurismo*, S. 68.

[109] Vgl. hierzu auch die Analyse von J. Riesz, „Der Untergang als 'spectacle' und die Erprobung einer 'ecriture fasciste' in F. T. Marinettis 'Mafarka le Futuriste' (1909)", in: U. Schulz-Buschhaus/H. Meter (Hrsg.), *Aspekte des Erzählens in der modernen italienischen Literatur*, Tübingen, 1983, S. 90: »Übermenschentum und Verachtung der Masse, Verherrlichung von Krieg und Gewalt bis hin zum Sadismus und zur Massenvernichtung; Geringschätzung und Mißbrauch der Frau als Sexualobjekt; Vitalismus und Todestrieb; blinder Fortschrittsglaube und Anbetung der Technik; Sonnenmystik und Nacht- und Leichen-Romantik; Glorifizierung des „Blutes" und der eigenen Rasse bei gleichzeitiger Unterwerfung „minderwertiger" Rassen; Gigantomachie und rücksichtsloses Sich-Hinwegsetzen über das Leben und die Natur; Ästhetisierung von Tod und Untergang und faschistische Rhetorik.«

das Übermenschliche in Gestalt eines „unsterblichen Giganten" zu bewahren und zu perfektionieren.

»È così, che io trasfonderò la mia volontà nel corpo nuovo di mio figlio! Egli sarà forte di tutta la sua bellezza, che non fu mai torturata dallo spettacolo della morte! [...] Gli trasmetterò la mia anima in un bacio, abiterò nel suo cuore [...]. Egli è più bello di tutti gli uomini e di tutte le donne della terra! [...] E sappiate che io ho generato mo figlio senza il concorso della vulva! [...] Ed io ne ho concluso che è possibile procreare dalla propria carne senza il concorso e la puzzolente complicità della matrice della donna, un gigante immortale dalle ali infallibili!«[110]

Die grenzenlose Begeisterung für die technischen Neuerungen der Zeit, die der Schöpfungsgeschichte Gazurmahs zugrunde liegt, sollte von Marinetti erneut in dem schon oben weiter oben erwähnten Manifest „L'uomo molteplicato e il regno della macchina" (1910) gepriesen werden.

Der futuristische Glaube an die Möglichkeit, in immer wieder neue Rollen zu schlüpfen und damit das eigene Leben ohne Rücksicht auf gesellschaftliche Konventionen neu gestalten zu können, fand seine transatlantische Entsprechung in der Vorstellung von Amerika als dem „Land der unbegrenzten Möglichkeiten". Denn schon frühzeitig wurde Amerika als die Nation der Welt betrachtet, in welcher Fortschritt und Wohlstand untrennbar Hand in Hand gingen.[111] Hüben wie drüben gab es nur noch eine Konstante, der alle übrigen Werte geopfert wurden: den beständigen Fortschritt. Die Konsequenz hieraus war eine Gesellschaft, in welcher das Individuum an Wert verlor und nur noch der Wandel beständig war.

Nicht zuletzt aufgrund ihrer Nutzung neuer Technologien und des Mythos der Geschwindigkeit, den sie geschickt für sich einzusetzen ver-

---

[110] F. T. Marinetti, *Mafarka il futurista* (1909/1910), abgedr. in Auszügen in: A. Saccone, *Marinetti e il futurismo*, S. 42f. Vgl. hierzu auch die Ausführungen von J. M. Nash, *Kubismus, Futurismus und Konstruktivismus*, München, 1975, S. 31: »Der Mensch kann werden, was immer er will. Er braucht sich keine Engel und Kentauren vorzustellen, weil er selbst Kentaur (in seinem Auto) und Engel (in seinem Flugzeug) ist.«

[111] M. Nacci weist in ihren Ausführungen darauf hin, dass die Ursprünge hierfür weit hinter das 20. Jahrhundert zurückgehen. Vgl. auch M. Nacci, *L'antiamericanismo in Italia negli anni trenta*, S. 26: »Uno dei modi più diffusi per definire l'America era quello che la identificava con una tecnica pervasiva, onnipresente, agguerrita, divenuta quasi autonoma nel suo funzionamento e nelle finalità che si dava. È uno stereotipo vecchio quasi quanto la storia americana stessa nei suoi rapporti con l'Europa [...].«

mochten, wurden Marinetti und die Futuristen von ihren europäischen Zeitgenossen oft als „amerikanisiert"[112] betrachtet. Streckenweise wurden sie sogar mit dem Bildnis des amerikanischen Pioniers identifiziert, wie dieses bei A. Moeller van den Bruck[113] der Fall war, der dabei allerdings nicht vergaß, gleichzeitig die vermeintliche Überlegenheit eines elitären (futuristischen) Bewusstseins gegenüber einem allgemeinen (amerikanischen) Demokratieverständnis hervorzuheben.[114]

»Der Futurist [...] hängt mit Leidenschaft an einer Zukunft, die es erst zu schaffen gilt, die größer sein wird, als vordem je eine Vergangenheit gewesen ist, und deren Ungewißheiten ihn gerade locken und reizen. Nur daß er dabei kein Utopist ist, wie der sozialistische Phantast, sondern ein Praktiker, wie der amerikanische Pionier!«[115]

Die wohl größte Gemeinsamkeit zwischen dem Futurismus und den vornehmlich industriell orientierten Vereinigten Staaten liegt im Technikkult mit allen sich hieraus ergebenden Konsequenzen, wie z.B. der mangelnden Wertschätzung des Individuums und der hieraus resultierenden Auflösung sozialer Strukturen.

Diese einseitige kapitalistische Ausrichtung der Gesellschaft in Amerika wurde vor allem durch die Autoren der *Lost Generation* und ihre Ziehväter kritisiert, also eben jene Literaten, die später wiederum wichtige Orientierungshilfen für Pavese und Vittorini bei der Suche nach eigenen Lösungsansätzen für die vom Faschismus verursachte gesellschaftliche Misere in Italien bieten sollten.

---

[112] Vgl. hierzu P. Demetz, *Worte in Freiheit*, S. 13: »Die Futuristen waren von Anfang an darauf bedacht, ihre Abneigung gegen alles Vergangene ins Hektische, Melodramatische oder gar Brutale zu steigern und die modernen Reizmittel der öffentlichen Reklame und der Presse zu nutzen, die ihnen, und vor allem Marinetti selbst, den Vorwurf eintrugen, sich ganz und gar mit „amerikanischer" Propaganda und mit etwas Zirkus in Szene setzen zu wollen.«

[113] A. Moeller van den Bruck (1876-1925), Geschichtsphilosoph, der dem revolutionären Konservatismus nahe stand, und Verfasser des Werkes *Das Dritte Reich* (1923), dessen Titel von den Nationalsozialisten zum politischen Schlagwort umgemünzt werden sollte.

[114] Diese Kritik Moeller van den Brucks an amerikanischen Vorstellungen von Gesellschaft und Politik lässt sich zumindest partiell auf den Verlust des europäischen Selbstvertrauens durch den Ausgang des Ersten Weltkrieges zurückführen, der auf diese Art kompensiert werden sollte.

[115] A. Moeller van den Bruck, „Die Probleme des Futurismus", zitiert nach: P. Demetz, *Worte in Freiheit*, S. 229.

2.1.3. Der politische Charakter des Futurismus

Dennoch darf Marinetti, wenn auch nicht in seinen Werken, so doch in seinem Wirken als ein Wegbereiter der europäischen Avantgarde betrachtet werden.[116] Wesentlich erfolgreicher als in der Literatur waren die Bemühungen des Futurismus auf dem Gebiet der bildenden Künste. Marinetti fand hier schon frühzeitig Gleichgesinnte,[117] die unter demselben traditionellen Provinzialismus und derselben künstlerischen Stagnation litten,[118] die auch er zur Grundlage seiner Kritik gemacht hatte.

Bemerkenswert ist dabei vor allem die von ihm betriebene „Öffentlichkeitsarbeit",[119] wobei die Behauptung Schmidt-Bergmanns, „das Manifest [sei] von Marinetti zu einem ganz eigenen Texttypus entwickelt [worden]."[120] von Malsch ebenso widerlegt wurde wie die in der Forschungslandschaft stark repräsentierte Auffassung, dass es sich bei der Veröffentlichung des Manifestes in der Pariser Zeitschrift *Le Figaro* um einen besonders geschickten Schachzug Marinettis gehandelt habe, der sein publizistisches Geschick beweist.[121] Und auch der angeblich neue kriegerische Charakter des Manifestes kann von Malsch relativiert werden:

---

[116] Vgl. hierzu M. Hinz, *Die Zukunft der Katastrophe*, S. 5: »Seine außerordentliche Bedeutung für die italienische Kultur zwischen 1905 und 1944 empfing er [Marinetti] weniger durch das, was er schrieb, als durch das, was er verkörperte, weniger durch sein „operare artistico", als durch sein „costume artistico" und seinen „stile di vita". Was unter den italienischen Intellektuellen zirkulierte, waren weniger seine Werke als seine Slogans und Aktionen.«

[117] Zu nennen wären hier z.B. die Maler Balla, Boccioni, Carrà und Russolo sowie der später im Ersten Weltkrieg gefallene Architekt Sant'Elia.

[118] Vgl. hierzu auch A. Herbert-Muthesius, *Bühne und bildende Kunst im Futurismus*, S. 11.

[119] Am Beispiel der Editionsgeschichte von *Mafarka, Le Futuriste*, welcher 1909 in französischer und 1910 in italienischer Fassung erschienen war, illustriert R. Rinaldi, *Miracoli della stupidità. Discorso su Marinetti*, Torino, 1986, S. 32, die von Marinetti angewandten publizistischen Kniffe, mit denen er seinen Bekanntheitsgrad zu steigern wusste. Durch die Angabe beider Daten im Einband sollte der Eindruck erweckt werden, beide Texte seien zeitgleich in Frankreich und Italien erschienen, so dass die italienische Erstveröffentlichung dem Leser als eine zweite Auflage erscheinen musste.

[120] H.-G. Schmidt-Bergmann, *Die Anfänge der literarischen Avantgarde in Deutschland*, S. 57f.

[121] Vgl. hierzu F. W. Malsch, *Künstlermanifeste*, S. 86, der hier zu einer sehr interessanten, gut begründeten Neubewertung der publizistischen Aktivitäten Marinettis kommt, den er nicht als *Enfant terrible*, sondern als Fortsetzer einer bestehenden Tradition betrachtet.

»Eine Betrachtung der futuristischen Manifeste darf also nicht aus dem Blick verlieren, daß das in ihnen enthaltene Gewaltpotential zumindest teilweise eine Entsprechung der bei Literaten und Intellektuellen üblichen Umgangs- und Diskussionsformen der Zeit um die Jahrhundertwende darstellt, wozu auch das Verfassen und das Publizieren von Manifesten gehörte, in denen die Gewaltrhetorik kodifiziert war.«[122]

Allerdings bleibt die Frage offen, ob Marinetti überhaupt an die Realisierbarkeit der von ihm solchermaßen artikulierten Ziele geglaubt hat. Viel wahrscheinlicher ist die Annahme, er habe einfach nur um der Provokation willen provoziert, denn schließlich hat er abgesehen von der schon im Gründungsmanifest vorgenommen Stilisierung des Krieges zur „einzigen Hygiene der Welt",[123] die später in der berühmten Schrift „Guerra sola igiene del mondo" (1915)[124] gipfeln sollte, zwar einen Führungsanspruch für den Futurismus gefordert, andererseits aber nie ein Programm vorgelegt, das ein solches Ergebnis ermöglicht hätte. Daran hat auch die Vielzahl der von ihm zu politischen Fragestellungen veröffentlichten Manifeste, wie z.B. das „Primo manifesto politico" (1909), das Manifest „Tripoli italiana" (1911) oder aber das Manifest „Al di là del comunismo" (1920), nichts geändert.

Über eine generelle Polemik, wie sie die programmatische Forderung nach „l'orgoglio e l'espansione nazionale" (1909) oder auch der berühmte Leitsatz „La parola Italia deve dominare sulla parola libertà" (1911)[125] darstellten, kam Marinetti im Wesentlichen nicht hinaus.[126] So blieb der Futurismus inhaltsleer und konnte deshalb nur initiatorisch wirken: Er lehrte

---

[122] op. cit., S. 98f. Außerdem zur Kodifizierung der Gewaltrhetorik op. cit., S. 34-83.

[123] Siehe F. T. Marinetti, „Fondazione e Manifesto del Futurismo", S. 27: »Noi vogliamo glorificare la guerra – sola igiene del mondo [...] le belle idee per cui si muore [...].«

[124] Vgl. hierzu auch die Ausführungen von G. Regn, „Futurismus (ital.)", in: D. Borchmeyer/ V. Zmegac (Hrsg.), Moderne Literatur in Grundbegriffen (1987), Tübingen, 1994, S. 163: »Fundament der futuristischen Ideologie ist ein absichtsvoll irrationalistischer Vitalismus, der Aggressivität und Destruktion zu zentralen Manifestationsformen lebensspendender Kraft befördert.«

[125] Vgl. hierzu auch die Ausführungen von A. Saccone, Marinetti e il futurismo, S. 101-103.

[126] Daran hat auch das „Manifesto del partito futurista italiano" (1918) nichts geändert. Zwar führt Marinetti noch in den Wahlen vom 20.11.1919 gemeinsam mit Mussolini die faschistische Liste an, doch gehen die beiden kurz darauf getrennte Wege.

lediglich die Zerstörung der bestehenden Ordnung, ohne im Ausgleich dafür konstruktive neue Modelle anzubieten,[127] mit deren Hilfe „die Frage nach den Grundlagen der menschlichen Existenz überhaupt"[128] hätte beantwortet werden können. Zudem war die von Marinetti geforderte Verquickung von Kunst und Politik keineswegs ein Spezifikum des Futurismus, sondern, wie M. Isnenghi in seiner Deutung der politischen und intellektuellen Landschaft Italiens zeigt, zu jener Zeit durchaus gängig. Es handelt sich hierbei um jenen „impegno politico" des Schriftstellers, der uns später im Engagement eines Pavese und eines Vittorini wieder begegnen wird.

»In un'epoca in cui scrittori come D'Annunzio, Marinetti, Corradini, Martini, si accingono ad assumersi responsabilità politiche di non poco momento, mentre innumerevoli altri scrittori e intellettuali di varia levatura – da Ojetti a Salvemini, da Borgese a Soffici, a Jahier, Bontempelli, Mariani, Russo [...]. – stanno per invadere redazioni di giornali e comandi militari, missioni diplomatiche e uffici di propaganda, non meraviglia che letteratura e politica, dimensione espressiva e mediazione pubblicistica, si compenetrino.«[129]

Wesentlicher Bestandteil des futuristischen Programms war die Kriegsverherrlichung, die sich mit derselben Vehemenz auch in der faschistischen Ideologie lokalisieren lässt. Der Krieg war die Kraftprobe für eine neue italienische Jugend, welche sich im Kampf gegen den Feind zu beweisen hatte, ja deren Aufgabe geradezu in der Vernichtung des Feindes bestand. Der Lebenskreislauf hatte in der Vorstellung der Futuristen ein kurzer, vom Jugendkult geprägter intensiver Kampf mit einer Umwelt zu sein, die unterworfen werden musste.[130] Gefordert wurde eine beständige

---

[127] Vgl. hierzu M. Hinz, *Die Zukunft der Katastrophe*, S. 57. Außerdem J. Ortega y Gasset, *Der Aufstand der Massen* (1929, dtsch. 1931), abgedr. in: ders., *Gesammelte Werke*, Bd. III, Stuttgart 1956, S. 101: »Jetzt erntet Europa die schmerzlichen Folgen seines geistigen Verhaltens. Es hat sich vorbehaltlos einer glänzenden, aber wurzellosen Kultur verschrieben.«

[128] A. Schmollinger, »*Intra muros et extra*«, S. 46.

[129] M. Isnenghi, *Il mito della grande guerra*, 3. Aufl., Bologna, 1989, S. 26.

[130] Vgl. hierzu F. T. Marinetti, „Fondazione e Manifesto del Futurismo", S. 28: »I più anziani fra noi, hanno trent'anni: ci rimane dunque almeno un decennio, per compiere l'opera nostra. Quando avremo quarant'anni, altri uomini più giovani e più validi di noi, ci gettino pure nel cestino, come manoscritti inutili. – Noi lo desideriamo!«

Revolution, deren vollkommene Umsetzung sich nur im Krieg als notwendiges Abenteuer fand, in welchem allein der männliche Geist sich beweisen konnte. Auch hier stand Marinetti mit seinen Forderungen keineswegs isoliert, sondern knüpfte an schon bestehende Strömungen innerhalb Italiens an.[131]

Das Gastspiel des Futurismus war allerdings nur von kurzer Dauer, hält man sich vor Augen, dass zwischen dem Erscheinen des Gründungsmanifestes im Februar 1909 und der Veröffentlichung des letzten wichtigen von Marinetti unterzeichneten Manifestes „Al di là del comunismo" im Jahre 1920 gerade etwas mehr als zehn Jahre lagen.

Die Bewegung dauerte zwar auch nach dem Ersten Weltkrieg noch an, allerdings führte der Wandel, den der Futurismus durchgemacht hat, später zu der Differenzierung in den „ersten" und den „zweiten Futurismus".[132] Letzterer unterschied sich nicht nur in der Zusammensetzung seiner Anhänger, sondern auch in den programmatischen Aspekten wesentlich von seinem Vorgänger. Hervorgerufen wurde dieser Wechsel einerseits durch die Opfer des Ersten Weltkrieges, zu denen unter anderem der „Vocianer" Slataper und die Futuristen Sant'Elia und Balla zu zählen sind, die als begeisterte Kriegsanhänger ihrer eigenen Ideologie zum Opfer fielen. Wesentlich gewichtiger schlug jedoch die zunehmende Desillusionierung zu Buche, die den Erfahrungen der Schützengräben und Materialschlachten entsprang. Der Glaube an die Beherrschung der Welt durch die

---

[131] Vgl. hierzu A. Herbert-Muthesius, *Bühne und bildende Kunst im Futurismus*, S. 14. Außerdem M. Hinz, *Die Zukunft der Katastrophe*, S. 12: »Pareto hatte schon 1905 den Krieg als geeignetes Mittel zur Verhinderung einer sozialen Revolution empfohlen; für den Futurismus ersetzte er umgekehrt, aber in Koinzidenz mit diesem Ratschlag, die Revolutionsperspektive selbst.«

[132] Zu den Veränderungen und den daraus resultierenden Folgen vgl. auch L. Caramel et. al., *Italiens Moderne: Futurismus und Rationalismus zwischen den Weltkriegen, Ausstellungskatalog des Museum Fridericianum Kassel, 28.1-25.3.1990, IVAM Centre Julio Gonzalez Valencia, 5.4-5.6.1990*, Kassel-Milano, 1990, S. 26: »Vor allem das „Eintreten" einer fortgeschrittenen Realität – hinsichtlich der Technologie wie der kollektiven und individuellen Verhaltensweisen – in der zeitgenössischen Gesellschaft hat nämlich in den zwanziger und besonders dreißiger Jahren zur Folge, daß der für den frühen Futurismus typische utopisch-zukunftsgläubige Abstand zu ihr wegfällt.«

Maschine war stückchenweise verloren gegangen und die Realisierung des „Mechanischen Menschen" hatte sich als unmöglich erwiesen.

Marinetti selbst blieb zwar seiner Bewegung auch nach dem Ersten Weltkrieg treu, doch wandten sich viele seine ehemaligen *fratelli futuristi* nun anderen Betätigungsfeldern zu, so dass der Futurismus mit Ende des Ersten Weltkrieges nie wieder seine alte Kraft zurückgewonnen hat. Vielmehr wurde das, was an revolutionärem Impetus noch übrig war, von der nun aufkommenden faschistischen Bewegung zunehmend absorbiert.

2.1.4. Die Vereinnahmung des Futurismus durch den Faschismus

Wie Bracher in seiner *Zeit der Ideologien* verdeutlicht hat, ist Totalitarismen der eindeutige Führungsanspruch inhärent,[133] so dass die Vermassung einer Gesellschaft, wenn sie erfolgreich sein soll, zwei parallele, gleich starke und nebeneinander existierende Bewegungen mit Führungsanspruch nicht zulässt. In diesem Sinne schlossen sich dann auch die beiden „konkurrierenden" Systeme Futurismus und Faschismus aus. Der Futurismus mit seiner kriegerischen Attitüde und seinem Männlichkeitskult entsprach zunächst durchaus dem europäischen Zeitgeist, welcher in der Avantgarde-Bewegung lediglich seinen ersten italienischen Ausdruck gefunden hatte[134] und nun vom erstarkenden Faschismus fortgeführt werden sollte. Die zwar unblutig, aber dennoch hart geführte Auseinandersetzung fiel letztlich zugunsten Mussolinis aus, dem die kollektive Weltkriegserfahrung und die um sich greifende wirtschaftliche Depression in die Hände spielten. Von entscheidender Bedeutung war dabei die Sehnsucht des Einzelnen nach Integration in eine größere Masse,[135] deren Zweck im Neuerwerb jener subjektiven Gefühle von Geborgenheit und Kameradschaft bestand, die zu Beginn der Zwischenkriegszeit gänzlich verloren zu sein schienen.

»Das geistige Klima der Zeit begünstigt den doktrinären Radikalismus in jeder Form. Was schon um 1910 in den künstlerischen Manifesten der sogenannten Futuristen sichtbar wurde, das greift in den zwanziger Jahren um

---

[133] Vgl. K. D. Bracher, *Zeit der Ideologien*, S. 168.

[134] Vgl. F. Trommler, „Literatur und Sozialismus", in: K. von See (Hrsg.), *Neues Handbuch der Literaturwissenschaft, Bd. 20: Zwischen den Weltkriegen*, S. 30: »Der Männlichkeitskult der Schwarzhemden in Italien, der Lederjackenprominenz von Ernst Röhm und Joseph Goebbels bis zu Bertolt Brecht und Ernst Thälmann war keine Modeerscheinung; er konstituierte vielmehr eine proletarisierend-ästhetische Front gegen die angefressene Bürgerwelt und wirkte, sobald er sich auf der Straße in Marschkolonnen formierte, als politisches Argument.«

[135] Vgl. T. Koebner, „Einleitung", in: K. von See (Hrsg.), *Neues Handbuch der Literaturwissenschaft, Bd. 20: Zwischen den Weltkriegen*, S. 3: »Hoffnungen auf einen neuen Anfang und Spekulationen über das Ausmaß der historischen Katastrophe kreisen gleichermaßen um ein Phänomen, das sich als sehr wesentlich für die Literatur der Zwischenkriegszeit erweist: den „Untergang des Einzelnen" in der „Masse".«

sich wie eine geistige Epidemie: der antiliberale Affekt des europäischen Intellektuellen, der Widerwille gegen den alten und fadenscheinig gewordenen »bürgerlichen« Freiheitsbegriff und die Lüsternheit nach ideologischer »Geborgenheit«. [...] Man ist bereit, das sacrificium intellectus zu bringen und Befehlsempfänger zu werden, um an die Stelle unabhängigen Denkens den »Dienst« und die »Aktion« zu setzen und dem politischen und sozialen Chaos der Zeit eine neue Ordnung einzuprägen.«[136]

Eben diese Bedürfnisse vermochte der Futurismus als eine elitär angelegte Bewegung aber nicht zu befriedigen. Der Sinn der Masse stand nun nach einer neuen Ordnung und einem starken Führer, oder wie Ortega y Gasset es formulierte:

»Tatsache ist jedoch, daß heutzutage viele Europäer mit wahrer Wollust darauf verzichten, Individuen zu sein, und sich nur zu gerne in der Masse verlieren. Diese Wonne, Masse zu sein, kein Einzelschicksal zu haben, ist zur Epidemie geworden.«[137]

Durch das Aufgehen im Kollektiv wurde der Einzelne aus seiner individuellen Verantwortung entlassen, was einen Großteil der Attraktivität von Massenbewegungen ausmacht. Vor diesem Hintergrund ist es verständlich, dass der Futurismus, der ohnehin nur für eine verhältnismäßig kleine Gruppe von Intellektuellen und Künstlern interessant gewesen war, zunehmend an Attraktivität verlor und immer stärker in den Sog des Faschismus geriet, dem sich Marinetti äußerlich immer mehr annäherte. So weist J. Riesz auf den 1924 erschienenen Sammelband *Futurismo e Fascismo* hin, der die Widmung „Al mio caro e grande amico Benito Mussolini" trägt. Marinettis Anliegen war es, die Geschichte des italienischen Faschismus als vom Futurismus beeinflusst und vorbereitet darzustellen. Einerseits zielte er somit auf Gemeinsamkeiten der beiden Bewegungen ab, andererseits, so kommentiert Riesz, arbeitete er schon auf eine Trennung der Bereiche Politik und Kunst, d.h. von Faschismus und Futurismus hin, nachdem er erkannt hatte, dass letzterer seinen Führungsanspruch an den

---

[136] H. E. Holthusen, *Der unbehauste Mensch. Motive und Probleme der modernen Literatur*, München, 1951, S. 181.

[137] J. Ortega y Gasset, *Die Vertreibung des Menschen aus der Kunst* (1925), München, 1964, S. 42f.

ersten verloren hatte.[138] Auch Hesse weist in ihrer Arbeit darauf hin, dass der Futurismus erst mit dem Erstarken des Faschismus seinen eigenen Anspruch auf politische Führung zunehmend zurückgenommen und sich stattdessen auf die Positionen der künstlerischen Avantgarde zurückgezogen hatte, um so der Gefahr einer völligen Vereinnahmung zu entrinnen.[139] Dieser Aspekt wird von Demetz noch präzisiert, der darauf hinweist, dass die Autonomiebestrebungen Marinettis und sein Widerstand gegen die seit 1937 verstärkt auf Italien übergreifenden Gleichschaltungstendenzen der deutschen Nationalsozialisten es der italienischen Kunst überhaupt erst ermöglicht haben, den Faschismus relativ unbeschadet zu überstehen und einen zügigen Anschluss an die Strömungen des Nachkriegseuropas zu finden.[140] Skeptisch muss man allerdings der Interpretation Hinzes gegenüberstehen, wenn er – immer mit dem Blick auf *Fondazione e Manifesto del Futurismo* gerichtet – behauptet, die Bewegung habe sich programmatisch bestätigt gefunden – weil sie als Hauptanliegen den Krieg proklamiert habe.[141]

---

[138] Vgl. auch J. Riesz, „Der Untergang als 'spectacle' und die Erprobung einer 'ecriture fasciste' in F. T. Marinettis 'Mafarka le Futuriste' (1909)", S. 85: »Aus der gemeinsamen Vergangenheit und auf der Grundlage gemeinsamer Wertvorstellungen ergebe sich auch für die politische Gegenwart und Zukunft ein gemeinsames Vorgehen der beiden Bewegungen bzw. eine Unterstützung der *politischen* Bewegung Faschismus durch die *künstlerische* Bewegung Futurismus [...] damit ist beider Rahmen abgesteckt, der sowohl Möglichkeiten des Konflikts enthält wie vielfältige Formen des Kompromisses und des Sich-Arrangierens.«

[139] Vgl. hierzu E. Hesse, *Die Achse Avantgarde-Faschismus*, S. 281: »Die Futuristen der zweiten Stunde opferten notgedrungen ihren Anspruch, nicht nur die Kunst, sondern das gesamte gesellschaftliche System zu revolutionieren, und zogen sich auf die Verteidigung der Positionen der italienischen und der internationalen Avantgarde gegen die Gleichschaltungstendenzen der Zeit zurück.«

[140] Vgl. auch P. Demetz, *Worte in Freiheit*, S. 9: »Aber: er [Marinetti] war, gerade in den Jahren 1937-39, als sich Mussolini dem Willen Hitlers zu unterwerfen begann, energisch bestrebt, den »rechten« Faschisten, welche die moderne Kunst, einschließlich des Futurismus, durch antisemitische Schlagworte diffamieren wollten, öffentlichen Widerstand entgegenzusetzen, und organisierte seine Verbündeten in Presse, Rundfunk und den anderen Künsten, gegen alle Versuche, die Forderungen Alfred Rosenbergs oder Julius Streichers auch in Italien zu verwirklichen; und wenn in Italien eine moderne Kunst überlebte, an die man nach der Befreiung, und nicht nur in Italien, rasch anzuknüpfen vermochte, ist das nicht zuletzt auch sein Verdienst.«

[141] Vgl. hierzu M. Hinz, *Die Zukunft der Katastrophe*, S. 2: »Dem Futurismus fehlt das Moment des politischen Scheiterns [...]. Marinettis ästhetisches Programm fand sich von den politischen Ereignissen seit 1909, in erster Linie von den Kriegen, glänzend bestätigt [...].«

2.2. Der Faschismus
2.2.1. Die Zwischenkriegszeit und die Entstehung des Faschismus

Die faschistische Bewegung ist als Resultat des Ersten Weltkriegs entstanden, der mit einem Zusammenbruch der alten gesellschaftlichen Ordnungssysteme endete, ohne dabei gleichzeitig eine neue Orientierungshilfe anzubieten. Die alten Ideologien hatten sich als überholt und die alten Machtkonstellationen als nicht länger intakt und unzuverlässig erwiesen. Die europäischen Länder schienen mit Ende des von ihnen verschuldeten kriegerischen Konfliktes nicht mehr in der Lage, selbst über ihr Schicksal zu entscheiden. Stattdessen erschienen nun zwei neue Mächte mit hegemonialem Anspruch auf der Weltbühne: die U.S.A. und die aus der Oktoberrevolution neu entstandene UdSSR.[142] Das Resultat dieser traumatischen Erfahrungen war eine Umbruchsituation, die zwingend eine Reaktion erforderte. Alles schien möglich, nur nicht das Verharren. Wie schwierig diese Erfahrungen für den Einzelnen zu verarbeiten waren, verdeutlicht der folgende Ausschnitt aus E. M. Remarques Kriegsroman *Im Westen nicht Neues* (1929), in welchem der Autor die zentrale Fragestellung für seine ganze Generation artikuliert:

> »Was werden unsere Väter tun, wenn wir einmal aufstehen und vor sie hintreten und Rechenschaft fordern! Was erwarten sie von uns, wenn eine Zeit kommt, wo kein Krieg ist? Jahre hindurch war unsere Beschäftigung Töten – es war unser erster Beruf im Dasein. Unser Wissen vom Leben beschränkt sich auf den Tod. Was soll danach noch geschehen! Und was soll aus uns werden?«[143]

---

[142] Vgl. auch T. Koebner, „Einleitung", S. 1: »Der Erste Weltkrieg (1914-1918) beschleunigt die Zerstörung der Machtkonstellationen, die aus dem 19. Jahrhundert stammen: Die Autorität des alten Europa verfällt, die USA und die UdSSR etablieren sich als neue Weltmächte, die Kolonien begehren allmählich gegen die imperialistische Herrschaft auf, neue Nationen entstehen, die alten gesellschaftlichen Ordnungen verlieren zusehends ihre Gültigkeit, die Konflikte zwischen den Staaten werden überlagert durch den manifest gewordenen Kampf zwischen Kapitalismus und Sozialismus.«

[143] E. M. Remarque, *Im Westen nicht Neues* (1929), Köln, 1971, S. 184.

Die hier anklingende Infragestellung der eigenen Daseinsberechtigung besitzt Gültigkeit für die gesamte europäische Jugend, welche an der vorhergehenden Euphorie und den darauf folgenden ernüchternden Geschehnissen des Krieges teilgenommen hatte und sich nun mit der Verarbeitung ihrer Traumata allein gelassen sah.[144] Die von Holthusen diagnostizierte „Jasperssche Grenzsituation als nationales Schicksal"[145] galt gleichermaßen für Italien, wo M. Bontempelli als dringlichste Aufgabe des Jahrhunderts „la ricostruzione del tempo e dello spazio" und „il rinnovamento dell'individuo" sah.[146]

Die notwendige Verarbeitung der Erlebnisse aus dem Ersten Weltkrieg führte auf gesamteuropäischer Ebene zur Suche nach neuer Geborgenheit und der Möglichkeit einer kollektiven Bewältigung dieser ja ebenfalls kollektiven Erfahrung. Dieses mündete schließlich in den 20er und 30er Jahren in die sich ideologisch feindlich gegenüberstehenden Massenbewegungen des Sozialismus, Kommunismus und Faschismus, der somit nur eine von mehreren Möglichkeiten darstellte, die neue Orientierungspunkte und einen Weg aus der Krise anboten.[147]

---

[144] Eben hier findet sich auch die Verbindung zu den amerikanischen Kriegsteilnehmern Hemingway, Dos Passos u.a.m., die unter denselben Traumata zu leiden hatten.

[145] H. E. Holthusen, *Der unbehauste Mensch*, S. 145.

[146] M. Bontempelli, „L'avventura novecentista", zitiert nach: C. Engeler, *Massimo Bontempelli ed i suoi romanzi nel tempo (1929-1937)*, Zürich, 1992, S. 25: »„1) Il compito più urgente e preciso del secolo ventesimo, sarà la ricostruzione del tempo e dello spazio." e „2) Il rinnovamento dell'individuo, sicuro di sé, sicuro d'essere sé, e non altri, sé con alcune certezze e alcune responsabilità, con le sue passioni particolari e una morale universale: e in cima a tutto ritroveremo forse un Dio da pregare e da combattere."«

[147] Vgl. hiezu H. M. Klein, „Weltkrieg und Bürgerkriege in der Literatur", in: K. von See (Hrsg.), *Neues Handbuch der Literaturwissenschaft, Bd. 20: Zwischen den Weltkriegen*, S. 200: »Die Heimkehr der alliierten Soldaten war ernüchternder, als viele es sich ausgemalt hatten. [...] Zu Hause fanden die Soldaten dann den alten Materialismus und Kapitalismus vor, Arbeitslosigkeit, Streit und Armut – nicht zuletzt eine Bevölkerung, die zum größten Teil den Krieg so schnell wie möglich vergessen wollte. [...] Frank Field führt am Beispiel von Henri Barbusse, Pierre Drieu la Rochelle und George Bernanos die drei häufigsten Reaktionen auf den Weltkrieg vor: Anhand ihrer Werke verfolgt er die Wege, die aus dem Kriegserlebnis in den Kommunismus, in den Faschismus und in ein intensiviertes Christentum führten.«

Hierbei knüpfte der Faschismus in direkter Linie an eben die Werte an, die schon der Futurismus in der Vorkriegszeit proklamiert hatte, mit dem er sich auch im programmatisch geforderten Aktionismus traf. Ein wesentliches Unterscheidungsmerkmal der beiden Bewegungen besteht darin, dass es sich bei dem Futurismus um eine künstlerische Avantgarde mit politischem Anspruch gehandelt hatte, der Faschismus hingegen als politische Bewegung das gesamte öffentliche Leben für seinen Herrschaftsbereich zu vereinnahmen suchte. Die ursprünglich dem Sozialismus nahe stehende Bewegung[148] trat mit stark antibolschewistischem Anspruch[149] auf und vermochte gerade in der Anfangszeit, ihre Anpassungsfähigkeit an die unterschiedlichsten Bevölkerungsschichten ebenso unter Beweis zu stellen wie jene an die einzelnen Regionen Italiens, die, jede für sich genommen, keineswegs einheitliche Ziele verfolgten.

> »Lo Stato fascista è nato: 1°, dalla critica sindacalista-sorelliana del parlamentarismo e della democrazia socialista; 2°, dalla esperienza della dissoluzione, a cui eran venute la compagine e l'autorità dello Stato per

---

[148] So schulte der junge Mussolini sein politisches Denken zunächst an den Schriften so unterschiedlicher Theoretiker wie George Sorel und Karl Marx. Vgl. hierzu auch die Ausführungen von G. Gentile, „La filosofia del fascismo", in: ders., *Opere Complete. Politica e Cultura (XLV)*, Vol. Primo, Firenze, 1990, S. 419. Bracher weist in seinen Untersuchungen allerdings darauf hin, dass der spätere faschistische Grundgedanke von machtstaatlichem Strukturprinzip und elitärem Herrschaftsanspruch hier ebenso seinen Ursprung findet wie die Mobilisierung der Massen als zentrales faschistisches Machtinstrument. Vgl. hierzu K. D. Bracher, *Zeit der Ideologien*, S. 80: »Sorels besondere Bedeutung liegt darin, daß er betont als Sozialist jene irrational begründete Philosophie der Tat vertrat, die dann als Verbindung von Nationalismus und Sozialismus an der Wiege des italienischen Faschismus und des deutschen Nationalsozialismus stand. Auch zwei ihrer Zentralvorstellungen waren hier schon ausgeprägt: der Elitegedanke als Strukturprinzip des Machtstaats [...] und der Begriff des politischen Mythos [...].«

[149] Vgl. zur Identifikation des italienischen Faschismus und später des deutschen Nationalsozialismus auch die schon früh von Clara Zetkin erhobene Anklage, es handle sich bei der Bewegung um einen „Agenten des Bürgerlichen Kapitals". Hierin spiegelt sich die frühe Opposition zwischen den Bewegungen Faschismus und Kommunismus wider, die sich in ihrer Intransigenz gegenüber dem jeweiligen politischen Gegner gleichen. Außerdem S. G. Payne, "The Concept of Fascism", in: S. U. Larsen et. al. (ed.), *Who were the Fascist? Social Roots of European Fascism*, Bergen-Oslo-Tromsö, 1980, S. 14f: »The notion that fascism was primarily to be understood as the agent of «capitalism», «finance capital», the «bourgeoisie», or some combination thereof, is one of the oldest, most standard and widely diffused interpretations. [...] This became the standard communist and Third International interpretation of fascism, and was also adopted by some non-communists as well.«

effetto delle irriducibili lotte delle forze parlamentari e dei partiti in cui queste si assommavano; 3°, dalla esperienza della guerra.«[150]

Die Lösung der von Marx und Sorel angeprangerten sozialen Probleme konnte nach Auffassung Mussolinis mit dem Scheitern des Liberalismus nur noch im Faschismus zu finden sein. Die oben schon skizzierten Auswirkungen des Ersten Weltkrieges und der Mythos von der *vittoria mutilata*, welchem zufolge Italien um seinen gerechten Anteil an den Kriegsergebnissen betrogen worden war, sind hierbei keineswegs zu unterschätzen. Das unifikatorische Moment des Faschismus der ersten Stunde war „ein wütender und umstürzlerischer Patriotismus",[151] der so unterschiedliche Charaktere wie D'Annunzio, Marinetti und Mussolini zu einer spontanen gemeinsamen Zielsetzung zu vereinen wusste und im weiteren Verlauf von Giovanni Gentile zu einem identitätsstiftenden Bestandteil des Faschismus umfunktioniert wurde, welches vom Einzelnen schließlich die völlige Unterordnung unter die Belange der mit dem Staat gleichgesetzten Partei forderte.

»Giacché la patria del fascista è pure la patria che vive e vibra nel petto di ogni uomo civile, quella patria il cui sentimento da per tutto si è riscosso nella tragedia della guerra, e vigila, in ogni paesi, e deve vigilare a guardia di interessi sacri, anche dopo la guerra, anzi per effetto della guerra, che nessuno più crede l'ultima. E codesta patria è pure riconsacrazione delle tradizioni e degli istituti che sono la sostanza della civiltà; nel flusso e nella perennità delle tradizioni! Ed è scuola di subordinazione di ciò che è particolare ed inferiore a ciò che è universale ed immortale, è rispetto della logica e disciplina [...].«[152]

Zudem war es aufgrund der einseitigen Betonung des Aktionismus und der „Flexibilität des Geistes"[153] mit Ausnahme der Bolschewisten für

---

[150] G. Gentile, „La filosofia del fascismo", in: ders., *Opere Complete. Politica e Cultura (XLVI)*, Vol. Secondo, Firenze, 1990, S. 166.

[151] Vgl. auch I. Silone, *Der Fascismus. Seine Entwicklung und seine Entstehung* (1934), Frankfurt/M., 1984, S. 79.

[152] G. Gentile, „Manifesto degli intellettuali italiani fascisti agli intellettuali di tutte le nazioni" (1925), abgedr. in: ders., *Opere Complete. Politica e Cultura (XLVI)*, Vol. Secondo, S. 9. Gentile leitet hier aber auch das Prinzip der absoluten Unterordnung des Einzelnen unter den Faschismus ein und bereitet argumentativ den nächsten Krieg vor.

[153] G. Zibordi, „Der Faschismus als antisozialistische Koalition", in: E. Nolte (Hrsg.), *Theorien über den Faschismus*, Köln, 1976, S. 80.

jeden anderen zumindest theoretisch möglich, Teile seiner persönlichen Zielsetzungen im frühen Faschismus wiederzufinden.[154] Der italienische Faschismus war zu Beginn noch nicht so reaktionär, wie er es später werden sollte, sondern beinhaltete stattdessen in seinen Ursprüngen einen starken Anspruch auf soziale Veränderungen. Erst im Verlaufe der weiteren Entwicklung sollte er sich dann zu einem System von zunehmend totalitären Strukturen entwickeln.[155]

2.2.2. Faschistische Ideologie und Führerkult

Wie die zahlreichen Beiträge von Bracher, de Felice, Nolte und anderen Historikern zeigen, erweist es sich als problematisch, eine Definition faschistischer Ideologie geben zu wollen. Als eines der Hauptmerkmale kann zunächst festgehalten werden, dass der italienische Faschismus anfänglich *ex negativo* agiert, d.h. sich durch die Ablehnung anderer Modelle definiert hat, ohne dabei eine konstruktive Alternative anzubieten. Folgt man gängigen Interpretationen, so sah das bürgerliche Lager im Faschis-

---

[154] Diese relative Offenheit, die eigentlich auf eine strukturelle Schwäche des Faschismus zurückzuführen ist, hat es ihm auch später immer wieder ermöglicht, zumindest stillschweigende Akzeptanz zu erwirken. Ein Paradoxon besonderer Art stellt zudem die Tatsache dar, dass er lange Zeit als Zufluchtsort für deutsche Oppositionelle und Verfolgte des nationalsozialistischen Regimes gedient hat, was als Beleg für die lange Zeit vergleichsweise liberale Haltung Mussolinis spricht. So wird das »manifesto della razza« in Italien erst am 14. Juli 1938 verkündet; im September 1938 werden dann die Rassengesetze eingeführt. Vgl. zur Haltung Mussolinis auch J. Graf, *Die notwendige Reise. Reisen und Reiseliteratur junger Autoren während des Nationalsozialismus*, Stuttgart, 1995, S. 141, und K. Voigt, *Zuflucht auf Widerruf. Exil in Italien 1933-1945*, 2 Bde., Stuttgart, 1989.

[155] Dieser Umstand ist insofern von Bedeutung, als er zumindest teilweise das Engagement des jungen Vittorini in den Reihen der Faschisten zu erklären vermag. Wahrscheinlich hat Vittorini, will man den Protagonisten Alessandro Mainardi aus seinem Roman *Il garofano rosso* (1948) als sein Alter Ego betrachten, zunächst im faschistischen Programm die Möglichkeit zur Verbesserung der sozialen Missstände gesehen. Andererseits kann man ihn aber auch nicht von der Schuld der Geschichtsklitterung freisprechen, die natürlich zu seinem eigenen Vorteil, d.h. einer besseren Reputation im Nachkriegsitalien gereichte. Vgl. hierzu H. Marek, *Elio Vittorini und die moderne europäische Erzählkunst (1926-1939)*, S. 9f und S. 27ff, welche die editorischen Unternehmungen Vittorinis untersucht und „wohlwollende Überarbeitungen" der Texte festgestellt hat.

mus vor allem das geeignete Mittel, um den überall aufkeimenden Klassenkampf zu unterdrücken und die Massen zu demobilisieren bzw. im eigenen Sinne zu kanalisieren und zu steuern, um so die Besitzstände zu wahren.[156]

Der Faschismus machte sich diesen Umstand zunächst zunutze und nahm schon frühzeitig für sich in Anspruch, die bolschewistische Gefahr erfolgreich bekämpft zu haben.[157] Diese von Mussolini formulierte These wurde später allerdings sowohl von den antifaschistischen Gruppierungen wie auch von den Historikern bezweifelt.[158] Tatsächlich spricht die Vehemenz, mit der die italienischen Kommunisten dann unter dem Faschismus verfolgt worden sind, gegen diese Argumentation und es ist fraglich, ob Mussolini selber an diese Bankrotterklärung geglaubt hat. Stattdessen ist zu vermuten, dass es sich bei der Deklamation eher um den Versuch seinerseits gehandelt hat, die eigene Position durch die Präsentation von Anfangserfolgen zu stabilisieren, die ihm weiterhin das Wohlwollen der bürgerlichen Kreise sichern sollten.[159]

Wie stark der Anteil des Bolschewismus an der Etablierung des Faschismus letztlich aber auch gewesen sein mag, vordergründig wurde er als Argument verwendet, um die Gründung der ersten *squadre d'azione fascista* im Mai 1920 zu rechtfertigen, die sich dann schnell zu größeren

---

[156] Vgl. auch L. Ceplair, *Under the Shadow of War. Fascism, Anti-Fascism, and Marxists, 1918-1939*, New York, 1987, S. 31: »Since the great majority of Western statesmen and politicians believed that the main perpetrators of tumult in Europe and the United States were the Russian Bolsheviks and the Communist parties formed in response to the Russian Revolution, Western leaders did not protest when Italian Fascists and practitioners of the more traditional forms of white terror suppressed Left-wing parties and trade unions.«

[157] Vgl. hierzu auch C. Sforza, *L'Italia dal 1914 al 1944. Quale io la vidi*, Roma, 1945, S. 110: »Certi grandi industriali pagarono le spese del connubio. Mussolini aveva scritto, nel luglio 1921, nel suo *Popolo d'Italia*: „Pretendere che un pericolo comunista esista ancora in Italia, equivale a prendere la propria paura per della realtà. Il bolscevismo è distrutto fra noi."«

[158] Vgl. hierzu E. Nolte, *Der Faschismus in seiner Epoche. Action française, Italienischer Faschismus, Nationalsozialismus* (1971), München-Zürich, 1984, S. 253: »Der Faschismus nahm für sich in Anspruch, die bolschewistische Revolution besiegt und Italien gerettet zu haben. Aber es spricht wenig für diese Antwort. Durch die frühen, allein relevanten Äußerungen Mussolinis findet sie so wenig eine Bestätigung wie durch die Tatsachen selbst.«

[159] Hier ließen sich u.a. die Eroberung Abessiniens, das Konkordat mit der Römischen Kurie und schließlich die Hilfe für die spanischen Falangisten nennen.

Strukturen zusammenfanden und gegenseitig unterstützten. Die Mitglieder dieser ersten *fasci* rekrutierten sich aus so unterschiedlichen Gruppen wie heimgekehrten Frontkämpfern, insbesondere den ehemaligen *Arditi*, die während des Krieges als Stoßtrupps hinter den feindlichen Linien agiert hatten, sowie Studenten, Kleinbürgern und Bauern,[160] also Gruppierungen, die sich in ihrer Existenz bedroht bzw. um ihre Ideale betrogen sahen, für die sie während des Ersten Weltkrieges auf den Schlachtfeldern Europas gekämpft hatten.[161] Aus diesen Strukturen lassen sich auch der dem Faschismus innewohnende Patriotismus einerseits und der von ihm gepriesene Aktionismus andererseits erklären.[162] Letzterer, der zunächst nur die Improvisation und Orientierungslosigkeit der Faschisten bemäntelte, erfuhr seine endgültige Legitimation in der von Gentile formulierten Ablehnung jeglicher „filosofie astratte e intellettualistiche", an deren Stelle die „filosofia della prassi" treten sollte, welcher ein absoluter Wert im faschistischen Gedankengebäude zukam.

>»Il fascismo infatti polemizza contro le filosofie astratte e intellettualistiche (la condanna dell'intellettualismo si può dire diventata uno dei luoghi comuni della letteratura fascista); le filosofie cioè che presumono di spiegare la vita mettendosi fuori di essa. Il fascista invece, tra l'eredità di alcune aspirazioni marxistiche e sorelliane (poiché molti fascisti e lo stesso Duce formarono la loro prima educazione intellettuale alla scuola di Marx e di Sorel) e tra l'influsso delle dottrine idealistiche italiane contemporanee in mezzo alle quali la mentalità fascista è pur maturata, intende la filosofia come filosofia della prassi.«[163]

---

[160] Vgl. auch H. U. Thamer/W. Wippermann, *Faschistische und Neofaschistische Bewegungen*, Darmstadt, 1977, S. 177f.

[161] Erklärungsansätze dafür, dass diese Gruppierungen sich nicht mit der ebenfalls aufstrebenden Arbeiterbewegung verbunden haben, gibt z.B. E. Hesse, *Die Achse Avantgarde-Faschismus*, S. 213, die sich dabei an die Interpretationen von Karl Radek und Karl Marx anlehnt. Für Hesse »[nimmt] Gemäß seiner Stellung *zwischen* Großbürgertum und Proletariat [...] der Kleinbürger an den materiellen Leiden der unteren Schichten teil, identifiziert sich aber in seinem Selbstbewußtsein ideell mit den oberen Schichten, da er als möglicher sozialer Aufsteiger auf Leistung, Erfolg und Eigentum programmiert ist.«

[162] E. Nolte, *Der Faschismus in seiner Epoche*, S. 320f, sieht gerade in der Zusammensetzung der *squadre d'azione* ein Element, das den Faschismus in seinem weiteren Selbstverständnis, insbesondere in der Forderung nach Aktionismus, wesentlich bestärkt hat.

[163] G. Gentile, „La filosofia del fascismo", in: ders., *Opere Complete. Politica e Cultura (XLV)*, Vol. Primo, S. 419.

Die Giuseppe Mazzini zugeschriebene Forderung nach „pensiero e azione" wurde von Gentile zur Konstanten von der Reichsgründung Italiens bis zum Faschismus deklariert, um so eine historische Rechtfertigung für die Bewegung zu erhalten, die hierin eines ihrer Wesensmerkmale sah.[164] Das bedeutete allerdings auch, dass ein Gedanke allein nicht bindend oder verpflichtend sein konnte, sondern dies allein durch die Tat wurde, welche gleichzeitig seine alleinig nachprüfbare Manifestation war. Somit konnte nur das sichtbare und greifbare Ergebnis in seinen Auswirkungen als faschistisch bezeichnet werden und auf diesem Wege wurde dann auch der Intellektualismus eines Benedetto Croce ausgehebelt, welcher Gedanken und Tat als streng von einander zu trennende Einheiten betrachtete.

>>Le risoluzioni vere del Duce sono sempre quelle che sono insieme formulate e attuate. Perciò egli si vanta di essere «tempista» e di risolversi ed agire nel momento giusto in cui l'azione trova mature tutte le condizioni e ragioni che la rendano possibile e opportuna. Egli è che nel fascismo si trae al più rigoroso significato la verità mazziniana *pensiero e azione*, immedesimando così i due termini da farli coincidere perfettamente, e non attribuire più nessun valore a nessun pensiero che non sia già tradotto o espresso in azione.«[165]

Dieser ideologische Überbau, der alleine wohl kaum zur Untermauerung und Erhaltung faschistischer Macht ausgereicht hätte, da er immer nach dem Erfolg des Augenblicks beurteilt wird, wurde kurzerhand um die Qualität einer „religiösen Einstellung" ergänzt und zum „ideellen System" erklärt,[166] das sich somit jeglicher Kritik entzog. Nun würde man erwarten,

---

[164] Vgl. hierzu B. Mussolini, *La dottrina del fascismo* (1932), in: E. e D. Susmel (a.c.d.), *Opera omnia di Benito Mussolini XXXIV.*, Firenze, 1961, S. 117: »Come ogni salda concezione politica, il fascismo è prassi ed è pensiero, azione a cui è immanente una dottrina, e dottrina che, sorgendo da un dato sistema di forze storiche, vi resta inserita e vi opera dal di dentro.«

[165] G. Gentile, „Pensiero e azione", in: ders., *Opere Complete. Politica e Cultura (XLV)*, Vol. Primo, S. 397.

[166] B. Mussolini, *La dottrina del fascismo*, S. 118: »Il fascismo è una concezione religiosa, in cui l'uomo è veduto nel suo immanente rapporto con una legge superiore, con una Volontà obiettiva che trascende l'individuo particolare e lo eleva a membro consapevole di una società spirituale. Chi nella politica religiosa del regime fascista si è fermato a considerazioni di mera opportunità, non ha inteso che il fascismo, oltre a essere un sistema di governo, è anche, e prima di tutto, un sistema di pensiero.«

dass ein ideelles System, sobald es die von ihm angestrebten Ideale realisiert und seine Zielsetzungen umgesetzt hat, sich entweder von selber modifiziert oder aber von einem neuen System mit neuen Idealen abgelöst würde. Um dieser Erwartung von vornherein entgegenzutreten und den Faschismus somit in der Geschichte unentbehrlich zu machen, wurde die Einlösung des ideellen Versprechens von Mussolini als in sich unmöglich erklärt.

Die Auflösung dieses Spannungsverhältnisses zwischen dem Streben nach einem Ideal und der gleichzeitigen Unmöglichkeit, es jemals erreichen zu können, wurde von Mussolini durch die Forderung nach beständiger Umwälzung, d.h. nach einer permanenten Revolution erreicht, wobei er nicht zu erklären versäumt, das der faschistische Staat einen revolutionären Charakter hat.[167] Gleichzeitig beanspruchte der Faschismus den Alleinvertretungsanspruch[168] hinsichtlich jeglicher Form von Gewaltausübung. Die bisherigen Ausführungen bedeuten nun nicht, dass Mussolinis Ansätze und Vorstöße kritiklos hingenommen worden wären. Letztlich kam es innerhalb der Bewegung immer wieder zur Abspaltung von Renegaten, wie z. B. C. Malaparte oder etwa E. Vittorini,[169] für die ein großer Teil der Attraktivität des Faschismus auf seinem sozialen Anspruch beruht hatte. So wandten sich die Mitstreiter der ersten Stunde aus Enttäuschung über das Ausbleiben einer „Zweiten Welle der Revolution" und der Umsetzung

---

[167] Vgl. hierzu op. cit., S. 130: »Ma lo Stato fascista è nuico ed è una creazione originale. Non è reazionario, ma rivoluzionario [...].«

[168] Vgl. auch G. Gentile, „A S.E. l'On. Benito Mussolini", in: ders., *Opere Complete. Politica e Cultura (XLV)*, Vol. Primo, S. 201f: »Lo Stato fascista è lo Stato sovrano. Sovrano in fatti, e non a parole. Stato forte, la cui forza non ne ammette altre pari e limitatrici, quantunque anch'essa, come ogni forza morale, si dia da sé e però abbia in sé medesima il proprio limite. [...] Lo Stato fascista, per compenetrare e indirizzare la coscienza dei cittadini, vuole organizzarli nell'unità nazionale; che è pur essa un'anima, una persona, una volontà possente, consapevole dei suoi fini. [...] L'unità nazionale (i fascisti lo sanno e lo sentono vivamente) non è qualche cosa che esista già in un tempo determinato.«

[169] Vgl. hierzu auch E. Vittorini, *Sardegna come un'infanzia* (1952, Neuauflage des 1936 erschienenen Reiseberichtes *Nei Morlacchi – Viaggio in Sardegna*), in: ders. *Le opere narrative* (1974), Bd. I, Milano, 1990, S. 194: »L'attivismo per l'attivismo m'è parso sempre roba da mosche, che appena smettono di volare e si fermano, o si grattano la testa o si affilano le zampe posteriori.«

seines anfänglich sozialen Anspruches vom Faschismus ab,[170] da sie in ihm nur noch „eine vollendete und erstarrte Revolution", nicht aber „eine im Marsch befindliche"[171] zu erkennen vermochten.

Umgekehrt scheute die Partei nicht davor zurück, ihre Kritiker durch Repressalien zum Schweigen zu bringen: So stellte man z. B. Malaparte unter die Anklage der Insubordination und beschuldigte ihn der „unlogischen Demagogie"[172] und Vittorini wurde aufgrund seiner Parteinahme für die Republikaner im Spanischen Bürgerkrieg 1936 aus der faschistischen Partei ausgeschlossen. Die einzige Ausnahme in diesem Vorgang der Kollektivierung der Individuen zur Masse, die im Folgenden noch genauer ausgeführt wird, war Mussolini selber, der als *Duce* zur Personifizierung des Vaterlandes Italien stilisiert wurde und damit auch jene Möglichkeit zur Identifikation mit der faschistischen Ideologie bot, die Koebner als einen generellen Bestandteil von Totalitarismen erkennt.

»Nach sozialistischer und – aggressiver vorgetragen – auch faschistischer Auffassung verliert sich das Individuum, mit Ausnahme des »Führers«, in der übergreifenden Ordnung.«[173]

Nach Don Luigi Sturzo (1871-1959), einem der führenden Köpfe des italienischen Antifaschismus, wäre ein solcher Mythos, der seiner Auffassung nach in der Person Lenins, später dann in jener Stalins für das bolschewistische Russland gleichermaßen galt, nicht möglich gewesen, hätte er nicht ohnehin „in glühender und konkreter Form die allgemeine Geistesverfassung [...] zum Ausdruck bringen können und – [...] eine Bedeutung von unmittelbarem Nutzen gehabt [...]."[174] Den von Sturzo angedeu-

---

[170] Vgl. hierzu M. A. Ledeen, "Renzo de Felice and the Controversy over Italian Fascism", S. 134.

[171] Auch G. Procacci, *Geschichte Italiens und der Italiener*, München, 1983, S. 362f, weist auf die »Heterogenität und Widersprüchlichkeit der faschistischen Bewegung [hin], einer Bewegung, in der einige – wenige – eine „im Marsch" befindliche Revolution sehen wollten, und in der andere – die meisten – eine vollendete und erstarrte Revolution sahen und damit dem wahren Gesicht des Faschismus näher kamen.«

[172] Vgl. hierzu auch A. Lyttleton, "Fascism in Italy: Second Wave", in: G. L. Mosse (ed.), *International Fascism: New Thoughts and New Approaches*, S. 66.

[173] T. Koebner, „Einleitung", S. 3.

[174] L. Sturzo, „Das bolschewistische Rußland und das faschistische Italien", in: E. Nolte (Hrsg.), *Theorien über den Faschismus*, S. 226.

teten Nutzen lokalisiert Bracher wiederum in dem aus der Unfehlbarkeit seines Führers abgeleiteten Alleinvertretungsanspruch eines jeglichen totalitären Systems.[175] Im konkreten Falle Mussolinis bedeutete der Ausbau des Mythos zunächst die Legitimation des *Duce* durch die göttliche Allmacht. Schon 1929 hatte die Kirche ihn als den Mann der Vorsehung, den „l'uomo della provvidenza" (Papst Pius XI) bezeichnet. Seine 1931 in den U.S.A. veröffentlichte Autobiografie beschrieb ihn schließlich als einen „political thunderstorm", der von Gott persönlich „out of a rib of Italy"[176] geformt worden war, um Italien zu erretten und einer neuen Ordnung zuzuführen.

Die Untrennbarkeit des italienischen Schicksals mit jenem Mussolinis war somit genauso evident,[177] wie die biblische Untrennbarkeit von Mann und Frau. Hieraus leiteten sich allerdings noch zwei weitere Aspekte ab: Als Instrument des göttlichen Willens war Mussolini nämlich auch bar jeglichen Eigeninteresses und setzte entsprechend den Maximen der Ideologie sein ganzes Bestreben in die Rettung Italiens. Diese angebliche Selbstaufopferung Mussolinis nahm G. Gentile zum Anlass, um vom einfachen Mann dieselbe Hingabe und Ergebenheit gegenüber dem *Duce* zu fordern.[178] Zudem schließt eine solche Gottgesandtheit auch das Dogma von der Unfehlbarkeit des *Duce* mit ein,[179] dessen politischer Werdegang,

---

[175] Vgl. auch K. D. Bracher, *Zeit der Ideologien*, S. 168: »Noch eines war den großen Ideologien gemeinsam: ihr politisch wie geistig ausschließlicher Anspruch.«

[176] L. Steffens, *Autobiography*, 1931, zitiert nach: J. P. Diggins, *Mussolini and Fascism: The View from America*, Princeton, New Jersey, 1972, S. xiii.

[177] In dieser Untrennbarkeit fanden die Faschisten auch ihre Rechtfertigung für harte Sanktionen gegen Oppositionelle jeglicher Art. Vgl. hierzu auch C. Sforza, *L'Italia dal 1914 al 1944*, S. 131. Außerdem G. Amendola, *Der Antifaschismus in Italien*, S. 68.

[178] Vgl. auch G. Gentile, „Discorso inaugurale dell'Istituto Nazionale Fascista di cultura", in: ders., *Opere Complete. Politica e Cultura (XLV)*, Vol. Primo, S.260: »Nessuno più di lui [Mussolini] è compreso del religioso rispetto [...]. Nessuno più di lui superbo della sua missione; nessuno di lui più umile nella devozione di tutto il proprio essere alla missione di cui sente così profonda la responsabilità. Questo, o Signori, non è omaggio all'uomo: è la semplice verità, che aiuta a capire molte cose, delle quali molti si meravigliano.«

[179] Es handelt sich hierbei um dasselbe Phänomen der „Unfehlbarkeit und Unschuld des Führers", das im nationalsozialistischen Deutschland auch für die Person Hitlers ausfindig ge-

seine „Irrungen und Wirrungen" sich somit im Nachhinein als geniale Schachzüge erwiesen, die notwendig gewesen waren, um das italienische Volk zu der Stellung innerhalb Europas zu führen, die ihm eigentlich gebührte.[180]

Voraussetzung für einen erfolgreichen Mythos war die Entpersonifizierung des *Duce*, der in sich alle herausragenden und positiv konnotierten Merkmale seines Volkes vereinte.[181] Kritische Stimmen, die diesem Mythos hätten entgegenwirken wollen, fielen frühzeitig unter die Zensur und wurden schließlich gänzlich unterdrückt. Stattdessen wurde Italien in der innen- und außenpolitischen Berichterstattung zu einer weltlichen Idylle stilisiert, die ihre Existenz alleine dem *Duce* zu verdanken hatte. Für die Masse bedeutete dieses, dass der Einzelne, auch wenn er sich vielleicht

---

macht werden kann. Vgl. hierzu auch N. Bortolotti (a.c.d.),*Annitrenta. Arte e Cultura in Italia*, Comune di Milano, 1982, S. 32: »Presso le masse il duce era davvero popolare e ne fa fede il fatto che nel mugugno popolare, lo *jus murmorandi* di cui si vale il popolo sotto le dittature, responsabili di quel che non andava erano sempre i gerarchi, piccoli o grandi, quasi mai Mussolini, che «non viene informato», che «se sapesse...». [...] l'amore è anche l'adorazione per Mussolini da parte di milioni di italiani di tutti i ceti è una realtà spiacevole e poco valutata in sede storiografica, ma con la quale si debbono fare i conti per una comprensione del fascismo.« Außerdem P. Melograni, "The Cult of the Duce in Mussolini's Italy", S. 75.

[180] So erklärt Gentile dann auch die vielfältigen Manöver und Wendungen, die Mussolini in seiner politischen Laufbahn vom Kriegsdienstverweigerer bis zum *Duce* durchgemacht hat. Vgl. hierzu auch G. Gentile, „Mussolini e i fasci di combattimento", in: ders., *Opere Complete. Politica e Cultura (XLV)*, Vol. Primo, S. 391: »Benito Mussolini dal socialismo italiano nel '15 era uscito per rendersi più fedele interprete del *Popolo d'Italia*, a cui egli, già direttore dell'«Avanti!», volle intitolato un suo nuovo giornale; e per sostenere la necessità della guerra, di cui egli divenne, mediante il suo giornale, uno dei responsabili principali. E come dentro al socialismo aveva combattuto la Massoneria e, inspirandosi al sindacalismo sorelliano, aveva opposto alla corruzione parlamentaristica del riformismo i postulati idealistici della rivoluzione e della violenza; cosi continuava dall'esterno la sua battaglia contro gli antichi camerati, difendendo le ragioni della guerra, rivendicando la saldezza infrangibile, non pur morale ma anche economica, degli organismi nazionali contro le bugiarde ubbie internazionalistiche; e quindi la santità della Patria, anche per le classi operaie.«

[181] E. Bolla, „Die italienische Literatur", S. 373: »Der Duce selbst stilisierte sich im Laufe der Jahre immer mehr ins Cäsarisch-Übermenschliche. Er erschien alterslos (sein Geburtstag durfte nicht erwähnt werden), ungebunden (seine Familie verschwand im Hintergrund), unverwundbar (sein sportlicher Mut und sein Glück waren sprichwörtlich), potent wie ein Gott (aus angeblich langen Listen von Bewerberinnen soll er sich täglich eine neue ausgesucht haben) [...]. Ihm war die Einigung Italiens gelungen, in Personalunion sozusagen.«

nicht mit den Zielen der faschistischen Partei identifizieren, zumindest an seiner Bewunderung für den *Duce* festhalten konnte, für den im übrigen galt:

»Mussolini ha sempre ragione«[182]

2.2.3. Die Faschisierung der Gesellschaft

Die Zeit zwischen dem Ende des Ersten Weltkrieges und der Machtübernahme durch die Faschisten war eine Zeit des Umbruchs und der fundamentalen Umwälzungen, die sich in allen Lebensbereichen niederschlugen. Hohe Staatsverschuldung und hohe Arbeitslosenquoten waren die Resultate des italienischen Engagements im Ersten Weltkrieg, ganz zu schweigen von den zahlreichen Opfern, welche die einzelnen Familien zu beklagen hatten. Die für die deutsche Zwischenkriegszeit getroffene Feststellung Schmollingers über die Auflösung alter Ordnungssysteme, deren Platz man nicht mit neuen Werten zu füllen wusste, trifft gleichermaßen auch für Italien zu:

»Diese Unvergleichlichkeit mit früheren Lebensumständen und damit auch mit früheren Lebensmodellen sowie die daraus resultierende fundamentale Verunsicherung des eigenen Seins führten zu der oft zitierten Krise gegen Ende der Zwischenkriegszeit, die sich bei weitem nicht nur auf die politischen Entwicklungen erstreckte, sondern in allen Bereichen gegenwärtig war.«[183]

Das Ergebnis dieser fundamentalen Umwälzungen war eine allgemeine Orientierungslosigkeit. Es galt sich dieser Herausforderung zu stellen, um neue Strukturen zu schaffen und zu etablieren, und dem Menschen somit die erneute Einbettung in die abendländische Kultur zu ermöglichen. An dieser Stelle setzte auch O. Spengler mit seiner Kritik an, die durchaus als exemplarisch gelten darf. Nirgends wird die Krise jener Zeit treffender zum Ausdruck gebracht, als im Titel seines Werkes *Der Untergang des Abendlandes* (1918), das innerhalb kürzester Zeit eine immense Verbrei-

---

[182] op. cit., S. 373.

[183] A. Schmollinger, *»Intra muros et extra«*, S. 47f.

tung unter den Intellektuellen Europas erfuhr.[184] Spengler beschrieb mit seiner Untergangsvision eine geistige Atmosphäre, die von vielen Intellektuellen als Abgrund der westlichen Kultur wahrgenommen wurde. Die Kultur, die bisher dem Denken und Fühlen des Einzelnen als Gerüst gedient hatte, an dem er sich orientieren und dem er sich zugehörig fühlen konnte, schien nun dem Chaos zu weichen. Entscheidenden Anteil an diesem Auflösungsprozess hatte nach Ortega y Gasset die Masse, die sich einerseits erst durch die zunehmende Technisierung hatte formieren können, andererseits mit der ihr zugedachten Rolle überfordert war, so dass das vorläufige Ergebnis eine „sittliche[n] Entartung der Menschheit" sei,[185] „was zwangsläufig [...] den Untergang Europas in seiner bestehenden Form nach sich ziehen müsse."[186]

Ein Ausweg aus dieser Krise schien in Italien schließlich mit dem Regierungsantritt der Faschisten im Jahre 1922 gegeben zu sein, als Mussolini nach dem Marsch auf Rom vom König den Auftrag zur Regierungsbildung übertragen bekam und ein großer Teil der italienischen Bevölkerung nun in ihm den Retter des Vaterlandes erblickte. Der Faschismus bediente sich zum Machterwerb also eben jener Massen, welche die existentielle Krise durch ihr eigenes Fehlverhalten erst ausgelöst hatten,[187] indem er

---

[184] O. Spengler, *Der Untergang des Abendlandes. Umrisse einer Morphologie der Weltgeschichte* (1918), 2. Bd., München 1989. Dass Spengler mit seinem Buch den „Nerv der Zeit" getroffen hatte, lässt sich unschwer daran erkennen, dass er schon 1922 das Vorwort zur 33.- 47. Auflage vorbereitete. Vgl. dazu auch H. Kiesel, „Gläubige und Zweifler. Zur Rezeption von Oswald Spenglers »Untergang des Abendlandes«.", in: *Jahrbuch des Archivs der deutschen Jugendbewegung*. Hrsg. von der Stiftung Jugenburg Ludwigstein und dem Archiv der deutschen Jugendbewegung Burg Ludwigstein. Bd. 16. Witzenhausen 1986/87, S. 157.

[185] Vgl. hierzu J. Ortega y Gasset, *Der Aufstand der Massen*, S. 101.

[186] Vgl. hierzu die Interpretation Ortega y Gassets von A. Schmollinger, *»Intra muros et extra«*, S. 46. Eine interessante Variante hierzu stellt die Auffassung der Futuristen dar, welche die Technisierung der Welt als durchweg positiv empfanden und zum Anlass dafür nahmen, die Notwendigkeit des Menschen anzuzweifeln. Eindrückliches Beispiel hierfür ist Marinettis Roman *Mafarka, le futuriste*.

[187] Dabei wurde dieses Vorgehen längst nicht immer negativ bewertet. Vgl. z.B. T. Geiger, *Die Masse und ihre Aktion*, Stuttgart, 1926, S. 63: »Reformen können unter dem Druck der Masse, Revolten unter ihrer Begünstigung erfolgen. (Begünstigt durch die Masse hat Mussolini durch seinen Staatsstreich Italien vor einer revolutionären Explosion auf dem Gebiet des Staatslebens vorläufig bewahrt.)«

schon sehr früh versuchte, die verschiedensten Bevölkerungsgruppen[188] aktiv miteinzubeziehen. Der Faschismus fand sich dabei mit seinen Bestrebungen völlig im Einklang mit dem vorherrschenden „Formierungs- und Uniformierungszwang" der Zeit,[189] der vor keiner Bevölkerungsgruppe Halt machte und auch nicht machen durfte, wollte man den eigenen Machtanspruch nicht gefährden.

> »Die Ideologisierung des Volkswillens, gegen den es keinen Widerstand mehr geben darf, bringt das eigentlich totalitäre Prinzip hervor, sie ist die Grundlage jeder modernen Diktatur, sofern diese über traditionelle Diktaturformen der Militär- und Autoritätsregime ohne Ideologie hinausgeht.«[190]

Die Verarbeitung des Ersten Weltkriegs, die Bewältigung der persönlichen Traumata und ein Kult der Jugendlichkeit waren zunächst die Bindeglieder zwischen den einzelnen Mitgliedern. Die Bündelung der unterschiedlichen Interessengruppen gelang dem Faschismus durch die Etablierung eines Feindbildes (Bolschewismus), den Entwurf einer neuen Sozialutopie (Linksfaschismus) und durch die Einsetzung einer Identifikationsfigur (*Duce*), wie wir sie im obigen Abschnitt zur faschistischen Ideologie schon definiert haben. Als einen weiteren wesentlichen Aspekt, dem der Faschismus u.a. seinem zwanzigjährigen Fortbestand verdankt, lokalisiert der Historiker R. de Felice darüber hinaus die scheinbare Auflösung des Widerspruchs zwischen Individuum und Masse.

> » Conservative authoritarian regimes have always had a tendency to demobilize the masses and to prevent them from taking any active part in political life. [...] Fascism creates the feeling of participating and contributing not to the restoration of a social order of historical limitations and inadequacies but to a revolution from which a new social order, better and fairer than the pre-

---

[188] Zu den unterschiedlichen, durchaus auch widersprüchlichen Argumentationen, derer er sich hierbei bedient, siehe auch G. Zibordi, „Der Faschismus als antisozialistische Koalition", S. 80: »In Triest ist er nationalistisch und antislawisch [...]. Er ist agrarisch im Polesine und in der Lomellina, im Gebiet von Ferrara und von Mantua. Aber im Gebiet von Ferrara gibt er sich den Anschein, ein Freund der Arbeiter zu sein, sie von der Tyrannis der Ligenführer zu befreien und ihnen das Land zu geben. In der Lomellina ist er ein offener Feind jeder Organisation und jeder sozialen Eroberung, er drückt die Löhne herab und verlängert die Arbeitszeiten ohne Heuchelei oder Skrupel.«

[189] Vgl. auch U.-K. Ketelsen, „Literatur und Faschismus", in: K. von See (Hrsg.), *Neues Handbuch der Literaturwissenschaft, Bd. 20: Zwischen den Weltkriegen*, S. 38.

[190] Vgl. auch K. D. Bracher, *Zeit der Ideologien*, S. 167.

vious one, can originate. This is the reason why fascism managed to retain mass support for such a long period of time.«[191]

Angesichts der spezifisch italienischen Situation – große Teile der Bevölkerung waren bis weit in das 20. Jahrhundert hinein Analphabeten – ist an dieser Stelle aber die Frage berechtigt, ob die Gleichschaltung der Massen denn in allen Gesellschaftsschichten überhaupt effizient durchgeführt werden konnte.[192]

Für die vorliegende Arbeit ist besonders der Aspekt der Faschisierung der Intellektuellen von Interesse, die für das Regime einen Multiplikationsfaktor darstellten. Um die oben von Bracher für den Bestand totalitärer Systeme geforderte „Ideologisierung des Volkswillens" zu gewährleisten, setzte der Faschismus mit seinen Erziehungsmethoden schon im frühen Kindesalter an und richtete schließlich sein gesamtes Entwicklungs- und Lehrsystem auf dieses Ziel aus. So wurden die Kinder schon im Alter von acht Jahren einer vormilitärischen Ausbildung unterzogen, für deren Durchführung zunächst die *Opera Nazionale Ballila* zuständig war. Dann wurden die Knaben zuerst in die *Avanguardie*, anschließend in die *Fasci Giovanili* und am Ende in die Miliz überführt, so dass jeder Junge von seinem achten Lebensjahr an ausschließlich faschistische Ideale kennenlernte, die ihn der faschistischen Zucht unterwarfen und ihm entsprechend der Philosophie Gentiles die völlige Selbstaufgabe und Unterordnung zum Wohle der Partei und des Staates abverlangten. Was dieses in der Reali-

---

[191] R. de Felice, "Italian Fascism and the Middle Classes", in: S. U. Larsen et. al. (ed.), *Who were the Fascists?*, S. 313.

[192] Vielmehr scheint es zu gegebener Zeit angebracht, zwischen dem Gros der Bevölkerung und den Intellektuellen zu unterscheiden, denen auch aus Sicht des faschistischen Regimes eine besondere Rolle zukommen sollte. Zunächst kann aber festgehalten werden, dass ein Schwerpunkt faschistischer Mobilisierungspolitik auf der ländlichen Bevölkerung lag. Eindrucksvolle Zeugnisse der dabei angewandten Methoden und erzielten Erfolge sind in den Romanen *Fontamara* (1930) und *Pane e Vino* (1936) nachzulesen, in denen der in die Schweiz geflüchtete Antifaschist I. Silone die Situation der ländlichen Bevölkerung in den Abruzzen beschreibt. Zur Faschisierung der Massen siehe auch R. de Felice, "Fascism and Culture in Italy: Outlines for Further Studies", S. 10: »On the level of the masses, Italian culture under fascism was certainly provincial. Closed to most foreign and modern influences, as time passed it became ever more oppressive, unilateral, and tending to affirm a series of myths of the agrarian-nationalistic type and to stress a vitalist and irrationalistic conception of life and behavior.«

tät bedeutete, mag der folgende Auszug aus dem „Katechismus" des Faschisten verdeutlichen:

»L'obbedienza consapevole e totale è la virtù del legionario. Non ci sono cose grandi o piccole: c'è il dovere.«[193]

Diese frühzeitige und vollständige Einbindung ließ der Jugend kaum eine Chance, den faschistischen Einflüssen zu entfliehen.[194] Mit der ohnehin schon seit langem geforderten Schulreform verfolgte Gentile dann u.a. auch die Absicht, Nachwuchskader frühzeitig zu selektionieren.[195] Fortgeführt wurde die Erziehung an der Universität durch die *Gruppi fascisti universitari*. Allerdings waren diese Erziehungsmaßnahmen der Faschisten nur bedingt von Erfolg gekrönt, denn zwar sollten die Lehranstalten immer stärker die ideologische Schulung übernehmen, aber dennoch musste das Regime lange Zurückhaltung in der Relegation von nicht systemtreuen Lehrkräften walten lassen, weil es, wie Charnitzky bemerkt, anderweitig keine Möglichkeit gab, entstandene Ausfälle zu kompensieren.[196] Diese Situation hielt bis 1931 an, als den Professoren nun auch per Gesetz der Treueid auf das Regime abverlangt wurde. Nur knapp ein Prozent der Professoren (zwölf

---

[193] N. Bortolotti (a.c.d.), *Annitrenta. Arte e Cultura in Italia*, S. 27.

[194] Vgl. zur weiteren Entwicklung auch den Aufbau des syndikalistischen Systems in op. cit., S. 26: »Praticamente non c'è modo di sfuggire al partito, anche perché l'iscrizione è obbligatoria per i lavoratori degli enti pubblici e praticamente obbligatoria per gli altri, tanto che la tessera del partito viene comunemente chiamata «tessera del pane». L'elenco delle organizzazioni dipendenti dal PNF nel '40 (alla pagina precedente) rende l'idea di quanto fosse invadente nella vita nazionale. [...] Il giuramento che si presta al momento dell'iscrizione, stampato sulla tessera, dice: «Nel nome di Dio e dell'Italia, giuro di eseguire gli ordini del DUCE e di servire con tutte le mie forze e, se e necessario, col mio sangue, la causa della Rivoluzione fascista.» Non basta: nel *Primo libro del fascista*, vero breviario obbligatorio, dal 1937, nelle scuole elementari e medie, si stabilisce anche che: „Il Fascista comprende la vita come dovere, elevazione, conquista e deve avere sempre presente il comando del DUCE: *Credere, obbedire, combattere.*"«

[195] Vgl. hierzu J. Charnitzky, *Die Schulpolitik des faschistischen Regimes in Italien (1922-1943)*, S. 81: »Die Reform des Schulsystems war somit nicht nur eine Frage der Neuordnung von Schultypen und Ausbildungsgängen, sondern stellte von vornherein auch „un complicato problema sociale" dar, das Gentile auf drastische Weise zu lösen gedachte: zwei Drittel aller Schüler in den öffentlichen Gymnasien waren in seinen Augen unnötiger Ballast, der auf die nicht zur Universität führenden Handels-, Gewerbe- und Landwirtschaftsschulen abzuwälzen sei.«

[196] Vgl. hierzu op. cit., S. 256f.

von über 1.200) verweigerte den Schwur und musste daraufhin die Universität verlassen.[197]

Zu Beginn der 30er Jahre gab die Partei zudem ihren bisher exklusiven Anspruch auf und wurde für jedermann geöffnet.[198] Wie gründlich der Apparat bei der Mobilisierung der Massen gearbeitet hatte, zeigen schließlich die beeindruckenden Mitgliederzahlen aus dem Jahre 1940, in welchem mehr als die Hälfte der italienischen Gesamtbevölkerung, nämlich gut 23 von 45 Millionen, in die der Partei angeschlossenen Verbände eingeschrieben war.[199] Mag diese Mitgliedschaft nun aus Überzeugung oder aus Angst vor Repressalien eingegangen worden sein, der Kollektivzwang war in jedem Fall enorm. So ist es nicht weiter verwunderlich, dass auch Cesare Pavese und Elio Vittorini lange Zeit Mitglieder der faschistischen Partei waren, sind sie doch, beide Jahrgang 1908, unter dem Faschismus aufgewachsen,[200] und mussten ihre Vorstellung von Gesellschaft innerhalb

---

[197] Vgl. hierzu op. cit., S. 258f. Außerdem die Ausführungen von H. Goetz, *Der freie Geist und seine Widersacher*, S. 34f, zum Verhalten Benedetto Croces: »Er hielt natürlich den Eid für tadelnswert und billigte den Entschluß des Althistorikers Gaetano De Sanctis, der sich in jenen Tagen oft mit dem Philosophen unterhalten hatte, den Eid zu verweigern. „Aber", fügte Croce mit Bitterkeit hinzu, „ich fühle mich nicht, Euch aufzufordern, den Eid zu verweigern, denn Ihr seid in Gefahr und ich nicht, denn ich bin nicht Universitätsprofessor, und die parlamentarische Immunität beschützt mich." Darüber hinaus war Croce jedoch der Ansicht, daß es besser wäre, wenn antifaschistische Professoren den Lehrstuhl behielten, um „den Faden der Lehre im Sinne der Freiheit weiterzuziehen." Dazu muß man festhalten, daß Croce diese Auffassung nur jenen mitteilte, die ihn persönlich um Rat fragten.«

[198] Vgl. auch E. Nolte, *Der Faschismus in seiner Epoche*, S. 334: »Parteimitgliedschaft wurde zur Vorbedingung für die Beamtenlaufbahn, im praktischen Verstande sogar für jede Art öffentlicher und lukrativer Tätigkeit. [...] Die Expansion geht aber keineswegs nur im Sinne quantitativer Ausweitung vor sich, sondern drückt sich gleichermaßen als Intensivierung des Anspruchs an den einzelnen aus.«

[199] Genauere Angaben hierzu finden sich in N. Bortolotti (a.c.d.), *Annitrenta. Arte e Cultura in Italia*, S. 25. Besonders hingewiesen sei an dieser Stelle auf die Mitgliederzahlen in den Lehrberufen bzw. an den Universitäten. Hier finden wir im Einzelnen die: 1) Gruppi Fascisti Universitari: 119.713 Mitglieder; 2) Studenti stranieri: 763 Mitglieder; 3) Associazione Fascista della Scuola: 179.971 Mitglieder; 4) Sezione Scuola elementare: 127.102 Mitglieder; 5) Sezione Scuola media: 44.512 Mitglieder; 6) Sezione Professori universitari: 2.944 Mitglieder; 7) Sezione Assistenti universitari: 2.054 Mitglieder und 8) Sezione Belle Arti e Biblioteca: 3.289 Mitglieder. Diese Zahlen belegen, wie tief der Faschismus in der intellektuellen Welt Italiens verankert war.

[200] Vgl. auch R. Zangrandi, „Noterelle e schermaglie. La Resistenza e i giovani in rivolta", in: *Belfagor*, Firenze, 1969, Vol. 24, S. 479: »I giovani di trenta e piú anni or sono furono

des faschistischen Systems ohne direkte Vergleichsmöglichkeiten herausbilden.

Die faschistische Zielsetzung einer Vereinheitlichung der Gesellschaft zugunsten der Partei machte verständlicherweise auch vor der Kunst nicht halt, wenngleich sich hier lange Zeit keine strukturierten Vorgehensweisen erkennen lassen. Stattdessen wurde gerade in den Anfangszeiten stark improvisiert, was auf unterschiedliche Ursachen zurückzuführen ist. Zum einen verfügte der Faschismus über keine eigene Kunstrichtung. Ebenso wie auf der Ebene der Masse finden wir auch hier ein Konglomerat der unterschiedlichsten Strömungen und Richtungen, die ihre Mitgliedschaft eher mit den diffusen politischen Ansätzen des Faschismus begründen als mit einer einheitlichen Auffassung von Kunst.[201]

So war es das primäre Anliegen des Faschismus, sich mit dem von G. Gentile verfassten *Manifesto degli intellettuali italiani fascisti agli intellettuali di tutte le nazioni* (1925) eine philosophische Grundlage zu verschaffen. Gentile hatte sich mit seinem *Manifesto* an die internationale Öffentlichkeit gewandt, um die Überlegenheit des Faschismus über alle anderen bestehenden Richtungen und Strömungen nachzuweisen, wobei er sich dem Konstrukt einer „legge storica" bediente, in welchem selbstverständlich der Faschismus in seiner Konzeption allen anderen Systemen überlegen war, die ihm deshalb zwingend unterliegen mussten.

> »In secondo luogo, questa piccola opposizione al Fascismo, formata dai detriti del vecchio politicantismo italiano (democratico, razionalistico, radicale, massonico) è irriducibile e dovrà finire a grado a grado per interno logorio e inanizione, restando sempre al margine delle forze politiche effettivamente operanti nella nuova Italia. E ciò perché essa non ha propriamente un principio opposto, ma soltanto inferiore al principio del Fascismo, ed è legge storica che non ammette eccezioni che [...] di due

---

fascisti. Perché non dirlo? E perché – aggiungo – non avrebbero dovuto esserlo, da principio! Il fascismo li aveva resi ciechi e sordi a ogni altra conoscenza, a ogni altra voce. E sembrava promettere loro tutto ciò che un giovane (allora, come prima e sempre e ancora adesso) è naturalmente portato a sperare e a volere.«

[201] Vgl. hierzu M. Hinz, *Die Zukunft der Katastrophe*, S. 4: »Als Marinetti 1929 zum „Accademico D'Italia" ernannt wurde, hatte er u.a. D'Annunzio, Bontempelli, Pirandello und Soffici zu Kollegen, es wäre schwierig, diese Autoren auf eine gemeinsame Intention verpflichten zu wollen.«

principii uno inferiore e l'altro superiore, uno parziale e l'altro totale, il primo deve necessariamente soccombere [...].«[202]

Mit zunehmender Regierungsdauer wurde aber die Situation des faschistischen Regimes immer schwieriger, was schließlich zu einer sich beständig verschärfenden Kontrolle bzw. Unterdrückung der Opposition führte. Das, was Gentile mit seinem Hochschulgesetz 1931 hatte erreichen wollen, nämlich die Faschisierung der italienischen Geisteswelt durch die faktische Übereignung an die faschistische Partei, sollte nun parallel zum erstarkten außenpolitischen Engagement vorangetrieben und umgesetzt werden,[203] um auch innenpolitisch endlich auf verlässliche Strukturen zurückgreifen zu können.[204] Eine „eigene" künstlerische/kulturelle Position versuchte der Faschismus schließlich dadurch zu definieren, dass er die Bewegung des Futurismus und ihren Begründer Marinetti vereinnahmte, den der *Duce* im Jahre 1929 zum Mitglied der *Accademia D'Italia* ernennen ließ.[205] Diese vergleichsweise liberale Haltung änderte sich, als G. Bottai, der „Erfinder" und Verfasser der „carta del lavoro", die „Organisation der Kultur" übernahm und das Künstlersyndikat schuf, in dem für alle aus-

---

[202] G. Gentile, „Manifesto degli intellettuali italiani fascisti agli intellettuali di tutte le nazioni", S. 11f.

[203] Die Reaktionen der Weltöffentlichkeit belegen allerdings, dass gerade dieses Gesetz als Beweis für das Scheitern faschistischer Integrationsbemühungen interpretiert worden war. Siehe H. Goetz, *Der freie Geist und seine Widersacher*, S. 256.

[204] Vgl. hierzu T. Bremer, „Der doppelte Widerstand. Literatur und Kampf gegen den Faschismus in Italien 1922-1945", in: ders. (Hrsg.), *Europäische Literatur gegen den Faschismus: 1922-1945*, München, 1986, S. 70-72: »Dieses Jahr [1934] bezeichnet auf allgemeinpolitischer Ebene den Übergang von der „inneren Faschistisierung" [sic!] Italiens zur aggressiven Expansionspolitik (mit dem Angriff auf Äthiopien 1935) und, nach dem ersten Zusammentreffen Mussolinis und Hitlers (Venedig, Juni 1934), den Beginn der „Achse" Rom/Berlin. Innerhalb Italiens geht damit eine grundlegende Umorientierung und Verschärfung der Kulturpolitik einher. Was zunächst als Aktionen gegen unmittelbare politische Gegner [...] begonnen hatte [...] Massenverhaftungen, Gesetzesverschärfungen, Verbannungen, der Einrichtung der Politischen Polizei („O.V.R.A.") und eines speziellen Sondergerichtes für politische Fälle („Tribunale Speciale"), [...] all dies wurde ab 1934 verstärkt auch auf mißliebige Intellektuelle und Schriftsteller ausgeweitet.«

[205] Vgl. hierzu auch M. Hinz, *Die Zukunft der Katastrophe*, S. 4: »Der italienische Faschismus intendierte weniger, eine bestimmte Kunstpolitik durchzusetzen, sondern mehr oder weniger alle vorhandenen Tendenzen, sofern sie sich nicht offen gegen ihn stellten, für sich zu reklamieren [...].«

übenden bildenden Künstler Mitgliedszwang bestand. Für Bottai war der Künstler wesentlicher Bestandteil der Kultur eines Staates, und als solcher sah er in ihm den

> »[...] Kulturträger der politischen Ziele des Regimes [und] forderte deshalb auch strenge disziplinarische Unterwerfung des Syndikats unter die Partei [...].Es [das Künstlersyndikat] war ein Instrument der Kulturpolitik, bot Möglichkeiten zur politischen Konstrolle [sic!] der Künstler und war ein Ausgangspunkt einer möglichst zwangfreien konsensusschaffenden Politik unter den Intellektuellen.«[206]

Die erhoffte Kontrolle der Intellektuellen und gleichzeitige Integration möglicher Gegner erwies sich allerdings als lückenhaft, da es trotz der Bemühungen um die Einbindung aller Künstler durch das Syndikat ausreichend Gelegenheit gab, die eigenen Werke an den offiziellen Ausstellungen, Museen u.a.m. vorbei auszustellen oder zu verkaufen.[207] Diese zunächst für den Bereich der bildenden Kunst zutreffenden Ausführungen sind analog auch für die Intellektuellen und Schriftsteller denkbar, wenn man die facettenreiche und bunte Zeitschriftenlandschaft jener Jahre betrachtet. Im Rahmen war es also durchaus möglich, sich der Zusammenarbeit mit dem Regime zu entziehen bzw. sie auf ein Minimum zu reduzieren, was die damit für den Einzelnen möglicherweise verbundenen Gefahren wie etwa Berufsverbot oder Verbannung[208] nicht minimalisieren soll. Bremer weist in seiner Studie darauf hin, dass nach 1934/35 zunehmend die Form des passiven literarischen Widerstandes gewählt wurde.

> »Formen literarischen Widerstands waren unter diesen Bedingungen nach 1934/36 praktisch nicht mehr möglich, wenn man vom passiven Widerstand der hermetischen Lyrik absieht. [...] Ab Mitte der dreißiger Jahre bildete sich insgesamt anstelle einer engagierten antifaschistischen Literatur eine Kultur

---

[206] S. von Falkenhausen, *Der zweite Futurismus und die Kunstpolitik in Italien 1922 bis 1943*, S. 21f.

[207] Siehe. op. cit., S. 2.

[208] Gutes Zahlenmaterial zum häufig überschätzten Aspekt der Verbannung liefert die Publikation von N. Bortolotti (a.c.d.), *Annitrenta. Arte e Cultura in Italia*, S. 28: »Al confino [...] furono condannate 10.000 persone dal 1926 al 1943. [...] Fondato nel 1927, nei primi tre anni il tribunale condannò 1.282 imputati per un totale di migliaia di anni di carcere. Nel '30 i condannati furono 199, nel '31 519. Poi le condanne si stabilirono intorno alle 100 all'anno fino al 1936 e diminuirono ulteriormente negli anni successivi [...].«

der literarischen Übersetzungen heraus, die mit Hilfe entsprechend ausgewählter Werke eine Form indirekten Widerstands leistete.«[209]

Darüber hinaus wurde aber immer wieder darauf hingewiesen, dass der Faschismus unter den Intellektuellen keineswegs nur auf Ablehnung gestoßen ist, sondern im Gegenteil auch immer wieder großen Anklang gefunden hat,[210] und dieses nicht nur auf italienischer, sondern durchaus auch auf internationaler Ebene.[211] Der Verfall humanistischer Werte wurde hierbei vom Gros der intellektuellen Welt durchaus in Kauf genommen.

>>Si correva al cataclisma e il mondo della cultura l'aveva sempre saputo. Parlo di tutta la cultura, anche di quella che si chiamava «fascista», anche dell'accademia d'Italia.«[212]

Paveses Äußerung zeigt, dass man sich der Krise und der aus ihr resultierenden Konsequenzen durchaus bewusst gewesen war. Die Reaktionen der italienischen Geisteswelt auf diese Erkenntnis fielen ganz unterschiedlich aus: Die Intellektuellen hatten sich entweder vom Faschismus instrumentalisieren lassen (Giovanni Gentile), ihren Dienst verweigert und sich in die Isolation zurückgezogen (Benedetto Croce) oder aber waren ins Ausland geflüchtet, um sich dort der Opposition zu widmen. Im Folgenden sollen nun die verschiedenen Haltungen der Intellektuellen genauer untersucht werden.

---

[209] T. Bremer, „Der doppelte Widerstand.", S. 72.

[210] Vgl. hierzu auch J. P. Diggins, *Mussolini and Fascism: The View from America*, S. 241, der exemplarisch Puccini, Toscanini, D'Annunzio, Pirandello, Deledda, Panzini und Papini nennt.

[211] Zu den deutschen Sympathisanten des italienischen Faschismus sind u.a. R. M. Rilke und E. R. Curtius zu zählen. Aus dem angloamerikanischen Sprachraum sind u.a. E. Pound, T.S. Eliot, G.K. Chesterton, D.H. Lawrence, H. Miller und G. Stein zu nennen.

[212] C. Pavese, „Il fascismo e la cultura" (1945, unveröffentlicht), in: ders., *Saggi letterari*, S. 205.

2.3. Die Opposition zum Faschismus

Im Jahre 1941 schrieb der damalige Kultusminister Corrado Pavolini an Elio Vittorini, dessen Anthologie *Americana* gerade von der faschistischen Zensur verboten worden war, folgende Zeilen:

> »Gli Stati Uniti sono potenzialmente nostri nemici: il loro Presidente ha tenuto contro il popolo italiano il noto atteggiamento. Non è il momento per usare delle cortesie all'America, nemmeno letterarie. Inoltre l'antologia non farebbe che rinfocolare la ventata di eccessivo entusiasmo per l'ultima letteratura americana: moda che sono risoluto a non incoraggiare.«[213]

Vor dem Hintergrund dieser offiziellen Äußerung ist eine Beschäftigung mit Amerika bzw. amerikanischer Literatur in jener Zeit auch immer als politisch zu bewerten. Für unsere Fragestellung bedeutet dies wiederum, dass somit auch der Faschismus und die Auswirkungen der von ihm praktizierten Kulturpolitik bei den nachfolgenden Untersuchungen detaillierter berücksichtigt werden müssen. Aber auch eine Analyse der dennoch vorhandenen Oppositionsbewegungen soll nicht nur die möglichen Alternativen zum Faschismus, sondern gleichzeitig auch die Grenzen faschistischer Macht verdeutlichen. Es soll also erörtert werden, welchen Platz Amerika im Rahmen der faschistischen Ideologie zugewiesen bekommen hat. Ergänzt wird diese Darstellung durch die Berücksichtigung einer möglichen sowjetischen Alternative zu Amerika.

Weiterhin muss erörtert werden, ob die Autoren Pavese und Vittorini mit ihrer Amerikarezeption nicht an schon vorhandene Strömungen anknüpfen konnten. Wie Pavese selbst nach dem Kriege zu verstehen gab, war der Faschismus eine wesentliche Voraussetzung, die, neben den in seinem speziellen Falle zugrunde liegenden biografischen Ursachen, sein Interesse und Engagement an der amerikanischen Literatur gefördert hat.

> »[...] senza un fascismo a cui opporsi, senza cioè un pensiero storicamente progressivo da incarnare, anche l'America [...] non sarà più all'avanguardia di nessuna cultura.«[214]

---

[213] Schreiben von Corrado Pavolini an Elio Vittorini anlässlich des Publikationsverbots von *Americana* 1941, zitiert nach: F. de Nicola, *Introduzione a Vittorini*, Bari, 1993, S. 82.

[214] C. Pavese, „Ieri e oggi", S. 175.

Hierbei dürfte insbesondere die Ideologisierung fast aller Bereiche des gesellschaftlichen Lebens[215] zu einer Loslösung des Autors von der vorherrschenden Kulturpolitik Italiens geführt haben. Es ging ihm jedoch nicht um eine völlige Neuorientierung, die einen radikalen Bruch mit seinem persönlichen und kulturellen Hintergrund bedeutet hätte, sondern eher um den Entwurf eines alternativen Gesellschaftskonzeptes unter Entlehnung neuer Ansätze aus anderen Kulturkreisen. Ähnliches gilt auch für Vittorini, der zudem die enge Verzahnung von Literatur und gesellschaftspolitischem Auftrag des Schriftstellers expliziert hat, die seinem eigenen Verständnis als Schriftsteller und *homo politicus* zugrunde lag.

»Perché mentre una storia politica non ha in sé, di solito, la storia della letteratura, una storia della letteratura ha sempre in sé la storia politica, è quella, questa, tutte insieme le storie, e, insomma, la storia per eccellenza dell'uomo nell'una o nell'altra cornice prescelta di spazio e di tempo.«[216]

Ohne einem übertrieben positivistischen Ansatz erliegen zu wollen, dürfen also die *vitae* der beiden Autoren nicht unberücksichtigt bleiben, sondern müssen an gegebener Stelle in die Interpretation mit einfließen. Dieses gilt umso mehr, wenn man sich ins Bewusstsein ruft, dass die Autoren, beide Jahrgang 1908, unter dem Faschismus aufgewachsen sind und dementsprechend keine alternativen Gesellschaftssysteme aus eigener Anschauung gekannt haben,[217] sich also erst mühselig eine alternative Sichtweise auf eine Welt erarbeiten mussten, welche gänzlich vom Totalitarismus geprägt und beherrscht war. Die Entwicklung vom Mitläufer, Dulder oder glühenden Anhänger des Regimes zum Antifaschisten wäre für diese

---

[215] Vgl. hierzu exemplarisch die faschistischen Praktiken, wie sie J. Leeker, „Die Darstellung des Faschismus bei Carlo Levi", in: *Italienisch. Zeitschrift für Italienische Sprache und Literatur*, Frankfurt/M., 1991, Bd. 26, S. 49, für die Romane Carlo Levis konstatiert: »Durch vielfältige Formen der Überwachung, Propaganda und Gewalt greift der faschistische Staat in die soziale Lage, das Privatleben und das leibliche Wohl, ja in das Denken der Menschen ein und schreckt auch vor Eingriffen in die Autonomie der Kirche nicht zurück; lokale Aufstände oder gar rechtsstaatliche Mittel sind dagegen machtlos.«

[216] E. Vittorini, „Letteratura americana. Le Origini" (1941), in: ders., *Diario in pubblico*, S. 99f.

[217] Auf die Auswirkungen, die das Aufwachsen unter faschistischer Herrschaft z.B. auf Pavese gehabt hat, weist u.a. P. De Tommaso, „Ritratto di Cesare Pavese", in: *Rassegna della letteratura italiana*, Firenze, 1965, Jg. 69, Bd. 3, S. 545f, hin. Für Vittorini lassen sich analoge Schlussfolgerungen ziehen.

Generation ohne die Gleichschaltungstendenzen des Faschismus ebenso wenig denkbar, wie ohne den Spanischen Bürgerkrieg, der ebenfalls einen wichtigen Meilenstein in der Formierung der Opposition darstellt.

2.3.1. Möglichkeiten der Opposition

Einen wesentlichen Anstoß erfuhren die Oppositionsbewegungen durch die Manipulation der Wahlen im Jahre 1924 und die kurz darauf folgende Ermordung des Abgeordneten Giacomo Matteotti, der die faschistischen Machenschaften öffentlich angeprangert hatte. Der Zeitzeuge Graf Sforza schilderte die damalige Situation folgendermaßen:

> »Fu la legge elettorale del luglio 1923 che annientò ogni possibilità di atmosfera libera. [...] Le elezioni ebbero luogo il 6 aprile 1924. [...] Nel piccolo paese della Lunigiana ove quel giorno mi trovavo, i primi quindici elettori votarono unanimi contro il governo; un'ora dopo furono tutti bastonati a sangue; [...] gli altri elettori furono spinti a forza alle urne, e votarono la lista governativa. L'assassinio di Giacomo Matteotti fu l'epilogo di quel periodo.«[218]

Selbstverständlich konnte ein solches Vorgehen der Faschisten, für das Mussolini in einer späteren Rede die volle politische Verantwortung übernommen hatte, nicht ohne Reaktionen bleiben. Neben dem bekannten Auszug der parlamentarischen Opposition auf den Aventin gab es u.a. heftige Reaktionen in der nationalen Presse.[219] Dennoch ist auffällig, dass zwischen der Ermordung Matteottis und einer konzertierten Aktion der italienischen Geisteswelt gegen den Faschismus, wie sie das „Antimanifesto"[220] Benedetto Croces darstellt, fast ein Jahr lag,[221] obwohl Historiker

---

[218] C. Sforza, *L'Italia dal 1914 al 1944*, S. 128.

[219] Die parlamentarische Opposition war nach der Gewalttat unter Führung von Giovanni Amendola (1882-1926) aus dem Parlament auf den Aventin ausgezogen, um so die politische Konsequenz aus der Ermordung Matteottis zu erzwingen, die ihrer Ansicht nach notwendig war: die Demission Mussolinis.

[220] H. Goetz weist in seiner Untersuchung allerdings darauf hin, dass wohl die Zeitgenossen Croces, nicht aber er selber von einem Gegenmanifest sprach. Vielmehr nannte er die von ihm verfasste Schrift einen *Protest* gegen Gentiles Manifest. In den 1955 posthum veröffentlichten Auszügen aus dem Gesamtwerk Croces lautet die Überschrift dann allerdings „Il manifesto degli intellettuali italiani antifascisti", in: B. Croce, *Filosofia – Poesia – Storia*, S. 1056-1060.

[221] Vgl. auch R. Contarino/M. Tedeschi (a.c.d.), *Dal fascismo alla Resistenza*, S. 65, die darauf hinweisen, dass Croce das *Antimanifest* erst auf Drängen von Amendola als Antwort auf Gentiles *Manifest* abgefasst hat. Außerdem H. Goetz, *Intellektuelle im faschistischen Italien*, S. 231.

wie A. Lyttleton gerade in der Ermordung Matteottis einen Beweis für die Unsicherheit und mangelnde Effizienz der faschistischen Regierung in ihrem Umgang mit der Opposition sehen.[222] Auch G. Procacci weist in seinen Ausführungen darauf hin, dass die systematische und gesetzlich verankerte Unterdrückung der Opposition erst nach der Bluttat einsetzte, um so die Krise des Faschismus zu meistern.

>>Die folgenden Monate waren durch Dekrete und Gesetze gekennzeichnet, die, wie man sagte, *fascistissime* waren. Die Tätigkeit der Parteien wurden durch ein Koalitionsgesetz unterbunden, die Pressefreiheit aufgehoben, die Dissidenten des Aventin aus dem Parlament ausgeschlossen, des Antifaschismus verdächtige Beamte aus der Verwaltung entfernt, die Gesetzbücher geändert und schließlich wurde die Verwaltungsautonomie eingeschränkt [...].<<[223]

Lässt man einmal die Möglichkeit einer Anpassung oder passiven Duldung außer Acht lässt, so scheinen drei Arten der Reaktion für die Gegner des Regimes möglich: Denkbar war der Verbleib im eigenen Lande unter Ausübung welcher Art von Widerstand auch immer. Dieses Vorgehen führte allerdings früher oder später mit großer Wahrscheinlichkeit zur Verhaftung des Oppositionellen und seiner anschließenden Verurteilung durch ein faschistisches Sondergericht.[224] Zum anderen gab es die Möglichkeit der Flucht in neutrale Länder wie z.B. die Schweiz oder Südamerika. Als Beispiel für ein solches Verhalten kann I. Silone genannt werden, der schon frühzeitig emigriert war und seine Arbeit gegen den Faschismus aus der Schweiz fortsetzte.

Die letzte Möglichkeit bestand in der Flucht in jene Ländern, die dem Faschismus feindlich gesonnen waren, also Frankreich und Großbritannien, die UdSSR und später auch die U.S.A,[225] wobei die späteren Westmächte dem Faschismus zunächst allerdings nicht so ablehnend gegen-

---

[222] A. Lyttleton, "Fascism in Italy: Second Wave", S. 45: >>[...] the murder itself was in a sense characteristic of a regime which lacked legal sanctions against its opponents.<<

[223] G. Procacci, *Geschichte Italiens und der Italiener*, S. 360.

[224] Die Spanne der Urteile solcher Verfahren reichten von der Verbannung bis zum Todesurteil und der Hinrichtung. Vgl. zum italienischen Widerstand auch P. Cooke (ed.), *The Italian Resistance. An Anthology*, Manchester-New York, 1997.

[225] Vgl. hierzu G. Amendola, *Der Antifaschismus in Italien*, S. 159.

übergestanden haben,[226] wie es später u.a. auch von den Antifaschisten immer wieder behauptet worden ist. Vielmehr wurde der Faschismus vor allem in der Person Mussolinis z.B. in den U.S.A lange Zeit durchaus positiv wahrgenommen, wie wir auch an seiner 1931 publizierten Autobiografie erkennen können, wobei im Einzelfall allerdings immer zu hinterfragen bleibt, ob die Sympathien eher dem Manne oder der von ihm angeführten Bewegung galten.

2.3.2. Die Bewegung *Giustizia e Libertà* und der Spanische Bürgerkrieg

Eine zentrale Rolle im antifaschistischen Engagement nahm zweifelsohne die Bewegung *Giustizia e Libertà* ein, deren Entwicklung im Folgenden als exemplarisch für die außerhalb Italiens angesiedelte antifaschistische Opposition skizziert werden soll. Carlo und Nello Rosselli, die späteren Begründer der Exilbewegung *Giustizia e Libertà*, kurz *G.+L.*, veröffentlichten schon im Januar 1925 ihre Zeitschrift *Non Mollare!*, die allerdings nur bis Oktober desselben Jahres erscheinen konnte.[227] Die 1937 in Bagnolles, Frankreich ermordeten Brüder Rosselli nahmen in der Formation der antifaschistischen Opposition eine Schlüsselstellung ein: So organisierte Carlo Rosselli abgesehen von ihrem publizistischen Engagement im Jahre 1926 die Flucht des Sozialisten F. Turati (1857-1932) aus Italien, wurde 1929 selber auf die Liparischen Inseln verbannt, von wo aus er dann nach Frankreich floh[228] und in Paris eben jene Bewegung *Giustizia e*

---

[226] Vgl. zu dieser Deutung z.B. auch die Interpretationsansätze von L. Ceplair, *Under the Shadow of War*.

[227] Zu den näheren Umständen, unter denen die Zeitschrift aus der Taufe gehoben wurde, vgl. auch R. Contarino, M. Tedeschi (ed.), *Dal fascismo alla Resistenza*, S. 112: »Aperto alle istanze sociali ma non organicamente legato ai movimenti popolari, né organizzato culturalmente e politicamente, il gruppo di opposizione raccolto intorno al „Circolo di cultura", fondato da Gaetano Salvemini e Carlo Rosselli (1924), e alla associazione clandestina di combattenti antifascisti „Italia libera" (10 giugno 1924), diede vita al primo foglio illegale di azione politica, programmatico gia nel titolo: „Non mollare"«

[228] Vgl. hierzu die über weite Strecken als sehr publizistisch zu bezeichnende Darstellung von A. Davidson/S. Wright (ed.), *"Never give in": the Italian Resistance and Politics*, New

Libertà gründete, zu welcher neben so namhaften Mitgliedern wie dem später in die U.S.A. emigrierten G. Salvemini (1873-1957) auch der 1943 in Rom ermordete L. Ginzburg als Leiter der Turiner Sektion von *G.+L.* zählte.[229] Die Ziele von *G.+L.* waren eindeutig antifaschistisch gegen die Diktatur Mussolinis gerichtet, den sie stürzen wollten. Sie waren aber ebenso eindeutig antimonarchistisch, da sie den König für die Machtübergabe an die Faschisten verantwortlich machten. Zum Höhepunkt der faschistischen Politik, dem siegreich geführten Eroberungskrieg in Abessinien, hielt *G.+L.* einen Wechsel des Regimes nur noch unter Einsatz von Gewalt für möglich. Dies ist sicherlich eine realistische Einschätzung der inneritalienischen Situation, die allerdings schon von Enttäuschung gekennzeichnet ist:

> »Con la conclusione vittoriosa della guerra abbisina, con la presa di Addis Abeba e la proclamazione dell'«Impero», ai primi di maggio del 1936 «Giustizia e Libertà» è anche il primo giornale dell'antifascismo a confessare delusione ed amarezza per una conclusione della guerra che contraddice le previsioni di una crisi insuperabile; ad ammettere che tali previsioni erano errate. Rosselli scrive che il fascismo esce consolidato e rafforzato dalla crisi etiopica, che l'urto sociale sarà ancora evitato o contenuto, che neppure le difficoltà economiche sono tali da minacciare ora il regime[...].«[230]

Um den angestrebten Umsturz dennoch realisieren zu können, sollten innerhalb Italiens die Massen zum Widerstand mobilisiert werden, und so wurden schwerpunktmäßig in Norditalien Ableger der Gruppe gegründet, die mit der Organisation des Widerstandes vor Ort betraut wurden.[231]

York-Washington-Baltimore, 1998, S. 8, der interessante Details zu Ferruccio Parri und Carlo Roselli gibt.

[229] Vgl. zu den Ereignissen auch die Ausführungen von C. Sforza, *L'Italia dal 1914 al 1944*, S. 139.

[230] L. Pisano, „La cultura degli esuli italiani di fronte all'espansione coloniale del fascismo (1935-39)", in: M. Sechi (a.c.d.), *Fascismo ed esilio. Aspetti della diaspora intellettuale di Germania, Spagna e Italia*, S. 29f.

[231] Zu den Zielen von *G.+L.* vgl. die Ausführungen von A. Davidson/S. Wright (ed.), *"Never give in": the Italian Resistance and Politics*, S. 8: »It was not a political party. It had four goals: unite the non-Communist forces, make war on the Fascists, abolish the monarchy and establish a democratic rebublic – only that!«

Darüber hinaus versuchte man weiterhin, durch eine breite Aufklärung der Öffentlichkeit gegen das Regime zu arbeiten,[232] was sich allerdings insofern schwierig gestaltete, da *G.+L.* sich auch als dezidiert antikommunistische Gruppierung verstand, die kommunistische Bewegung in Italien aber neben dem Faschismus die einzige überhaupt nennenswerte Massenbewegung war. Somit fiel eine große Zahl potentieller Adressaten von vornherein weg. Nicht zuletzt aufgrund der örtlichen Nähe und des liberalen Turiner Klimas stand aber z.b. L. Ginzburg den Turiner Kommunisten nicht so ablehnend gegenüber, wie Rosselli sich dies gewünscht hätte, was wiederum zu Spannungen innerhalb von *G.+L.* führte.[233] Der Historiker Ceplair sieht die Ursachen für die von Rosselli proklamierte Ablehnung in erster Linie in der starken Funktionalisierung der italienischen Kommunisten durch die Komintern. Das Ergebnis dieser Streitigkeiten zwischen *G.+L.* und den Kommunisten war eine andauernde Schwächung des aktiven Widerstands gegen den Faschismus. Zusätzlich erschwert wurde die Situation noch durch Verräter im eigenen Lager, die mit dem faschistischen Regime kooperierten, um persönliche Vorteile für sich zu erwirtschaften, wie das folgende Beispiel dokumentiert:

> »L'Avv. Giacomo Costa, antifascista che fuggì da Lipari due mesi or sono, ci ha offerto i suoi servizi di informatore e di agente provocatore tra i fuorusciti di Parigi. È in contatto col giornalista Pascazio. Ce ne varremo.«[234]

Versuche von *G.+L.*, sich auch auf internationaler Ebene mit den Gegnern des Faschismus zu verbünden, fanden ihren Kulminationspunkt im Spanischen Bürgerkrieg, in welchem stellvertretend der Kampf zwischen Faschismus, Bolschewismus und Demokratiebestrebungen ausgefochten zu werden schien. Unerwarteten Zustrom erfuhr der Antifaschismus hierbei von vielen Faschisten der ersten Stunde wie z.B. E. Vittorini,

---

[232] *G.+L.* versuchte u.a. durch die Veröffentlichung abessinischer Kriegserlebnisse, die Schattenseiten des Krieges darzustellen und den faschistischen Mythos zu demontieren. Vgl. hierzu auch L. Pisano, „La cultura degli esuli italiani di fronte all'espansione coloniale del fascismo (1935-39)", S. 32.

[233] Vgl. hierzu G. Amendola, *Der Antifaschismus in Italien*, S. 100.

[234] G. Ciano, *Diario 1937-1943*, S. 94.

der sich seit 1936 gegen den Faschismus wandte, um seine revolutionären Ideale zu verteidigen. Ohne den Spanischen Bürgerkrieg wäre die Konversion Vittorinis und vieler seiner Gefährten weder verständlich noch denkbar.[235]

> »Cosí si è formata l'educazione politica degli italiani che ora hanno battuto il fascismo e vogliono costruire un paese nuovo [...]. Il vecchio antifascismo italiano non lo trovammo, infatti, che dopo (...). Fu per la guerra civile di Spagna che lo trovammo. E fu perché la guerra civile di Spagna ci aveva insegnato anche a cercare ...«[236]

Die Ursache für einen solchen Sinneswandel lag in einer seit Mitte der 20er Jahre zunehmenden Distanzierung Mussolinis von seinem ursprünglichen sozialrevolutionären Programm und einer gleichzeitigen Annäherung an die Reaktion. Nachweislich hat diese Nichteinhaltung der ursprünglichen Versprechen viele Faschisten der ersten Stunde, die sich nun um die Früchte der Revolution betrogen sahen, von der Partei fort und in den Widerstand getrieben.[237] Die Kritiker der Parteiführung sahen in der Unterstützung Francos durch die italienischen „Schwarzhemden" nur einen weiteren Schritt im Verrat an den sozialfaschistischen Idealen der „Ersten Welle":

> »In occasione della guerra di Spagna la dittatura gettava la maschera scoprendo, senza ulteriori possibilità d'equivoco, la sua essenza ferocemente reazionaria. Vittorini, Bilenchi e gli altri si trovavano così ad aver concluso il loro „lungo viaggio attraverso il fascismo".«[238]

Auch die internationale Front gegen den Faschismus in Europa konnte auf Dauer keine Erfolge erzielen, denn 1939 siegten die Falangisten

---

[235] Vgl. hierzu G. Gronda (a.c.d.), *Per conoscere Vittorini*, S. 40: »A luglio, in seguito allo scoppio della guerra civile spagnola, interrompe la stesura di *Erica e i suoi fratelli* alla quale stava lavorando da gennaio [...]. Con Pratolini progetta di raggiungere i fuorusciti antifascisti che in Spagna difendono la repubblica. Mentre l'Italia e la Germania appoggiano apertamente con aiuti militari il nazionalismo spagnolo (in novembre Mussolini lancia la formula dell'asse Roma-Berlino), Vittorini riesce paradossalmente a pubblicare un articolo in cui esorta i giovani fascisti a schierarsi contro Franco per coerenza ai loro ideali rivoluzionari: è minacciato di confino ed espulso dal partito fascista.«

[236] E. Vittorini, „Un'educazione politica (Guerra di Spagna)" (1945), in: ders., *Diario in pubblico*, S. 180.

[237] Vgl. hierzu L. Ceplair, *Under the Shadow of War*, S. 28.

[238] P. De Tommaso, „Ritratto di Cesare Pavese", S. 553.

unter Franco und die Internationalen Brigaden mussten sich geschlagen zurückziehen. Dennoch wirkte der Spanienkrieg stark unifikatorisch, indem er eine internationale Allianz schuf. Denn abgesehen von der täglichen Kampferfahrung, die den italienischen Teilnehmern später im Rahmen der Resistenza wieder zugute kommen sollten,[239] gab es hier auch fruchtbare Kontakte zu Gleichgesinnten anderer Nationalitäten. Als beispielhaft für die amerikanische Seite ist E. Hemingway zu nennen, dessen Erfahrungen nicht nur in seinen Roman *For Whom the Bell Tolls* (1940) eingegangen sind, sondern der in der amerikanischen Öffentlichkeit immer wieder gegen den Faschismus Stellung bezog.[240] Zudem trat die internationale Front nach ihrer Niederlage in Spanien noch ein anderes, weit über den reinen Antifaschismus hinausgehendes Ziel ein: die Verteidigung der Freiheit des Einzelnen im Kampf gegen jedwedes totalitäre System.[241]

Die Ursachen für die zunehmende Ablehnung gegenüber der UdSSR, die zweifelsohne ihren Beitrag im Kampf gegen den Falangismus geleistet hatte, lag in den einsetzenden stalinistischen „Säuberungsaktionen", die auch vor den verdienten Spanienkämpfern nicht halt machten.[242] War die

---

[239] Auch G. Procacci, *Geschichte Italiens und der Italiener*, S. 374f, sieht hier den Grundstein für die spätere Resistenza.

[240] Vgl. hierzu auch Hemingways Rede vor dem American Writer's Congress, New York, 4 June 1937, zitiert nach: M. J. Bruccoli, *Conversations with Ernest Hemingway*, Jackson-London, 1986, S. 193: »Really good writers are always rewarded under almost any existing system of government that they can tolerate. There is only one form of government that cannot produce good writers, and that system is fascism. For fascism is a lie told by bullies. A writer who will not lie cannot live or work under fascism. Because fascism is a lie, it is condemned to literary sterility. And when it is past, it will have no history except the bloody history of murder that is well known and that a few of us have seen with our own eyes in the last few months.«

[241] Vgl. hierzu H. U. Thamer/W. Wippermann, *Faschistische und Neofaschistische Bewegungen*, S. 46f: »Dennoch wurde der spanische Bürgerkrieg zum Epos und zum Mythos des Antifaschismus schlechthin. Kein anderer Kampf gegen den Faschismus ist so häufig und gerade von den Schriftstellern, die sich an ihm beteiligten, auch so meisterhaft beschrieben worden. [...] Die Erfahrungen, die diese Schriftsteller mit dem Faschismus und dem Kommunismus machten, führten zu gewissen Konversionen in ihrer politischen und ideologischen Haltung. [...] Es ist die Überzeugung, dass die Freiheit sowohl gegenüber dem Faschismus als auch gegenüber dem Kommunismus verteidigt werden muß.«

[242] Zur Erschießung der sowjetischen Spanienkämpfer und den internationalen Reaktionen auf dieses Vorgehen vgl. E. Rotermund, „Exilliteratur", in: D. Borchmeyer/V. Zmegac (Hrsg.),

UdSSR bis dahin für viele durchaus noch eine denkbare Alternative zu dem System des Kapitalismus gewesen, so konnte ein solches Vorgehen trotz aller Abschottungsversuche auch international nicht unbemerkt bleiben und die Berichterstattungen amerikanischer Autoren wie z.B. T. Dreiser und J. Dos Passos nach ihren Reisen in die Sowjetunion, trugen zur Desillusionierung bei, wenngleich für Dreiser die Einschränkung gemacht werden muss, dass er noch lange Zeit an seiner Favorisierung der UdSSR festhielt. Die Gemeinsamkeiten der verfeindeten Systeme Bolschewismus und Faschismus traten allerdings immer stärker zu Tage und auch der exilierte Don Luigi Sturzo sah in den beiden ideologischen Ansätzen lediglich zwei Kinder derselben Mutter:

»Insgesamt kann man zwischen Rußland und Italien nur einen einzigen Unterschied feststellen, daß nämlich der Bolschewismus eine kommunistische Diktatur oder ein Linksfascismus und der Fascismus eine konservative Diktatur oder ein Rechtsbolschewismus ist.«[243]

An dieser Stelle erklärt sich dann auch, warum der Kommunismus auf Dauer keine Alternative zum Faschismus bieten konnte, und damit ebenso wie jener aus der mit dem Kapitalismus gebildeten Trias der Weltideologien ausschied. Die Massenbeitritte italienischer Intellektueller nach Kriegsende zum *PCd'I* sind hingegen weniger als Akt persönlicher Überzeugung, sondern vielmehr als „spontane Zugeständnisse" an die historischen Verdienste der Partei im Rahmen der Resistenza zu interpretieren,[244] die in den nachfolgenden Jahren durch eine ebenso hohe Anzahl an Austritten wieder relativiert worden sind.[245] Letztlich sollte Benedetto Croce, der uns im

---

Moderne Literatur in Grundbegriffen, S. 124, und H. U. Thamer/W. Wippermann, *Faschistische und Neofaschistische Bewegungen*, S. 46f.

[243] L. Sturzo, „Das bolschewistische Rußland und das fascistische Italien", S. 225.

[244] Vgl. hierzu C. Paveses, „Il comunismo e gli intellettuali" (1946, unveröffentlicht), in: ders., *Saggi letterari*, S. 210: »[...] che il Partito Comunista è l'unico partito italiano di massa che non ha esitato o pattegiato mai nella lotta clandestina ventennale, e il primo che nell'autunno del '43 lanciò la parola d'ordine della politica d'unità nazionale contro il fascismo traditore [...].«

[245] Eindrucksvolles Beispiel hierfür ist wiederum E. Vittorini, „Un comunismo come via" (1947), in: ders., *Diario in pubblico*, S. 258f, der die Motivation für den Eintritt vieler Intellektueller in die kommunistische Partei und ihre Erwartungshaltung an dieselben folgendermaßen beschreibt: »L'uomo capisce che esiste una possibilità umana di mettersi sulla

Folgenden als Beispiel der inneritalienischen Opposition gegen den Faschismus beschäftigen wird, Recht behalten, wenn er behauptete:

»Die Abschaffung des Staates, der Übergang aus dem Reich der Notwendigkeit in das Reich der Freiheit, wie es bei Marx theoretisch hieß, ist nicht nur nicht eingetreten, der Kommunismus hat nicht nur nicht den Staat abgeschafft [...], sondern er hat – welche Ironie des Schicksals – den drückendsten aller Staaten herausgebildet, der überhaupt denkbar ist.«[246]

---

strada seguita dai tedeschi [...]. Molti che sono diventati comunisti lo sono diventati nella fiducia che il comunismo possa impedire alla storia ogni continuazione sul camino degli orrori [...].«

[246] Vgl. auch B. Croce, *Geschichte Europas im neunzehnten Jahrhundert*, übers. von K. Vossler/ R. Peters Memmingen, 1968, , S. 318.

2.3.3. Der „Fall" Benedetto Croce und die Innere Emigration

Einer der herausragendsten italienischen Intellektuellen in der ersten Hälfte des 20. Jahrhunderts ist Benedetto Croce (1866-1952), der als Wissenschaftler, Politiker und Herausgeber der Zeitschrift *La critica* einen erheblichen Einfluss auf die italienische Geisteswelt besaß.[247] Seine Stellung führte dazu, dass gerade Croce von G. Amendola, dem Führer der antifaschistischen Opposition, um die Abfassung einer Antwort auf das von Giovanni Gentile verfasste und am 21. April 1925 veröffentlichte *Manifesto degli intellettuali italiani fascisti agli intellettuali di tutte le nazioni* gebeten worden war, in welchem jener zusammen mit G. Bottai versucht hatte, den Führungsanspruch des Faschismus auch auf intellektueller Ebene zu festigen. Croce entsprach dieser Bitte, und am 1. Mai 1925 wurde in der Zeitschrift *Il Mondo* die von ihm verfasste Schrift „La protesta contro il «Manifesto» degli intellettuali fascistici", das sogenannte „Gegenmanifest" veröffentlicht, das innerhalb kurzer Zeit die Unterschriften von ca. 40 weiteren Intellektuellen trug, unter ihnen Persönlichkeiten wie Gaetano de Sanctis, Gaetano Salvemini und Piero Calamandrei. Wie groß der Vertrauensvorschuss war, den Croce bei den Unterzeichnern genoss, lässt sich anhand der folgenden Anekdote erkennen, die H. Goetz in seiner Publikation wiedergibt:

»Dem Politiker und Schriftsteller Giustino Fortunato [...] hatte Giovanni Amendola persönlich die Bitte Croces um seine Unterschrift überbracht [...]. Amendola wollte ihm Zeit zur Lektüre des Textes lassen und abends zurückkehren, doch Fortunato unterschrieb sofort, ohne ihn gelesen zu haben. Auf die erstaunte Frage des Besuchers nach dem Grund, antwortete Fortu-

---

[247] Nicht umsonst beginnt der Titel von F. Baasners Aufsatz über Benedetto Croce mit den Worten „«L'uomo che dominò due generazioni»". Vgl. außerdem U. Carpi, „Ancora su Croce e «La Voce»", in: *La Rassegna della letteratura italiana*, Firenze, 1967, Jg. 71, Bd. 3, S. 374: »Gli epistolari e i diari a noi accessibili indicano la durezza dei contrasti intorno al nome di Croce. Slataper, affidandosi alle pagine di un diario, scriveva: „Fuori della 'Voce' esprimerei spesso i miei dubbi e scriverei senza preoccuparmi della verità Croce... Invece qui per forza si deve vedere che in tutti i casi è una cosa profonda; e si cova il dubbio senza esprimerlo". E Amendola continuava a minacciare l'interruzione della propria collaborazione proprio a causa della schiacciante presenza crociana [...].«

nato: „Lesen? Und warum? Ist er nicht von Croce geschrieben? Ich brauche nichts anderes."«[248]

Welche Haltung nahm aber Croce, der in seiner Amtszeit als Unterrichtsminister von 1920-21 die Schulreformen vorbereitet hatte, welche sein von ihm selber vorgeschlagener Nachfolger Gentile später weiterentwickeln sollte, gegenüber dem Faschismus ein und welche politisch-gesellschaftliche Alternative hatte er, der sich nach dem Zusammenbruch des faschistischen Regimes 1944 wieder in die Politik begab, seinen Zeitgenossen anzubieten? Die obigen Ausführungen haben gezeigt, dass Croce den Kommunismus, in dem er „den drückendsten aller Staaten"[249] sah, als alternative Gesellschaftsform ablehnte. Betrachtet man seine Haltung, die er dem Faschismus gegenüber eingenommen hat,[250] so fällt vor allem seine Kritik an der von Gentile geforderte Unterordnung des Individuums unter den Staat auf, der andererseits seinen Pflichten gegenüber dem Individuum nicht nachkommt.

»Nella sostanza, quelle scrittura è un imparaticcio scolaresco, nel quale in ogni punto si notano confusioni dottrinali e mal filati raziocini: [...] con facile riscaldamento retorico, si celebra la doverosa sottomissione degl'individui al Tutto, quasi che sia in questione ciò, e non invece la capacità delle forme autoritarie a garantire il più efficace elevamento morale [...].«[251]

Tatsächlich scheint Croces Auseinandersetzung mit dem Faschismus über weite Strecken eher eine Kontroverse zwischen ihm und seinem ehemaligen Freund und Weggefährten Gentile zu sein.[252] Jener hatte in seiner

---

[248] H. Goetz, *Intellektuelle im faschistischen Italien*, S. 247.

[249] Vgl. auch B. Croce, *Geschichte Europas im neunzehnten Jahrhundert*, S. 318.

[250] Seine Haltung gegenüber dem Amerikanismus wird in den entsprechenden Ausführungen zur Wahrnehmung Amerikas Berücksichtigung finden.

[251] B. Croce, „La protesta contro il «Manifesto» degli intellettuali fascistici", S. 8f.

[252] Eine allgemeine Einführung zu den Gründen, die zur Trennung von Gentile geführt haben gibt u.a. E. Bolla, „Die italienische Literatur", S. 374: »Gentile [...] sah im Liberalismus einen ethischen Staat »in interiore homine«, in dem die Selbstfindung des Individuums mit seiner sozialen Verwirklichung zusammenfiel. Somit war die Kontinuität zwischen Liberalismus und Faschismus gegeben. Croce, anfangs dem Faschismus nicht unfreundlich gesonnen, sah ihn jetzt als eine Entgleisung des demokratisch-bürgerlichen Systems und wünschte sich die Wiederherstellung des alten liberalen Staates, den er als rechtmäßigen Erben des Risorgimento auffaßte.«

Philosophie den Staat mit dem Geist identifiziert und nur jenen Menschen Individualität zugesprochen, die „frei" waren. Dieser Zustand der individuellen Freiheit war allerdings nur über den Geist zu erlangen,[253] was wiederum eine Unterordnung des Individuums unter die Belange des Staates bedingte, um frei und damit Individuum sein zu können. Ein solcher Zirkelschluss musste zwangsläufig bei dem liberalen Croce auf Ablehnung stoßen, dessen Formulierungen einigen seiner Unterzeichner dann auch eher als eine direkte Replik gegen seinen alten Weggenossen Gentile erschienen waren.[254] Denn tatsächlich waren die beiden Philosophen vor ihrem Dissens lange Zeit nicht nur Streiter für dieselbe Sache gewesen, die zwanzig Jahre lang gemeinsam das italienische Kulturleben beherrscht hatten,[255] sondern sie waren auch zu persönlichen Freunden geworden, wie ihr lebhafter Briefwechsel belegt.[256] Die geistige Nähe der beiden Kontrahenten war immerhin so ausgeprägt, dass der ja erst auf Fürsprechen Croces zum Unterrichtsminister ernannte Gentile nach der Realisierung der längst überfälligen Schulreform die Kritik Croces dadurch abtun konnte, dass er jenen als einen „Croce fascista senza camicia nera" bezeichnete,[257] der während seiner

---

[253] Vgl. auch J. Charnitzky, *Die Schulpolitik des faschistischen Regimes in Italien (1922-1943)*, S. 75: »Die Freiheit, an politischen Entscheidungsprozessen zu partizipieren, behielt Gentile jenen Menschen vor, denen es gelungen war, „in sich jene Vernunft zu aktualisieren, die man die differentia specifica des Menschen nennt (konkrete, geschichtliche Vernunft)." Alle anderen waren nach dieser Prämisse keine wahren Menschen. [...] Das Individuum war für Gentile also nur frei, insofern es „Geist" war. Der Geist schuf das Gesetz, „und wenn das Gesetz vom Staat kommt, gilt, daß der Staat Geist ist."«

[254] Vgl. hierzu erneut die Ausführungen von H. Goetz, *Intellektuelle im faschistischen Italien*, S. 235: »[...] dem Althistoriker Gaetano De Sanctis und dem Kirchenrechtler Francesco Ruffini mißfiel es, daß Croce seine Abneigung gegen das Verhalten Gentiles – allerdings ohne Namensnennung – sehr heftig spüren ließe. Ruffinis Wunsch, den Satz mit dem Ausdruck „Schülerstümperei" [imparaticcio scolaresco] zu mildern, erfüllte Croce nicht [...].«

[255] Vgl. I. Silone, I., *Der Fascismus*, S. 262.

[256] B. Croce, *Lettere a Giovanni Gentile. 1896-1924*, Milano, 1981.

[257] Vgl. auch G. Gentile, „Il liberalismo di B. Croce", in: ders., *Opere Complete. Politica e Cultura (XLV)*, Vol. Primo, S. 151: »Ecco. Il Croce dice di esser messo in imbarazzo dal noto giudizio, giustissimo, del carattere fascista della recente riforma scolastica: perché? Perché l'esame di Stato fu per la prima volta incluso in un programma di governo dall'on. Giolitti; e il primo ministro dell'Istruzione che lo concretò in un disegno di legge fu lui, il Croce stesso. E questo gli pare un argomento contro chi disse la riforma della scuola la più fascista delle riforme del Governo fascista. E dire che a me invece pare un altro argomento in favore della mia tesi del Croce fascista senza camicia nera!«

eigenen Amtszeit dieselben Ideale und Ideen vertreten habe, die er nun kritisierte.

Baasner weist ebenfalls darauf hin, dass die später erfolgte Verharmlosung des Faschismus durch Croce auch dessen eigene Position miteinbezieht und insofern mehr als kritisch zu hinterfragen ist.[258] Croce hatte in seiner sogenannten „Klammertheorie" die beiden Jahrzehnte faschistische Herrschaft als geschichtliches Intermezzo interpretiert, dem eine lange Tradition Italiens als Kulturnation und Verteidigerin humanistischer Werte vorausgegangen war, an die man nun übergangslos wieder erfolgreich anzuknüpfen könne.[259] Es darf zu recht bezweifelt werden, dass Croces Intention, eine schnellstmögliche Überwindung der vorhanden gesellschaftlichen Abgründe durch die Rückbesinnung auf vorhandene Traditionen herbeizuführen, auf diesem Wege zu realisieren war. Somit lässt sich auch die sehr einseitige und irreführende Einschätzung Croces als untadeligen Oppositionellen nicht länger aufrechterhalten, welcher nach G. Procacci

»[...] während der ganzen Zeit der faschistischen Herrschaft [...] ein Beispiel würdiger Haltung [gab] und [...] eine Symbolfigur für alle antifaschistischen Intellektuellen [blieb].«[260]

Zudem blieb Croce selbst relativ unbehelligt, während viele seiner Zeitgenossen faschistischen Repressalien ausgesetzt waren und ihr Heil, so sie dies noch konnten, in der Flucht suchten. Ob dies nun aufgrund seiner früheren Sympathien für den Faschismus oder aber, wie der Historiker R. De Felice vermutet, aufgrund seines internationalen Ansehens geschah, so dass es sich bei dem erlaubten fortgesetzten Wirken Croces einfach um

---

[258] Vgl. hierzu F. Baasner, „«L'uomo che dominò due generazioni»", S. 67: »Immerhin stimmt Croce, wie die große Mehrzahl der Senatoren, noch 1924 für die Regierung Mussolini, obwohl das Regime mittlerweile durch die Ermordung Matteottis seinen blutigen Charakter offenbart hatte.«

[259] Vgl. hierzu B. Croce, „Contro il dettato di pace", S. 1069f: »[...] perché l'Italia è tra i popoli che piú hanno contribuito a formare la civiltà europea, e per oltre un secolo hanno lottato per la libertà e l'indipendenza sua e, ottenutala, si era per molti decenni adoprata a serbare con le sue alleanze e intese difensive la pace in Europa. E cosa affatta estranea alla costante sua tradizione è stata la parentesi fascista [...]. «

[260] G. Procacci, *Geschichte Italiens und der Italiener*, S. 371.

eine „Schadensbegrenzung" des faschistischen Regimes gehandelt habe,[261] bleibt unklar. Gerade die von Croce in seinem „Gegenmanifest" proklamierte Unvereinbarkeit von Politik und Wissenschaft[262] hat aber die Stellung des Faschismus eher weiter gefestigt. Schließlich hatte Croce den Faschismus deshalb abgelehnt, weil die „neue Politik" ihm als keine geeignete Alternative erschien.

> »Per questa caotica e inafferabile „religione" noi non ci sentiamo, dunque, di abbandonare la nostra vecchia fede [...].«[263]

hatte er in seinem Protest gegen Gentile geschrieben und das gleichzeitig zum Anlass genommen, um eben jenen Idealen und jenem Glauben verhaftet zu bleiben,

> »[...] che da due secoli e mezzo è stata l'anima dell'Italia che risorgeva, dell'Italia moderna [...].«[264]

welches wiederum als jüngste Entwicklung den Faschismus hervorgebracht hatte. In dieser historischen Bewertung ist dann auch jener Irrtum Croces anzusiedeln, der ihn später zur Ausarbeitung der schon oben diskutierten „Klammertheorie" führen sollte. Für ihn selber bedeutete eine solche Haltung, dass er sich in die Innere Emigration zurückzog und sich auf seine historischen Studien konzentrierte, die es ihm einerseits ermöglich-

---

[261] Vgl. hierzu R. de Felice, "Fascism and Culture in Italy: Outlines for further studies", S. 9: »The regime's decision to allow Benedetto Croce to publish *La Critica* can be seen instead as a more permanent accommodation; whatever the damage that the journal caused fascism in Italy, its imperious suppression would have caused Mussolini and fascism with greater harm abroad [...].«

[262] B. Croce, „La protesta contro il «Manifesto» degli intellettuali fascistici", S. 7f: »E, veramente, gl'intellettuali [...] come intellettuali hanno il solo dovere di attendere, con l'opera dell'indagine e della critica, e con le creazioni dell'arte, a innalzare parimenti tutti gli uomini e tutti i partiti a più alta sfera spirituale, affinchè, con effetti sempre più benefici, combattono le lotte necessarie. Varcare questi limiti dell'ufficio a loro assegnato, contaminare politica e letteratura, politica e scienza, è un errore, che, quando poi si faccia, come in questo caso, per patrocinare deplorevoli violenze e prepotenze e la soppressione della libertà di stampa, non può dirsi neppure un errore generoso.«

[263] op. cit., S. 10.

[264] ibd.

ten, an den alten Idealen festzuhalten, und ihm andererseits ein ausreichendes Betätigungsfeld abseits von der faschistischen Kultur boten.[265]

Somit behinderte Croce die Entwicklung der inneritalienischen Opposition gleich zweimal: zum einen durch den mit der Trennung von Politik und Wissenschaft offerierten *modus vivendi* der Inneren Emigration,[266] in welchem auch Bremer eine wesentliche Ursache für die Lähmung des Widerstandes erkennt.[267] Zum anderen durch sein Festhalten an einem Liberalismus, der die Entwicklung des Faschismus unzweifelhaft begünstigt hatte. Es verwundert nicht, dass junge Autoren wie Elio Vittorini, welche die faschistische Kultur zunehmend als inhaltsleer und kalt empfanden, auf der Suche nach neuen Ansätzen in Croce kein Vorbild mehr zu sehen vermochten und sich anderweitig orientierten:

»L'Estetica di Croce ci lasciava freddi come una stella notturna, lontana nel ricordo e nell'astronomia letteraria; nessuno aveva del resto bisogno di canoni artistici ma di una realtà palpabilie, sicura, una terra a cui saldamente attacarsi. La letteratura che potremmo chiamare crociana si era giocata la posta.«[268]

---

[265] Zum Zusammenhang von Innerer Emigration und einem Rückzug auf historische Studien vgl. auch die Ausführungen von A. Schmollinger, »*Intra muros et extra*«, Kapitel V, S. 82-107.

[266] Auch C. Pavese sollte diese Art der Opposition wählen. Vgl. hierzu auch D. Lajolo, *Il „vizio assurdo"*, S. 133f: »Egli [Pavese] non si impegna su testi o schemi politici, ma scava in altro terreno; studia, legge, traduce ed è questo lavoro, solo apparentemente letterario, che lo schiera dalla parte di chi vuole abbattere la retorica e l'autarchia almeno nella letteratura.«

[267] T. Bremer, „Der doppelte Widerstand.", S. 61: »Croces Manifest ist aber auch bezeichnend dafür, warum diese Opposition in nur so geringem Umfang als Widerstand aktiv wurde: weil Politik und Kultur nach seinem Verständnis grundsätzlich nichts miteinander zu tun haben, nicht miteinander vereinbar sind. «

[268] E. Vittorini, „Maestri cercando" (1929), in: ders., *Diario in pubblico*, S. 5.

2.4. Die italienisch-amerikanischen Beziehungen

Neben den bisherigen Ausführungen zum Faschismus und seiner Kulturpolitik spielen für die Bewertung der Amerikarezeption die italienisch-amerikanischen Beziehungen eine zentrale Rolle. Es wurde schon mehrfach darauf hingewiesen, dass das Verständnis von verstärkter Auseinandersetzung mit der amerikanischen Literatur und antifaschistischer Haltung zumindest einer tiefer gehenden Überprüfung bedarf, um sicherzustellen, dass Pavese und Vittorini nicht einfach eine schon bestehende Tradition fortgesetzt haben, die dann eventuell mit dem Etikett des Antifaschismus versehen worden ist. Schließlich stellt die italienische Auseinandersetzung mit Amerika keinen Sonderfall dar,[269] sondern ist als Teil einer größeren Amerikanismusdebatte zu verstehen, die im Anschluss an den Ersten Weltkrieg große Teile Europas erfasst hatte.[270] Dies ist insofern erklärlich, als die U.S.A. unter ihrem Präsidenten W. Wilson als Siegermacht nicht nur einen entscheidenden Einfluss auf die Neugestaltung der europäischen Landkarte ausübten, sondern durch ihre in Europa stationierten Truppen auch die Verbreitung der amerikanischen Lebensart extrem forcierten. Frahne erkennt in diesem Umstand einen wesentlichen Anlass zu der fürderhin zwar je nach Standpunkt des Betrachters immer wieder wechselnden, aber nicht mehr abreißenden Diskussion um das Phänomen Amerika.

»Nachdem zwei Millionen amerikanischer Soldaten den Boden Frankreichs betreten und dort [...] gewirkt hatten, [...] vertiefte sich bei den Völkern des Abendlandes das Interesse an Amerika von Jahr zu Jahr [...]. In Paris wurde der erste Lehrstuhl für Amerikakunde gegründet, dem wenige Jahre später Berlin folgte. Damit war der Weg auch für diejenigen amerikanischen Dichter frei, die mehr als bloße Unterhaltung zu bieten hatten [...].«[271]

Die Zeit nach dem Ersten Weltkrieg war weltweit geprägt von einer Wirtschaftskrise und innenpolitischen Schwierigkeiten, von denen auch

---

[269] Vgl. für Italien insbesondere die Ausführungen von H. Reiske, *Die USA in den Berichten italienischer Reisender*.

[270] Vgl. z.B. zur deutschen Amerikanismusdebatte E. Klautke, *Die Amerikanismusdebatte in der Weimarer Republik*, Magisterarbeit Heidelberg, 1995, unveröffentlicht.

[271] K. H. Frahne, *Von Franklin bis Hemingway*, S. 9.

die U.S.A. nicht verschont bleiben sollten. Hier sind insbesondere die *Red Decade* der sich verschärfenden Klassenkämpfe und der *Black Friday* mit dem Zusammenbruch der Börse an der *Wall Street* zu nennen. Die Jahre danach, die unter dem Schlagwort *New Deal* in die amerikanische Geschichte eingegangen sind, waren geprägt von staatlichen Maßnahmen zum Abbau der Massenarbeitslosigkeit und der Verbesserung der Sozialstrukturen. Die Rückbesinnung auf die Monroe-Doktrin[272] führte nach dem Engagement des Ersten Weltkrieges generell wieder zu einer „neutralen" amerikanischen Haltung gegenüber europäischen Angelegenheiten. Ebenso wie die meisten anderen Staaten der westlichen Welt waren auch die U.S.A. mit der Aufarbeitung ihre internen Missstände beschäftigt und auch das Hauptaugenmerk der Außenpolitik lag in der Sicherung der Handelsbeziehungen zu Europa, an dessen Absatzmärkten auf amerikanischer Seite ein großes Interesse bestand.

Dabei war das Verhältnis zwischen den U.S.A. und Europa durchaus ambivalent, wie die nachfolgenden Ausführungen zum immer stärker werdenden europäischen Antiamerikanismus oder aber zur amerikanischen Bewunderung für die faschistische Bewegung Italiens und ihren Führer noch verdeutlichen werden.[273] Erst mit dem japanischen Angriff auf Pearl Harbour und dem als Konsequenz hieraus resultierenden Eintritt der Vereinigten Staaten in den Zweiten Weltkrieg wurde die freiwillige Isolation der U.S.A. erneut durchbrochen.[274]

---

[272] Benannt nach dem amerikanischen Präsidenten James Monroe (1758-1831), der 1823 in seiner Jahresbotschaft eine gegenseitige Politik der Nichteinmischung für Amerika und Europa forderte.

[273] Dementsprechend ist A. Kazin, *On Native Grounds. An Interpretation of Modern American Prose Literature* (1942), New York, 1970, S. 190, auch nicht zuzustimmen, wenn er für die Zwischenkriegszeit eine einseitige Überlegenheit der Vereinigten Staaten skizziert: »It was Europe that had suffered the war, where Americans had merely participated in it; it was Europe that now lay paralytic after four shattering years, where Americans were merely disillusioned by the aftermath; and most significantly, it was Europe that came out of the war only to enter upon the Fascist agony, where America now emerged completely as a dominant World Power.«

[274] Vgl. zum Verhältnis zwischen den U.S.A und Italien auch die Ausführungen von C. Damiani, *Mussolini e Gli Stati Uniti 1922-1935*, Bologna, 1980, S. 293f: »Anche in seguito [...] gli Stati Uniti non presero alcuna posizione precisa né di fronte all'appoggio dato dal

2.4.1 Die Rezeption des italienischen Faschismus in Amerika

Die amerikanische Sicht speziell auf den italienischen Faschismus wurde lange Zeit von zwei wesentlichen Faktoren bestimmt: zum einen auf der persönlichen Ebene von der Bewunderung für den *Duce* Mussolini und zum anderen von dem Respekt für die vermeintlichen wirtschaftlichen Erfolgen des Faschismus vor dem Hintergrund der Weltwirtschaftskrise, die 1929 mit dem Zusammenbruch der Börse an der *Wall Street* ihren Höhepunkt erreichte. J. P. Diggins weist in seinen Untersuchungen zur Faschismusrezeption in Amerika nach, dass Mussolini in Amerika lange Zeit sogar als Vorbild betrachtet wurde.[275] Man verglich ihn mit großen historischen Persönlichkeiten wie Cäsar und Napoleon, ja sogar mit dem bewunderten Expräsidenten Theodore Roosevelt. Es versteht sich von selbst, dass eine solch positive Darstellung in der Weltöffentlichkeit andererseits natürlich auch wieder zur Festigung des Führermythos in Italien beitrug. Der folgende Beleg mag verdeutlichen, welcher persönlichen Wertschätzung Mussolini sich lange Zeit sowohl in Amerika wie auch in England erfreute.

»Der berühmte Evergreen von Cole Porter des Jahres 1934 wurde noch inklusive der Verse: „You're the top, / You're Mussolini" gesungen, und die liberale Presse lobte Mussolini aus vollem Halse. Etwa die *New York Herald Tribune*: „Mussolini ist der moderne Cäsar, der Napoleon des Jahres 1926"; die Londoner *Daily Mail*: „Es wird immer offensichtlicher, daß wir in unseren Lebtagen Zeugen einer weiteren Revolution im globalen Denken sind, einer Revolution, die von dem unermüdlichen und fruchtbaren Genie Mussolinis ausgelöst wurde." Die Londoner *Morning Post* stellte fest: „Mussolinis Taten grenzen an ein Wunder."«[276]

Diggins kann also zu Recht behaupten, Mussolinis Ansehen in der Welt sei erst im Nachhinein von den Antifaschisten minimalisiert wor-

---

fascismo ai nazionalisti nella guerra civile spagnola, né alla formazione dell'Asse Roma-Berlino nel 1936 nè alla secessione dell'Italia dalla Società delle Nazioni nel 1937. Superata la crisi interna, e superato quindi il pericolo di una sovversione della democrazia ad opera della destra o dell'estrema sinistra, l'America si richiudeva nel suo splendido isolamento, che venne interrotto sollo dall'attacco giapponese a Pearl Harbour.«

[275] Vgl. hierzu J. P. Diggins, *Mussolini and Fascism: The View from America*.

[276] E. Hesse, *Die Achse Avantgarde-Faschismus*, S. 304.

den.[277] Seiner Auffassung nach haben die meisten Amerikaner im *Duce* vielmehr den Vertreter und Verbreiter amerikanischer Ideale und Prinzipien in Europa (Italien) gesehen. Hierzu hat auch die Ende der zwanziger Jahre in den U.S.A. vertriebene Biografie des *Duce* entscheidend beigetragen, die der damalige Botschafter der U.S.A. und ehemalige Journalist Richard Washburn Child zusammen mit den Brüdern Arnaldo und Benito Mussolini initiiert hatte. Die Biografie stellte sowohl finanziell wie auch publizistisch einen überragenden Erfolg dar.[278] Darüber hinaus hatte sie direkte Auswirkungen auf die Popularität Mussolinis in Amerika und gestaltete somit über lange Zeit das politische Klima zwischen den beiden Ländern. Die „Erfolgsstory" des *Duce*, der kraft seiner eigenen Leistung den Weg nach oben geschafft hatte, stellte die italienische Personifizierung des *American Way of Life* dar, den Weg des *average man*, des Durchschnittsmenschen an die Spitze. Diggins Feststellung, der Ursprung für eine solche Bewunderung läge im Charakter der *roaring twenties* als „an age hungry for heroes"[279] schmälert die vorhandene Sympathie für den *Duce* keineswegs.

>>Instead of attributing his success to mysterious and "magical" powers, they believed he was merely governing Italy with good American common sense. Nevertheless, it was the "distress" of the times that created his favorable reception. Il Duce's rise to fame in America cannot be understood apart from the temper of the twenties.«[280]

---

[277] Vgl. auch J. P. Diggins, *Mussolini and Fascism: The View from America*, S. 66: »What also must be stressed is that Mussolini's American image was not as sinister as anti-Fascists later tried to make it by equating him with Hitler. True, Mussolini was often depicted in the popular press as a forceful leader of almost superhuman qualities, but this characterization was balanced by the touching portrayal of Mussolini as the "average man" responsive to human emotion and capable of warm affection.«

[278] Vgl. auch S. Bertoldi, in: B. Mussolini, *La mia vita*, Pref. di S. Bertoldi, Trad. di M. Mazzanti, Milano, 1983, S. 9: »Monelli, nel suo *Mussolini piccolo borghese*, scritto nel 1950, crede di sapere che per «quella sua male raffazzonata *Autobiography*» avrebbe ricevuto «come anticipo sui suoi diritti di autore per la sola edizione americana 17.850 dollari». De Felice, nel suo *Mussolini, gli anni del consenso, 1929-1936*, sottolinea anche lui che l'affare fu buono [...].«

[279] J. P. Diggins, *Mussolini and Fascism: The View from America*, S. 61.

[280] op. cit., S. 69.

Neben dem Charisma des *Duce* wurden in den Vereinigten Staaten aber auch die wirtschaftlichen Erfolge des Faschismus positiv aufgenommen, so dass jener zunächst als mögliche politische Alternative gehandelt wurde, um auf diesem Wege die eigenen wirtschaftlichen Problem zu lösen. Die im Zeichen des Korporativismus stehende italienische Wirtschaftspolitik erfreute sich zwischen 1920 und 1930 großer Sympathien in der amerikanischen Öffentlichkeit,[281] und wurde später von Wirtschaftswissenschaftlern als Inspirationsquelle für den von F. D. Roosevelt zur Lösung der amerikanischen Wirtschaftskrise eingeführten *New Deal* interpretiert.[282] Auf diesem Umwege konnte es sogar zur Gründung der *Fascist League of North America*, kurz *FLNA*, kommen, was allerdings sofortigen Widerstand seitens der in den U.S.A. lebenden italienischen Arbeite hervorrief, die schon 1923 – also kurz nach dem Marsch auf Rom – die *Anti-Fascist Alliance of North America* (*AFANA*) gegründet hatten,[283] und unter anderem dazu beitrugen, dass die faschistischen Bestrebungen in Amerika dauerhaft keinen Erfolg hatten.

---

[281] Vgl. hierzu auch erneut A. Brinkley, *The End of Reform*, S. 155, und C. Damiani, *Mussolini e Gli Stati Uniti 1922-1935*, S. 272: »La collaborazione sul piano economico, particolarmente intensa fra il 1925 e il 1927 cominciò a segnare il passo a seguito della grande crisi. Per converso, questa coincise con l'inizio di una positiva evoluzione sia in campo politico (adesione italiana alla moratoria Hoover, incontri Stimson-Grandi) sia a livello d'opinione pubblica, che perdurò fino al 1935. In particolare, le perplessità e le preoccupazioni dell'americano medio nei confronti del regime andarono progressivamente tramutandosi in aperta ammirazione per il «governo forte», riguardato da molti come possibile soluzione ai problemi che sconvolgevano la società capitalistica americana.«

[282] Vgl. auch G. Raeithel, *Geschichte der Nordamerikanischen Kultur. Vom New Deal bis zur Gegenwart*, Bd. 3, Frankfurt/M, 1995, S. 19 und S. 32.

[283] Dieses historisch nicht uninteressante Detail einer amerikanischen Resistenza-Bewegung blieb bisher weitgehend unberücksichtigt. Vgl. auch J. P. Diggins, *Mussolini and Fascism: The View from America*, S. 112.

2.4.2. Berührungs- und Verlustängste: die Migrationspolitik beider Staaten

Einen wesentlichen Aspekt für die amerikanisch-italienischen Beziehungen stellte ferner das Migrationsverhalten der Italiener dar, von denen viele in die U.S.A. auswanderten, um dort ganz im Sinne des amerikanischen Mythos vom Erfolg ihr persönliches Glück zu suchen.[284] Die amerikanische Haltung gegenüber den Zuwanderern war nicht nur positiv, denn hatte man einerseits das Bestreben, die Zuwanderer schnell zu naturalisieren und im *melting pot* der Nationen zu Amerikanern umzuschmelzen, so führten irrationale Ängste vor einer möglichen Überfremdung schließlich zu den *immigration acts* von 1921 und 1924, in welchen die Zuwanderungsquoten für die einzelnen Nationen neu geregelt wurden. Das italienische Zuwanderungskontingent wurde stark reduziert, zumal gerade die italienischen Einwanderer als potentielle Anarchisten und dementsprechend als Gefahr für die öffentliche Ordnung eingestuft wurden. Den Höhepunkt dieser Entwicklung stellte jenes wider besseres Wissen ausgesprochene Todesurteil gegen zwei des Mordes angeklagte italienische Anarchisten dar, welches als *Sacco-Vanzetti-Case* in die Geschichte der amerikanischen Justiz eingehen und als Scheitern des amerikanischen Rechtssystems weltweite Empörung hervorrufen sollte.[285]

Die Ursachen für die Ängste auf amerikanischer Seite sind zumindest zum Teil im Verhalten der Einwanderer selbst anzusiedeln. Die meisten Arbeiter kamen schon im Zuge der Emigrationswellen zwischen 1902 und 1925 auf der Suche nach einem neuen Lebensunterhalt in die U.S.A., um

---

[284] Vgl. hierzu auch A. D. Thompson, "'Slow Rotation Suggesting Permanence': History, Symbol and Myth in Pavese's Last Novel", in: *Italian Studies*, Leeds, 1979, V 34, S. 117: »There was a very special relationship between the United States, the land of opportunity, and Italy, a country of land-hungry, jobless peasants, and until the anti-immigration laws of 1921 and 1924 slowed it down to a mere trickle, the emigration of Italians to that country was on an enormous scale.«

[285] Trotz weltweiter Proteste wurden die beiden Verurteilten nach sieben Jahre Haft in der Todeszelle 1927 hingerichtet. Es versteht sich von selbst, dass das faschistische Regime in Italien diese Möglichkeit einer antiamerikanischen Propaganda nicht ungenutzt verstreichen ließ, sondern geschickt gegen die Vereinigten Staaten einsetzte.

so der Armut ihres Heimatlandes zu entfliehen. In Amerika richteten sie sich allerdings in Ghettos ein, die es ihnen ermöglichten, ihre italienische Lebensart auch dort beizubehalten und sich heimisch zu fühlen.

>>Italoamerikanische Padroni hielten ihre Landsleute zusammen, halfen ihnen beim Arrangieren der Überfahrt, bei der Arbeits- und Wohnungssuche, beim Umgang mit Behörden und Gerichten. Um einen Padrone scharten sich im Zentrum Manhattans Einwanderer aus Cinisi auf Sizilien, in East Harlem aus Avigliano, in Utica aus Laurenzana und benachbarten Dörfern in der Basilicata, im pennsylvanischen Norriston aus Sciacca, in Cleveland aus San Mango sul Calore. [...]. Das italienische Ghetto in Detroit entstand als Kettenreaktion nach der Auswanderung eines einzigen Bauern aus den Abruzzen.<<[286]

Diese Emigranten sind allerdings nicht alle dauerhaft in Amerika geblieben, sondern sind, wie Reiske anhand des *Annuario statistico* nachweisen kann,[287] zu einem sehr großen Teil wieder nach Italien zurückgekehrt. Der Heimkehrer, der dem Leser z.B. in der Literatur des *Neorealismo* immer wieder begegnet,[288] stellt also ein reales Phänomen dar, welches natürlich auch zur Etablierung und beständigen Aktualisierung des *Amerikanischen Traumes* in Italien beigetragen hat.

Doch das faschistische Regime in Italien war hinsichtlich seiner Migrationspolitik ebenso wenig konsequent wie die Vereinigten Staaten.[289]

---

[286] G. Raeithel, G., *Geschichte der Nordamerikanischen Kultur. Vom Bürgerkrieg bis zum New Deal*, Bd. 2, S. 64.

[287] Vgl. auch H. Reiske, *Die USA in den Berichten italienischer Reisender*, S. 44: »Das „Annuario Statistico" bietet eine Gegenüberstellung von Auswanderer- und Rückwandererzahlen. Selbstverständlich ist Jahr für Jahr eine Anzahl von europäischen Rückwanderern zu verzeichnen. Bemerkenswert ist jedoch, wie hoch deren Zahl unter den Italienern ist. [...] Insgesamt ergibt sich für die Zeit von 1902 - 1925 [...] folgendes Bild: Auswanderer: 3.351.529, Rückwanderer: 2.095.496, Differenz: + 1.256.033. Auf 100 Auswanderer kamen 62,52 Rückwanderer.«

[288] Vgl. hierzu E. Reichel, „Der Revolutionär, der Fremde und der Heimkehrer. Protagonisten des neorealistischen Romans in Italien", in: *Italienisch. Zeitschrift für Italienische Sprache und Literatur*, Frankfurt/M., 1988, Bd. 19, S. 2-16.

[289] Zu den unterschiedlichen amerikanischen und italienischen Auffassungen in der Behandlung des „Migrationsproblems" und den hieraus resultierenden politischen Differenzen vgl. auch C. Damiani, *Mussolini e Gli Stati Uniti 1922-1935*, S. 51: »Ulteriore causa di frizione fu poi il contrasto fra la politica fascista, che si opponeva alla naturalizzazione degli emigranti italiani, e la politica statunitense che mirava ad una rapida assimilazione dei gruppi etnici nel contesto demografico del paese.«

Einerseits wollte Mussolini weder unnötige Spannungen zu den U.S.A. erzeugen, noch wollte er andererseits die in Italien vorherrschende Wirtschaftskrise dadurch verschärfen, dass amerikanische Investoren und amerikanisches Kapital aufgrund von Staatsdifferenzen fernblieben.[290] Schließlich war das finanzielle Engagement auch deshalb gewünscht und willkommen, weil man mit den U.S.A. keinerlei Differenzen hinsichtlich der italienischen Kolonialpolitik zu fürchten hatte, wie es z.b. bei England im Mittelmeerraum und Frankreich in Nordafrika der Fall war. Für die U.S.A. hingegen lagen die offensichtlichen Vorteile in der Erschließung neuer Absatzmärkte und der Unterstützung eines Bollwerks gegen den Bolschewismus, vor dem man weit mehr Angst hatte als vor dem Faschismus.[291] Deshalb vertrat Mussolini nach außen eine moderate Emigrationspolitik, die sich nach innen allerdings ganz anders darstellte.

Denn schon zu Beginn seiner Regierungszeit sah der *Duce* die italienischen Emigranten als Bürger Italiens mit allen sich daraus ergebenden Verpflichtungen. Für ihn waren sie Mittler italienischer Lebensart und Kultur im Ausland und somit auch ein Aktivposten seiner Außenpolitik.[292] Noch 1928 unternahm er den Versuch einer ökonomischen und politischen Unterwanderung Amerikas, indem er die Emigranten einfach per Gesetz bis in die siebte Generation hinein zu italienischen Staatsbürgern erklärte, während er gleichzeitig die Vereinigten Staaten durch entsprechende Ver-

---

[290] Vgl. auch op. cit., S. 234: »L'apporto del capitale straniero era infatti essenziale all'Italia non solo per la ripresa della grande industria, ma anche per la realizzazione dei programmi economici variati dal regime e di conseguenza per un consolidamento del regime stesso.«

[291] Vgl. auch J. P. Diggins, *Mussolini and Fascism: The View from America*, S. 205: »FASCISM was the political wonder of the twentieth century. Whereas the Bolshevik Revolution appeared to Americans as the culmination of nineteenth-century revolutionary radicalism, the March on Rome seemed shrouded in a thick ideological fog. Significantly, no American thinker clearly anticipated the rise of European Fascism.«

[292] Zu dieser Absichtserklärung Mussolinis s. a. B. Mussolini, „Dichiarazione di Mussolini als Consiglio dei Ministri 30/12/22", zitiert nach: C. Damiani, *Mussolini e Gli Stati Uniti 1922-1935*, S. 52: »Solo poche settimane dopo la presa del potere, Mussolini affermava esplicitamente che da quel momento in poi „gli emigranti avrebbero dovuto essere considerati mezzi di irradiazione delle idee e dei prodotti italiani e l'emigrazione parte integrante della politica estera italiana".«

öffentlichungen in der amerikanischen Tagespresse von seinem Desinteresse an den in Amerika naturalisierten Italienern zu überzeugen versuchte.[293] Gleichzeitig wurden die daheimgebliebenen Familien bedroht, um die im Ausland lebenden Italiener weiterhin dem Regime verpflichtet zu halten. Ein solches Vorgehen hatte allerdings sofortige Reaktionen in der amerikanischen Öffentlichkeit zur Folge und Mitglieder der verschiedensten Gruppierungen wandten sich energisch gegen die politische Verfolgung.[294]

Dies war aber eher die Ausnahme, denn wie Diggins ebenfalls zu berichten weiß, haben die meisten italienischsprachigen Zeitungen in Amerika ihre Nachrichten von der Stefani-Agentur bezogen, die einen profaschistischen Standpunkt vertrat und die Nachrichtensteuerung im Sinne des Regimes vornahm.[295] Hierin mag eine Ursache dafür liegen, dass es in den U.S.A. keine wesentlichen Oppositionsaktivitäten gegeben hat. Und das, obwohl große Teile der europäischen Intelligenzia auf der Flucht vor dem Faschismus in Amerika eine neue Heimat gefunden hatten, was gleichsam als Nebeneffekt durch den regen intellektuellen Austausch mit den Daheimgebliebenen in Europa zu einer weiteren Festigung des Mythos Amerika führen sollte.

> »Mit dem Eintritt der USA in den Ersten Weltkrieg bahnte sich ein europäisches Umdenken an, das mit der Vertreibung der intellektuellen Eliten aus Kontinentaleuropa 1933 ein neues Stadium erreichte. Plötzlich waren es nicht mehr die Unterschichten, die Amerika entdeckten. Repräsentanten der europäischen Philosophie, Literatur, Kunst, Musik, der Sozial-, Human- und

---

[293] Vgl. auch op. cit., S. 65: »Nel maggio 1928, il duce rilasciò alla stampa americana alcune formali dichiarazioni sul disinteresse del governo fascista per i naturalizzati americani, che erano ormai considerati „stranieri a tutti gli effetti e legati alla madre patria da vincoli puramente spirituali". Ma, in contrasto con tali affermazioni, peraltro ribadite al Senato nel giugno successivo, veniva emanato un decreto che sanciva esplicitamente che, a prescindere dal paese di residenza, un cittadino italiano doveva rimanere tale fino alla settima generazione.«

[294] Vgl. auch J. P. Diggins, *Mussolini and Fascism: The View from America*, S. 102: »In 1928 the *Nation* published an article on "Fascist Blackmail" based upon the "scores" of letters it had received from Italian workers in the industrial towns of the Northeast. The workers and their wives were warned by consular officials that unless their anti-Fascist activities ceased they would receive unpleasant news about their families back home.«

[295] Vgl. auch op. cit., S. 81.

Naturwissenschaften wurden gezwungen, sich mit der Existenz Amerikas nicht nur abzufinden, sondern sich in Amerika als neuer Heimat zurechtzufinden.«[296]

Ein wesentlicher Vorteil für die Angehörigen der geistigen Elite war die Tatsache, dass auf sie nicht die Bestimmungen der oben genannten *immigration acts* angewendet wurden, sondern hier Sonderregelungen wie die seit 1940 vorgenommene „Erteilung von Einreisevisa für sogenannte ‚emergency visitors'" galten, die allerdings hinsichtlich ihrer Anwendung kritisch zu beurteilen sind.[297] So weist Reiske darauf hin, dass längst nicht alle der in die U.S.A. emigrierten Intellektuellen, zu denen u.a. auch Giuseppe Prezzolini, Francesco Nitti und Francesco Saverio zählten, gegen den Faschismus in Italien tätig geworden sind, sondern analog zu der Inneren Emigration Benedetto Croces in ihre wissenschaftlichen Studien flüchteten.[298]

Darüber hinaus konnte zudem trotz der Sonderregelungen längst nicht jeder verfolgte Intellektuelle mit der Erlaubnis zur Einreise in die U.S.A. rechnen, wie Mayer in seinem Beitrag zu Exilforschung darlegt.[299] Finanzielle Unabhängigkeit und politische Neutralität im Heimatland entschieden über rettendes Exil auf der einen, Verfolgung und Tod auf der anderen Seite. Humanitäre Maßstäbe kamen bei dieser Entscheidung nur selten zum Tragen.

»Nirgendwo stärker aber als vor der Tatsache des Exils offenbarte sich die *gesellschaftliche Ungleichheit*. [...] Die Einwanderung in die Vereinigten Staaten war das Ergebnis einer doppelten Selektion: der finanziellen Bürg-

---

[296] M. Henningsen, *Der Fall Amerika. Zur Sozial- und Bewußtseinsgeschichte einer Verdrängung*, München, 1974, S. 12.

[297] Vgl. hierzu S. Barron/S. Eckmann (Hrsg.), *Exil. Flucht und Emigration Europäischer Künstler 1933 - 1945*, S. 18f: » Im Jahr 1940 führte das amerikanische Außenministerium ein Verfahren für die Erteilung von Einreisevisa für sogenannte „emergency visitors" ein, die gefährdeten Flüchtlingen zur Verfügung standen, deren Leistungen auf intellektuellem oder kulturellem Gebiet oder deren politische Aktivitäten für die Vereinigten Staaten interessant waren.«

[298] Vgl. auch H. Reiske, *Die USA in den Berichten italienischer Reisender*, S. 59.

[299] Vgl. hierzu H. Mayer, „Innere und Äussere Emigration", in: R. Grimm/J. Hermand (Hrsg.), *Exil und innere Emigration. Third Wisconsin Workshop*, Frankfurt, 1972, S. 75-87.

schaft (Affidavit) und der ideologischen durch erwiesenes politisches Nichtengagement.«[300]

Deshalb ist es auch nicht verwunderlich, dass nur wenige Emigranten so aktiv wurden wie Graf Sforza, der schließlich die U.S.A. in einem Acht-Punkte-Programm dazu aufforderte, als Schutzmacht in Italien zu intervenieren, um den Faschismus und die Monarchie zugleich zu bekämpfen und somit eine Demokratie zu ermöglichen,[301] mussten die meisten doch mit der Aufhebung der Einreisegenehmigung oder gar der Internierung rechnen, wenn ihre politischen Stellungnahmen nicht mit amerikanischen Überzeugungen konform gingen.

2.4.3. Der italienische Antiamerikanismus

Neben den offiziellen Beziehungen zwischen Amerika und Italien existierte in den dreißiger Jahren auch ein starker Antiamerikanismus.[302] M. Nacci weist in ihrer Untersuchung darauf hin, dass es sich hierbei keineswegs um ein rein italienisches, sondern vielmehr um ein gesamteuropäisches Phänomen gehandelt hat.

> »Si trattava, in tutti questi casi, di giudizi che correvana non nella sola Italia fascista, ma in tutta l'Europa. Bisogna sottolineare come fosse europeo il giudizio su quel modello di civiltà che si espresse negli anni trenta dell'accusa [...] nell'appello alla resistenza contro la minaccia di un'invasione culturale, nel disprezzo per quella civiltà incivile che trovava il suo ideale nel comfort, nel rovesciamento sistematico degli elementi che avevano costituito il mito americano (giovinezza, modernità, individualismo, libertà).«[303]

---

[300] op. cit., S. 79.

[301] Vgl. auch C. Sforza, *L'Italia dal 1914 al 1944*, S. 175: »Principale ragione del mio riserbo era il desiderio di dare bensi tutto me stesso alla causa italiana, ma senza ufficializzare la mia azione; gli esuli, volontari o no, debbono essere discreti. Ma, alla fine del 1941, mi convinsi che dovevo vincere la mia riluttanza personale. Pubblicai un programma in otto punti cui i giornali americani e inglesi consacrarono lunghe discussioni, il che bastava a provare che i miei amici avevano avuto ragione colle loro insistenze.«

[302] Wenngleich dieser Antiamerikanismus dem Faschismus argumentativ zuweilen nahe steht, darf er dennoch nicht mit jenem identifiziert werden.

[303] M. Nacci, *L'antiamericanismo in Italia negli anni trenta*, S. 20.

Reiske skizziert in seiner Monografie die je nach politischer Lage wechselnden Amerikabilder der italienischen Geisteswelt:[304] Werden die U.S.A. vor dem Ersten Weltkrieg noch als bedrohliche Macht mit imperialistischen Ansprüchen empfunden (Vico Mantegazza, 1910), so ändert sich die Bewertung mit ihrem Eintritt in den Ersten Weltkrieg zum Positiven (Enrico Sartorio, 1920/Carlo Muzio, 1921), um nach Beendigung des Krieges wieder in das Gegenteil zu verfallen (Guido Semenza, 1923). Dies erklärt sich durch die Enttäuschung über die Ergebnisse des Versailler Vertrages, für dessen Ausarbeitung die U.S.A. als Garantiemacht angesehen worden waren. Die wechselnden Positionen verdeutlichen, dass sowohl der italienische Antiamerikanismus der dreißiger Jahre wie auch die positive Rezeption Amerikas durch Pavese und Vittorini im Rahmen einer größer angelegten, europäisch stattfinden Auseinandersetzung mit Amerika anzusiedeln sind.[305]

Wesentliches Merkmal solcher Einzelbeurteilungen ist für M. Henningsen das Festhalten an einem Bewertungsmaßstab, der versucht, Amerika vor dem Hintergrund europäischer Grundwerte einzuordnen, d.h. der an der Vorstellung festhält, Amerika sei nach wie vor eine Art europäische Kolonie.

>»Das ganze Spektrum der europäischen Amerika-Bilder muß unter dem Vorbehalt betrachtet werden, daß diese Bilder zwar alle Amerika darzustellen beanspruchen, dies aber aus einer Perspektive tun, in der Europa selbstverständlich als zivilisatorisches Grundmuster die Kontraste und Schwerpunkte bestimmt.«[306]

---

[304] Vgl. die Ausführungen von H. Reiske, *Die USA in den Berichten italienischer Reisender*, S. 113f und S. 119.

[305] Vgl. die Ausführungen zu den in Deutschland gängigen Stereotypen bei E. Klautke, *Amerika im Widerstreit. Vergleichende Untersuchungen zur Auseinandersetzung mit den Vereinigten Staaten in Deutschland und Frankreich während der „Klassischen Moderne" 1900-1933*, S. 294-350, Dissertation, Heidelberg, 1999, noch unveröffentlicht, mit jenen bei M. Nacci für die italienische Seite wiedergegebenen übereinstimmen (giovinezza, modernità, individualismo, libertà). Zu einem ähnlichen Ergebnis für Frankreich kommt A. Grewe, *Das Amerikabild der französischen Schriftsteller zwischen den beiden Weltkriegen*, Heidelberg, 1985, S. 201f. Für Amerika siehe schließlich P. Freese, *The American Dream and the American Nightmare*, Paderborn, 1987, S. 15.

[306] Vgl. M. Henningsen, *Der Fall Amerika*, S. 9.

Grundlage für solche Amerikabilder bildeten die Berichte von Reisenden, die den Daheimgebliebenen ihre persönliche Erfahrungen schilderten. Für Italien ist insbesondere die von Mario Soldati verfasste Monografie *America, primo amore* (1935) erwähnenswert. Der Autor schilderte in dem Buch seine persönlichen Eindrücke und Erlebnisse, die er im Zuge späterer Neuauflagen immer wieder überarbeitete und revidierte. Eine seiner ursprünglichen Aussagen blieb jedoch bestehen: nämlich die Überzeugung, dass Amerika für Italien nicht nur geografisch, sondern auch kulturell das am weitesten entfernte Land der Erde sei:

»Ma, da quando Colombo scoprì l'America, un abisso fu al di là del quale gli uomini possono gettarsi e diventare altri, diversi dagli uomini di quella vecchia e unica terra che ha nome Asia, Africa, Europa. Fra un americano e un europeo c'è, in fondo in fondo, maggior distacco che fra un europeo e un persiano o un cinese. [...] Di tutte le lontananze, l'America e la più vera ed esemplare.«[307]

Heute zählt Soldatis Erstlingswerk zu den Standardwerken für alle Belange der italienischen Amerikarezeptionsforschung. Ebenfalls erwähnenswert und gleichzeitig beispielhaft für den Antiamerikanismus ist der damals führende Amerikanist und Literaturkritiker E. Cecchi, der mit seiner Monografie *America amara* (1938), in welcher er im Wesentlichen ebenfalls seine subjektiven Eindrücke mehrerer Privatreisen in die Vereinigten Staaten geschildert hat, ganz entscheidend zum Bild Amerikas in der italienischen Öffentlichkeit beigetragen sollte. Erneut war der Hauptkritikpunkt die fehlende kulturelle Tradition des neuen Kontinents, der sich nicht nur nach Auffassung Cecchis immer wieder anmaßte, das Schicksal Europas gestalten zu wollen.

»E ci maravigliamo della sicumera e degli sbagli di geografia, con i quali Wilson e Roosevelt pretesero e pretendono di mettere bocca negli affari d'Europa.«[308]

Schon früher hatten amerikanische Autoren wie etwa Sinclair Lewis sich mit der ihren Landsleuten immer wieder nachgesagten Oberflächlichkeit kritisch auseinander gesetzt. Im Fall von Lewis mündete dieses

---

[307] M. Soldati, *America primo amore* (1935), Milano, 1990, S. 34.

[308] E. Cecchi, *America amara*, abgedr. in: ders., *Saggi e viaggi*, Milano, 1997, S. 1296f.

schließlich in die Entwicklung von Stereotypen, in denen schon der junge Pavese „typische Amerikaner" zu erkennen glaubte,[309] wie sie in der von Lewis erfundenen Figur des *Babbitt* (1922) sogar „als Bezeichnung eines standardisierten Geschäftsmannes"[310] Eingang in die amerikanische Umgangssprache finden sollte. An eben diese Kritik knüpfte Cecchi an, wenn er die vermeintliche kulturelle Unterlegenheit der Amerikaner betonte.

> »Per il piccolo professore d'italiano, nel ginnasio della nostra provincia più remota, i grandi o piccoli avvenimenti della letteratura contemporanea rappresentano qualche cosa in cui egli si sente interessato profondamente. Su Bontempelli, su Malaparte, su Pea, il piccolo professore vuole avere, a diritto o a rovescio, la propria opinione. [...] In America, le opinioni, quando ci sono, stanno nel guscio; sebbene sia anche più frequente trovare gusci vuoti. [...] Di regola, poi, l'americano non prova la minima vergogna d'ignorare. Sa ignorare, se occorre, a faccia tosta. [...] E tornando in argomento: nella stessa cerchia della gente cosiddetta colta, l'America è mediocre lettrice di libri; come gli americani spregiudicati non esitano ad ammettere; e non riferendosi soltanto a questi nostri tempi sconvolti e squattrianti.«[311]

Hierbei betrachtete Cecchi besonders die „Alltäglichkeit" der Werke, die vor allem durch die verstärkte Verwendung des *slang* erzeugt werden sollte, ihrer literarischen Qualität als abträglich.[312] Gerade in der Einfüh-

---

[309] Vgl. auch C. Pavese, Brief an Antonio Chiuminatto, 11. Februar 1931, in: ders., *Lettere 1926-1950*, Bd. I, Torino, 1968, S. 175: »It is not that personae become great creations by means of their being truly American, on the contrary, by means of being great creations by an American, personae become truly Americans: Babbitt, Gantry, etc. are such a living, such a truly speaking and breathing lot that they must necessarily also be true Americans, full of the rich blood of the country!«

[310] Vgl. hierzu auch W. Edener, *Die Religionskritik in den Romanen von Sinclair Lewis*, Heidelberg, 1963, S. 61: »So trefflich gelang ihm dessen Darstellung, daß „Babbitt" in den amerikanischen Sprachschatz als Bezeichnung eines standardisierten Geschäftsmannes einging, so wie „Main Street" zu einem Schlagwort für die dörfliche Enge in Amerika wurde.« Außerdem W. F. Schirmer, *Geschichte der englischen und amerikanischen Literatur*, S. 963: »In *Babbitt* (1922) wird diese Karikatur auf die Geschäftswelt des Mittleren Westens übertragen, deren Vertreter so glänzend getroffen sind, daß Babbitt zum Spottnamen für diese ganze Schicht wurde.«

[311] E. Cecchi, *America amara*, S. 1229-1231.

[312] op. cit. S. 1241: »Da un punto di vista strettamente letterario, potrà lamentarsi che il bisogno di cogliere la verità nei tratti più fuggevoli e minuziosi, induca spesso gli autori ad accettare troppe parole di vernacolo e di *slang*, le quali nascono e muoiono con le stagioni. Faulkner, Steinbeck, Cain, fra breve non potranno esser letti che con un glossario.«

rung der *dialetti* erkennt die Forschung allerdings jenes stilistische Merkmal Paveses, welches unzweifelhaft auf den amerikanischen Einfluss zurückzuführen ist[313] und zudem nachhaltige Auswirkungen auf die nachfolgenden Generationen italienischer Schriftsteller gehabt hat. Doch so wichtig für Pavese ein realistisches Arbeiten auch gewesen sein mag,[314] so konnte und wollte er sich noch nicht aus dem Schatten gängiger Urteile lösen und ordnete die kulturelle Stellung der U.S.A. in seinem erstmals im April 1931 in der Zeitschrift *La cultura* veröffentlichtem Essay über Sherwood Anderson ebenfalls dem europäischen Kulturprimat unter.[315] Jenseits der Beanspruchung des kulturellen Primats für Europa hatten die Kritiker aber im System des Amerikanismus selber einen Widerspruch ausfindig gemacht: Der als typisch amerikanische Eigenart viel beschworene Individualismus[316] hatte nämlich mit der Perfektionierung der Massenproduktion[317] und den veränderten ökonomischen Strukturen längst eine Wandlung vom Individualismus zum Kollektivismus erfahren.

---

[313] Vgl. hierzu C. Pavese, Brief an Antonio Chiuminatto, 12. Januar 1930, in: ders., *Lettere 1926-1950*, Bd. I, S. 96f: »I'm now seeing the world only through a veil of pink sheets, all bristling with slang-phrases which are meddling together, re-echoing and starring at me from everywhere. [...] My whole existence has got a slang drift now. [...] As slang is the living part of all languages, English has become American by it, that is the two languages have developed themselves separately by means of their respective slangs.«

[314] Vgl. hierzu auch C. Pavese, Brief an L. Novara, 13. Januar 1931, in: ders., *Vita attraverso le lettere*, Torino, 1966, S. 96: »Raccontami qualunque roba, per scritto, e tieni a mente di cacciarci dentro le frasi piú correnti d'uso marino (non le tecniche ma quelle di gergo) che io ne ho bisogno per tradurre un romanzo americano che è pieno delle dette frasi.«

[315] C. Pavese, „Sherwood Anderson" (1931), in: ders., *Saggi letterari*, S. 46: »Dov'è una tradizione artistica e spirituale dell'America? Di fronte gli sta l'Europa – la vedete, nel libro – antica, matura, sapiente: esperta, prima, della vita e poi, conseguentemente, dell'arte, dove i creatori vivono vicino alle loro terre, alle cose, con semplicità, con umiltà, *ascoltando*. Nell'America invece l'artista è un isolato, un estraneo al suo paese, il paese stesso non pare che vernice, la pretenziosità è il motto di tutta la vita: che cosa sa l'America della umiltà e terrestrità dei grandi artisti del passato dell'Europa?«

[316] M. Nacci, *L'antiamericanismo in Italia negli anni trenta*, S. 131: »L'identificazione dell'America con il regno dell'individualismo è presente, e svolge anch'essa un ruolo nell'antiamericanismo perché consente di trasformare la patria della libertà nel paese della concorrenza sfrenata, della lotta per sopravvivenza che non si cura di senso dell'umanità e solidarietà sociale.«

[317] U. Ott, *Amerika ist anders: Studien zum Amerika-Bild in deutschen Reiseberichten des 20. Jahrhunderts*, Frankfurt/M., 1991, S. 445f, verweist auf die schon früh aufkeimende Angst

»[...] ciò che si voleva evidenziare era la formazione, nel paese dell'individualismo per eccellenza, di un collettivismo che proveniva dalle cose stesse, dal sistema industriale unito alla democrazia politica, un collettivismo che non poteva essere definito politico, ma piuttosto sociale.«[318]

Das demokratische Ideal war, verkörpert im „belief in the American form of government [...] as the sole guarantor of Liberty and Equality",[319] unverzichtbarer Bestandteil des *American Dream*. Dieses Ideal war aber gleichsam durch einen überzogenen „belief in the attainability of Success"[320] ausgehebelt worden, in dessen Namen die amerikanische Gesellschaft die gnadenlose Jagd nach dem Dollar eröffnet hatte.[321] Um diesen *Success* beständig steigern zu können, war ein einseitiger Schwerpunkt auf beständiges Wirtschaftswachstum gelegt worden, welcher dem Individualismus zuwider lief.

»Il conformismo uccideva la democrazia, la società dei consumi distruggeva le differenze fra uomo e uomo, i beni prodotti in serie uniformavano gusti e comportamenti come i giornali e i partiti uniformavano le menti. L'America si avviava a diventare una grande caserma, una fabbrica di esseri tutti uguali, come la Russia aveva cercato di fare fin dall'inizio con le armi dell'ideologia e dell'indottrinamento politico, dell'imposizione di un partito unico.«[322]

Die Auswirkungen einer solch einseitigen Betonung des wirtschaftlichen Faktors lassen sich anhand der selbst heute noch gültigen Stereotypen ablesen, denen zufolge Amerikaner „wurzellos", „herzlos" und „unfähig zu

---

europäischer Intellektueller vor einer Vermassung, wie sie im Fordismus ihren prägnantesten zeitgenössischen Ausdruck gefunden hat: »Doch während die stereotyp beschworene geschäftsmäßige Nüchternheit und Sachlichkeit der Amerikaner, ihr vitaler Optimismus im ökonomischen Sektor lebhaft begrüßt und als vorbildlich präsentiert werden, lehnt die bürgerliche Kulturkritik Vermassungssymptome im kulturellen Bereich entschieden ab. Die Schriftsteller betrachten die von der ungehemmten kapitalistischen Entwicklung in den USA herbeigeführte Mechanisierung aller Lebensbereiche mit großer Sorge.«

[318] M. Nacci, *L'antiamericanismo in Italia negli anni trenta*, S. 129.

[319] P. Freese, *The American Dream and the American Nightmare*, S. 20.

[320] op. cit., S. 19.

[321] E. Cecchi, *America amara*, S. 1155: »Ma dov'è la forza, giuridica o armata, capace di difendere i depositanti, i piccoli azionisti? Si vide nel 1929, in America, quando tante società e tante banche [...] chiusero gli sportelli. Chi difese i depositanti, i risparmiatori, i piccoli azionisti, da questa grassazione colossale?«

[322] M. Nacci, *L'antiamericanismo in Italia negli anni trenta*, S. 132.

anhaltenden Bindungen" sind.[323] Es liegt auf der Hand, dass die Auflösung der persönlichen Bindungen gerade für die italienischen Gegner des Amerikanismus einen besonderen Stein des Anstoßes darstellen mussten.[324] Hier trafen sich dann auch die Kritik Benedetto Croces am Aktivismus, den er mit dem Amerikanismus gleichgesetzt hatte und der nach seinem Verständnis „zur Herrschaft eines einzelnen über die einzelnen" führte[325] mit jener Kritik Emilio Cecchis, der die Dynastien der Rockefellers, Morgans und Vanderbuilts für die desolaten gesellschaftlichen Zustände in Amerika verantwortlich machte.[326] An dieser Stelle sollte schließlich auch die Kritik der *Lost Generation* ansetzen, die in ihren Romanen eine Kompensation für jene gesellschaftlichen Werte forderte, die dem Götzen des Dollars zum Opfer gefallen waren. Die ablehnende Haltung gegenüber

---

[323] Vgl. hierzu auch P. Freese, *'America', Dream or Nightmare* (1990), Essen, 1994, S. 56: »A second type of criticism holds that Americans are heartless and utterly lack any deeper feeling.« Und ders., op. cit., S. 58. »A third type of criticism argues that Americans lack bonds and lasting relationships.«

[324] Vgl. hierzu M. Nacci, *L'antiamericanismo in Italia negli anni trenta*, S. 33f: »L'America era dunque, in questo contesto, un termine di riferimento privilegiato, vista la identificazione di quel paese con il macchinismo. È in questo ambito di opinioni e riflessioni che vanno inserite anche le numerose definizioni della morale americana in termini di libertà sessuale, emancipazione della donna, società matriarcale, le copiose denunce di una riproduzione malthusiana, del disfacimento della famiglia, dello svilirsi di legami un tempo ritenuti sacri.«

[325] Vgl. auch B. Croce, *Geschichte Europas im neunzehnten Jahrhundert*, S. 306: »Der Aktivismus übersetzt ein ethisches Ideal in materialistische Begriffe [...]. Man hat den Aktivismus daher auch »Amerikanismus« genannt. Es liegt in der Logik dieses Vorganges beschlossen, daß diese Perversion eines ursprünglichen Freiheitsdranges sodann ins Gegenteil der Freiheit, in alle Arten von Reaktion umschlägt. Der Aktivismus führt zur Herrschaft eines einzelnen über die einzelnen, zum Servilismus der anderen und schließlich zur eigenen Knechtsgesinnung, zur Unterdrückung der Persönlichkeit [...].«

[326] E. Cecchi, *America amara*, S. 1133: »Le dinastie dei Vanderbilt, dei Gould, dei Rockefeller, dei Carnegie, dei Morgan, si formarono e conquistarono il potere, agli Stati Uniti, nel quarantennio fra la Guerra Civile e il finire dell'Ottocento. Furono esse che misero in valore le sterminate risorse naturali americane, che costruirono le grandi ferrovie ed attrezzarono industrialmente il paese. Avendo reso al paese tutti questi inapprezzabili, sarebbe troppo pretendere che poi non l'avessero anche derubato.« Außerdem M. Nacci, *L'antiamericanismo in Italia negli anni trenta*, S. 116. »Nel commentare la crisi del '29, gli osservatori italiani mettevano fra le sue cause proprio ciò che caratterizzava il sistema di produzione e il modo di vita dell'America: fra di esse si potevano porre l'ipertrofia del credito, il desiderio di uno sviluppo sempre più grande, una sproporzione crescente fra produzione, consumo e ricchezza reale, la corsa all'acquisto ad ogni costo, la febbre speculativa.«

dem amerikanischen Materialismus mit seinen negativen Auswirkungen auf den Einzelnen und die Gesellschaft wurde zusätzlich noch dadurch geschürt, dass sichtbare äußere Anzeichen in der italienischen Gesellschaft auf eine Adaption amerikanischer Wertemodelle hindeuteten:

> »[...] l'americanizzazione dell'Europa, poi, poteva esprimersi in modo tangibile nell'emancipazione delle donne, nella dissoluzione della famiglia, nell'imitazione di usi e costumi che si raccomandavano per il loro „essere al passo coi tempi", nella diffusione di una cultura di massa che prendeva posto della secolare cultura europea.«[327]

Im konkreten Falle Cecchis als führende Stimme des italienischen Antiamerikanismus bleibt allerdings die Frage zu stellen, ob er nicht auch bewusst ein politisiertes Amerikabild hatte transportieren wollen, das wiederum der faschistischen Propaganda in die Arme spielte.[328] Zu ausführlich waren die gesellschaftlichen Schattenseiten Amerikas, die generellen kulturellen Unterschieden und die speziell für den italienischen Leser abstoßenden Merkmale der amerikanischen Gesellschaft, wie z.B. die Entfremdung innerhalb der Familie oder etwa das emanzipierte Auftreten der Frau, in seinen Ausführungen dargestellt, als dass sie sich nicht in die faschistische Argumentation hätten integrieren lassen. Als ein indirekter Beleg für die Nähe zum Faschismus mag auch die frühe Übersetzung seiner Monografie in die deutsche Sprache angesehen werden.[329] Eine detailliertere Studie zu diesem Thema könnte durchaus neue Erkenntnisse zu Tage fördern.

---

[327] op. cit., S. 149.

[328] Es ist fast als sicher vorauszusetzen, dass Cecchi sich dieser Wirkung bewusst war, weist doch D. Heiney in seinen Ausführungen darauf hin, dass Cecchi im offiziellen Auftrag für die faschistische Regierung an einer Schriftstellertagung in Weimar teilnahm, er also offizieller Kulturträger und Repräsentant des Faschismus war. Vgl. hierzu auch D. Heiney, *America in Modern Italian Literature*, New York, 1964, S. 35: »In 1942 he was a member of the Italian delegation to a Nazi-sponsored writers' conference in Weimar, a meeting which was addressed by Goebbels and during which the writers were told by another Nazi speaker that their common enemies were "Bolshevism, Democracy, Judaism and Americanism."«

[329] Vgl. hierzu E. Cecchi, *Bitteres Amerika*, übers. von A. Graf Alegiani, Oldenburg/Berlin, 1942.

3. Das Modell „Amerika"

Die bisherigen Ausführungen haben gezeigt, dass es keiner der bisher genannten Personen, Gruppierungen oder Ideologien gelungen war, eine frühzeitige und effiziente Opposition gegen den Faschismus auf sich zu vereinen. Weder Benedetto Croce mit seinem Rückzug in die Innere Emigration, noch die Gruppierung *Giustizia e Libertà* mit ihrem Engagement im Spanischen Bürgerkrieg, noch die sich zunehmend als reaktionär erweisende UdSSR schienen den jungen Autoren eine verlockende Alternative zur faschistischen Gesellschaft bieten zu können, in der sie aufgewachsen waren und gegen die sie sich nun zur Wehr setzten. So blieb als letzte Alternative, wollte man sich nicht doch noch dem faschistischen Diktat ergeben, nur noch die Orientierung an Amerika. Die Kritik Cecchis an den Vereinigten Staaten vermochte aufgrund ihrer Nähe zum faschistischen Gedankengut ebenfalls nicht zu überzeugen. Zwar haben auch die *americanisti* Pavese, Vittorini und mit ihnen viele andere die von Cecchi beschriebenen negativen Aspekte des *american way of life* keineswegs ignoriert, der wesentliche Unterschied liegt letztlich aber in der positiven Gesamtbewertung Amerikas, zu der sie in ihrem Urteil gelangt sind.

»Quella „barbarie" che vi vedono Linati, Praz, Cecchi, per non fare che i nomi più rappresentativi, la vedono anche questi scrittori: ma la considerano appunto un fatto positivo, come una nuova linfa da immettere nel corpo malato ed esangue della letteratura italiana.«[330]

An dieser Stelle eröffnet sich allerdings eine weitere Problematik: Ruft man sich nämlich die These von der Rezeption amerikanischer Literatur als oppositionellen Akt gegen das faschistische Regime ins Gedächtnis, so stellt sich die Frage, wie es zu einer solch starken Verbreitung dieser Literatur in Italien überhaupt kommen konnte.

---

[330] A. Lombardo, „La critica italiana sulla letteratura americana", in: *Studi americani*, Roma, 1959, Nr. 5, S. 37.

3.1. Die Möglichkeiten der Amerikarezeption unter dem Faschismus

Eine Ursache für die Rezeption amerikanischer Literatur in Italien liegt, wie an anderer Stelle schon ausgeführt, in der Verleihung dreier Literaturnobelpreise an amerikanische Autoren (Lewis, O'Neill, Buck) begründet, die zu einem generell zunehmenden Interesse an den U.S.A. und der amerikanischen Kultur führte.[331] Dieser Erklärungsansatz reicht allerdings insofern nicht aus, als er nicht berücksichtigt, dass seitens des faschistischen Regimes doch eher eine starke Zensur zu gewärtigen gewesen wäre. Niemand geringer als Umberto Eco hat aber in seiner Funktion als Zeitzeuge darauf hingewiesen, dass die Verbreitung amerikanischer Literatur und amerikanischer Filme im Italien der 30er und 40er Jahre weniger restriktiv gehandhabt wurde, als man vielleicht erwarten würde.[332] Ganz im Gegenteil beweist zudem ja auch die Vielzahl der vorliegenden Untersuchungen zur Thematik, dass die Arbeit mit und über amerikanische Literatur in jener Zeitspanne nicht nur nicht zum Erliegen gekommen war, sondern stattdessen sogar einen regelrechten *Boom* erfahren hatte,[333] der erst mit der Nie-

---

[331] Vgl. auch K. H. Frahne, *Von Franklin bis Hemingway*, S. 10: »Der Höhepunkt dieser Entwicklung wurde in den dreißiger Jahren erreicht, in denen die Überflutung Europas mit den Erzeugnissen der amerikanischen Fabriken, Filmgesellschaften und Jazzkapellen kulminierte, aber auch die Gleichsetzung der amerikanischen Literatur mit den europäischen Literaturen mit den ersten sichtbaren Ausdruck durch Verleihung des Nobelpreises an Sinclair Lewis (1930), Eugene O'Neill (1936) und Pearl S. Buck (1938) fand. In seiner Rede vor der Stockholmer Akademie zählte Lewis die von ihm für maßgebend gehaltenen amerikanischen Autoren auf [...] und pries sie als Repräsentanten eines Landes, das so ungewöhnlich wie Rußland und so vielgestaltig wie China sei und dessen Literatur der grandiosen Unermeßlichkeit seiner Gebirge und Prärien entspreche. Die Folgen zeigten sich sogleich in einem rapiden Ansteigen der Übersetzungen aus dem Amerikanischen, und zwar sowohl von dichterischen Spitzenleistungen wie von bloßen Best-Sellers.«

[332] Vgl. hierzu U. Eco, „Das amerikanische Modell", in: G. P. Ceserani/U. Eco/B. Placido (Hrsg.), *Modell Amerika: Die Wiederentdeckung eines Way of Life*, übers. von W. Glinga, Münster, 1985, S. 15-43.

[333] Auch die Vielzahl der von Pavese, Vittorini und anderen in jener Zeitspanne durchgeführten Übersetzungen amerikanischer und englischer Literatur ist als direkter Beleg hierfür zu werten. D. Lajolo, *Il „vizio assurdo"*, S. 142, führt für Pavese für den Zeitraum von 1931 bis 1942 nicht weniger als zwölf publizierte Übersetzungen von Autoren aus dem angloamerikanischen Sprachraum an. Die gleiche Anzahl weist F. Zanobini, *Elio Vittorini*, S. 125, für Vittorini im Zeitraum von 1933 bis 1943 nach.

derschlagung des Faschismus und der Beendigung des Krieges seine Kraft verlieren sollte. Also erst zu einem Zeitpunkt, als Amerika in seiner ihm von Nacci zugeschriebenen Funktion als Metapher für einen möglichen Neubeginn der Kultur durch die politische Entwicklung überholt worden war.[334]

Angesichts der Tatsache, dass ein von einem faschistischen Gericht als Oppositioneller Verurteilter die Möglichkeit zur Lektüre amerikanischer Literatur hat,[335] scheint eine konsequente staatliche Kontrolle der Veröffentlichung und Verbreitung amerikanischer Literatur für die Zeit vor dem amerikanischen Kriegseintritt eher unwahrscheinlich. Dem offensichtlich vorhandenen Interesse an amerikanischer Literatur hat dann wohl auch der Einaudi-Verlag Rechnung getragen, als er 1938 eine Buchreihe über englische und amerikanische Autoren einrichtete, die Pavese betreute und in welcher jener u.a. eigene Übersetzungen von G. Stein, H. Melville

---

[334] M. Nacci, *L'antiamericanismo in Italia negli anni trenta*, S. 101: »Di fatto, nel prendere in esame le reazioni che l'America suscitava in quegli anni [...] si ha l'impressione, cioè, che l'età giovanile rispetto al Vecchio Mondo che l'America sembrava possedere funzionasse anche come una metafora, e che in questa metafora dei popoli giovani e dei popoli vecchi trovassero posti tutti i tratti della civiltà americana e, prima di tutti, il fatto che l'America fosse intesa come civiltà.« Außerdem A. Lombardo, „La critica italiana sulla letteratura americana", S. 43: »Gradualmente la situazione si trasforma: e l'America anzitutto perde la sua qualità „mitologica". A ciò contribuiscono fortemente le mutate condizioni politiche. Riacquistata la libertà, l'America come simbolo, l'America come denominatore comune, non ha più ragioni di esistere [...].« Und die Beurteilung C. Paveses in „Richard Wright. Sono finiti i tempi in cui scoprivamo l'America" (1947, Radioübertragung), in: ders, *Saggi letterari*, S. 169: »Sono finiti i tempi in cui scoprivamo l'America. Nel giro di un decennio, dal 1930 al 1940, l'Italia non solo ha fatto conoscenza di almeno mezza dozzina di scrittori nordamericani contemporanei i cui nomi resteranno, ma ha riesumato qualcuno dei classici ottocenteschi di quella letteratura [...]. Ma ora è finita. Ora l'America, la grande cultura americana, sono state scoperte e riconosciute, e si può prevedere che per qualche decennio non ci verrà più da quel popolo nulla di simile ai nomi e alle rivelazioni che entusiasmarono la nostra giovinezza prebellica.«

[335] Aus dem Jahre 1936 datiert der aus der Verbannung in Brancaleone geschriebene Brief C. Paveses an seine Schwester Maria, in welchem er sich für die Übersendung zweier amerikanischer Bücher bedankt. C. Pavese, Brief an die Schwester Maria, 16. Januar 1936, in: *Vita attraverso le lettere*, S. 137f: »Cara Maria, ricevuto cartolina del 1°. Ricevuto pure due libri americani *Tragedy of Lynching* e *Treatment of Delinquency* annunciati da cartolina da Ivrea, ormai tutta inzuppata di lacrime, come del pane che mangio. Me mi permettete tuttavia un dolce rimprovero, vorrei farvi presente che non è il modo migliore per tenermi allegro, regalarmi trattati sulla delinquenza americana, tutti pieni di vivide descrizioni di penitenziari e sedie elettriche.«

und M. Faulkner platzierte. Als weiteres Beispiel sei Fernanda Pivano genannt, die gemeinsam mit Pavese die *Spoon River Anthology* von E. L. Masters (Einaudi, Torino, 1943) übersetzte und in der Nachkriegszeit zu einer der führenden italienischen Amerikanistinnen avancierte.[336] Sie hat in ihren späteren Ausführungen darauf hingewiesen, dass eine Beschäftigung mit der amerikanischen Literatur durchaus möglich war. Es ist sicherlich verständlich, dass Pivano in ihrer Beschreibung des damaligen geistigen Klimas zu einer weiteren Verklärung Amerikas beitrug, wenn sie den gefährlichen Charakter solcher Tätigkeiten besonders betonte. Dennoch sollte man sich generell davor hüten, den Mythos des allgegenwärtigen Regimes unnötig zu verstärken.[337]

Und ein weiteres Werk darf in der Reihe der Publikationen nicht unerwähnt bleiben: die untrennbar mit dem Namen E. Vittorinis verbundene Anthologie *Americana* (1942), die eine Reihe editorischer Turbulenzen über sich hat ergehen lassen müssen, welche die Widersprüche jener Zeit

---

[336] Vgl. hierzu auch die von Pavese verfasste Rezension „Il poeta dei destini" (1943), in: ders., *Saggi letterari*, S. 62: »Se questa è, come pare, la prima fatica letteraria della Pivano, diremo che di rado un giovane ha saputo contenere a questo modo i suoi entusiasmi e castigare il suo piacere con tanta consapevolezza. [...] Questo libro ebbe il privilegio di non venire mai coinvolto nella polemica spicciola e quasi sempre ingiusta che fu la nostra reazione di fronte a quella cultura. [...] Ma siamo grati alla giovane traduttrice per averci, col suo schietto e misurato discorso, rimessi di fronte a quest'immagine perduta di noi stessi.« Pavese verschweigt hier allerdings wohlweislich, dass er selber maßgeblich an der Übersetzung mitgewirkt hatte.

[337] Vgl. zu den Lücken, die das Regime in seiner Organisation aufwies, auch P. Melograni, "The Cult of the Duce in Mussolini's Italy", S. 73: »During Mussolini's regime, Italian society, contrary to appearances, was a very depoliticized society. The organizations of the regime mobilized great masses of people, and the towns of every region in Italy were frequently packed with crowds extolling the Duce. But if by 'political' we mean active participation in community life, information about facts and the comparison of ideas, we have to recognize that society in Mussolini's day was the very opposite of a politicized society. The masses nearly always took part in political demonstrations as if in a ritual, circulation of news and information was always controlled by censorship, and any comparison of ideas was extremely limited, even within the Fascist Party.« Außerdem C. Bo, „Il neorealismo, trent'anni dopo", S. 400, der in den faschistischen Maßnahmen eher zaghafte Versuche zur Kontrolle der Kultur sah, die aber kaum Anklang fanden: »Si a è voluto spiegare con ragioni politiche e in parte è vero, per quanto il fascismo non sia andato più in là di certe vaghe aspirazioni di autonomia artistica [...], ogni tanto si cercava di dare delle direttive ma erano così sproporzionatamente ridicole, così bagnate di retorica che non potevano trovare nessun credito.«

verdeutlichen. Elio Vittorini erstellte zunächst unter Mitwirkung namhafter Kollegen wie Giansiro Ferrata, Eugenio Montale, Alberto Moravia, Cesare Pavese und anderen die Anthologie, die es sich zum Ziel gesetzt hatte, das italienische Publikum neben „Klassikern" der amerikanischen Literatur wie Poe, Melville oder Twain u.a. auch mit zeitgenössischen Autoren wie Anderson, Cain, Hemingway und Steinbeck bekannt zu machen, also mit genau jenen Autoren, die den jungen italienischen Literaten als Orientierungspunkte für eine Alternative zum Faschismus dienten.

>>Quelli erano gli anni del principio di italianità ad oltranza; bisognava essere italiani a tutti costi. Che cosa volesse dire essere italiani, non si sapeva proprio bene bene; però si sapeva con molta precisione che cos'era l'autarchia culturale fascista. [...] Si capisce che in un mondo di quel genere, in cui l'America era dileggiata come democrazia giudaico-massonica o come plutocrazia decadente, quello che ci arrivava dall'America ci pareva un soffio di libertà.«[338]

Vor diesem Hintergrund ist es mehr als verständlich, dass die erstmals 1941 bei Bompiani in Mailand verlegte Anthologie *Americana* von der faschistischen Zensur beschlagnahmt wurde und erst im darauffolgenden Jahr unter Auflagen neu veröffentlicht werden durfte. Auf der anderen Seite fiel auch die Reaktion der an der Publikation beteiligten Autoren eindeutig aus und untermauerte somit aus faschistischem Blickwinkel die Richtigkeit der Maßnahme: die Autoren stellten sich in ihrem Urteil hinter Vittorini, wie der folgende Brief Paveses dokumentiert.

>>Caro Vittorini, ti sono debitore di questa lettera perché penso ti faccia sentire che siamo tutti solidali con te [...] e tutto il pregio e il senso dell'*Americana* dipende dalle tue note. In dieci anni dacché sfoglio quella letteratura non ne avevo ancora trovata una sintesi così giusta e illuminante. [...] In questo senso è una gran cosa: che tu vi hai portato la tensione e gli strilli di scoperta della *tua propria* storia poetica, e siccome questa tua storia non è stata una caccia alle nuvole ma un attrito con la letterat. mondiale (quella letterat. mondiale che è implicita, in universalità, in quella americana – ho capito bene?), risulta che tutto il secolo e mezzo americ. vi è ridotto all'evidenza essenziale di un mito da noi tutti vissuto e che tu ci racconti.«[339]

---

[338] F. Pivano, „Intervento in *Vittorini traduttore e la cultura americana*", zitiert nach: F. Zanobini, *Elio Vittorini*, S. 168f.

[339] C. Pavese, Brief an Elio Vittorini, 27. Mai 1942, in: ders., *Lettere 1926-1950*, Bd. II, S. 421. Außerdem ders., Brief an Oliviero Honoré Bianchi, 15. Mai 1943, op. cit., S. 454, in

Irritierend ist allerdings der Umstand, dass die Zensur die angeblich zu amerika-freundliche Einleitung Vittorinis, nicht aber die Auswahl der Autoren bzw. Texte zu bemängeln hatte, wenn man einmal von Sinclair Lewis absieht, der dem Antisemitismus zum Opfer fallen sollte. Und zunehmend verwirrend wird es, wenn man die offensichtlich guten Kontakte zwischen dem Verleger Valentino Bompiani und dem *Ministro della Cultura Popolare* Alessandro Pavolini berücksichtigt, wie sie im Brief des Ministers vom 7. Januar 1941 zum Ausdruck kommen. Denn immerhin wurde Vittorini, der ja 1936 aus der faschistischen Partei ausgeschlossen worden war, in diesem Schreiben die Rolle des Unterhändlers und Vermittlers zwischen Verlag und Ministerium zugebilligt.

> »Proseguite nella Vostra collezione con gli altri interessanti volumi che avete annunziati e riserbate dunque l'uscita dell'antologia americana a un secondo più favorevole tempo. Vittorini può riferVi come io sia anche per altra via disposto a venirVi incontro. Mi compiaccio per la Vostra risoluzione di far bilanciare le raccolte straniere da analoghe pubblicazioni nei vari paesi da cui si traduce secondo accordi in atto e in corso: se effettivamente in America uscisse un'antologia di letteratura italiana, non vedrei difficoltà a fare uscire l'americana presso di noi.«[340]

Pavolinis Vorschlag, die *Americana* in Italien unter der Voraussetzung zu veröffentlichen, dass im Gegenzug eine italienische Anthologie in den U.S.A. publiziert würde, ist zwar nicht realisiert worden, war aber nicht völlig abwegig, wenn man sich erneut die profaschistischen Aktivitäten etwa der Stefani-Agentur in Amerika ins Gedächtnis ruft. Im Jahr 1942 durfte die Anthologie schließlich doch erscheinen, dieses Mal allerdings mit einem Vorwort von E. Cecchi versehen, von dem wir wissen, dass er der faschistischen Kulturpolitik zumindest nahe stand.[341]

---

welchem er sein Urteil wiederholt und Vittorini als »la più forte e dritta coscienza morale della giovane letteratura; una tempra di predicatore non melenso; uno scopritore di nuovi valori umani« bezeichnet.

[340] Zitiert nach: G. Manacorda, „Come fu pubblicata »Americana«", in: P. M. Sipala/E. Scuderi (a.c.d.), *Elio Vittorini*, S. 66.

[341] Vgl. hierzu E. Cecchi, „Introduzione all'edizione del 1942", in: E. Vittorini (a.c.d.), *Americana* (1941), Milano, 1985, S. 1042: »Sinclair Lewis manca in questa scelta; e non è solo in osservanza alle norme della politica razziale, ma soprattutto per il fatto che la sua opera ha ormai perduto quasi ogni interesse d'arte.« Lewis ist also auch aufgrund von „rassischen" Kriterien aus der Anthologie gestrichen worden.

Die Tatsache, dass Italien sich mit den U.S.A., die zur Zeit des ersten Publikationsverbotes ja nur „potenzialmente nostri nemici" gewesen waren,[342] mittlerweile tatsächlich im Kriegszustand befand, nämlich seit dem 07.12.1941, stiftet allerdings bei der Frage nach den Hintergründen der Publikation eher weitere Verwirrung. Auch kann man sich trotz der Bemühungen Cecchis, die amerikanische Literatur auf 15 Seiten aus einem profaschistischen – und damit antiamerikanischen Blickwinkel zu präsentieren,[343] kaum vorstellen, dass die Aufnahme der immerhin knapp elfhundert Seiten umfassenden Anthologie bei einem lesehungrigen Publikum nach regimekonformen Gesichtspunkten erfolgt wäre. Ebenso wenig denkbar scheint es, dass das faschistische Regime einer solchen Illusion erlegen wäre, so dass unklar bleibt, aus welcher Intention heraus die Erlaubnis zur Publikation schließlich tatsächlich erfolgt ist.

Ein letzter Beleg für die tendenziell schon als indifferent zu bezeichnende Haltung des faschistischen Regimes ist dem Bericht über die Kabinettssitzung vom 26. Juni 1943 zu entnehmen, in welcher der nunmehr als Kulturminister amtierende Gaetano Polverelli die fortgesetzte Publikation amerikanischer Literatur durch die Verlage Bompiani und Mondadori beklagte, die ihre diesbezüglichen Aktivitäten nie ganz eingestellt hatten.[344]

---

[342] Schreiben von C. Pavolini an Elio Vittorini anlässlich des Publikationsverbots von *Americana* 1941, zitiert nach: F. de Nicola, *Introduzione a Vittorini*, S. 82.

[343] E. Cecchi, „Introduzione all'edizione del 1942", S. 1051f: »E concludendo: dalla considerazione letteraria alla quale, com'era ufficio nostro, ci siamo limitati, è breve il tratto alla considerazione storica, politica e morale. Ognuno lo può compiere per proprio conto. Non per impegnarsi [...] al vilipendio d'un paese che, traviato da un falso ideale di benessere, brancola cercando la propria unità etnica ed etica. Ma per riconoscere e sentire, attraverso la riprova dell'arte, da quanto sangue è bagnata quella fatica, da quanta follia sono pagati quelli errori, e da quanta disperazione è segretamente avvelenato l'orgoglioso euforismo americano.«

[344] Zitiert nach: G. Manacorda, „Come fu pubblicata »Americana«", S. 68: »Una nota del Gabinetto del 26 giugno 1943 diceva [...]: «Proprio nei giorni dei massacri di Grosseto, di Sardegna e di Sicilia, l'editore Bompiani mette sfacciatamente fuori un ‚mattonissimo' intitolato ‚AMERICANA' antologia di scarso valore con prefazione di un accademico e traduzione di Vittorini; antologia condotta sui modelli dell'ebreo Lewis. E lo stesso Bompiani continua nelle stampe e ristampe di Cronin, Steinbeck ed altri, bolscevichi puri ad in ogni caso perniciosissimi. Mondadori a sua volta, dopo aver per anni contribuito ad ‚educare' alla frivolezza e immoralità americana i nostri giovani con la collana ‚La Palma', e con i ‚gialli', oggi prosegue nelle ristampe di autori inglesi e americani»."

Die angeführten Beispiele lassen deutlich erkennen, dass Zweifel an der Effizienz faschistischer Zensur einerseits und dem Verständnis der Beschäftigung mit amerikanischer Literatur als oppositioneller Akt *per se* andererseits durchaus angebracht sind. Die Erstellung einer entsprechenden Übersicht über die Beschäftigung mit amerikanischer Literatur in Italien, wie sie B. Tedeschini Lalli für den Zeitraum von 1945 bis 1954 erstellt hat,[345] wäre insofern auch für die Zeitspanne von 1925 bis 1945 wünschenswert, da ein solches Instrumentarium sicherlich mehr Licht in die vorliegende Fragestellung brächte.

Die Gründe, welche die Autoren zu ihrer Beschäftigung mit der amerikanischen Literatur geführt hatten, waren durchaus unterschiedlicher Natur. Wie die obigen Ausführungen zeigen, hatte F. Pivano einen Ursprung in der erstickenden Atmosphäre faschistischer Kulturpolitik lokalisiert, welche gerade die jüngeren Generationen für den aus Amerika herüberschwappenden „soffio di libertà"[346] umso empfänglicher machen sollte. Pavese hatte ebenfalls „quel brivido di liberazione e di scandalo, ch'è inseparabile da ogni incontro con una nuova realtà"[347] hervorgehoben, eine Einstellung, die er im Folgenden noch präzisierte und die als charakteristisch für die jungen Rebellen gelten darf.

> »Il sapore di scandalo e di facile eresia che avvolgeva i nuovi libri e i loro argomenti, il furore di rivolta e di sincerità che anche i piú sventati sentivano pulsare in quelle pagine tradotte, riuscirono irresistibili a un pubblico non ancora del tutto intontito dal conformismo e dall'accademia. [...] Per molta gente l'incontro con Caldwell, Steinbeck, Saroyan, e perfino col vecchio

---

[345] Vgl. erneut B. Tedeschini Lalli (a.c.d.), *Repertorio bibliografico della letteratura americana in Italia*, Vol. 1: 1945-1949 und Vol. 2: 1950-1954, Roma, 1966.

[346] F. Pivano, „Intervento in *Vittorini traduttore e la cultura americana*", zitiert nach: F. Zanobini, *Elio Vittorini*, S. 168f. Siehe hierzu auch D. Schlumbohm, *Die Welt als Konstruktion*, S. 13: »Die italienische Kultur, soweit sie dem Faschismus Widerstand leistete, wandte sich in den 30er Jahren entschieden von der Ideologie des offiziellen Rom ab und suchte gegenüber der zwangsweise erstarrten Kultur Italiens mit ihrer hohlen Rhetorik die Öffnung zu der als freiheitlich interpretierten amerikanischen Tradition. Gerade in den Jahren, in denen die faschistische Zensur am stärksten die Einflüsse zu bekämpfen suchte, wurde die schöpferische Auseinandersetzung der italienischen Intellektuellen mit Amerika am intensivsten.«

[347] C. Pavese, „Richard Wright. Sono finiti i tempi in cui scoprivamo l'America", S. 169.

Lewis, aperse il primo spiraglio di libertà, il primo sospetto che non tutto nella cultura del mondo finisse coi fasci.«[348]

So ist die oppositionelle Haltung gegen die antikisierende faschistische Kulturdoktrin der *italianità* ein Stück weit auch auf einen undifferenzierten jugendlichen Antikonformismus zurückzuführen, d.h. auf die Entdeckerfreude von jungen Leuten, welche dem Trend ihrer Zeit verbunden waren,[349] den sie in den zahlreichen Publikationen ebenso wieder fanden wie in dem nicht zu unterschätzenden Medium des amerikanischen Films, welcher die italienischen Kinos als typisch amerikanische Exportware geradezu überschwemmte.[350] Wiederum U. Eco beschreibt aus seinen Erinnerungen heraus das Heranwachsen eines typischen Jugendlichen unter dem Faschismus am fiktiven Beispiel des Roberto folgendermaßen:

»Flash Gordon gegen Ming war für ihn das erste Bild eines Kampfes gegen die Tyrannei. [...] Micky Maus als Journalist, der gegen korrupte Politiker um das Überleben seiner Zeitung kämpfte, war für Roberto die erste Lektion über die Pressefreiheit. [...] 1939 war Ringo Kid in dem Film *Stagecoach* von John Ford das Idol einer Generation. Ringo kämpfte nicht für eine Ideologie oder für das Vaterland, sondern für sich selbst und für eine Nutte. Er war antirhetorisch und damit antifaschistisch. Auch Fred Astaire und Ginger Rogers waren Antifaschisten, weil sie im Gegensatz zum Piloten Luciano Serra standen. Das Modell des Menschen, an das Roberto dachte, war eine

---

[348] C. Pavese, „Ieri e oggi", S. 173.

[349] So weist z.B. G. Varaini, „Sull'opera narrativa di Giorgio Bassani: la scrittura", in: *Italianistica: Rivista di letteratura*, Pisa, 1988, Bd. 17, S. 456f, in seinem Aufsatz darauf hin, dass die Verwendung von Anglizismen und Amerikanismen u.a. auch dazu genutzt wurde, um eine bestimmte Klassenzugehörigkeit nachzuweisen bzw. vorzutäuschen: »In ciò c'è una punta di snobismo, è vero [...]. La citazione di una lingua straniera aveva negli anni trenta e nei primi quaranta, un valore diverso da quello che ha, per esempio, l'odierno impiego di certi anglicismi, o meglio americanismi, che vanno per la maggiore. [...] Allora no: l'impiego di parole tedesche o inglesi o francesi, o di scherzosi adattamenti come «genati» e simili, denunciava l'appartenenza alle fasce più alte del ceto borghese, la predilezione per aspetti e modi di vita indubitabilmente distintivi.«

[350] Vgl. zur generellen Verbreitung von Hollywood-Filmen in Europa auch E. Klautke, *Die Amerikanismusdebatte in der Weimarer Republik*, S. 15: »Hollywood-Filme wurden zu einem wichtigen Exportartikel für die Vereinigten Staaten. Die Filmindustrie wurde bewußt als Werbeträger für den amerikanischen »way of life« eingesetzt, indem den europäischen Kinobesuchern die luxuriöse amerikanische Warenwelt vorgeführt wurde. Nach dem Motto »trade follows the film« war es die offizielle Marschroute der politischen Führung der USA, die Verbreitung von Hollywood-Produkten zu fördern. Dies führte zu einer marktbeherrschenden Stellung des amerikanischen Films in den zwanziger Jahren [...].«

listige Mischung aus Sam Spade, Ismael, Edward G. Robinson, Chaplin und Mandrake, dem Zauberer.«[351]

Die amerikanischen Helden mit ihren Abenteuern boten im Kontrast zur faschistischen Kultur, die ihre herausragenden Repräsentanten in D'Annunzio und Marinetti gefunden hatte, ausreichende Möglichkeiten zur Identifikation.[352] Die persönliche Begeisterungsfähigkeit bedeutete umgekehrt aber nicht, dass die Autoren sich jenseits jeglichen gesellschaftlichen, und damit auch politischen Auftrags wahrgenommen hätten. Ganz im Gegenteil war ihre Suche nach neuen literarischen Vorbildern und alternativen Lebenskonzepten eng mit der schon im ersten Kapitel ausgeführten Fragestellung nach dem *impegno* verknüpft und wäre ohne einen italienischen Faschismus nicht denkbar gewesen.

Das an den amerikanischen Schriftstellern bewunderte und von sich selber geforderte Engagement hatte die europäische Kultur zu erbringen versäumt. So war es möglich geworden, dass aus dem Kataklisma des Ersten Weltkrieges die Bedrohung durch den Faschismus hervorgehen konnte, der entsprechend seiner Ideologie zudem die Aufgabe der Individualität forderte und somit den jungen Autoren als Orientierungshilfe für eine konstruktive Neugestaltung der Gesellschaft zunehmend ungeeignet erschien. Stattdessen schaute man nun nach Amerika, dessen zeitgenössische Literatur ein willkommenes Gegenbild zur offiziellen Kultur einer verkrusteten *italianità* anbot.

>»L'Italia era estraniata, imbarbarita, calcificata – bisognava scuoterla, decongestionarla e risporla a tutti i venti primaverili dell'Europa e del mondo. Niente di strano se quest'opera di conquista di testi non poteva esser fatta da burocrati o braccianti letterari, ma ci vollero giovanili entusiasmi e compromissioni. Noi scoprimmo l'Italia – questo il punto – cercando gli uomini e le parole in America, in Russia, in Francia, nella Spagna.«[353]

---

[351] U. Eco, „Das amerikanische Modell", S. 26. Vgl. hierzu auch C. Pavese, *Ciau Masino* (1928), abgedr. in: ders., *Racconti*, Bd. 1, Torino, 1968, S. 60: »I film americani. Costava poco entrare in quei cinemi e si vedevano le cose piú belle. [...] Si usciva leggeri da quei film.«

[352] Siehe hierzu auch erneut C. Pavese, Brief an Antonio Chiuminatto, 12. Januar 1930, in: ders., *Lettere 1926-1950*, Bd. I, S. 96: »[...] I can no more take a pull out of a bottle together with my gang, without thinking I'm going on the grand sneak. And how flip I get sometimes! And how many keen mamas I'm looking after!«

[353] C. Pavese, „L'influsso degli eventi" (1946, unveröffentlicht), in: ders., *Saggi letterari*, S. 223.

Gerade das „Barbarische" und „Primitive" der amerikanischen Literatur rief aber auch immer wieder europäische Kritiker auf die Tagesordnung, wie das Beispiel Cecchis zeigt. Obwohl die jungen Amerikanisten solche Kritik längst nicht pauschal abtaten, wandten sie sich dennoch entschlossen gegen, Amerika als reinen Ableger europäischer Kultur zu vereinnahmen. Sicherlich waren die europäischen Einflüsse auf die amerikanischen Schriftsteller in ihren Werken nachzuweisen. Die Liste der Autoren reicht von Mark Twain über Sinclair Lewis bis hin zu den *expatriates* der *Lost Generation*, welche die Erfahrungen ihrer Pariser Zeit in ihren Werken verarbeitet hatten, wo sie für alle nachlesbar waren. Aber das hatte auch niemand geleugnet. So waren nach Auffassung Paveses die europäischen Kritiker gerade in jene Falle getappt,[354] von der später auch Gerigk warnen sollte, wenn er vor dem Komparatisten als einem möglichen „genetisch-historischen Geisterseher" sprach, welcher vor allem

»[...] den großen gemeinsamen Kontext der europäisch-amerikanischen Literatur- und Geistesgeschichte zu berücksichtigen [hat], um nicht thematische und formale Eigenarten literarischer Texte auf unzulässige Weise zu personalisieren.«[355]

Aus den europäischen Erfahrungen der Amerikaner ableiten zu wollen, dass die amerikanische Literatur minderwertig und allenfalls ein Plagiat europäischer Kultur sei, war allein schon deshalb nicht möglich, weil gerade die in Italien rezipierten Autoren als Kritiker an ihrem eigenen Gesellschaftssystem galten.[356] Anderson, Dos Passos, Hemingway, Lewis und

---

[354] C. Pavese, „John Dos Passos" (1933), in: ders., op. cit., S. 115: »In genere, tendiamo troppo noi europei a trovare fonti nostre ai fenomeni spirituali americani; col risultato di ridurre una letteratura – che ora in fatto di poesia ha se mai da insegnarci – a una maladestra esasperazione di motivi nostrali. [...] Che Dos Passos, come i suoi commilitoni che han vissuto la guerra, abbia imparato qualcosa in Francia e in Europa, è fuori di discussione e torna a suo onore, dato che è privilegio dei giovani profittare in modo vitale di ogni contatto con altre civiltà; [...].«

[355] Vgl. hierzu H.-J. Gerigk, *Die Russen in Amerika*, S. 95.

[356] Vgl. auch M. Nacci, *L'antiamericanismo in Italia negli anni trenta*, S. 60: »Ma era vero che anche autori americani, e spesso quelli tradotti in italiano, sostenevano la tesi che la ricerca del guadagno avesse distrutto qualità morali assai importanti in un popolo. Sottolineando come l'America non fosse rimasta „cruda e incolta", ma lo fosse piuttosto ridiventata a causa dello sviluppo industriale, del malcostume diffuso dalla vita moderna, del cattivo esempio

Steinbeck setzten mit ihrer Kritik bei der Auflösung sozialer Strukturen, bei der Industrialisierung und der Vermassung der Menschen an, beim Klassenkampf[357] und dem Verlust gemeinschaftlicher Wertvorstellungen.

Im Gegensatz zur italienischen Geisteswelt hatten die Amerikaner aber nicht nur die Defizite ihrer eigenen Gesellschaft erkannt, sondern aktiv auf die soziale Umstrukturierung und Neugestaltung derselben Einfluss zu nehmen versucht. Sie verkörperten somit jenes, Pavese und Vittorini eigene Verständnis von „Literatur [...] als moralische [Kraft] im Dienst einer besseren Gesellschaft".[358] Allein die Tatsache, dass ein solches Verhalten möglich war, stand im Kontrast zur deklarierten Kulturpolitik Italiens und so „[lieferte] die Beschäftigung mit Amerika [...] Argumente gegen den Faschismus, die ihn von innen trafen."[359]

Und dieses umso mehr, als die jungen Oppositionellen in der amerikanischen Literatur einen universalen Charakter zu erkennen vermeinten, aus dem es für die Zukunft zu lernen galt – und aus dem man gerade als

---

della pubblicità, della „mentalità delle folle nei formicai" che si diffondeva con rapidità allarmante, James Truslow Adams richiamava, proprio come i critici europei, alla necessità di una vita intellettuale e spirituale più elevata.«

[357] Vgl. hierzu auch C. Pavese, „John Dos Passos", S. 112: »Tutti i suoi libri sono rappresentazioni evidentemente polemiche della lotta ch'egli vede combattersi con coscienza di classe, nel nostro secolo, tra lavoro e capitale. E non è dubbio per quale parte egli tenga.« Außerdem auch L. W. Wagner, *Dos Passos. Artist as American*, Austin-London, 1979, S. 151: »Among Dos Passos' essential things were the supremacy of the individual against the collective; immediate means being as important as eventual ends; the necessity for the protection of individual promise in a system that nurtures rather than coerces; the need for a basic system of ethics (religion, morality) so that culture does not destroy itself [...].« Zu den Auswirkungen der Europa-Erfahrungen auf die amerikanischen Autoren vgl. auch M. Baigell/J. Williams (eds.), *Artists Against War and Fascism: Papers of the First American Artists' Congress*. New Brunswick, New Jersey, 1986, S. 13: »The bohemian model for the artist, imported from Europe in the late nineteenth century, had isolated artists from the mainstream. This isolation was strengthened when, in the 1920s, American intellectuals and artists accepted an image of America as the land of Babbitt.«

[358] B. Scheer-Schäzler, „Die Literatur der USA", in: K. von See (Hrsg.), *Neues Handbuch der Literaturwissenschaft, Bd. 20: Zwischen den Weltkriegen*, S. 463: »Eine der auffälligsten Kontinuitäten im amerikanischen Geistesleben des 20. Jahrhunderts ist die Kritik am eigenen Land [...]. Kunst, Literatur und alle anderen kulturellen Ausdrucksformen sollten als moralische Kräfte im Dienst einer besseren Gesellschaft wirken.«

[359] G. P. Ceserani, „Vorwort", in: G. P. Ceserani/U. Eco/B. Placido (Hrsg.), *Modell Amerika: Die Wiederentdeckung eines Way of Life*, S. 9.

Europäer lernen konnte, wenn man nur bereit war, Amerika als Verkörperung einer für die gesamte Menschheit geltenden Kulturstufe[360] und seine Literatur als Zeugnis dieses Prozesses zu begreifen.[361] Amerika war zum Modell geworden und dieses Modell konnte sich jeder aneignen. Es hatte nur noch insofern etwas mit dem geografischen Topos Amerika gemein, als es hier seine erste Verkörperung erfuhr und den italienischen Autoren einen möglichen Ausweg aus ihrem Gefangensein zwischen *Stracittà* und *Strapaese*[362] anbot. Dass sie ihren Weg aus der Krise unter enger Anlehnung an die amerikanischen Vorbilder fanden, steht außer Zweifel. Dieses darf aber nicht zu jenem Umkehrschluss führen, auf dessen Gefahren schon im Zusammenhang mit den amerikanischen Autoren hingewiesen worden ist. Denn ebenso wenig wie die Amerikaner als europäisches Plagiat betrachtet werden dürfen, genauso wenig handelte es sich seitens der italienischen Autoren um eine simple Reproduktion amerikanischer Stereotypen, sondern um die Gestaltung eines eigenen Modells, das Amerika zwar zum Vorbild nahm, aber keineswegs nachahmen wollte.

> »Il fatto è che sia Vittorini sia Pavese guardavano alla letteratura americana non tanto oggettivamente quanto soggettivamente, cercandovi la risposta alle *proprie* domande di scrittori, e di uomini. Cosicché la loro interpretazione del Novecento americano è *vera* soprattutto nei termini della *loro* poetica, in quanto sostegno alla loro ricerca d'una incontaminata „purezza" (Vittorini),

---

[360] Vgl. hierzu E. Vittorini, „Autobiografia. Americanismo non solo per dispetto", S. 84: »In questa specie di letteratura universale ad una lingua sola, ch'è la letteratura americana di oggi, si trova ad essere piú americano proprio chi non ha in sé il passato particolare dell'America, la terra d'America, e piú è libero da precedenti storici locali, e piú insomma è aperto con la mente alla civiltà comune degli uomini [...]. America significherà per lui uno stadio della civiltà umana [...].«

[361] Vgl. hierzu E. Vittorini, „Letteratura americana. Le Origini", S. 99: »Perché mentre una storia politica non ha in sé, di solito, la storia della letteratura, una storia della letteratura ha sempre in sé la storia politica, è quella, questa, tutte insieme le storie, e, insomma, la storia per eccellenza dell'uomo nell'una o nell'altra cornice prescelta di spazio e di tempo. Dunque è America che diciamo.«

[362] C. Pavese, „Sherwood Anderson", S. 38: »Per Anderson, tutto il mondo è un contrasto di città e di campagna, di schiettezza e di vota finzione, di natura e di piccoli uomini. Quanto tocchi anche noi quest'idea, credo inutile dire. E di quanto noi siamo inferiori in potenza vitale alla giovane America, possiamo vedere da questo: un problema che ha dato all'America opere come quelle di cui parlo, non ha dato tra noi che una caricatura letteraria: stracittà e strapaese.«

d'un „mito" (Pavese), d'una prosa realistica, non accademica, d'una rappresentazione letteraria che incarnasse l'aspirazione ad una nuova società, ad una nuova libertà.«[363]

Ein Beispiel für eine solche Idealisierung Amerikas ist der Protagonist Silvestro aus Vittorinis *Conversazione in Sicilia* (1941), der von einem sizilianischen Bauern nach Amerika befragt wird. Da Silvestro den Bauern nicht enttäuschen möchte, verschweigt er ihm, dass er selber ebenfalls nie in Amerika gewesen ist. Stattdessen erfindet er im Bewusstsein, dass die Illusion hier wichtiger ist als die Kenntnis von der Realität, eben jenes Bild von den U.S.A, von dem er glaubt, dass der alte Mann es hören möchte:

> »Avrei potuto dire di no, [...] eccetera, ma non potevo parlargli male di un'America dove non ero stato, e che, dopotutto, non era nemmeno l'America, nulla di attuale, di effettivo, ma una sua idea di regno dei cieli sulla terra. Non potevo; non sarebbe stato giusto.«[364]

Silvestro könnte durchaus als Alter Ego Vittorinis gelten, der ebenfalls nie in Amerika war, der aber genauso fest an die Vision „Amerika" geglaubt hat.[365] Als Beispiel aus der Prosa Paveses sei hier auf den Protagonisten Anguilla aus *La luna e i falò* (1950) hingewiesen, der einen großen Teil seines Lebens in Amerika verbracht hat und nun in sein Heimatdorf zurückgekehrt ist. An dieser Stelle mag zunächst der kurze Hinweis genügen, dass der vor den Faschisten geflüchtete Anguilla als reicher Mann aus den U.S.A. nach Hause kommt und somit das Versprechen des *American Dream* verkörpert, also genau jenes Versprechen, dass Amerika schon einmal zur Hoffnung der Alten Welt hatte werden lassen, und die jetzt eine neue Aktualität erfuhr.

---

[363] A. Lombardo, „La critica italiana sulla letteratura americana", S. 40.

[364] E. Vittorini, *Conversazione in Sicilia* (1941), Milano, 1986, S. 144.

[365] E. Vittorini, „Letteratura americana. La nuova leggenda" (1941), in: ders., *Diario in pubblico*, S. 142: »L'America è oggi [...] una specie di nuovo Oriente favoloso, e l'uomo vi appare di volta in volta sotto il segno di una squisita particolarità, filippino o cinese o slavo o curdo, per essere sostanzialmente sempre lo stesso: « io» lirico, protagonista della creazione. Quello che nella vecchia leggenda è il figlio dell'Ovest, e viene indicato come simbolo di uomo nuovo, ora è il figlio della terra. E l'America non è piú America, non piú un mondo nuovo: è tutta la terra.«

3.2. Amerika in der Vorstellung der Europäer

Bevor aber der *American Dream* in seinen Bestandteilen analysiert wird, ist ein Exkurs über das genuine Verhältnis zwischen Europa und Amerika sowie über das amerikanische Selbstverständnis, das sich aus diesem Verhältnis entwickelt hat, angebracht. Die religiös motivierten Ursprünge der europäischen Vorstellung vom amerikanischen Kontinent reichen bis in die Zeit seiner Entdeckung zurück und haben mit der Realität des geografischen Topos Amerika sehr wenig gemeinsam. Eine interessante Zusammenstellung der wesentlichen Modifikationen stellt H. Honour in seinem Ausstellungskatalog *The European Vision of America* (1975) zusammen. Die folgende aus dem Jahre 1505 stammende Vorstellung von der amerikanischen Urbevölkerung darf als exemplarisch gelten. Das Bild, das man sich vom Leben der Ureinwohner gemacht hatte, entsprach dem glückseligen Zustand der Menschheit vor ihrer Vertreibung aus dem Paradies.

>»The general impression [...] may be deduced from a German woodcut of about 1505, which shows a group of Brazilian cannibals above an inscription summarising his report: The people are thus naked, handsome, brown, well-formed in body, their heads, necks, arms, privy parts, feet of women and men are slightly covered with feathers. The men also have many precious stones in their faces and breasts. No one owns anything but all things are in common. [...] They live one hundred and fifty years. And have no government. This may seem the image of a very strange new world. Yet the nudity, free love, longevity, and absence of both property and laws were all features of the Golden Age [...].«[366]

Aus diesem Prototyp lassen sich alle nachfolgenden Idealisierungen Amerikas ableiten. Da die meisten der „Berichterstatter" den neuen Kontinent selber nie betreten hatten, ist die Vermutung nahe liegend, dass sie schlichtweg voneinander abgeschrieben haben. Ihr „Rohmaterial" hingegen erhielten sie von jenen, die tatsächlich die gefahrvolle Reise lebendig überstanden hatten und die erlebten Gefahren entsprechend ihrem persönlichen Naturell ausschmückten oder minimalisierten. Hinzu kamen ent-

---

[366] H. Honour, *The European Vision of America*, S. 3.

sprechende Ingredienzien aus dem Sagenfundus des Heimatlandes sowie der eigenen Fantasie, an deren Übermittlung im Laufe der folgenden Jahrhunderte festgehalten wurde.[367] Die europäische Vorstellung von Amerika ist also weitgehend ein Fantasieprodukt, das sich bis in die heutige Zeit erhalten hat und auf individueller Ebene von der Realität vermutlich öfter enttäuscht als bestätigt wurde. Gerade die Enttäuschungen und Rückschläge einerseits und das Festhalten an Amerika andererseits beweisen, wie stark die europäische Utopie in den Köpfen verwurzelt war. Oder wie G. P. Ceserani es beschreibt:

»Die Reflexion über Amerika hat in jedem Land ihre eigene Geschichte. Unsere Träume über Amerika haben wenig mit dem American Dream der Amerikaner zu tun. Die europäischen Amerikamythen sind unsere eigene Sache. Sie entstanden aus europäischen Widersprüchen und erzählen viel über uns und wenig über Amerika.«[368]

Auch Lohner weist darauf hin, dass es sich bei diesen Vorstellungen um ein Konglomerat von Wünschen und Visionen handelt, die dem unbekannten Kontinent schon lange vor seiner Entdeckung die Fähigkeit zur Lösung all jener gesellschaftlichen und politischen Probleme zugeschrieben hatten, die es eigentlich in Europa zu bewältigen galt. Dieser verheißungsvollen *terra ignota* lag die Vorstellung eines irdischen Paradieses zugrunde.

»Amerika existierte in der Vorstellungswelt des Europäers [...] als die ins Irreale projizierte Vision einer Landschaft, in die er seine Sehnsucht und viele seiner Hoffnungen verlagerte. [...] Immer wieder ist Amerika die Verwirklichung einer europäischen Hoffnung, die die jugendliche, ja die optimistische Welt für die alte bereithält.«[369]

---

[367] Vgl. auch op. cit., S. 14: »The European visual image of America was created largely by artists who never went there. [...] Similarly, the literary image of America was partly the creation of writers who never crossed the Atlantic – Tasso, Ronsard, Montaigne, Spenser, Shakespeare, Hobbes, Pope, Prévost, Rousseau, Goethe, Schiller, Blake, Wordsworth, Byron, Keats. This vision, conjured up from fact and fantasy, taking its form from Europe and only its colouring from America, accounts for several misconceptions which still survive.«

[368] G. P. Ceserani, „Vorwort", S. 11.

[369] E. Lohner, „Die Amerikanische Literatur", in: G. Baruch (Hrsg.), Hauptwerke der amerikanischen Literatur, München, 1975, S. 9. Eben diese Auffassung vertritt auch P. Freese, The American Dream and the American Nightmare, S. 5: »Long before 'America' became a country, it was a continent, and long before it was known to exist as a continent, it was a vi-

Die in Amerika hineininterpretierte Utopie einer idealen Gemeinschaft, in welcher die in Europa vorherrschenden Unterschiede zwischen Arm und Reich aufgehoben waren, fanden ihren Niederschlag u.a. in den *Letters from an American Farmer* (1782, frz. 1784) von J. Hector St. John de Crèvecoeur,[370] die das europäische Amerikabild der Folgezeit ebenso maßgeblich geprägt haben, wie der Einfluss, den Benjamin Franklin während seines beinahe zehnjährigen Aufenthalts (1776-1785) als amerikanischer Botschafter in Frankreich ausgeübt hat. Die Französische Revolution von 1789 sollte schließlich nicht nur die europäische Landkarte, sondern auch das europäische Bewusstsein grundlegend verändern, was unter anderem auch eine „Neubewertung" des bislang als eine Art europäischer Ableger betrachteten amerikanischen Kontinents nach sich zog.

> »As a result of the Revolution, the two images of America as an exotic land and as an extension of Europe became separated, the former being now associated mainly with the centre and South, the latter almost exclusively with the United States. As the latter played a far more prominent part in European life, it soon acquired the name formerly applied to the continent as a whole.«[371]

Dieser Wechsel in der Wahrnehmung des amerikanischen Kontinents führte zu einer Aufspaltung der europäischen Vorstellungswelt, die künftig das exotische Element mit Südamerika identifizieren sollte. Nordamerika hingegen wurde – nicht zuletzt durch die 1835 veröffentlichte Schilderungen A. de. Tocquevilles in seiner *De la Démocratie en Amérique* – im

---

sion and a dream. Thus, before Americans ever began to dream their national dream, Europeans of all nations used to dream their dreams about an America of the mind and, later, about an America which slowly emerged from the reports of the first discoverers, exploiters and settlers.«

[370] Vgl. hierzu auch die Beschreibung der idealen Gesellschaft in Amerika von J. Hector St. John de Crèvecoeur in seinen *Letters from an American Farmer*, zitiert nach: N. Baym et. al. (ed.), *The Norton Anthology of American Literature* (1979), Vol. 1, New York-London, 1989, S. 558f: »I wish I could be acquainted with the feelings and thoughts which must agitate the heart and present themselves to the mind of an enlightened Englishman, when he first lands on this continent. He is arrived on a new continent; a modern society offers itself to his contemplation, different from what he had hitherto seen. It is not composed, as in Europe, of great lords who possess everything, and of a herd of people who have nothing. [...] The rich and the poor are not so far removed from each other as they are in Europe.«

[371] H. Honour, *The European Vision of America*, S. 10.

europäischen Bewusstsein zu der fortschrittlichen Kraft *par excellence*. Die von Tocqueville vermittelte „Vision Amerika" hat sich dann auch im Laufe der kommenden Jahrhunderte nicht mehr wesentlich geändert. Der neue Kontinent sollte den Freigeistern europäischer Länder immer wieder als Zufluchtsort dienen, und ihre Schilderungen trugen umgekehrt erheblich zu dem Bild bei, das sich die Europäer fürderhin von Amerika machten.

Darüber hinaus prädestinierten die geografischen Dimensionen des neuen Kontinents, die später in den Mythos der *Frontier* übergehen sollten, das Land zum Auffangbecken für überschüssige Kapazitäten an Menschen aus Europa, an denen Amerika selber großen Bedarf hatte, um eine erfolgreiche Kolonialisierung der unberührten Wildnis durchführen zu können. Die ökonomische Komponente, die Möglichkeit sich zumindest seinen Lebensunterhalt zu verdienen, wenn nicht sogar reich werden zu können, wirkte noch bis in die Zeit des Faschismus wie ein Magnet auf die ärmeren europäischen Bevölkerungsschichten und konnte auch durch persönliche Rückschläge nicht erschüttert werden.[372]

Dass es sich bei diesen Vorstellungen allerdings wiederum nur um eine Illusion handelte, um ein Weiterleben der europäischen „Vision Amerika", belegt die realpolitische Entwicklung in den Vereinigten Staaten, die sich zu Beginn des zwanzigsten Jahrhunderts ebenfalls in einem tief greifenden gesellschaftlichen Umbruch befanden. Der Zustand einer beständigen gesellschaftlichen Ausdehnung hatte nämlich mit dem offiziellen Ende der *Frontier* und den nun fehlenden Möglichkeiten einer weiteren geografischen Ausdehnung sein Ende gefunden. Stattdessen war de facto „Das ökonomische Problem: Die Organisation von Menschen"[373], wie David Riesman es in seinem Buch *The Lonely Crowd. A Study of the Changing*

---

[372] Hier siedelt auch J. A. Gregor, *Young Mussolini and the intellectual origins of fascism*, Berkeley-Los Angeles-London, 1979, S. 42, eine der Hauptursachen für die italienische Emigration an: »Finally, Italy was compelled by its underdevelopment to drive its citizens to emigration in the search for employment. In effect, Italy was an economically and politically retrograde nation, locked into a state system that was archaic and essentially "feudal" in character.«

[373] Vgl. hierzu auch D. Riesman, *Die einsame Masse*, S. 137.

American Character (1950) beschrieben hat, in der amerikanischen Gesellschaft ebenso in den Vordergrund gerückt wie es ehedem in Europa der Fall gewesen war. Die aufgrund der veränderten Umstände erforderliche neue Perspektive der Amerikaner führte schließlich zu den Einwanderungsgesetzen der 20er Jahre, die eine strenge Quotenregelung für die europäischen Einwanderer vorsahen. Abgesehen von dem Umstand, dass Italien von diesen Quotierungen besonders stark betroffen war,[374] wurde die Einführung der Gesetze zunächst generell als „der Abgesang für ein Symbol der Hoffnung und Freiheit für die westliche Welt"[375] betrachtet, bis vor dem Hintergrund des erstarkenden Totalitarismus in Europa erneut der mythische Charakter des *American Dream* in den Vordergrund rücken sollte, wie wir ihn dann u.a. in der Prosa Paveses und Vittorinis wiederfinden.

Ungeachtet dieser Entwicklungen hatte der Mythos gleichermaßen für die ärmeren Bevölkerungsschichten wie auch für die Intellektuellen seine Gültigkeit, wenn auch auf unterschiedlichen Ebenen. Die einen erhofften sich ökonomische Sicherheiten in einem Land, das als Synonym für Reichtum und persönliches Wohlbefinden stand, die anderen einen Hort für ihre intellektuelle Freiheit. – Das Überleben sollte Amerika in beiden Fällen sichern.

> »Beniamino Placido [...] erzählt vom Amerika-Traum der kleinen Landarbeiter Siziliens, für die New York die „Hauptstadt" ihres Landes war. Ein ebenso mythisches Amerika wie der Amerika-Mythos der italienischen Intellektuellen, die alles das in Amerika suchten, was sie in der eigenen Kultur vermißten. Amerika ist in uns selbst als uralter Traum von einer „Neuen Welt". Wer diesen Traum im wirklichen Amerika sucht, kann nur bitter enttäuscht sein [...]. Amerika ist immer woanders. Placido zitiert den schönen Satz aus dem Film *Mon Oncle d'Amerique* von Alain Resnais: „Amerika existiert nicht. Ich weiß das, denn ich bin dort gewesen."«[376]

---

[374] Zu den Auswirkungen der *Immigration Acts* von 1921 und 1924 auf das italienische Migrationsverhalten siehe auch C. Damiani, *Mussolini e Gli Stati Uniti 1922-1935*, S. 62f: »Il nuovo *Immigration Act* costituiva infatti una drastica restrizione, su base permanente, dei flussi immigratori. Fra i paesi più colpiti era un'altra volta l'Italia, la cui quota annua veniva ridotta a meno di 4.000 unità. [...] In ogni caso, il Johnson Act chiudeva per sempre la fase storica della grande emigrazione italiana [...].«

[375] D. Riesman, *Die einsame Masse*, S. 138.

[376] G. P. Ceserani, „Vorwort", S. 9f.

3.3. Die inneramerikanische Kritik am *American Dream* als Voraussetzung für eine positive Amerikarezeption in Italien

Die Vereinigten Staaten hatten im Zweiten Weltkrieg allein durch ihren Kampf gegen die totalitären Regime des Deutschen Reiches und Italiens bei den europäischen Oppositionellen an Attraktivität gewonnen. Die Attraktivität Amerikas für die Intellektuellen ist allerdings über weite Strecken das Verdienst jenes Teils der amerikanischen Geisteswelt, der es sich schon frühzeitig zur Aufgabe gemacht hatte, sich mit den Schattenseiten der eigenen Gesellschaft kritisch auseinander zu setzen. Die Tatsache, dass eine solche Kritik ohne Gefahr an Leib und Leben artikuliert werden konnte, während dieses in Europa unmöglich war, stellte zweifelsohne einen intellektuellen Anziehungspunkt dar.

Die Kritik der amerikanischen Intellektuellen an ihrer Gesellschaft ist aber nur dann richtig einzuordnen, wenn die Herkunft des amerikanischen Selbstverständnisses berücksichtigt wird. Ebenso wie im Falle der italienischen Autoren der vom Faschismus einseitig geprägte Kontext nicht unberücksichtigt bleiben darf, so muss auch für die amerikanischen Autoren ihr kulturpolitischer Kontext hinreichend Beachtung finden, mussten doch auch die Vereinigten Staaten sich erst eine eigene Identität schaffen. Zu oft werden die U.S.A. politisch in ihrer Funktion als Großmacht betrachtet, in der sie uns heute begegnen, wohingegen sie insbesondere auf kulturellem Sektor oft nur als ein europäisches Plagiat betrachtet wurden und werden, wie nicht nur die von Cecchi für seinen Antiamerikanismus herangezogenen Argumente belegen.

Zurückzuführen ist diese europäische Missachtung des Neuen Kontinents auf die vermeintliche Abhängigkeit der Überseekolonien vom Mutterland. Nachdem allerdings das letzte europäische Engagement in Amerika mit den Ausläufern (1754-1760) des in Europa tobenden siebenjährigen Krieges zu Ende gegangen war, versuchten die Vereinigten Staaten mit ihrer Unabhängigkeitserklärung (1776) schon frühzeitig, zu dem von europäischer Seite immer wieder heraufbeschworenen kulturellen Gefälle einen Gegenpol zu schaffen, indem sie

» [...] die Alte Welt bewußt als eine vergreisende, in Willkür und Korruption verfallene in Frage stellte[n] und – in Anknüpfung an den Mythos von der Westwanderung der Kultur – stolz verkündete[n], in Amerika nehme die Utopie vom Reich der Freiheit konkrete Züge an.«[377]

Zu Beginn des 19. Jahrhunderts wurde von amerikanischer Seite mit der Monroe-Doktrin dann eine Phase der Nichteinmischung eingeleitet. Einen regelrechten Schub erfuhr das nationale Selbstbewusstsein mit den Kriegen gegen Mexiko und Russland gegen Ende des 19. Jahrhunderts, also zu einer Zeit, zu der auch in Europa der imperialistische Expansionismus richtungsweisend war.[378] Erst mit dem Eintritt der Vereinigten Staaten in den Ersten Weltkrieg fand die freiwillige Isolation ein vorläufiges Ende.

»Zum ersten Mal werden die USA aus ihrer auf wirtschaftlichen Fortschritt orientierten Beschäftigung mit sich selbst durch die Teilnahme am Ersten Weltkrieg herausgerissen [...] Zum ersten Mal erscheinen amerikanische Bürger nicht als Touristen, sondern als Soldaten auf europäischen Kriegsschauplätzen. Nicht wenige von ihnen kehren später nach Europa zurück; zahlreiche Künstler und Intellektuelle folgen ihnen.«[379]

Durch die Rolle der Siegermacht, welche den U.S.A. in diesem Konflikt letztlich zukam, erfuhr das amerikanische Selbstbewusstsein eine weitere Stärkung. Die Vereinigten Staaten waren die Sieger eines Krieges, der von den europäischen Mächten verschuldet worden war, und das ohnehin latent vorherrschende Gefühl einer moralischen Überlegenheit gegenüber der „alten Heimat" erfuhr nun erneute Aktualität.

Hinzu kam von amerikanischer Seite noch der Aspekt der *Frontier*, der vielleicht wie kein anderer belegt, in welchem Maße das amerikanische Selbstwertgefühl gegenüber der alten „Mutter Europa" gestiegen war, die

---

[377] U. Ott, *Amerika ist anders*, S. 443.

[378] Vgl. hierzu K. H. Frahne, *Von Franklin bis Hemingway*, S. 102f: »Was zunächst die Zeit bis 1914 betrifft, so war sie, wie in Europa so auch in Amerika, durch einen stark optimistisch gefärbten Aktivismus und Voluntarismus gekennzeichnet. [...] Der weithin sichtbarste und vornehmste Exponent dieses neuen Lebensgefühls war Theodore Roosevelt (1858-1919), der, mit seiner Fähigkeit zur Prägung schlagkräftiger Ausdrücke, ihm auch gleich die passenden Namen gab: „strenuous life" und „new nationalism".« Diese amerikanische Haltung erlaubte es später B. Croce, seine Gleichsetzung von Aktivismus und Amerikanismus vorzunehmen.

[379] B. Scheer-Schäzler, „Die Literatur der USA", S. 455.

ihrerseits nach wie vor versuchte, an kolonialen Deutungsmustern festzuhalten.[380] Denn stand den jungen Männern auf ihrer Suche nach Abenteuern und der Möglichkeit zur Gründung einer eigenen Existenz früher der unerschlossene, der „Wilde Westen" offen, im nationalen Bewusstsein durch den berühmt gewordenen Ausruf „Go West" von Horace Greeley[381] verankert, so wurden die ursprünglich damit verbundenen Hoffnungen jetzt nach Europa projiziert. Der Krieg wurde zum Abenteuer, in dem es galt, den Alten Kontinent von der Gefahr zu befreien, die er selber hervorgerufen hatte, was aus amerikanischer Sicht mit einer ideologischen Eroberung Europas gleichzusetzen war.[382]

Für Europa, das durch seine offensichtliche Unfähigkeit, die bestehenden Probleme zu lösen, die alten amerikanischen Vorurteile noch bestätigt hatte, bedeutete diese Entwicklung hingegen ein Überdenken so-

---

[380] Vgl. hierzu U. Ott, *Amerika ist anders*, S. 443f, die gleichzeitig den ambivalenten Charakter solcher Stereotypen betont: »Dabei bot sich die Dichotomie Jugend/Dekadenz (alt als Synonym für gebildet, erfahren, kultiviert – jung hingegen gleichbedeutend mit unerfahren, ungebildet, aber auch: unverbildet, geschichtslos, unkultiviert, oder auch: natürlich, progressiv, offen) in geradezu idealer Weise an, weil diesem Schema eine doppelte Stoßrichtung eingeschrieben war. Anders ausgedrückt, die Vorstellung vom unreifen Kontinent ließ sich sowohl gegen Europa als auch gegen Amerika wenden.« Diese von Ott aus deutschen Reiseberichten extrapolierten Argumente gegen Amerika stehen in völligem Einklang mit dem italienischen Antiamerikanismus. Auch die von Ott angeführte „doppelte Stoßrichtung" lässt sich mühelos in den unterschiedlichen Positionen Cecchis/Soldatis auf der einen und Paveses/Vittorinis auf der anderen Seite ausfindig machen.

[381] Vgl. hierzu P. Freese, *The American Dream and the American Nightmare*, S. 32f: »It was the journalist Horace Greeley who sounded the battlecry of the westward movement most clearly when, in an editorial of 1836 in his weekly journal *The New Yorker*, he stated: If any young man is about to commence the world, with little in his circumstances to prepossess him in favor of one section more than another, we say to him, publicly and privately, Go to the West; there your capacities are sure to be appreciated, and your industry and energy rewarded.«

[382] Vgl. G. Raeithel, *Geschichte der Nordamerikanischen Kultur. Vom Bürgerkrieg bis zum New Deal*, Bd. 2, S. 318: »Nicht umsonst hatten Woodrow Wilson und die Propaganda von einem »Kreuzzug« gesprochen. Die Anspielungen auf mittelalterliches Heldentum traten so deutlich hervor, daß sie die Parodie herausforderten. Wo in den britischen Kriegserzählungen Resignation vorherrschte, waren die Berichte der Amerikaner voller Begeisterung und »peptomism«. [...] Frankreich wurde zu einer Art freiem Territorium, in das man sich wie weiland Huckleberry Finn flüchten konnte, um gesellschaftlichen Zwängen zu entgehen. In Willa Cathers preisgekröntem Roman *One of ours* (1922) geht der Held, ein Farmer, nach Frankreich, weil es keinen Westen mehr gibt wie zu Kit Carsons Zeiten.«

wohl eigener wie auch amerikanischer Positionen im Wettstreit um die kulturelle Hegemonie, nachdem der politische Primat schon verloren gegangen war. Schließlich konnte der Kriegsverlauf ideologisch als eine faktische Rechtfertigung des amerikanischen Sendungsbewusstseins interpretiert werden, was in den U.S.A. teilweise auch geschah.

Amerika hatte aber durch die Kriegserfahrung nicht nur das nationale Selbstbewusstsein stärken können, es musste andererseits auch selber einen tief gehenden Bewusstseinswandel erleben. Denn die amerikanischen Autoren, welche die Schrecken des Krieges in Europa persönlich miterlebt hatten, vermochten die Verherrlichung des „Abenteuers Europa" nicht zu teilen, sondern befanden sich ebenso wie die europäischen Intellektuellen in einer Krise, die es nunmehr zu verarbeiten galt.

> »Standing at the center of the whole modern literary experience in America, writers like Fitzgerald, Hemingway, and Dos Passos were significantly the evangels of what had been most tragically felt in the American war experience. They were "the sad young men", the very disillusioned and brilliant young men, "the beautiful and the damned", and counterparts of all those other sad and brilliant young men in Europe, Aldous Huxley and Louis Aragon, Ernst Toller and Wilfred Owen, who wrote out of the bitterness of a shattered Europe and the palpable demoralization of Western society.«[383]

Im Gegensatz zu den Europäern mussten die Amerikaner sich aber zusätzlich die Frage stellen, warum ihr Vaterland sich überhaupt an einem Krieg beteiligt hatte, an dem es primär gar keinen Anteil gehabt hatte. Offiziell war es ja um die Verteidigung der menschlichen Gemeinschaft gegangen, man hatte den „war to end all wars" ausgefochten. Faktisch mussten die jungen Soldaten sich mit den Erfahrungen einer nicht mehr in Worte zu kleidenden Verrohung und Unmenschlichkeit auseinander setzen, die ihr Weltbild nicht nur erschütterte, sondern geradezu zerschmetterte.[384] Die meisten von ihnen hatten nämlich tatsächlich an die offizielle

---

[383] A. Kazin, *On Native Grounds*, S. 313.

[384] Vgl. auch K. Vondung, „Die verlorene Einheit", in: ders. (Hrsg.), *Kriegserlebnis: Der Erste Weltkrieg in der literarischen Gestaltung und symbolischen Deutung der Nationen*, Göttingen, 1980, S. 387: »In einem sehr umfassenden Sinn wurde der Erste Weltkrieg als Zerstörung der Einheit Europas, d.h. der christlich-abendländischen Völkergemeinschaft und deren gemeinsamer Zivilisation erfahren. Wurde auch diese Erfahrung in den europäischen Län-

Propaganda geglaubt und sich freiwillig an die Front gemeldet, in dem Glauben, die Demokratie zu retten und die Welt endgültig vom Übel des Krieges zu heilen.

>>To banish forever the scourge of war didn't seem at all naïve to young collegians imbued with Wilsonian ideals; it was an attainable goal for mankind, worth any sacrifice, any risk or hardship. After all, this was a war to end all wars – there would never be another. Not to join the crusade, to be thought a "slacker", was impossible. As Ernest Hemingway put it in an interview with his hometown newspaper after the war, "I went because I wanted to go.... My country needed me, and I went and did whatever I was told." It was as simple as that.<<[385]

Erschwerend kam hinzu, dass die Heimkehrer nicht, wie sie vielleicht erwartet hatten, mit offenen Armen empfangen wurden, sondern dass sie sich erneut in einer von zunehmender Hoffnungslosigkeit geprägten Umwelt wiederfanden. Wer die Möglichkeit dazu hatte, der nutzte, wie z.B. Hemingway oder Dos Passos, seine im Krieg erworbenen Kenntnisse von Europa, um als Berichterstatter für eine amerikanische Zeitschrift in Übersee zu arbeiten, das aufgrund seiner Zerstörungen zudem mit vergleichsweise niedrigen Lebenshaltungskosten aufwarten konnte.[386]

Zentrale Anlaufstelle für die amerikanischen Reisenden war dabei Paris und hatte man zudem literarische Ambitionen, wie dieses bei den jungen Autoren der Fall war, so traf man sich unweigerlich im Kreis um Gertrude Stein wieder.[387] In Europa nun wurden die jungen Autoren literarisch geschult. Und sie schulten sich selber, indem sie sich zunächst von

---

dern selbst durch die Fixierung auf die jeweilige nationale »Kultur« oder »Zivilisation« meist verdrängt, so machte sie gerade in denjenigen Ländern, die außerhalb des »alten Kontinents« von dessen gesamtem Erbe zehrten – in Rußland und den USA – umso tieferen Eindruck.«

[385] H. S. Villard/J. Nagel, *Hemingway in Love and War. The Lost Diary of Agnes von Kurowsky. Her Letters and Correspondance of Ernest Hemingway*, Boston, 1989, S. 2.

[386] Zur ökonomischen Entwicklung in Europa nach dem Ersten Weltkrieg und zur Situation der Amerikaner, die in Europa auch einfach billig leben konnten und deshalb „auswanderten" vgl. Hemingways eigene Kommentare in: K. S. Lynn, *Hemingway* (1987), Cambridge/Massachusetts-London/ England, 1995, S. 149.

[387] Die von K. H. Frahne, *Von Franklin bis Hemingway*, S. 105, pauschal angeführte Argumentation einer „Steigerung des Interesses an den geistigen Errungenschaften Westeuropas", die schließlich zur Entstehung des *expatriates literary movement* geführt habe, vermag angesichts der oben ausgeführten Motivationen nicht zu überzeugen.

ihren Vorbildern und Lehrern befreiten, um sich so eine eigene Identität zu schaffen.[388]

Dabei schrieben sie weitgehend über das, was sie am besten kannten: ihre Kriegserfahrung und den Verlust ihrer Illusionen. Sie schrieben über ihr Bedürfnis nach einem neuen Wertsystem und von geplatzten Träumen, die sich angesichts der Realität als wertlos erwiesen hatten, denn Amerika war nun nicht mehr dasselbe wie jenes, das sie vor dem Krieg gekannt hatten.

In Amerika war auf den Ersten Weltkrieg eine Zeit wachsender Prosperität gefolgt, die als die Ära der *roaring twenties* bekannt werden sollte. Es war die Zeit des *jitter bug* und der *speakeasies*, die Zeit der Kriegsgewinnler und der Prohibition, die Zeit einer korrupten Politik, die mit dem organisierten Verbrechen Hand in Hand ging. Aber schon bald darauf folgte die große Ernüchterung. Nach einer nur noch als manisch zu bezeichnenden wirtschaftlichen Wachstumsphase, die rein spekulativ begründet war, kam es mit dem *Schwarzen Freitag* an der *Wall Street* zum völligen Zusammenbruch des kapitalistischen Systems und zum Ausbruch der großen wirtschaftlichen Depression.[389] Für die Vereinigten Staaten bedeutete der wirtschaftliche Zusammenbruch ebenso wie für viele andere Länder steigende Massenarbeitslosigkeit und weiter wachsende Krimina-

---

[388] Ein stilistisches Merkmal dieser neuen Literatur war die verstärkte Verwendung der gesprochenen Sprache, des *slang*, als Stilmittel, um einen möglichst realistischen Ausdruck zu erreichen. Eben dieses Phänomen in der Prosa Paveses und Vittorinis lässt sich auf den Einfluss der amerikanischen Autoren zurückführen. Vgl. hierzu V. Woolf, „American Fiction", in: J. Dierking (Hrsg.), *Sherwood Anderson*, S. 23: »He must tame and compel to his service the "little American words"; he must forget all that he learnt in the school of Fielding and Thackeray; he must learn to write as he talks to men in Chicago barrooms, to men in the factories of Indiana.«

[389] Zu den Umständen, die zum Ausbruch der Wirtschaftskrise in Amerika geführt haben, vgl. auch J. Harris, *Federal Art And National Culture. The Politics of Identity in New Deal America*, Cambridge/USA, 1995, S. 18: »The period between 1918 and 1929 has been described as one of a "dual economy," in which booming new industries – primarily automobile production – coexisted with loss-making sectors, such as the railroads, cotton, coal mining and agriculture. Growing concentration and centralization of productive forces, the steady elimination of „free" competition and the increasing power of bank and financial capital had led to a persistence of unemployment, particularly in some areas, such as agriculture, in the United States between 1920 and 1930.«

lität. Die ökonomische Not, der sich die meisten Amerikaner ausgesetzt sahen, stand im offensichtlichen Widerspruch zu den gepriesenen Vorzügen eines kapitalistischen Systems, dessen Schwächen nun immer lauter kritisiert wurden. Dabei schließt die Reihe der Namen der Kritiker am *American Dream* so verschiedene Schriftsteller wie Sinclair Lewis (1885-1951), Sherwood Anderson (1876-1941), Ernest Hemingway (1899-1961), John Dos Passos (1996-1970) und John Steinbeck (1902-1968) mit ein.

Der erste der hier genannten Autoren, Sinclair Lewis, der 1930 als erster Amerikaner den Literaturnobelpreis bekommen und mit seinen Romanen das europäische Amerikabild maßgeblich prägen sollte, beschrieb in seinen Werken das Leben des Durchschnittsamerikaners in der von Provinzialismen beherrschten Kleinstadt.

Hatte Carol Milford in *Main Street* (1920) noch versucht, sich der Enge der Kleinstadt Gopher Prairie zu entziehen – zunächst durch ihre Versuche, neue Impulse in das Kleinstadtleben zu bringen, später dann durch ihre „Flucht" nach Washington, die mit ihrer nun endgültigen Rückkehr nach Gopher Prairie enden sollte, so findet der Leser die Anpassung bei *Babbitt* (1922) schließlich vollendet.

George F. Babbitt bildet den Prototypen des amerikanischen Geschäftsmannes und Langweilers, der sein Leben damit verbringt, dem Profit hinterher zujagen und ein ehrbares Mitglied der Gemeinde zu sein. George Babbitt hat eine Frau, zwei Kinder und ein Haus. Er teilt die vorherrschende politische Meinung und ist ein angesehenes Mitglied der Zenither Geschäftswelt. Gelegentliche Bedenken über eine solche Reglementierung seines Lebens und weiterführende Fragen nach Sinnzusammenhängen schiebt Babbitt kategorisch zur Seite.

Lewis zeichnet sich durch seine detaillierten Schilderungen des amerikanischen Alltagslebens aus und seine psychologischen Deutungsmuster sind so zutreffend und präzise, dass *Main Street* als Synonym für die amerikanische Kleinstadt schlechthin, *Babbitt* sogar als Synonym für den typischen Geschäftsmann in die amerikanische Umgangssprache eingegangen sind. Ein größeres Kompliment für einen Autor kann man sich kaum denken.

Sherwood Anderson hatte es sich in seinen Werken zur Aufgabe gemacht, den Durchschnittsmenschen in Alltagssituationen darzustellen. Er hielt dabei die bisher gängige Konvention in der amerikanischen Literatur, alle Probleme eines Romans am Ende desselben aufzulösen und dem Leser somit eine mundgerechte Zukunftsvision zu präsentieren, wie der Leser ihr z.B. noch bei Lewis begegnet, nicht nur für unglaubwürdig, sondern sogar für schädlich. Aus diesem Grunde war Anderson bemüht, diesen „all-too-familiar poison plot"[390] in seinen eigenen Werken zu vermeiden.

Ausgangspunkt seiner Gesellschaftskritik war die Überzeugung, dass der Mensch unter einer zunehmenden Entfremdung von seiner Umwelt und einer inneren Vereinsamung litt. Da Anderson diese Defizite ursprünglich als Konsequenzen aus der Industrialisierung betrachtete, war die Rückkehr seiner Figuren aus der Stadt zurück auf das Land die logische Konsequenz hieraus.

In seinem Roman *Winesburg, Ohio* (1919) hatte Anderson aus der Perspektive des Reporters George Willard die Geschichte einer amerikanischen Kleinstadt geschildert, in welcher die Menschen mehr oder weniger bindungslos nebeneinander her leben, ohne sich in ihren sozialen Bedürfnissen wirklich zur Kenntnis zu nehmen. Weiter illustriert wurde diese These von ihm in seinem Roman *Poor white* (1920), in welchem der Protagonist Hugh McVey, aus ärmlichen Verhältnissen stammend, einen relativen sozialen Aufstieg verwirklichen konnte. Aus Angst vor einem möglichen Abstieg konzentriert er sich im weiteren Verlauf seines Lebens dann so sehr auf seine Arbeit, dass er sich seinen Mitmenschen immer weiter entfremdet. Mit Mühe und Not gelingt es ihm schließlich, wenigstens den Kontakt zu seiner Ehefrau Clara zu restabilisieren, bevor die Ehe vollends auseinander bricht.

---

[390] Vgl. hierzu auch R. A. Papinchak, *Sherwood Anderson. A Study of Short Fiction*, New York, 1992, S. IX: »Opposed to what he called the all-too-familiar "poison plot", Anderson sought out his own themes and broke new ground with his tales about sex, loneliness, repression, thwarted potential, and unlived lives. He used ordinary characters in ordinary situations to reveal the life that is lived beneath the surface.«

Ihren Höhepunkt erreicht diese Problematik in Andersons Roman *Dark Laughter* (1925), in dem der Protagonist John Stockton alias Bruce Dudley aus seiner Ehe entflieht und unerkannt in seine Heimatstadt zurückkehrt, in der Hoffnung, dort seine Wurzeln wiederzufinden. Anlass für die Flucht ist das ein Gefühl der Sinnlosigkeit und Verlorenheit, das Stockton überkommt.

> »It was while thinking some such thoughts that John Stockton, who later became Bruce Dudley, left his wife on a certain evening fall. He sat in the darkness for an hour or two and then got his hat and went out of the house.«[391]

Auch in *Dark Laughter* bietet Andersons dem Leser keine definitive Lösung für das vorherrschende Spannungsverhältnis zwischen Individuum und Entfremdung. Ob die Unfähigkeit zum Miteinander wirklich überwunden ist und die Probleme der Romanfiguren gelöst werden können, bleibt für den Leser – vielleicht aufgrund von Andersons Ablehnung des „all-too-familiar poison plot" – unklar.

Sehr schnell nahm Ernest Hemingway innerhalb der *Lost Generation* eine Sonderstellung ein,[392] die später noch durch seine Fähigkeit zur Selbstinszenierung verstärkt werden sollte, mittels derer er sich zum lebenden Mythos umgestaltete.[393] Bereits sein Roman *The Sun also Rises* zeichnet

---

[391] S. Anderson, *Dark Laughter*, New York, 1925, S. 62f.

[392] Zur amerikanischen Literatur um 1930 und zu der Frage, warum Hemingway relativ schnell zum Idol seiner Generation avancierte, vgl. auch J. Raeburn, *Fame became of Him*, S. 22: »The year 1929 saw the publication not only of *A Farewell to Arms*, but also of *The Sound and the Fury*, *Look Homeward Angel*, and *Dodsworth*. But it was Hemingway's novel that was usually acclaimed the best of the year, and it was Hemingway who was usually singled out as the genius of the age. [...] Indeed by 1930 he was widely regarded as peerless: Fitzgerald had not published a novel in five years, and seemed only to be writing trashy stories for the *Saturday Evening Post*; Lewis's limitations had become apparent since *Main Street*; Faulkner's new novel struck most reviewers as opaque; Anderson's work had fallen off since *Winesburg, Ohio*; Dos Passos's most interesting fiction was still in the future; and Wolfe's first novel, while promising, was flawed by lack of discipline.«

[393] J. W. Aldridge, "Hemingway. Nightmare and Correlative of Loss", in: H. Weber (Hrsg.), *Hemingway*, Darmstadt, 1980, S. 27: »For members of my generation, the young men born between 1918, roughly, and 1924, there was a special charm about Hemingway. [...] He was Hemingway of the rugged outdoor grin and the hairy chest posing beside a marlin he had just landed or a lion he had just shot; he was Tarzan Hemingway, crouching in the African bush with elephant gun at ready, Bwana Hemingway commanding his native bearers in terse

das Bild einer Generation, der ihre Ideale so gründlich abhanden gekommen waren, dass sie den Glauben an sich selber gleich mit verloren hatte.

Auf den Einfluss, den Hemingway auf die europäische Jugend ausübte, wurde schon hingewiesen.[394] Anerkennung fand Hemingway auch im eigenen Lande beim amerikanischen Publikum, das sich in seinen Geschichten wiedererkannte, wenngleich es der Migrationsbewegung amerikanischer Intelligenz, welcher er zugerechnet wurde, durchaus skeptisch gegenüberstand.[395]

In seinen Nachfolgewerken modifizierte Hemingway immer wieder das Motiv einer sich selbst überlassenen, inmitten einer grausamen Umwelt orientierungslos dahintreibenden Jugend, die von Enttäuschung und Hoffnungslosigkeit beherrscht war und verzweifelt versuchte, einen Weg in eine neue Zukunft zu finden. Speziell für Hemingway mündete dies in ein fortwährendes Spannungsverhältnis zwischen Todessehnsucht und übertriebenem Manneswahn, das er nie aufzulösen vermochte. Es verfestigte sich in ihm die Überzeugung, dass es keine Unschuld gab, und er machte diese Erkenntnis zum zentralen Dreh- und Angelpunkt seines literarischen Werkes.[396] Diese innere Zerrissenheit spiegelt sich u.a. in dem

---

Swahili; he was War Correspondent Hemingway writing a play in the Hotel Florida in Madrid while thirty fascist shells crashed through the roof; later on he was Task Force Hemingway swathed in ammunition belts and defending his post singlehanded against fierce German attacks.«

[394] Zu den diesbezüglichen Auswirkungen in Deutschland und Frankreich vgl. erneut K. Möller Osmani, *In einem andern Land*.

[395] Vgl. die Ausführungen bei M. Cunliffe, *The Literature of the United States*, London, 1984, S. 227: »By the 1920s, expatriation had become so characteristic a gesture for American writers that Matthew Josephson (who was himself an example of the phenomenon) asked: Is the emigration of intelligence to become an issue as absorbing as the immigration of strong muscle? With a greater frequency than ever our *illuminati* buy tickets for a more possible world, for a more breathable air.«

[396] K. Kusenberg (Hrsg.), *Ernest Hemingway in Selbstzeugnissen und Bilddokumenten. Dargestellt von Georges-Albert Astre*, Reinbek b. Hamburg, 1979, S. 54: »Der ehemalige Leutnant des Red Cross stellt nun schon eine Überzeugung in die Mitte seines Werkes, die er immer mehr verstärken sollte: Amerika kann sich heute nicht ohne Selbstbetrug auf das Wunschbild eines neuen Adam berufen, wie stark auch immer die Bezauberung einer den Lehren Thoreaus folgenden Jugend sein mag. Das Individuum als König inmitten einer glücklichen Welt! Nick [aus den *Nick Adams Stories*] hatte versucht, daran zu glauben, er hatte in gewissen Momenten mit allen seinen Kräften daran geglaubt; aber Europa lehrte ihn jeden Tag

Erzähler und Protagonisten Frederic Henry in *A Farewell to Arms* (1929) wider, der als amerikanischer Sanitäter im Ersten Weltkrieg auf Seiten der italienischen Armee kämpfend an seinem Ekel vor dem Krieg und seinen Zweifeln am Sinn des menschlichen Daseins fast zugrunde geht. Beinahe im letzten Augenblick findet er in seiner Beziehung mit der Krankenschwester Catherine den Mut, einen Neuanfang zu wagen. Er flüchtet mit ihr in die Schweiz, wo sie ihr gemeinsames Kind tot zur Welt bringt, um schließlich selber im Wochenbett zu sterben. Hemingway scheint hier entschlossen, seinem Helden keinen Ausweg zu lassen, und so bewahrheitet sich im Tode der beiden einzigen Menschen, denen Henry sich verbunden fühlt, die persönliche Überzeugung des Autors, dass es für den Menschen kein dauerhaftes gemeinsames Glück geben könne.

Ebenso verhält es sich mit Robert Jordan aus *For Whom the Bell Tolls*, dessen Idealismus und Pflichtgefühl ihn dazu bewegen, im Spanischen Bürgerkrieg auf Seiten der Internationalen Brigaden zu kämpfen und sich schließlich für seine Kameraden zu opfern. Hier ergibt sich dann auch ein interessanter Widerspruch innerhalb des Hemingwayschen Œuvres. Denn obwohl faktisch fast alle seine Helden scheitern, so bewahren sie sich dennoch ihre Würde und moralische Integrität, wie auch F. Scafella in seiner Untersuchung am Beispiel des Jake Barnes aus *The Sun also Rises* hervorhebt.[397] Die Reihe solcher Heldengestalten ließe sich beliebig fortsetzen. Diese Problematik des Einzelnen in seinem Kampf um die eigene Identität besitzt eine allgemeingültige Komponente, die Hemingways An-

---

mehr, was er schon in Chicago geahnt und was er mit Bestürzung und Schrecken in Fossalta erlebt hatte – nämlich, daß niemand unschuldig und ungestraft herrscht.«

[397] Vgl. F. Scafella (ed.), *Hemingway: Essays of Reassessment*, New York-Oxford, 1991, S. 182: »At the end of the novel [*The Sun also Rises*], Jake is more firmly alone in the universe than he was at the beginning, and in some perverse way this establishment of his own isolation is presented as a kind of moral success, if not triumph. Further, one notes that this position of fortified isolation is replicated throughout Hemingway's fiction – Frederic Henry in the rain; Jordan in prone firing position on the pine needles; Santiago dreaming of the lions; Harry free from the fetid lowlands, the hyena, and Helen his wife; all the Nick or Nick-like stories that recede into silence with the protagonist either alone or protected by nuanced barriers of ambiguity and irony. One might almost suppose that the crucial function of plot in a Hemingway story is to stake out a significant space where the protagonist can be separated from and palpably superior to the rest of the world.«

spruch als gesellschaftspolitischer Schriftsteller mitbegründet.[398] Hemingway steht in seinem Wirken in der Tradition von Sherwood Anderson und Sinclair Lewis, die mit ihrer Prosa den Boden bereitet hatten, auf dem er und andere später wachsen sollten.

In dem Roman *Manhattan Transfer* (1925) und der *U.S.A.*-Trilogie (1938) konzentrierte John Dos Passos sich auf die Anklage der sozialen Missstände, die durch die einseitige ökonomische Ausrichtung der amerikanischen Gesellschaft hervorgerufen worden sind.[399] Bahnbrechend war allerdings weder die Kritik an den Lebensumständen noch an der Unterlegenheit des Individuums in Bezug auf eine feindliche Umwelt. Neu hingegen war zum einen der Ort, an dem Dos Passos die Handlung ansiedelte, und so gilt *Manhattan Transfer* als jener Roman, in dem die Tragik des modernen Menschen zum ersten Mal unauflöslich mit der Großstadt verknüpft ist.[400]

Zum anderen stellt die von Dos Passos sowohl in *Manhattan Transfer* wie auch in *U.S.A.* verwendete Technik der Fragmentierung eine Besonderheit dar, mittels derer er eine Vielzahl von Einzelcharakteren darstellte, die untereinander in keinerlei Zusammenhang stehen. Hier liegt die Ursache dafür, dass die Fokussierung der jeweiligen Handlung auf einen oder mehrere Protagonisten nahezu unmöglich ist, da die Romanfiguren sich in einem wilden Reigen umeinander drehen und ihre Wege sich unter den unterschiedlichsten Voraussetzungen immer wieder kreuzen bzw. tren-

---

[398] Zum politischen Engagement Hemingways vgl. den sehr ausführlichen Artikel von K. Kinnamon, "Hemingway and Politics" in: S. Donaldson (ed.), *The Cambridge Companion to Hemingway*, Cambridge N.Y., 1996, S. 149-169. Außerdem sein Theaterstück *The Fifth Column* (1938), in welchem der Abwehrexperte Philip Rawlings gegen die spionierenden Falangisten, Mitglieder der sogenannten 5. Kolonne, in Madrid kämpft. Die meisten der Helden Hemingways sterben für eine Idee.

[399] Die Trilogie besteht aus den Romanen *The 42nd Parallel* (1930), *1919* (1932) und *The Big Money* (1936), die unter dem Titel *U.S.A.* zusammengefasst wurden, und schildert den weiteren Werdegang der schon in *Manhattan Transfer* vorgestellten Personen.

[400] Zur Rolle der Großstadt und den ihr zugeschriebenen Funktionen vgl. auch F. Dal Co, „Dai parchi alla regione. L'ideologia progressista e la riforma della città americana", in: G. Ciucci et. al., *La città americana dalla guerra civile al New Deal*, Roma-Bari, 1973, S. 214.

nen.[401] Ergänzt wurden die einzelnen Episoden durch das von Dos Passos erfundene *Camera Eye*,[402] welches in Form innerer Monologe die autobiografischen Erinnerungen des Autors wiedergibt, sowie durch das *Newsreel*, welches aus splitterartig zusammengefügten zeitgenössischen Reportagen, Biografien, und Liedtexten besteht und dem Leser somit den Eindruck einer Authentizität des Geschilderten vermittelt.

Vielleicht mehr als jeder andere Autor war Dos Passos von der Zerstörung des *American Dream* überzeugt, und in kaum einem anderen Werk wurde der *Myth of personal success* so gründlich demontiert wie in *Manhattan Transfer* und in der Trilogie *U.S.A.*,[403] welche die thematische Erweiterung des ersten Romans um die Erfahrungen des Autors aus dem Ersten Weltkrieg darstellt.

Einen ähnlich kritischen Ansatz wie Dos Passos hat auch John Steinbeck, der allerdings in seinem Roman *Tortilla Flat* (1935) mit einem wesentlich positiveren Menschenbild beginnen sollte. Der Roman spiegelt wie kaum ein anderer das Motiv der ewigen Suche wieder, das im nachfolgenden Kapitel gemeinsam mit den übrigen Bestandteilen des *American Dream* analysiert wird. Der Protagonist Danny und seine Freunde Pilon, Pablo Sanchez, Jesus Maria und Big Joe leben unberührt vom in der Gesellschaft vorherrschenden Existenzkampf in den Tag hinein, ohne sich über mehr als die Befriedigung der täglichen Bedürfnisse Gedanken zu machen. Wenngleich sich dieser „paradiesische" Zustand nicht aufrechterhalten lässt – Danny stirbt und die übrigen Freunde zerstreuen sich in alle

---

[401] Vgl. hierzu R. C. Rosen, *John Dos Passos. Politics and the Writer*, S. 41: »The most striking aspect of *Manhattan Transfer* is its form. Dos Passos presents neither character nor plot whole, but rapidly shifts point of view and situation, to give the reader over one hundred discontinuous fragments of the lives of scores of characters.«

[402] Vgl. hierzu U. Schubert, *Reportage und Reportageroman als Kunstformen bei John Dos Passos*, 1969, S. 168: »Die Camera Eyes bestehen meistens aus inneren Monologen, deren Sprecher sich durch Erinnerungen oder auf die Gegenwart gerichtete Bewußtseinsvorgänge offenbart.«

[403] Siehe F. Fingerhuth, *John Steinbeck und John Dos Passos „American tradition" und gesellschaftliche Wirklichkeit*, S. 172: »Hier ist Dos Passos' Kritik am amerikanischen „success myth" am schärfsten: der Mythos hat sich verselbständigt. Der Erfolg dient nicht mehr einem höheren Ziel, sondern ist selbst zum Ziel geworden.«

Winde – so besticht der Roman doch durch seinen optimistischen Grundton.

Ein wesentliches Merkmal in den Romanen Steinbecks ist zweifelsohne die enge Verbindung von Besitzlosigkeit und Glückseligkeit. „Danny und seine Freunde" haben ebenso wie später „Mack und die Jungens" nur die eine Sorge, ihre leiblichen Grundbedürfnisse zu befriedigen.[404] Betrachtet man ihr Verhalten aber genauer, so ist ein zentraler Punkt für ihr Wohlbefinden die Geborgenheit in einer Gruppe. Keine von Steinbecks Figuren kann allein existieren. Letztlich ist es der Wunsch nach Geborgenheit, der Danny dazu führt, sein Erbe mit seinen Freunden zu teilen, es ist der Wunsch, nicht allein zu sein, der George aus *Of Mice and Men* (1937) bei dem schwachsinnigen Lennie ausharren lässt, und es ist die Erkenntnis, dass keiner alleine überleben kann, aus der heraus Mutter Joad in *The Grapes of Wrath* (1939) versucht, ihre auseinander brechende Familie zusammenzuhalten.

Die Stärke von Steinbecks Romanen liegt darin, dass sie das Verhalten des Menschen in einer Gruppe beschreiben und den psychologischen Kontext seines Handelns für den Leser erschließen.

Im folgenden Kapitel soll nun zum einen erörtert werden, inwiefern es den amerikanischen Autoren gelungen ist, aus ihrer Kritik am *American Dream* heraus unter Korrektur und Vermeidung der bisherigen Fehler die Utopie einer neuen zukunftsfähigen Gesellschaft zu entwerfen. Zum anderen sollen die Gesellschaftsutopie der italienischen Autoren den amerikanischen Entwürfen kontrastierend gegenüber gestellt werden, um so eventuelle Gemeinsamkeiten bzw. Differenzen offen zu legen.

---

[404] Diese Reduktion des Menschen auf ein „natürliches" Niveau ist durchaus positiv zu sehen. Vgl. hierzu W. Allen, *Tradition and Dream*, Bungay/Suffolk, 1965, S. 184: »In effect, this means that Steinbeck is at his best as a novelist when he is dealing with human beings living at something approaching the animal level. These are made acceptable and indeed moving because of the genuine sweetness one feels in Steinbeck's nature and because he sees these human beings as being at least as dignified as animals. He doesn't, in other words, reduce them; his view of life would prevent him doing that.«

4. Der *American Dream*
4.1. Der *American Dream* und seine Bestandteile

Die vorangegangenen Ausführungen haben verdeutlicht, dass die amerikanischen Autoren den *American Dream* kritisiert haben, der einen festen und heute nicht mehr wegzudenkenden Bestandteil der mit Amerika assoziierten Gedankenwelt darstellt. Damit ist die Frage nach der Vorstellung, die dem *American Dream* zugrunde liegt, allerdings noch nicht beantwortet.

Der Amerikanist P. Freese, dessen Definition uns noch detaillierter beschäftigen wird, expliziert in seinen Studien, dass der *American Dream* sich zwar einerseits auch heute noch einer wachsenden Popularität erfreut und die „widely used and hotly contested catchphrase for the basic lure and promise of America"[405] als kulturelles Allgemeingut immer wieder bemüht wird, dieses Schlagwort inhaltlich aber nach wie vor eine sehr unklare Bedeutung hat, zu deren Klärung seit Truslow Adams' Zeiten niemand mehr beigetragen hat, denn, so Freese weiter, „[...] nobody has yet been able to come up with a generally accepted definition of "the American Dream" [...]."[406] Aus diesem Grunde verweist Freese dann auch zu Recht auf den Text des amerikanischen Historikers James Truslow Adams, welcher den Begriff *American Dream* das erste Mal im Jahre 1931 in seinem Werk *The Epic of America* benutzt. Vor den Erfahrungen der wirtschaftlichen Depression und des Börsenkrachs an der Wall Street versucht Truslow Adams, eine optimistischere Perspektive zu entwickeln, die seinen Landsleuten den Weg aus der persönlichen Misere weisen soll. Die Möglichkeiten, sich einen neuen, individuellen Weg zu suchen, stehen nach Auffassung von Truslow Adams, der hierin zudem das wesentliche Unterscheidungskriterium zwischen den U.S.A. und Europa erblickt, jedem Amerikaner entsprechend seiner persönlichen Fähigkeiten zur Verfügung:

---

[405] P. Freese (ed.), *The American Dream. Humankind's Second Chance?*, S. 2.
[406] ibd.

»If [...] the things already listed were all we had had to contribute, America would have made no distinctive and unique gift to mankind. But there has been also the American dream, the dream of a land in which life should be better and richer and fuller for every man, with opportunity for each according to his ability or achievement. It is a difficult dream for the European upper classes to interpret adequately, and too many of us ourselves have grown weary and mistrustful of it. It is not a dream of motor cars and high wages merely, but a dream of a social order in which each man and each woman shall be able to attain to the fullest stature of which they are innately capable, and be recognized by others for what they are, regardless of the fortuitous circumstances of birth or position.«[407]

Diese „Originalversprechung" des *American Dream* nach Truslow Adams weist also weniger materielle als vielmehr idealistische Werte auf. Amerika ermöglicht es dieser Vision zufolge einem jeden, der willens dazu ist, sich entsprechend seiner Fähigkeiten genau jenen Platz in der Gesellschaft anzueignen, der ihm zusteht. Umgekehrt bedeutet dies, dass die Gesellschaft ihm unabhängig von seiner sozialen Ausgangsposition den notwendigen Raum zur Entwicklung lässt. Die Kernaussage von Truslow Adams besteht somit in der Machbarkeit des persönlichen Glücks.

Unklar bleibt allerdings, welche Parameter denn Auskunft darüber geben können, ob der Einzelne den ihm gebührenden Platz in der Gesellschaft tatsächlich einnimmt. Zweifelsohne ist die gesellschaftliche Anerkennung hierbei ein wesentlicher, wenn nicht sogar der einzig relevante Faktor. Dieser orientiert sich allerdings entgegen der von Truslow Adams entworfenen Vision durchaus am materiellen Wohlstand. So lässt sich z.B. materieller Wohlstand als Ausdruck gesellschaftlicher Stellung – und sei er auch im Sinne eines beständig wachsenden Allgemeinwohls erworben, wie die *Manifest Destiny* es fordert, nur dann erreichen, wenn der Einzelne dazu bereit ist, sich in den Dienst einer solchen Akkumulation zu stellen, d.h. anderen ihren Teil wegzunehmen und sie von ihren Plätzen zu verdrängen. Es handelt sich hierbei also – wenn man so will – um die Bejahung eines

---

[407] J. T. Adams, *The Epic of America* (1931), zitiert nach: P. Freese (ed.), *The American Dream. Humankind's Second Chance?*, S. 2.

praktizierten Sozialdarwinismus, der zum Lebensprinzip eines ganzen Landes stilisiert wird.[408]

Dieses Lebensprinzip, dessen furchtbarste Nebenwirkung die von den Kritikern immer wieder beklagte Isolation des beständig nach *Success* strebenden Individuums von seinen Mitmenschen ist,[409] hat seine typischste amerikanische Ausprägung in der Jagd nach dem Dollar gefunden. Die Universalität dieser Philosophie lässt sich leicht anhand der Ausführungen von Karl Jaspers in seiner *Psychologie der Weltanschauungen* [(1919)] nachvollziehen, in welcher jener den Kampf als wesentliches Element jeglicher Existenz klassifiziert:

> »Der Kampf ist eine Grundform aller Existenz. Alles was existiert braucht Platz und materielle Bedingungen; beide nimmt es anderen möglichen Existenzen fort. Im Biologischen besteht der Kampf ums Dasein passiv – in scheinbarer Ruhe bestehender Kraftverhältnisse – und aktiv um Wachstum, Mehrwerden, Macht. Ohne solchen Kampf gibt es, wenn die Situation auch noch so verdeckt ist, nicht die materiellen Bedingungen der Existenz, auch nicht beim Menschen, bei dem der Kampf oft vom Individuum auf Gruppen, Klassen usw. abgeschoben und dem Einzelnen nicht immer als Kampf fühlbar ist.«[410]

Wenngleich Jaspers dem europäischen Kontext mit seiner geschichtlichen Entwicklung und seinem kulturellen Erfahrungshorizont angehört, so bleibt die Allgemeingültigkeit seiner Philosophie dennoch unbestreitbar. Jegliche Lebensform muss um ihren Erhalt kämpfen, sei es nun, um den eigenen Lebensraum zu verteidigen, der von anderen bedroht wird, sei es, um sich selber auszubreiten, wodurch sie andere Existenzen in deren Lebensräumen bedroht. Einzig der Stillstand ist undenkbar, kommt er doch

---

[408] Vgl. hierzu auch die Ausführungen von G. Raeithel, *Geschichte der Nordamerikanischen Kultur*, Bd. 2, S. 49: »Die Lehren von Charles Darwin schienen sich vortrefflich dafür zu eignen, die Existenz einer Geldelite biologisch zu begründen. [...] S.C.T. Todd, der Trustmacher des Rockefeller-Konzerns, glaubte wie weiland John Winthrop, die Aufteilung der Welt in Arme und Reiche, in Starke und Schwache entspreche einem ehernen Gesetz.«

[409] Vgl. hierzu auch die Ausführungen von P. Freese, *The American Dream and the American Nightmare*, S. 53: »Parallel doubts are raised with regard to the promise of material success. Does not [...] the 'rat-race' for financial gain and social status exact the price of abandoning one's personality and neglecting one's family? Does it not lead to alienation and even reification?«

[410] K. Jaspers, *Psychologie der Weltanschauungen*, S. 257.

dem Untergang gleich, während der Lebenserhalt bzw. die Verbreitung der eigenen Spezies in ihrer Natur determiniert ist. Für die menschliche Rasse hat Jaspers darüber hinaus in der oben zitierten Textpassage auch schon die sich aus einer solchen Situation ergebenden Konsequenzen wie Akkumulation von Macht, Klassenkampf, etc. skizziert, die wir u.a. in den Romanen von John Dos Passos und John Steinbeck thematisiert finden.

Wendet man die Erkenntnis Jaspersscher Philosophie nun auf Truslow Adams' Vision des *American Dream* an, der einem jeden Menschen ermöglicht „to attain to the fullest stature of which they are innately capable, and be recognized by others for what they are", so offenbart sich sehr schnell der dem *American Dream* inhärente Zirkelschluss. Denn ein jeder hat ja nur eben den Platz (Lebensraum) in der Gesellschaft inne, den er entsprechend seiner Fähigkeiten anderen abjagen oder den er gegen andere verteidigen kann, was wiederum zum schon erwähnten Sozialdarwinismus führt. Es scheint, als läge in der von Truslow Adams beschriebenen amerikanischen Vision gleichzeitig auch ihr Widerspruch begründet, d.h. der Schlüssel zu jener Kritik, welche die *Lost Generation* und viele ihrer Nachfolger an ihrem Vaterland geübt hatten und weiterhin üben sollten.[411]

Für die Vision des *American Dream* spielt es hierbei aber zunächst keine Rolle, dass der Traum für die meisten Amerikaner aufgrund des von Jaspers erörterten Spannungsverhältnisses nie in Erfüllung gehen kann. Wie schon G. Raeithel bemerkt hat: „Die »Große Utopie Amerika« bot Raum für kleinere Subutopien."[412] Insofern ist es gar nicht so wichtig, ob man persönlich den Aufstieg geschafft hat; viel wichtiger ist der Glaube daran, dass ein solcher gesellschaftlicher Aufstieg aus eigener Kraft mög-

---

[411] Betracht man die Publikationsdaten der Romane, so besteht ein bemerkenswertes Detail in der Tatsache, dass die Kritik der *Lost Generation* und ihrer Vorläufer schon lange vor den Definitionsbemühungen von Truslow Adams, nämlich kurz nach dem Ersten Weltkrieg eingesetzt hatte. D.h. die Kritik an der Vision hatte schon begonnen, noch bevor sie durch den Begriff *American Dream* in das Bewusstsein der amerikanischen Öffentlichkeit gedrungen war. Insofern hatten die amerikanischen Autoren mit ihrem gesellschaftspolitischen Engagement eben jene identitätsstiftende Vorbildfunktion des Schriftstellers eingenommen, die dann der *Neorealismo* von den italienischen Autoren einfordern sollte.

[412] G. Raeithel, *Geschichte der Nordamerikanischen Kultur*, Bd. 1, S. 6.

lich ist. Dementsprechend ist der *American Dream* ein Konglomerat von Einzelvisionen, welches sich unter anderem die enorme geografische Weite des Landes zu Nutze gemacht hat, die eine solche Koexistenz von Einzelvisionen überhaupt erst ermöglicht, welche anderweitig miteinander in Konflikt geraten wären. So aber konnte ein jeder vor den Kontrahenten in andere Landesteile ausweichen, wenn er sich mit seinen Vorstellungen am gewählten Ort nicht durchzusetzen vermochte. Insofern bestand auch nicht die zwingende Notwendigkeit, sich von seinen Vorstellungen zu lösen, sondern man konnte immer wieder neu beginnen, solange nur die eigene visionäre Kraft anhielt.

Als wichtige Bestandteile des *American Dream* nennt Freese die Komponenten *Progress*, *Success*, *Manifest Destiny*, *Frontier*, *Liberty and Equality* und *Multi-Ethnicity*.[413] Dabei existiert für die Bestandteile keinerlei Hierarchie, was seine Ursache im mythischen Charakter des *American Dream* hat.[414] Für den Einzelnen ist es bedeutungslos, mit welchem Bestandteil des *American Dream* er sich konfrontiert sieht. Ob das Indivi-

---

[413] P. Freese, *The American Dream and the American Nightmare*, S. 19f. An dieser Stelle soll gleich festgehalten werden, dass die Forderung nach Freiheit und Gleichheit zwar grundsätzlich in der amerikanischen Vorstellungswelt verankert ist, doch wird bei genauerer Betrachtung deutlich, dass die Einhaltung dieses Anspruchs sich auf die *WASP*, die *White Anglo Saxon Protestants*, beschränkt, die Nachkommen jener Gruppen, welche die ersten Besiedlungen des neuen Kontinents durchgeführt haben. Andere Gruppen hingegen, wie z.B. jene der eingeborenen Indianer oder der später als Sklaven importierten Farbigen wurden aus dem Kreise der "Gleichberechtigten" von ausgeschlossen. Dass vor einer Integration in den "Schmelztiegel der Nationen" erst die Isolation kommt, belegen nicht zuletzt die zahlreichen Ghettos von z.B. irischen, polnischen oder etwa italienischen Einwanderern. So gewinnen die Aspekte *Liberty and Equality* und *Multi-Ethnicity* (*Melting Pot*) erst mit dem erstarkten Selbstbewusstsein der Randgruppierungen ab Mitte des 20. Jahrhunderts an Bedeutung. Für die vorliegende Arbeit besitzen sie hingegen keine besondere Relevanz. Die auch in den untersuchten Romanen nachweisbaren Vorurteile gegenüber ethnischen Gruppierungen lassen sich sowohl auf amerikanischer wie auf italienischer Seite auf den damals vorherrschenden Zeitgeist mit seiner Affinität zu Rassentheorien zurückführen.

[414] Das Wesen des Mythos und seine zyklische Struktur können an dieser Stelle nicht erläutert werden, da ein solches Unterfangen den Rahmen der vorliegenden Arbeit sprengen würde. Vgl. zu dieser Thematik aber auch die Ausführungen von K. Kerényi (Hrsg.): *Die Eröffnung zum Zugang des Mythos* (1967), Darmstadt, 1996, und K. H. Bohrer (Hrsg.), *Mythos und Moderne*, Frankfurt/M., 1983, sowie den Aufsatz von H. Blumenberg, "Wirklichkeitsbegriff und Wirklichkeitspotential des Mythos", in: M. Fuhrmann (Hrsg.), *Terror und Spiel. Probleme der Mythenkonzeption*, München, 1971, S. 11-67.

duum sich nun vor einer, auch durchaus im übertragenen Sinne zu verstehenden Grenze befindet, ob es auf der Suche nach Fortschritt und Erfolg ist, oder ob es sich mit dem Anspruch an die eigene Überlegenheit auseinander setzen muss: All diese Komponenten gehören zur zyklischen Struktur des Mythos *American Dream*. Die nachfolgende Trennung dieser Bestandteile dient lediglich der Übersichtlichkeit ihrer Darstellung.

Historisch betrachtet ist die Geschichte der U.S.A. geprägt von der Überzeugung des kulturellen Primats und dem späteren Streben nach Hegemonie. Dieser zunächst weitgehend religiös motivierte Anspruch rechtfertigt für die weiteren Ausführungen die *Manifest Destiny* als Ausgangspunkt. Raeithel sieht in ihr den sichtbaren Ausdruck der amerikanische Überzeugung, ein von Gott auserwähltes Volk zu sein, das „die Kultur der Menschheit dort fortsetzte, wo Europa Abschied von ihr genommen hatte."[415] Artikuliert wurde diese Vorstellung bereits von John Winthrop (1588-1649), dem späteren Gouverneur der Massachusetts Bay Colony, der in seiner Rede vor den Küsten Amerikas die Vision einer „city upon a hill"[416] im zentralen Blickfeld der übrigen Welt entwarf.

Im Bewusstsein, auserwählt zu sein, beabsichtigte man, die Botschaft Gottes in alle Teile der bekannten Welt zu tragen. Sichtbarer Ausdruck dieser Überzeugung war die beständige Reise der Menschen und ihre andauernde Suche nach neuen Herausforderungen. Auf diese enge Verbindung zwischen europäischer Ursprungsvision und *American Dream* weist auch G. Krämer in seinen Ausführungen hin.[417] Die Suche war für Colum-

---

[415] G. Raeithel, *Geschichte der Nordamerikanischen Kultur*, Bd. 1, S. 5.

[416] Vgl. auch J. Winthrop, "A Model of Christian Charity", abgedr. in: N. Baym et. al., *The Norton Anthology of American Literature*, S. 41: »For we must consider that we shall be as a city upon a hill. The eyes of all people are upon us, so that if we shall deal falsely with our God in this work we have undertaken, and so cause Him to withdraw His present help from us, we shall be made a story and a by-word through the world.«

[417] Vgl. hierzu G. Krämer, *Artusstoff und Gralsthematik im modernen amerikanischen Roman. Prinzipien der Verarbeitung und Transformation, der Rezeption und Funktion*, Gießen, 1985, S. 141, hin. »Dieser sogenannte ‚American Dream' ist Teil, Variation und Neukonzeption einer Glücksvision, die in ihrem Ursprung abendländisch ist, in der Neuen Welt realisiert werden sollte und sich mit der Entwicklung des amerikanischen Selbstverständnisses verselbstständigte, ohne dabei jedoch die utopische Tendenz abzustreifen.«

bus der Ausgangspunkt seiner 1492 unternommenen Reise, an deren Ende die Entdeckung des amerikanischen Kontinents stand. Die Suche nach dem irdischen Paradies war es, welche die *Pilgrimfathers* zu ihrem Aufbruch in das „Gelobte Land" bewogen hatte. Sie fand ihre Fortsetzung in den nachrückenden Strömen von Einwanderern aus aller Welt und ihre vorläufige Vollendung mit Schließung der *Frontier*, für die sie gleichsam Voraussetzung war, impliziert die Suche nach etwas Neuem doch auch immer, dass man zu diesem Zwecke Altes hinter sich zurücklässt, d.h. eine Grenze zwischen Alt und Neu überschreitet.

Bei der *Frontier* handelt es sich um das typischste und zugleich wohl bekannteste aller amerikanischen Phänomene. Ihr liegt die Überzeugung von der *translatio imperii* zugrunde, d.h. die Überzeugung von der unaufhörlichen Wanderung der Zivilisation nach Westen, die somit den direkten Bezug zum religiösen Hintergrund der *Manifest Destiny* herstellt. Eine solche Vorstellung setzt auch voraus, dass es keinerlei Stillstand, sondern nur Bewegung gibt, bis auch das letzte Fleckchen Erde erkundet ist. Wichtige Faktoren sind in diesem Zusammenhang die Entdeckung Amerikas durch Europa und die geografische Ansiedlung des neuen Kontinents im Westen der „Alten Welt", so dass alle Prämissen der *translatio imperii* erfüllt sind.

Dabei vereint der Begriff *Frontier* in sich wiederum die drei Einzelaspekte *Linie*, *Gebiet* und *Prozess*,[418] die je nach Blickwinkel ihre besondere Berücksichtigung finden müssen. Für die Bewohner des neuen Kontinents gehörte die Grenze mit allen damit verbundenen Erfahrungen zum Lebensalltag. Die Siedler waren in eine unbekannte Wildnis geraten, die zunächst eine reale Bedrohung an Leib und Leben bedeutete. Es gab das Leben innerhalb der *Frontier*, anfangs gleichzusetzen mit Gemeinschaft und relativer Sicherheit, und es gab das Leben außerhalb der *Frontier*, zunächst gleichzusetzen mit Einsamkeit und Gefahr. Die *Frontier* war somit Schutz und Beschränkung gleichermaßen, besaß also einen mehrdeutigen Charakter, der sich noch dadurch verstärkte, dass die *Frontier* mit ihrem

---

[418] Vgl. auch G. Raeithel, *Geschichte der Nordamerikanischen Kultur*, Bd. 1, S. 329.

Überschreiten zugleich auch neue Freiheiten bot, die im Rahmen der etablierten Gesellschaftsordnung nicht möglich waren.[419]

Aus der täglichen Erfahrung dieser Grenzsituation, die sich mit der Jaspers'schen Definition des „Kampfes als Grundform aller Existenz"[420] deckt, entwickelte sich dann der neue Habitus des Amerikaners. Sei es nun die Eroberung des Westens und die Vertreibung der Indianer, sei es der Cowboy mit seinem Viehtreck oder aber der Bau der transkontinentalen Eisenbahn, überall begegnet man dem Stereotyp des wagemutigen, sendungsbewussten, aufrechten Helden, der sich erfolgreich gegen jede Gefahr zur Wehr zu setzen weiß, dabei eine Grenze nach der anderen erobernd. Und immer auf der Suche nach der nächsten, wie die Ausführungen des ehemaligen amerikanischen Präsidenten Ronald Reagan zur Eroberung des Weltalls eindringlich vor Augen führen, die zugleich die Gültigkeit des Diktums bis in die heutige Zeit belegen:

> »For 25 years, we approached space with a certain amount of derring-do. It was the last frontier, and we would be its first pioneers. Space seemed like a vast, black desert, but now we're ready to make the desert bloom.«[421]

Der Glaube an die permanent existierende Herausforderung dieser Grenze, an die „idea of the continual challenge of respective Frontiers",[422] bedeutet nämlich auch, dass die Suche nach neuen Grenzen nie abgeschlossen ist, sondern sich immer nur in einem vorläufigen Zustand befinden kann,

---

[419] Vgl. hierzu N. Elias, *Über den Prozeß der Zivilisation. Soziogenetische und psychogenetische Untersuchungen. Zweiter Band: Wandlungen der Gesellschaft. Entwurf zu einer Theorie der Zivilisation* (1939), Frankfurt/M., 1988, S. 317: »Das Verhalten von immer mehr Menschen muß [in einer Gesellschaft] aufeinander abgestimmt, das Gewebe der Aktionen immer genauer und straffer durchorganisiert sein, damit die einzelne Handlung darin ihre gesellschaftliche Funktion erfüllt. Der Einzelne wird gezwungen, sein Verhalten immer differenzierter, immer gleichmäßiger und stabiler zu regulieren.« Mit dem Überschreiten hingegen war dann auch die von Raeithel erwähnte "Koexistenz unterschiedlichster Utopien" wieder möglich, da die geografische Ausdehnung des Landes direkte Berührungspunkte zwischen den einzelnen Utopien zu vermeiden half.

[420] Vgl. erneut K. Jaspers, *Psychologie der Weltanschauungen*, S. 257.

[421] President Reagan in a radio address to the nation on July 21, 1984: "In space the possibilities are endless", zitiert nach: P. Bruck (ed.), *The American Dream. Past and Present*, Stuttgart, 1986, S. 30.

[422] P. Freese, *The American Dream and the American Nightmare*, S. 20.

denn jenseits der Grenze wird weniger das Ziel der unternommenen Anstrengungen, als vielmehr die nächste Herausforderung erkannt. Die hervorstechendsten Eigenschaften des *Frontiersman* sind dann auch seine Neugier, sein Mut und seine Abenteuerlust. Hinzu kommen sein unerschütterlicher Glaube an die göttliche Vorsehung und seine moralische Integrität, die ihn auch in scheinbar ausweglosen Situationen nicht verzweifeln lässt. Denn der *Frontiersman* stößt nicht nur auf die ihm feindlich gesonnene Wildnis, die es zu kultivieren gilt, nicht nur auf wilde Indianer, die unterworfen und zivilisiert werden müssen. Der *Frontiersman* trifft auch auf die eigenen menschlichen Abgründe, die in der extremen Ausnahmesituation des täglichen Überlebenskampfes an die Oberfläche treten. Diese gilt es zu ergründen und zu überwinden. Er muss sich vor sich selber immer wieder beweisen, muss Mut und Ausdauer immer wieder erproben, muss dabei auch seine eigenen inneren Grenzen überwinden, d.h. er muss sich entwickeln. Und auch wenn er dem Schicksal unterliegt, ist es immer noch wichtig, dass dies in einer Art geschieht, die dem Männlichkeitsmythos des Grenzkämpfers entspricht. Namen wie Daniel Boone, der Entdecker Kentuckys, Kit Carson, der Siedlertrecks nach Utah und an die Westküste führte, oder William Cody, auch unter dem Namen Buffalo Bill bekannt, haben die Vorstellung vom „Wilden Westen" auch in Amerika maßgeblich geprägt. Eine Vorstellung, in der das ganze Leben voller Abenteuer und Herausforderungen war, und die später durch Idole des frühen 20. Jahrhunderts wie etwa Tom Mix, den Helden zahlreicher Wildwestfilme, in Europa verbreitet werden sollte.[423]

Immer ist der amerikanische Held überzeugt von der gerechten Sache, um derentwillen er auch dem feindlichen Schicksal trotzt. Diese Überzeugung ist es dann, die das Phänomen der Frontier erneut in die Nähe der *Manifest Destiny* rückt. Gleichzeitig ist mit dem Überschreiten der *Frontier* auch der feste Glaube an den Erfolg der Unternehmung und den damit einhergehenden Fortschritt verbunden, da die Grenze ja schließlich nicht in

---

[423] Vgl. hierzu die Ausführungen von U. Eco, „Das amerikanische Modell", S. 26f. Außerdem erneut die Ausführungen von E. Klautke, *Die Amerikanismusdebatte in der Weimarer Republik*, S. 15ff.

Erwartung des eigenen Unterganges überschritten wird. In diesem Sinne besitzt der *Prozess* als Bestandteil der *Frontier* eine doppelte Dimension: einerseits die der individuellen Entwicklung, die vielleicht am ehesten mit dem Jaspers'schen Begriff der *Grenzsituationen*[424] erfasst werden kann, und andererseits eine darauf fußende gesamtgesellschaftliche Entwicklung, die sich aus der Summe der Einzelentwicklungen zusammensetzt.[425] Hier findet sich auch das Bindeglied zu den von Freese als *Success* und *Progress* bezeichneten Komponenten.

Aufgrund der engen Verbindung von *Success* und *Progress* erscheint es sinnvoll, sie unter dem Begriff des *(Self-) Improvement* zusammenzufassen, setzt die Entwicklung einer Gesellschaft doch auch immer die Entwicklung ihrer Individuen von einer (Bewusstseins-) Stufe zu nächsten voraus. Geht es dem Einzelnen gut, so lautet die Gleichung an dieser Stelle, dann sind auch die Voraussetzungen dafür geschaffen, dass es der Allgemeinheit gut geht. Nicht umsonst findet das Individuum auch im Glauben an den beständigen Fortschritt seine Berücksichtigung, so dass eine strikte Trennung, wie Freese sie in diesem Punkte vorgenommen hat, immer rein theoretischer Natur bleiben muss.[426] Zudem liegt beiden Phäno-

---

[424] K. Jaspers, *Psychologie der Weltanschauungen*, S. 229ff.

[425] Vgl. auch D. Riesman, *Die einsame Masse*, S. 137f, der in seinen Ausführungen eine direkte Verbindung zwischen der Schließung der *Frontier* und der Bevölkerungspolitik herstellt: »In den neunziger Jahren des vergangenen Jahrhunderts trat Amerika in das Endstadium der Bevölkerungswelle ein. Um diese Zeit war die Besiedlung der Grenzgebiete abgeschlossen, die Bevölkerungsbewegung nach dem Westen kam zum Stillstand. [...] Die Beschränkung der Einwanderung und die sinkende Geburtenziffer änderten schließlich den Verlauf der amerikanischen Bevölkerungskurve und lenkten gleichzeitig die Entwicklung des sozialen Charakters in die bereits angedeuteten Bahnen. An die Stelle der "spröden" Materie ist heute die "Plastizität" der Menschen getreten, deren Gestaltung und Prägung die Talente der Menschen auf sich zieht und ihnen neue Wege zu sozialem Aufstieg eröffnet.«

[426] Vgl. hierzu auch N. Elias, *Über den Prozeß der Zivilisation*, Bd. 2, S. 314, der die gegenseitige Abhängigkeit der Menschen als entscheidenden Faktor in der Herausbildung neuer Gesellschaftsformen begreift: »Pläne und Handlungen, emotionale und rationale Regungen der einzelnen Menschen greifen beständig freundlich oder feindlich ineinander. Diese fundamentale Verflechtung der einzelnen, menschlichen Pläne und Handlungen kann Wandlungen und Gestaltungen herbeiführen, die kein einzelner Mensch geplant oder geschaffen hat. Aus ihr, aus der Interdependenz des Menschen, ergibt sich eine Ordnung von ganz spezifischer Art, eine Ordnung, die zwingender und stärker ist, als Wille und Vernunft der einzelnen Menschen, die sie bilden.«

menen ursprünglich ein eindeutig religiöses Verständnis zugrunde, welches für die erfolgreiche Umsetzung der beiden Teilaspekte die göttliche Gnade als Voraussetzung betrachtete, die ihrerseits wiederum ein gottgefälliges Leben des Individuums verlangte.[427]

Für die Siedler des neuen Kontinents ist mit einem Male der individuelle Erfolg allein aufgrund der persönlichen Leistungen für jeden erreichbar. Zieht man die feudalistischen Strukturen Europas in Betracht, das eine strikte Trennung der Gesellschaft nach Schichtenzugehörigkeit praktizierte, so ist es nicht verwunderlich, dass die Bewohner des Neuen Kontinents nun angesichts der Fruchtbarkeit und Fülle des Landes dankbar auf die Knie sanken und ihrem Schöpfer für den unerwarteten Reichtum, der aus dem Füllhorn der Natur über ihnen ausgeleert wurde, von Herzen dankten.

Diese im *Success* noch auf individueller Ebene gedachte Ausprägung findet im *Progress* schließlich ihren gesamtgesellschaftlichen Schwerpunkt. Der Glaube an den *Progress* beinhaltet die Überzeugung, dass eine beständige Verbesserung sowohl individueller wie auch gesamtgesellschaftlicher Zustände möglich ist. Dieses verwundert insofern nicht weiter, als die Siedler unter Winthrop ja von Europa nach Amerika ausgewandert waren, um so den gesellschaftlichen Missständen zu entfliehen, die ihnen persönlich keinerlei weitere Entwicklungsmöglichkeiten ließen. In ihrer neuen Heimat hingegen fanden sie ihre Grenzen zunächst lediglich in der sie umgebenden Wildnis, die sich aber zunehmend als nicht nur feindlich erwies. Die Fülle der sie umgebenden Möglichkeiten und deren schrittweise Umsetzung verstärkte zunehmend ihr Selbstbewusstsein. Diese Erfahrung fügt sich erneut nahtlos in die Überzeugung ein, einer von Gott auserwählten Gruppe anzugehören, so dass *Manifest Destiny* und *Self Improvement*, voneinander getrennt durch die *Frontier*, die in ihrer mehrfachen Ausdeutung aber zugleich auch den Brückenschlag herstellt, sich beständig gegenseitig verstärken.

---

[427] Vgl. hierzu auch J. Winthrop, "A Model of Christian Charity", S. 31.

Gerade die Grenzen, mit denen sich die Schriftsteller der *Lost Generation* im Ersten Weltkrieg konfrontiert sahen, erwiesen sich aber als unüberwindbar und riefen den Verlust des bisherigen Wertesystems und der eigenen Identität hervor. Der Anspruch der *Manifest Destiny* auf eine Führungsrolle Amerikas in der Welt schien verloren. Nie zuvor war die Gefahr so groß, dass der *American Dream* zum *American Nightmare* verkommen könnte, in dem jeder für sich allein und ohne Hoffnung auf ein besseres Morgen lebt. Und in jenem Augenblick war das *Self Improvement* so notwendig wie selten zuvor, aus dem heraus die gesellschaftliche Erneuerung stattfinden sollte. Wie die Schriftsteller diese schwierige Aufgabe gelöst haben und welche Anregungen von den italienischen Autoren rezipiert worden sind, wird in den nachfolgenden Ausführungen dargelegt.

4.2. Die *Manifest Destiny*
4.2.1. Die Ursprünge der *Manifest Destiny* und ihre Entwicklung

Die *Manifest Destiny* als zentraler Bestandteil des *American Dream* kann auf eine lange Tradition zurückblicken, die in ihren Anfängen zwar religiös motiviert ist, recht bald aber auch einen politischen Charakter besitzt. Freese definiert die *Manifest Destiny* folgendermaßen:

»The basic constituents of this Dream are [...] the certainty that God has singled out America as his chosen country and has appointed the Americans to convert the rest of the world to true American-style democracy, that is, the belief in Manifest Destiny [...].«[428]

Raeithel fordert darüber hinaus für ein umfassendes Verständnis der *Manifest Destiny* die Berücksichtigung ihres Ursprung in der *translatio studii*.[429] Dieser zufolge wurde nunmehr Amerika jene Rolle der Fortsetzung und Weiterentwicklung der Kultur zugeschrieben, die bis dato Europa zugefallen war.[430] Folgt man der Argumentationskette Raeithels, dann müssen aber auch die untrennbar mit der *translatio studii* verbundenen Begriffe der *translatio imperii* und der *translatio religionis* in die Untersuchung mit einbezogen werden. Erster hat seine prägnanteste Ausprägung im Wesen der amerikanischen Frontier, letzterer in der Dominanz der

---

[428] Vgl. hierzu auch P. Freese, *The American Dream and the American Nightmare*, S. 19.

[429] G. Raeithel, *Geschichte der Nordamerikanischen Kultur*, Bd. 1, S. 5: »Bereits zu Beginn der Kolonialzeit manifestierte sich als wiederkehrendes Thema die translatio studii – die Vorstellung, daß Amerika die Kultur der Menschheit dort fortsetzte, wo Europa Abschied von ihr genommen hatte. Diese Idee fand sich in puritanischen Predigten und Tagebüchern, in virginischen Gedichten des 18. Jahrhunderts, und sie reichte übers nächste Jahrhundert bis in die Gegenwart hinein. Als Korrelat dazu die offenkundige Bestimmung der territorialen und kulturellen Ausdehnung über den Kontinent hinweg, eine Vorstellung, die später als Manifest Destiny zum festen Begriff wurde.« Dieser Anspruch sollte im Verlaufe der weiteren Entwicklung allerdings eine Ausweitung über das amerikanische Territorium hinaus erfahren, wie das Motto des „War to end all wars" verdeutlicht hat, unter dem die U.S.A. sich im Ersten Weltkrieg engagiert haben.

[430] Diese Rollenverteilung war auch für den hier untersuchten Zeitraum keineswegs überwunden. Vgl. hierzu C. Pavese, Brief an Antonio Chiuminatto, 5. April 1930, in: ders., *Lettere 1926-1950*, Bd. I, S. 117: »You've got to predominate in this century all over the civilized world as before did Greece, and Italy and France. I'm sure of it.« Diese Einstellung Paveses relativiert sich im Laufe der Jahre, in denen er den Amerikanern ebenfalls eine zunehmende Dekadenz in ihrer literarischen Produktion bestätigt.

White Anglo Saxon Protestants gefunden. Um das sich in der Überzeugung der *Manifest Destiny* offenbarende amerikanische Selbst- und Sendungsbewusstsein besser erfassen zu können, sollen die drei Aspekte hier kurz skizziert werden.

Die christliche Welt ging den biblischen Prophezeiungen entsprechend von einer Wanderung der Weltreiche aus, die dem Laufe der Sonne entsprach, d.h. ihren Beginn im Osten gefunden hatte und ihren Abschluss im Westen mit der letztlichen Krönung Gottes auf Erden finden sollte.[431] Die Interpretatoren dieser als *translatio imperii* bekannten biblischen Vision vermeinten einzelne Stationen in den Weltreichen vergangener Jahrtausende erkennen zu können. So wurden das Königtum Babylon, das persische, griechische und das römische Weltreich als vereinzelte Stationen einer Gesamtentwicklung gedeutet, an deren Ende die Entdeckung des amerikanischen Kontinents stand.[432] Für das christliche Selbstverständnis wanderten mit der *translatio imperii* aber auch die Religion (*translatio religionis*) und der Primat des Wissens (*translatio studii*) der Sonne folgend immer weiter nach Westen, d.h. als Konsequenz aus den biblischen Prophezeiungen Daniels wurden Wissenschaft und Macht ebenso wie die Religion im Westen angesiedelt. Der Philosoph und Theologe George Berkeley (1685-1753), seines Zeichens Bischof von Cloyne, fasste diese

---

[431] Vgl. hierzu Daniel 2, 37-45, Nebukadnezars Traum von den vier Weltreichen: »Du, König, bist ein König aller Könige, dem der Gott des Himmels Königreich, Macht, Stärke und Ehre gegeben hat [...] Nach dir wird ein anderes Königreich aufkommen, geringer als deines, danach das dritte Königreich, das aus Kupfer ist und über alle Länder herrschen wird. Und das vierte wird hart sein wie Eisen. [...] Aber zur Zeit dieser Könige wird der Gott des Himmels ein Reich aufrichten, das nimmermehr zerstört wird; und sein Reich wird auf kein anderes Volk kommen. Es wird alle diese Königreiche zermalmen und zerstören; aber es selbst wird ewig bleiben.«

[432] Vgl. auch P. Freese (ed.), *The American Dream. Humankind's Second Chance?*, S. 40: »Predictably, the concept of the westward progress of civilization acquired new momentum with the discovery of America, since now European Christians felt increasingly called upon to follow the light of the sun into hitherto unchartered regions, there to missionize the 'heathens' of an expanding world and thus to contribute to the power and glory of their own nation and to expedite not only the westward course of empire (*translatio imperii*), but also of religion (*translatio religionis*) and of learning (*translatio studii*).«

Überzeugung schließlich in Verse,[433] in denen er einerseits den zunehmenden europäischen Verfall beklagte und andererseits die Vision von einem Lande der Verheißung im Westen weiter nährte.

Da der amerikanische Kontinent von allen bekannten Ländern zeitlich zuletzt und zugleich als am westlichsten gelegen entdeckt worden war, lag es nahe, hier die Erfüllung des biblischen Versprechens zu sehen. Von der in einen solchen Blickwinkel implizierten biblischen Mission waren dann auch die amerikanischen Siedler überzeugt, die das Motiv des *translatio imperii* im Laufe der Zeit immer stärker als politischen Auftrag empfanden, wie u.a. auch der folgende Auszug aus einem Brief von Benjamin Franklin belegt, der eine Weiterentwicklung der Berkeleyschen Vision darstellt:

»The eastern nations sink, their glory ends, and empire rises where the sun descends.«[434]

Aber die göttliche Vorhersehung hatte nach vorherrschender Überzeugung den amerikanischen Kontinent nicht nur dazu auserkoren, die biblische Prophezeiung zu erfüllen. Schon John Winthrop, dessen Name untrennbar mit der Vision der *Manifest Destiny* verbunden ist, hatte ganz im Sinne der *translatio religionis* zu seinen Reisegefährten gesprochen, als er diese in seiner Rede *A Model of Christian Charity* dazu aufforderte, die bisherigen Ideale der Christenheit beizubehalten und weiterzuentwik-

---

[433] G. Berkeley, "On the Prospect of Planting Arts and Learning in America", zitiert nach: P. Freese (ed.), *The American Dream. Humankind's Second Chance?*, S. 13: »There shall be sung another golden Age, The rise of Empire and of Arts, The Good and Great inspiring epic Rage, The wisest Heads and Noblest Hearts. / Not such as *Europe* breeds in her decay; Such as she bred when fresh and young, When heavenly Flame did animate her Clay, By future Poets shall be sung. / Westward the Course of Empire takes its Way; The four first Acts already past, A fifth shall close the Drama with the Day; Time's noblest Offspring is the last.«

[434] "Brief von Benjamin Franklin an Charles Wilson Peale, 4. July 1771", zitiert nach: P. Freese (ed.), *The American Dream. Humankind's Second Chance?*, S. 15. Außerdem die "American Reactions to Berkeley's 'Prophecy'", 3. September 1730, zitiert nach: op. cit., S. 14: »The Eastern world enslav'd, its Glory ends; and Empire rises where the Sun descends.« Außerdem: »The eastern nations sink, their glory ends, and empire rises where the sun descends.«

keln.[435] Winthrop bewegte sich mit seiner Rede über das Ideal einer christlichen Gemeinde nicht nur völlig im vorgegebenen religiösen und gesellschaftlichen Rahmen seiner Zeit, sondern er war sich darüber hinaus auch zweier wichtiger Einzelaspekte bewusst: Zum einen wusste er um die Aufmerksamkeit, die den Besiedlungsversuchen der Neuen Welt in der Heimat England geschenkt wurde, zum anderen erkannte er auch den damit einhergehenden Rechtfertigungszwang der Siedler, die er, wie schon ausgeführt, als „a city upon a hill"[436] im Blickfeld der gesamten christlichen Welt sah. Umso größer war der Druck auf die Gemeinschaft der Kolonisten, vorbildhaft zu agieren. Gleichzeitig war es für den Bestand der von Winthrop als Gouverneur angeführten Siedlung existentiell, die soziale Ordnung aufrechtzuerhalten. Ein Ausscheren und Auseinanderdriften der Gemeinschaft hätte in der feindlichen Umwelt unweigerlich den Untergang eines jeden Einzelnen zur Folge gehabt. Um dies zu verhindern, hielt Winthrop im Sinne der sozialen Ordnung auch an der für ihn gottgewollten Teilung der Gesellschaft in Arm und Reich fest, ein Aspekt, der uns im Zuge des *Self Improvement* noch weitergehend interessieren wird.[437]

Bei allen an die Gemeinschaft gestellten Anforderungen blieb jedoch vor allem die Überzeugung, von Gott auserwählt worden zu sein. Das Gefühl der Überlegenheit sollte sich mit der fortschreitenden Erschließung des Kontinents noch verstärken und zur Loslösung vom Mutterland führen, bei der ökonomische Interessen ebenfalls eine erhebliche Rolle spielten.[438] Dieser materielle Aspekt der *Manifest Destiny* findet sich gut 100 Jahre später schon wesentlich ausgeprägter und offener präsentiert bei Benjamin Franklin wieder, der den amerikanischen Kontinent nunmehr vor allem als

---

[435] Vgl. hierzu J. Winthrop, "A Model of Christian Charity", S. 40: »Whatsoever we did or ought to have done when we lived in England, the same must we do, and more also, where we go.«

[436] op. cit., S. 41: »For we must consider that we shall be as a city upon a hill.«

[437] op. cit., S. 31: »God Almighty in His most holy and wise providence, hath so disposed of the condition of mankind, as in all times some must be rich, some poor, some high and eminent in power and dignity; others mean and in subjection.«

[438] Nicht umsonst entbrannte der offene Konflikt zwischen England und den Kolonien, als jene sich weigerten, weiterhin hohe Steuern und Abgaben an das Mutterland abzuführen.

ein nahezu unerschöpfliches Reservoir an Ressourcen betrachtete, welches – war es erst einmal eingehend kultiviert – wiederum eine Vielzahl von Menschen würde ernähren können, die dann wiederum ihrerseits die Kolonialisierung des Kontinents vorantreiben könnten.

Bis zum Ende eines solchen Zirkelschlusses, nämlich der totalen Erschöpfung eben dieser Ressourcen und des damit einhergehenden Verteilungskampfes, der schließlich zur Verschärfung der Klassengegensätze und zu Verarmung und Verelendung weiter Bevölkerungsschichten führen würde, wie sie die Kritiker des *American Dream* zu Beginn des 20. Jahrhundert beklagen sollten, hatte Franklin aus seiner damaligen Perspektive heraus verständlicherweise noch nicht gedacht. Tatsächlich liegt aber in einer solchen Philosophie des Überflusses ein Ansatz zu den späteren Klassenkämpfen.

Der Grundgedanke der *translatio imperii* wurde von den amerikanischen Siedlern aber auch dahingehend interpretiert, dass sie hieraus nicht nur die „Erlaubnis", sondern geradewegs den Auftrag ableiteten, die Kultur der *WASP* über die beiden amerikanischen Kontinente zu verbreiten. Und dieses auch um den Preis einer Auslöschung „minderwertiger" Kulturen, wie sie z.B. die Ausrottung der indianischen Ureinwohner darstellt.[439]

An dieser Stelle soll uns aber zunächst weniger der soziale als vielmehr der geografische Aspekt interessieren. Denn an einen solch missionarischen Drang, die eigene Kultur immer weiter zu tragen und zu verbreiten, schließt sich u.a. nahtlos das Phänomen der *Frontier* an. Wie sehr der Berkeleysche Ansatz im Laufe der Entwicklung auf amerikanische Realitäten umgemünzt wurde, zeigt unter anderem dann auch die Modifikation seiner Vision durch Eugene Lies, die 1849 in *The United States Magazine* und dem *Democratic Review* publiziert worden ist:

---

[439] H. Lamar/L. Thompson (ed.), *The Frontier in History*, New Haven-London, 1981, S. 17: »[...] the European immigrants carried with them ethnocentric attitudes that were deep-seated in Western culture. Ignorant of the needs of local societies, they assumed that they were not depriving the inhabitants of anything if they occupied land that was not already built on, cultivated, or grazed by domestic animals. When they did knowingly deprive local societies of their resources, they assumed that they were justified in doing so on the ground that the native populations had not used them effectively, or that their customs and mores stamped them as savages or barbarians.«

>»Westward, ho! since first the sun
Over young creation shone,
Westward has the light progressed.
Westward arts and creeds have tended,
Never shall their march be ended,
Till they reach the utmost West.«[440]

Lies stellte mit seinem Anspruch auf einen kulturellen und politischen Primat für die Vereinigten Staaten keineswegs einen Einzelfall dar, sondern befand sich vielmehr in direkter Nachfolge seines Arbeitgebers, des Journalisten und Herausgebers des *Democratic Review* John O'Sullivan,[441] welcher im Jahre 1845 die *Manifest Destiny* erstmals mit dem Aspekt einer imperialen Ausdehnung über den gesamten amerikanischen Kontinent hinaus in Verbindung gebracht hatte.[442] Von hier aus war es dann nur ein relativ kleiner Schritt bis zum amerikanischen Eingreifen zu Beginn des 20. Jahrhunderts auf den Schlachtfeldern Europas. Die Katastrophe des Ersten Weltkrieges erschütterte jedoch auch den Glauben der kritischen amerikanischen Schriftsteller, die den mit der *Manifest Destiny* begründeten Anspruch ihres Landes auf kulturelle und politische Hegemonie nicht mehr zu teilen vermochten. Sie richteten ihre Kritik vor allem gegen ein

---

[440] E. Lies, "Westward Ho! ", zitiert nach: A. Boime, *The Magisterial Gaze: Manifest Destiny and American Landscape Painting*, S. 43.

[441] Ein interessantes Detail für die vorliegende Studie stellt die Mitarbeit des von Pavese in dessen Abschlussarbeit an der Turiner Universität behandelten Walt Whitman beim *Democratic Review* dar. Whitman teilte die Überzeugung seines Arbeitgebers, dass die amerikanische Rasse zur Eroberung des gesamten Kontinents vorherbestimmt sei, was sich u.a. auch in seinen *Leaves of Grass* (Pioneers! O Pioneers!) niedergeschlagen hat. Vgl. hierzu auch G. Raeithel, *Geschichte der Nordamerikanischen Kultur*, Bd. 1, S. 311. Außerdem A. Boime, *The Magisterial Gaze: Manifest Destiny and American Landscape Painting*, S. 15: »An active agent of Manifest Destiny, Whitman saw in the Mexican War a golden opportunity "to furnish a cluster of new stars for the spangled banner." His editorial "American Futurity" prophesies that thirty years hence "America will be confessed the first nation on the earth. We of course mean that her power, wealth, and the happiness and virtue of her citizens will then obtain a pitch which other nations cannot favorably compare with. The mind is lost in contemplating such incalculable acres."«

[442] O'Sullivans Auffassung von der Bestimmung des angloamerikanischen Supremats über die übrigen Völkerschaften der beiden amerikanischen Kontinente war allgemein als Ergänzung der 1823 veröffentlichten Monroe-Doktrin verstanden worden, auf die schon mehrfach hingewiesen worden ist. Konkreter Anlass des Artikels von John O'Sullivan war die bevorstehende Eingliederung von Texas, das man Mexiko im Kampf abgetrotzt hatte.

Gesellschaftssystem, das eine eindeutig ökonomische Ausrichtung vorgenommen hatte, welche dem Einzelnen nur dann eine grundsätzliche Sicherheit und gesellschaftliche Akzeptanz darbot, wenn er sich im Rahmen der Konventionen bewegte, ihn gleichzeitig aber immer stärker seiner selbst entfremdete und ihn schließlich sogar seiner Individualität beraubte.

4.2.2. Der erschütterte Glaube: die *Manifest Destiny* in der amerikanischen Literatur

Hier setzt auch Sinclair Lewis an, der zugleich als einer der ersten Kritiker des bedingungslosen amerikanischen Fortschrittsglaubens gilt. In seinem Roman *Babbitt*, der die mit *Main Street* (1920) begonnene Abrechnung mit dem amerikanischen Kleinbürgertum fortsetzt, schildert der Autor das Leben des etablierten und selbstgefälligen Geschäftsmannes und Durchschnittsamerikaners George Babbitt in der imaginären Kleinstadt Zenith. Für Babbitt ist das alte Versprechen des *American Dream* von einer idealen Gesellschaft, in der jeder sich seinen Fähigkeiten entsprechend verwirklichen kann, bar jeglicher moralischer Qualität. Nun ist es allein die Frage nach Erfolg oder Misserfolg, welche die Gemüter der Gemeinschaft bewegt. Begeht jemand ein Unrecht an einem anderen, so beinhaltet diese Tat vielleicht eine moralische Komponente, die aber insofern an Relevanz verliert, als die Bewertung der Tat auf die Frage nach Gelingen oder Misslingen fokussiert bleibt. Dies ist das neue Amerika, in dem jeder Erfolg haben kann, wenn er nur handelt, anstatt zu fragen. Damit ist aber auch der Anspruch der *Manifest Destiny* „to convert the rest of the world to true American-style democracy"[443] ad absurdum geführt. Der Geschäftsmann und Durchschnittsamerikaner George Babbitt, der sich dieses Widerspruchs gar nicht bewusst ist, glaubt jedoch fest an den Anspruch der *Manifest Destiny*, den er anlässlich einer von ihm vor Mitgliedern der Zenither Geschäftswelt gehaltenen Festrede folgendermaßen artikuliert:

---

[443] Vgl. erneut P. Freese, *The American Dream and the American Nightmare*, S. 19.

»Not till that is done will our sons and daughters see that the ideal of American manhood and culture isn't a lot of cranks sitting around chewing the rag about their Rights and their Wrongs, but a God-fearing, hustling, successful, two-fisted Regular Guy, who belongs to some church with pep and piety to it, who belongs to the Boosters or the Rotarians or the Kiwanis, to the Elks or Moose or Redmen or Knights or Columbus or any one of a score of organizations of good, jolly, kidding, laughing, sweating, upstanding, lend-a-handing Royal Good Fellows, who plays hard and works hard, and whose answer to his critics is a square-toed boot that'll teach the grouches and smart alecks to respect the He-man and get out and root for Uncle Samuel, U.S.A.!«[444]

Diese einseitige und unreflektierte Sichtweise Babbitts nimmt die Beugung des Rechts und das Böse gleichermaßen in Kauf, wenn es nur dem Wohle Amerikas und jener Amerikaner dient, die ihr Leben in den Dienst des Fortschritts gestellt haben. Die Schwachen und Zauderer, die sich noch die Zeit dazu nehmen, um nach Recht und Unrecht zu fragen, werden auf diese Art und Weise immer stärker an den Rand gedrückt.

Klarer als in einer solch satirischen Darstellung kann Lewis seine Kritik an der Heuchelei einer Gesellschaft, die den Anspruch auf Hegemonie in der Welt erhebt, kaum zum Ausdruck bringen. Und letztlich zeigt auch das Beispiel George Babbitts, dass selbst die subjektive Sicherheit die kritische Auseinandersetzung mit der eigenen Existenz nicht dauerhaft zum Verstummen bringen kann. So wird Babbitt, der bislang seinen ganzen Lebensinhalt in der Abwicklung von Geschäften gefunden hat, durch die Verhaftung seines Jugendfreundes und Intimus Paul in eine persönliche Krise gestürzt. Jener hat aus Verzweiflung versucht, seine Frau zu erschießen, um sich so aus einer jahrelang unglücklichen Ehe zu befreien. Ein Vorfall, der Babbitt umso stärker ins Grübeln stürzt, als er zwischen dem Leben seines Freundes und dem eigenen durchaus Parallelen zu erkennen vermag. Zwar ist er ein Anhänger des von *Business* und *Success* bestimmten *American Way of Life*, dies allerdings weniger aus echter Überzeugung, als vielmehr aus Unüberlegtheit und ohne sich bisher jemals ernsthaft Gedanken über eine mögliche Alternative gemacht zu haben.

---

[444] S. Lewis, *Babbitt*, New York, 1922, S. 188.

»He was thinking. It was coming to him that perhaps all life as he knew it and vigorously practised it was futile; that heaven as portrayed by the Reverend Dr. John Jennison Drew was neither probable nor very interesting; that he hadn't much pleasure out of making money; that it was of doubtful worth to rear children merely that they might rear children who would rear children. What was it all about? What did he want?«[445]

Die Erschütterung seiner Weltsicht durch die seinem Freunde Paul – und damit ein Stück weit ihm selber – zugestoßene Tragödie führt ihn dazu, seine eigenen Wertvorstellungen zu hinterfragen und sich auf die Suche nach einem neuen Sinn zu begeben. An dieser Stelle drängt sich die Assoziation der *Frontier* geradezu auf, denn in jenem Augenblick, in dem Babbitt das Altbekannte verlässt, um das Neue entdecken zu können, überschreitet er natürlich auch eine Grenze, die ihn im weiteren Verlaufe des Romans von seinen bisherigen Lebens- und Weggefährten trennen und ihn zum Außenseiter machen wird.

Die Ergebnisse dieses Denkprozesses sind eine Abwendung von der eigenen Familie, die Affäre mit einer anderen Frau und Alkoholexzesse. Eine Besonderheit dieser Suche nach einem neuen Sinn ist es, dass für Babbitt keinerlei Referenzgröße existiert, die ihm als Orientierungshilfe dienen könnte. Stattdessen scheint er dem Leser einerseits als Suchender und zur gleichen Zeit als Berater für seine Familie und seinen Intimus Paul. Als Konsequenz hieraus gerät Babbitt immer stärker unter den Druck eben jener gesellschaftlichen Werte, die er ja als falsch erahnt hat und gegen die er sich auflehnt. Es ist für den Leser letztlich nicht überraschend, dass Babbitt in seinem persönlichen Kampf unterliegt. Genauso wie es ein Schicksalsschlag war, der ihn vom „rechten Wege" abgebracht hat, so kehrt er durch den Blinddarmdurchbruch seiner Frau und die erfolgreich verlaufende Notoperation über seinen Platz am Krankenbett wieder in den Schoß der Zenither Gesellschaft zurück. Erst nachdem Babbitt sich an seinen alten Platz im amerikanischen Wertesystem zurückbegeben hat, wird ihm auch wieder die Aufmerksamkeit und der Respekt seiner Familie und der Zenither Geschäftswelt zuteil.

---

[445] op. cit., S. 273.

Einen ganz ähnlichen Ansatz finden wir auch bei Sherwood Anderson. Der Protagonist John Stockton aus *Dark Laughter* fühlt sich, ebenso wie George Babbitt, zunehmend seiner selbst entfremdet. Als Konsequenz aus diesem Empfinden macht er sich auf die Suche, wenngleich ihm selber zunächst nicht klar zu sein scheint, wonach er eigentlich sucht. Ebenso wie später in den Werken von Pavese und Vittorini kehrt auch der Protagonist Andersons heim an den Ort, wo er seine Kindheit verlebt hat, nach Old Harbor.[446] Hier wird der Protagonist, der inzwischen den Namen Bruce Dudley angenommen hat, um so seine Herkunft und seinen Verbleib zu verschleiern, mit den eigenen Ursprüngen konfrontiert, die ihn dazu zwingen, die Leere seiner bisherigen Existenz zu reflektieren. Auf diesem Wege reift in John Stockton langsam das Bewusstsein, wie vergänglich materielle Werte sind. Sein bisheriges Leben in Chicago, die Ehe mit Bernice, die materiellen und intellektuellen Erfolge, die er errungen hat, all das kann ihn auf Dauer nicht zufrieden stellen. Stockton spürt – ohne dies zunächst artikulieren zu können – dass ihm der Kontakt zu einer wichtigen Seite seiner Existenz verloren gegangen ist:

>»He had a vague notion that he, in common with almost all American men, had got out of touch with things – stones lying in fields, the fields themselves, houses, trees, rivers, factory walls, tools, women's bodies, sidewalks, people on sidewalks, men in overalls, men and women in automobiles.«[447]

Eine wesentliche Ursache für diesen Verlust besteht nach Auffassung des Erzählers in der nur mangelhaften gesellschaftlichen Aufarbeitung der erlittenen Kriegstraumata. Der Erste Weltkrieg wurde nicht nur als ein Verbrechen am einzelnen Menschen, sondern als ein Verbrechen an der gesamten Welt begriffen, das die Ordnung der Dinge durcheinander gebracht hatte.

---

[446] Vgl. hierzu auch S. Anderson, *Dark Laughter*, S. 123f: »Had Bruce fled from his own city, Chicago, hoping to find, in the soft nights of a river town, something to cure him? What was he up to? [...] It was the sort of thing it made a man seem silly to himself to think about definitely but it was quite sure there was something that people like himself, his mother before him, that young man on the river packet, people scattered about, here and there, that they were after. [...] Was that what he, Bruce, had been up to when he lit out from Bernice and when he came back to Old Harbor? Was there something in the town he had missed as a boy there – he wanted to find – some string he wanted to pick up?«

[447] op. cit., S. 62f.

Das größte Problem angesichts des erlebten Desasters war die Frage nach einer weiter führenden Gerechtigkeit. Es schien undenkbar, dass all die Gräueltaten, all das Unrecht, das im Namen hoher Ideale wie Ehre und Vaterland begangen worden war, ungestraft bleiben sollte und dennoch entsprach genau dies der alltäglichen und erlebten Wirklichkeit.

> »Well, everything has gone to pot, the fields destroyed, the fruit-trees cut, the vines torn out of the ground, old Mother Earth herself given the riz-raz. Is this damn cheap civilization of ours to go blandly on, never getting a slap in the face? What t'ell!? Dada, eh? The innocents! Babes! Sweet womanhood! Purity! The hearth and home! Choke the babe in the crib! Bah, that isn't the way! Let's show 'em! [...] Roll 'em in the stench of it! Life! Western civilization! Stench of the trenches – in the fingers, the clothes, the hair – staying there – getting into the blood – trench thoughts, trench feelings – trench love, eh?.«[448]

Mit dieser bitteren Erkenntnis war auch der Glaube an eine göttliche Ordnung verloren gegangen, die korrigierend in einen solchen Prozess hätte eingreifen können. Gab es aber keine göttliche Ordnung, dann stand der Mensch erneut allein in einer feindlichen Umwelt, die er sich durch sein Fehlverhalten dieses Mal allerdings selber geschaffen hatte. Denn anstatt sich mit den Erlebnissen und Erfahrungen des Weltkrieges auseinander zu setzen, hatte man sich der trügerischen Illusion hingegeben, man könne ungestraft zur Tagesordnung zurückkehren und weiter dem ungebremsten Fortschrittsglauben frönen. Aber der erlittene Schock, der Verlust menschlicher Grundwerte, all das lässt sich nicht ignorieren, sondern fordert seinen Tribut.[449]

Als Konsequenz aus diesem Gefühl des Verlustes hat Stockton schließlich seine Frau Bernice verlassen und ist mit einem Minimum an Geld in den Westen gereist, ohne sich von irgend jemandem zu verabschieden. Stockton reist den Ohio runter, folgt den Spuren Mark Twains auf dem Mississippi und kommt schließlich in seine Heimatstadt Old Har-

---

[448] op. cit., S. 179f.

[449] Auch B. Weber, *Sherwood Anderson*, Minneapolis, 1964, S. 6, erkennt in Andersons Kampf gegen die Konventionen seiner Zeit das Hauptanliegen des Autors: »The major theme of Anderson's writing is the tragedy of death in life: modern man, lacking personal identity and with his senses anesthetized, has become a spiritless husk unfitted for love of man and community.«

bor, die er mit seinen Eltern als kleiner Junge verlassen hat. Hier heuert er unter dem falschen Namen Bruce Dudley in der Wagenradfabrik Grey an und schließt Freundschaft mit dem alten Lackierer Sponge Martin, den er insgeheim bewundert und der für ihn zunehmend die Rolle eines Mentors einnimmt.

Im Verlaufe seines weiteren Aufenthaltes trifft Stockton schließlich auf Aline, die Frau des Fabrikbesitzers Grey, die ihren Mann kurz nach dem Ersten Weltkrieg in Paris[450] in einer Künstlerkolonie kennen gelernt und ohne besonderen Anlass geheiratet hat. Ebenso wie Stockton ist auch sie, geleitet von einem Gefühl der inneren Entfremdung, auf der Suche nach einer Erfüllung, die sie nicht in Worte zu kleiden vermag. Beide leben in einer vagen Unzufriedenheit, die sie nicht artikulieren können: John auf der Suche nach seinen Ursprüngen jenseits aller Intellektualität und materiellen Sicherheiten,[451] Aline auf der Flucht vor einem beklemmenden Alltag, den sie zunehmend als Gefängnis empfindet.

Anderson bietet dem Leser für das von ihm aufgebaute Spannungsverhältnis allerdings keine befriedigende Lösung an. Zwar endet der Roman mit dem gemeinsamen Fortgang von John/Bruce und Aline in eine freie Zukunft, die sie jenseits der gesellschaftlichen Konventionen selber neu gestalten können, aber der Autor lässt die Frage unbeantwortet, warum die

---

[450] Ausgerechnet Paris wird als Hauptstadt der oben angeklagten westlichen Zivilisation benannt. Vgl. hierzu S. Anderson, *Dark Laughter*, S. 180: »Roll'em in the stench of it! Life! Western civilization! [...] Is not this dear Paris, the capital of our Western civilization?«

[451] Anderson arbeitet an dieser Stelle erneut mit dem Kontrast zwischen Wildnis und Zivilisation, hier Handwerk und Intellektualität, eine Gleichung, die in ihrer Einfachheit letztlich nicht zu überzeugen vermag. Beispielhaft ist im Roman die Bewunderung Johns/Bruces für die Ruhe des Lackierers Sponge Martin oder aber das handwerkliche Geschick, mit dem ein auf dem Markt beobachteter Metzger sein Handwerk erledigt, denn beide symbolisieren für John/Bruce eben jenen Einklang zwischen Körper und Geist, den er nicht besitzt, aber sehnlichst zu erreichen wünscht. Vgl. hierzu op. cit., S. 24f: »One day he had gone with Bernice to a meat market – they were getting chops for dinner and he had noted the way an old fat meat-cutter in the place handled his tools. The sight had fascinated him and as he had stood in the place beside his wife, waiting her turn to be served, she began talking to him and he did not hear. What he was thinking about was the old meat-cutter, the deft quick hands of the old meat-cutter. They represented something to him. What was it? The man's hands had handled a quarter of beef with a sure quiet touch that represented to Bruce perhaps a way in which he would like to handle words.«

beiden Protagonisten dieses Mal Erfolg haben sollten, wenn sie doch in der Vergangenheit gescheitert sind.[452]

Der Zorn und die Hoffnungslosigkeit aus Andersons Roman finden ihre Fortsetzung bei Ernest Hemingway, der nicht umsonst zur zentralen Figur der *Lost Generation* geworden war. Er hatte in seinem Roman *The Sun also Rises* das Lebensgefühl seiner ganzen Generation in Worte gefasst, die sich als deplatziert empfand in einer Welt, mit der sie nichts mehr gemein zu haben glaubte, der sie aber auch nicht entfliehen konnte.[453] In seinem drei Jahre später veröffentlichten Roman *A Farewell to Arms* ließ der Autor den mit autobiografischen Zügen ausgestatteten Ich-Erzähler Frederick Henry exemplarisch das Entsetzen und die Verwirrung schildern, die ihn angesichts der abgerissenen Gliedmaßen und zerfetzten Körper von Menschen ergriffen hatte, die ihr Leben auf dem „Schlachtfeld der Ehre" für Ideale geopfert hatten, an deren Namen sich nun niemand mehr zu erinnern schien:

> »I did not say anything. I was always embarrassed by the words sacred, glorious, and sacrifice and the expression in vain. We had heard them, sometimes standing in the rain almost out of earshot, so that only the shouted words came through, and had read them, on proclamations that were slapped up by billposters over other proclamations, now for a long time, and I had seen nothing sacred, and the things that were glorious had no glory and the

---

[452] Vgl. hierzu auch R. Burbank, *Sherwood Anderson*, New York, 1964, S. 115: »Once more, Anderson's solution to the problems of the individual in relation to society and to himself is oversimplified. We are left to wonder where Bruce and Aline go from Mudcat Landing and what they do in the face of the same problems that existed before they fell in love.«

[453] Vgl. hierzu auch das Gespräch zwischen Robert Cohn und Jakes Barnes in E. Hemingway, *The Sun also Rises* (1926), abgedr. in: ders., *Three Novels of Ernest Hemingway: The Sun also Rises. A Farewell to Arms. The Old Man and the Sea*, New York, 1962, S. 11, in welchem der eine seinem Dasein entkommen möchte und der andere auf die Unmöglichkeit eines solchen Vorhabens hinweist: »"Listen, Jake," he leaned forward on the bar. "Don't you ever get the feeling that all your life is going by and you're not taking advantage of it? Do you realize you've lived nearly half the time you have to live already?" "Yes, every once in a while." "Do you know that in about thirty-five years more we'll be dead?" "What the hell, Robert," I said. " What the hell." "I'm serious." "It's one thing I don't worry about," I said. "You ought to." "I've had plenty to worry about one time or other. I'm through worrying." "Well, I want to go to South America." "Listen, Robert, going to another country doesn't make any difference. I've tried all that. You can't get away from yourself by moving from one place to another. There's nothing to that."«

sacrifices were like the stockyards at Chicago if nothing was done with the meat except to bury it. There were many words that you could not stand to hear [...].«[454]

Die Orientierungslosigkeit war umso vollkommener, als Hemingway und seine Kameraden sich weitgehend freiwillig in diesen Krieg begeben hatten, um die Werte westlicher Kultur zu verteidigen. Die Legitimation hierzu hatten sie aus dem Anspruch der *Manifest Destiny* hergeleitet. Für sie persönlich war ebenso wie für den Protagonisten Frederick Henry der Krieg allerdings zunächst ein Abenteuer, etwas, das man erlebte, von dem man zu Hause erzählen konnte, das aber mit ihnen selber gar nichts zu tun hatte:

»Well, I knew I would not be killed. Not in this war. It did not have anything to do with me. It seemed no more dangerous to me myself than war in the movies. I wished to God it was over though.«[455]

Umso traumatischer sollten sich dann die Erfahrung von der eigenen Verwundbarkeit und die Erkenntnis erweisen, dass niemand in einem solchen Krieg verschont bleiben konnte, dass es sich um ein kollektives Schicksal handelte,[456] dem niemand entrinnen konnte. Die Soldaten hatten auf den Schlachtfeldern Europas ihre Unschuld und ihren Glauben verloren: Denn wie konnte ein Gott, der ihnen den Auftrag zum Kampf für die gerechte Sache erteilt hatte, solche Blutopfer und Metzeleien im Namen der Menschlichkeit erdulden. Die Diskrepanz zwischen einem solchen Anspruch und der tagtäglich verübten Barbarei auf den Schlachtfeldern im Namen der Ehre ist auch das Gesprächsthema zwischen Frederick Henry und dem der Division zugeteilten Priester:

---

[454] E. Hemingway, *A Farewell to Arms* (1929), abgedr. in: ders., *Three Novels of Ernest Hemingway: The Sun also Rises. A Farewell to Arms. The Old Man and the Sea,* S. 184f.

[455] op. cit., S. 37.

[456] Eben diese Erfahrungswelt sollte sich knapp zwanzig Jahre später, dann allerdings noch um die Erfahrungen der Zwischenkriegszeit bereichert, auf amerikanischer und europäischer Seite gleichermaßen wiederholen. Vgl. hierzu C. Pavese, Eintragung vom 09.09.1939, *Il mestiere di vivere,* S. 157: »La guerra imbarbarisce perché, per combatterla, occorre indurirsi verso ogni rimpianto e attaccamento a valori delicati, occorre *vivere come se questi valori non esistessero*; e, una volta finita, si è persa ogni elasticità di tornare a questi valori.«

»"It has been a terrible summer," said the priest. [...] "Many people have realized the war this summer." [...] "What will happen?" "They will stop fighting." "Who?" "Both sides." "I hope so," I said. "You don't believe it?" "I don't believe both sides will stop fighting at once." [...] "No one ever stopped when they were winning." "You discourage me." "I can only say what I think." "Then you think it will go on and on? Nothing will ever happen?" "I don't know. I only think the Austrians will not stop when they have won a victory. It is in defeat that we become Christian." "The Austrians are Christians – except for the Bosnians." "I don't mean technically Christian. I mean like Our Lord."«[457]

Henry hat aus dem täglichen Schlachtengetümmel die persönliche Erkenntnis gewonnen, dass nur eine Position der Stärke im menschlichen Miteinander den Gegner zum Einlenken und zur Versöhnung bewegen kann.[458] Wer sich nicht zur Wehr setzt, der muss also im Daseinskampf unterliegen. Der einzige Ausweg aus dieser Situation scheint ein Rückzug ins Private. Aber auch hier führen wohlwollendes Entgegenkommen und Liebe keineswegs zu einem besseren Dasein, vermögen das durch den Krieg hervorgerufene Vakuum der Gefühle nicht zu füllen, die Hoffnungslosigkeit nicht zu vertreiben.[459]

So scheitern auch Frederick Henry und Catherine Barkley in mit ihrem Versuch, sich von den Gespenstern des Krieges und der Vergangenheit zu befreien und eine neue gemeinsame Zukunft aufzubauen. Es scheint dem Leser retrospektiv wie eine Vorwegnahme des Endes, wenn Catherines Kollegin Fergy den beiden zu Beginn des Romans prophezeit:

»"Will you come to our wedding, Fergy?" I said to her once. "You'll never get married." "We will." "No you won't." "Why not?" "You'll fight before you'll marry." "We never fight." "You've time yet." "We don't fight." "You'll die then. Fight or die. That's what people do. They don't marry."«[460]

---

[457] E. Hemingway, *A Farewell to Arms*, S. 177f.

[458] Dieses Element verbindet ihn mit dem Steinbeck von *The Grapes of Wrath*. Vgl. hierzu W. M. Frohock, *The Novel of Violence in America*, 2. Aufl., Dallas, 1971, S. 139: »But it has become increasingly apparent since the end of the war that love is decidedly not enough.«

[459] Vgl. hierzu auch M. Henningsen, "Das amerikanische Selbstverständnis und die Erfahrung des Großen Kriegs", S. 375: »Hemingway ließ seinen ansonsten privaten Helden über die Gründe dieser Privatheit nachdenken und damit im Jahre 1929 für eine Generation aussprechen, was viele bereits während des Krieges gedacht, aber nur gelegentlich ausgesprochen hatten.«

[460] E. Hemingway, *A Farewell to Arms*, S. 108.

Und tatsächlich stirbt Catherine zusammen mit dem gemeinsamen Kind im Wochenbett, worauf Frederick am Leben verzweifelt und sich in eben jene Isolation zurückzieht, aus der er sich durch die Liebesbeziehung mit Catherine gerade so mühsam befreit zu haben glaubte. Frederick Henry ist also nicht in der Lage, den Verwirrungen des Krieges und dem Zynismus zu entkommen, die ihn gleichsam als Grenze von seinen Mitmenschen trennen, sondern er muss in der Einsamkeit verharren, die ihn zugleich so unangreifbar macht. Der Mensch kann seinem Schicksal nicht entkommen, egal wie sehr er sich auch bemüht, so scheint die Botschaft an dieser Stelle zu lauten.

Dies bedeutet aber zumindest für Hemingway nicht, dass es keine Hoffnung auf Veränderung geben könnte, sondern es bedeutet zunächst lediglich, dass die Funktion des Protagonisten in seinem Schicksalsrahmen als beendet zu betrachten ist. Denn obwohl die Protagonisten an der Situation, in der sie sich befinden, scheitern, bleiben Hemingways Helden in ihrer moralischen Integrität unbesiegt.[461] Beispiele wie jenes des aufgrund einer Kriegsverletzung impotenten Jake Barnes aus *The Sun also Rises*, der trotz seiner eigenen Seelenqual allen anderen mit Rat und Tat zur Seite steht, des Francis Macomber aus *The Short Happy Life of Francis Macomber* (1936), der von seiner Frau just in jenem Moment erschossen wird, in dem er bereit ist, sich von ihr zu lösen, oder des Robert aus *For Whom the Bell Tolls*, der den Rückzug seiner Kameraden gegen die heranziehenden Falangisten deckt, obwohl er sicher ist, bei diesem Unterfangen selber zu sterben, belegen dies hinreichend.

---

[461] Dieses gilt selbst für Frederick Henry: Auch wenn er am Ende den Eindruck völliger Resignation und Hoffnungslosigkeit vermittelt, so darf man doch nicht außer Acht lassen, dass er mit eben dieser Haltung vom Autor auch in die Handlung eingeführt worden ist. Dazwischen liegt dann die Liebesbeziehung mit Catherine Barkley, die Flucht in die Schweiz und der Verlust der Geliebten. Es ist nicht einsichtig, warum eine solche Beziehung wie jene zu Catherine sich nicht eines Tages wiederholen sollte, denn der entscheidende Punkt liegt in der persönlichen Handlungsfähigkeit des Protagonisten. Vgl. hierzu auch W. M. Frohock, *The Novel of Violence in America*, S. 32: »A Hemingway character can take matters into his own hands, when he has seen violence and suffering enough, and make a private peace – there is always a Catherine Barkley and a retreat in Switzerland. He has at least retained the power to act.«

Die Helden Hemingways gewinnen zwar nicht ihre Auseinandersetzung mit dem Schicksal, aber sie beugen sich ihm auch nicht, sondern halten an ihren Überzeugungen fest, was den augenscheinlich pessimistischen Grundton seines Werkes etwas zu relativieren vermag. Die Ausführungen haben verdeutlicht, dass in den Romanen Hemingways keineswegs das Sendungsbewusstsein der *Manifest Destiny* oder gar der Glaube an den *American Dream* verlorengegangen ist. Stattdessen haben seine Romanfiguren nach der desillusionierenden kollektiven Erfahrung nunmehr auf individueller Ebene ein neues Wertesystem als vollkommenes Substitut geschaffen, das dem alten deshalb aber qualitativ keineswegs unterlegen ist.[462]

In ihrem Opfermut und Verzicht auf persönliche Vorteile und Sicherheiten erreichen die Helden Hemingways eine höhere Bewusstseinsstufe,[463] die – *pars pro toto* – in letzter Konsequenz auch zu einer besseren Gesellschaft führen könnte. Letztlich gelten für den Autor dieselben Worte, die er schon Frederick Henry in den Mund gelegt hat:

> »"It is never hopeless. But sometimes I cannot hope. I try always to hope but sometimes I cannot."«[464]

Ebenso pessimistisch wie Hemingway setzt auch John Dos Passos vor dem Hintergrund seiner autobiografischen Erfahrungen mit seiner Kritik an. Entsprechend der fiktiv-dokumentarischen Struktur seines Œuvres wartet der Autor mit einer Vielzahl von Skizzen zu Persönlichkeiten seiner Zeit auf, verzichtet allerdings im Gegensatz zu seinem Kollegen darauf, über den reinen Dokumentationsstatus hinauszugehen oder gar Lösungsansätze zu präsentieren.

---

[462] Vgl. hierzu auch P. Civello, *American Literary Naturalism and its Twentieth-century Ttransformations* (1994), Athens/Georgia, 1998, S. 73: »The Hemingway hero must therefore create his own values that he derives from experience. [...] Moreover, the Hemingway hero must create himself in the broadest sense, must give existence meaning through the courage, grace, and dignity of his actions.«

[463] Vgl. hierzu auch den alten Fischer Santiago aus E: Hemingway, *The Old Man and the Sea* (1952), London, 1955, S. 103, der eindeutig eine Weiterentwicklung des von Frederick Henry in *A Farewell to Arms* verkörperten Charakters darstellt: »'But man is not made for defeat,' he said. 'A man can be destroyed but not defeated.'«

[464] E. Hemingway, *A Farewell to Arms*, S. 71.

Eingebettet in *Camera Eye*-Abschnitte, Erzählkommentare und Zeitungsausschnitte, entfaltet der Autor vor dem Leser einen Erfahrungshorizont, der vor allem durch die skrupellose Beugung amerikanischer Ideale zugunsten Einzelner desillusioniert, welche die Gemeinschaft zum Zwecke des eigenen Profits manipulieren. Beispielhaft hierfür steht die Schilderung von Woodrow Wilsons überwältigendem Wahlerfolg zum Gouverneur, dem es gelingt, seine Zuhörerschaft allein durch die beschwörende Verbindung der Vision vom „Gelobten Land" mit dem Amerika seiner Tage zu begeistern, ohne dabei auch nur eine einzige konkrete Aussage zu treffen. Offensichtlich treten in Wilsons Rede also genau jene Sehnsüchte zu Tage, die eine größtmögliche Identifikationsplattform für alle Zuhörer bieten und die sich auch in Truslow Adams' Definition vom *American Dream* widerspiegeln.

>»When Mr. Wilson addressed the Trenton convention that nominated him for governor he confessed his belief in the common man, (the smalltown bosses and the wardheelers looked at each other and scratched their heads); he went on, his voice growing firmer: *that is the man by whose judgment I for one wish to be guided, so that as the tasks multiply, and as the days come when all will feel confusion and dismay, we may lift up our eyes to the hills out of these dark valleys where the crags of special privilege overshadow and darken our path, to where sun gleams through the great passage in the broken cliffs, the sun of God, the sun meant to regenerate men, the sun meant to liberate them from their passion and despair and lift us to those uplands which are the promised land of every man who desires liberty and achievement.*«[465]

Ein weiteres eindrückliches Beispiel stellt die von Dos Passos verarbeitete Biografie von John Pierpont Morgan dar, der ein in der Welt für seine Zeit einmaliges Finanzimperium begründet hatte. Der wirtschaftliche und politische Einfluss des Hauses Morgan war zweifellos immens und – mag es nun zu Recht oder zu Unrecht sein – Dos Passos sah hier die treibende Kraft, die Wilson zum Kriegseintritt bewogen hatte, um die ökonomischen Interessen Amerikas zu schützen. Implizit setzte er damit auch voraus, dass der Bankier Morgan die notwendigen Opfer für ein solches Vorgehen als zweckmäßig mit einkalkuliert hatte, um seine persönlichen

---

[465] J. Dos Passos, *1919* (1930), abgedr. in: ders., *U.S.A.*, New York, 1938, S. 243f.

Ziele durchsetzen zu können. Ungeachtet dessen war Morgan aber – und hier offenbart sich erneut die Zweischneidigkeit des *American Dream* als Grundlage für einen gelebten Sozialdarwinismus – ein gläubiger Christ, der seinen Kindern als Erbe den Auftrag zur Aufrechterhaltung und Verteidigung christlicher Werte hinterließ, sie also aufforderte, dem Auftrag der *Manifest Destiny* gerecht zu werden.

> »*I commit my soul into the hands of my savior,* wrote John Pierpont Morgan in his will, *in full confidence that having redeemed it and washed it in His most precious blood, He will present it faultless before my heavenly father, and I intreat my children to maintain and defend at all hazard and at any cost of personal sacrifice the blessed doctrine of complete atonement for in through the blood of Jesus Christ once offered through that alone* [...]; the interwoven cables of the Morgan Stillman Baker combination held credit up like a suspension bridge, thirteen percent of banking resources of the word.«[466]

Das wahrhaft Erschreckende für den Autor ist allerdings, dass alle Menschen in denselben Teufelskreis von Geld, Macht und Abenteuer gezogen werden, aus dem sich niemand mehr befreien kann. Geradezu exemplarisch ist unter diesem Gesichtspunkt der Lebensweg der fiktiven Figur Richard „Dick" Ellsworth Savage. Dick gilt als begabter und intelligenter Schüler, in den große Hoffnungen gesetzt werden. Ursprünglich „Pazifist" wird er sich später freiwillig zum Sanitätsdienst nach Europa melden, allerdings nicht, ohne vorher von seinem Sonntagsschullehrer Dr. Atwood darüber belehrt zu werden, „that he must work very hard because God expected from each of us according to our abilities."[467] Dr. Atwoods Aufforderung, „[that] he must avoid temptations and always serve God with a clean body and a clean mind",[468] führt Dick schließlich über den Umweg eines Verhältnisses mit der verheirateten Mrs. Thurlow nach Europa, wo er eine Amerikanerin schwängert, welche er trotz aller dabei empfundenen Gewissensbisse schließlich unter fadenscheinigen Vorwänden verlässt, da

---

[466] op. cit., S. 335f.

[467] op. cit., S. 78. Neben der Situierung in den christlichen Kontext der Sonntagsschule stellt eine solche Äußerung auch inhaltlich einen direkten und erkennbaren Rückbezug auf John Winthrop und sein "A Model of Christian Charity" dar.

[468] ibd.

er sich nicht binden möchte, um seine berufliche Karriere in einer Werbeagentur nicht zu gefährden.

Die Reihe von Beispielen für eine solche Bigotterie, die in der *Manifest Destiny* lediglich die Rechtfertigung für die persönliche Vorteilnahme, nicht aber die soziale Verantwortung erkennt, ließe sich anhand der Trilogie beinahe endlos fortsetzen, welche sich die durch einen überzogenen, eindeutig überbewerteten Materialismus hervorgerufene Vereinsamung des Menschen zum zentralen Thema gemacht hat.

Auch das Leben von Eveline Hutchins zeichnet sich durch die Sinnlosigkeit ihres Daseins aus. Nach diversen Verhältnissen, denen sie auf der einen Seite keinerlei große Bedeutung zumisst, die auf der anderen Seite aber Ausdruck ihrer Suche nach Geborgenheit und Ruhe sind, findet Eveline sich in ihrem spartanisch eingerichteten Pariser Hotelzimmer wieder, wo sie sich das erste Mal die Leere in ihrem Leben eingesteht:

> »Eveline looked at herself in the mirror before she started dressing. She had shadows under her eyes and faint beginnings of crowsfeet. Chillier than the damp Paris room came the thought of growing old. It was so horribly actual that she suddenly burst into tears. An old hag's tearsmeared face looked at her bitterly out of the mirror. She pressed the palms of her hands hard over her eyes. "Oh, I lead such a silly life," she whispered aloud.«[469]

Anstatt sich aber nun eines Besseren zu besinnen und ihrem Leben eine neue Richtung zu geben, stürzt sie, die gerade einer Affäre mit dem Geliebten ihrer Freundin entronnen ist, sich in das nächste Abenteuer, indem sie Paul Johnson heiratet, den sie nach ihrer gemeinsamen Rückkehr in die Staaten wiederum mit anderen Männern betrügen wird.

Hier zeigt sich auch die vermeintliche Schwäche in den Figuren von Dos Passos, die vom Autor allerdings durchaus gewollt ist, der seinen Charakteren keine ernsthafte Entwicklung zugesteht. All seine Romanfiguren scheinen beständig auf der Suche zu sein, lenken sich ab mit Politik, Alkohol, Drogen und Sex, fast so, als wollten sie dem Erwachsenwerden entfliehen: Und das, obwohl – oder vielleicht gerade weil sie aus ihrer kindlichen Naivität und Begeisterung die Welt der Erwachsenen in Form des

---

[469] op. cit., S. 323.

Krieges mit all seinen Schrecken erlebt haben. So erscheinen Richard „Dick" Savage und Eveline am Ende der Trilogie zwar etwas verbitterter als zu Beginn derselben, versuchen aber nicht wirklich, ihr Leben grundlegend zu verändern. Ein Ende setzt hier nur der – meist gewaltsame – Tod, wie wir ihn z.B. im Falle der von Dick geschwängerten Ann Elisabeth erleben, die mit einem Flugzeug abstürzt, oder etwa bei dem Seemann Joe Williams, der am Tage des Waffenstillstands in einer Hafenkneipe bei einer Prügelei ums Leben kommt.

Dieselbe soziale Färbung der Kritik wie im Falle von Dos Passos findet der Leser im frühen Steinbeck, der allerdings mit seinen Romanen ein breiteres, nicht ganz so einseitiges Spektrum abdeckt. Ebenso wie schon zuvor Hemingway setzt nämlich auch er in seinem Roman *Tortilla Flat* mit seiner Gesellschaftskritik zunächst bei Gott an, den er in erster Linie für das doppelzüngige Verhalten der Menschen verantwortlich macht. Denn, so stellt der besitzlose Taugenichts Pilon sachlich fest: Auch Gott interessiert sich mehr für das „Was" als für das „Wie". Ist dem aber wirklich so, dann können auch die gesellschaftlichen Zustände nicht weiter verwundern, in denen die Starken die Schwachen verschlingen und die Reichen die Armen unterdrücken.

> »Pablo, with a cat-like stroke, killed a fly that landed on his knee. "Ruiz was always a liar," he said. "That soul will need plenty of masses. But do you think a mass has virtue when the money for that mass comes out of men's pockets while they sleep in wine at Cornelia's house?" "A mass is a mass," said Pilon. "Where you get two-bits is of no interest to the man who sells you a glass of wine. And where a mass comes from is of no interest to God. He just likes them, the same as you like wine."«[470]

Entgegen möglicher Erwartungen ist dieses für Steinbeck aber keineswegs ein Anlass zur Kapitulation. Ist der Mensch von Gott verlassen, so schlussfolgert der Autor, dann muss er sich eben selber helfen. Und es ist wiederum Pilon, der eine eindeutige Wertung in der Skala menschlicher Eigenschaften vornimmt: „Happiness is better than riches",[471] sagt er und

---

[470] J. Steinbeck, *Tortilla Flat* (1935), abgdr. in: ders., *The Short Novels of John Steinbeck*, New York, 1953, S. 15.

[471] op. cit., S. 45

spricht damit die zentrale Botschaft Steinbecks aus.[472] Was nützt dem Einzelnen materieller Erfolg, so fragt der Autor hier und stellt sich damit neben Dos Passos, wenn er darüber vereinsamt und sich aus der menschlichen Gemeinschaft ausschließt.

Denn so humoresk die Schilderungen des Paisanos Danny und seiner Freunde auch sind, die soziale Realität im „Land der unbegrenzten Möglichkeiten" sieht anders aus: Ghetto-Bildung und wachsende Armut prägen das Bild der sich immer stärker polarisierenden Gesellschaft.[473] Und so scheint eine Einlösung des Versprechens vom *American Dream* zunächst nicht mehr möglich. Denn wie Steinbeck in seinem Roman *Of Mice and Men* zeigt, hat die menschliche Gemeinschaft versagt. Sie bietet nicht nur nicht mehr jenen Schutz, den sie ursprünglich aufweisen konnte (und wollte), sondern wird stattdessen inzwischen sogar als Bedrohung des Einzelnen in seiner Existenz empfunden, welche die Menschen voneinander weg in eine immer stärkere Isolation treibt.

---

[472] Steinbeck nimmt diese Argumentation schließlich wieder in seinem Roman *Cannery Row* (1945) auf, dessen Charaktere „Mack and the boys" jenen von „Danny and his friends" in *Tortilla Flat* im Wesentlichen gleichen. Einzig "Doc" übernimmt in *Cannery Row* die jetzt neu vergebene Rolle eines Mentors, den die übrigen Mitglieder der Gemeinschaft immer wieder um Rat fragen. Ausgerechnet die Autorität Doc erkennt mit der moralischen Integrität des gebildeten Wissenschaftlers in "Mack und den Jungens", die als Hungerleider und Tagediebe den ganzen Tag dem Müßiggang frönen, die wahren Vertreter der Menschlichkeit. Sie sind noch nicht korrumpiert durch die Jagd nach materiellem Erfolg, sondern halten an jenen Werten fest, die ein Zusammenleben der menschlichen Gemeinschaft überhaupt erst ermöglichen. Vgl. hierzu J. Steinbeck, *Cannery Row*, (1945), abgedr. in: ders., *The Short Novels of John Steinbeck*, S. 335: »Doc said, "Look at them. There are your true philosophers. I think," he went on, "that Mack and the boys know everything that has ever happened in the world and possibly everything that will happen. I think they survive in this particular world better than other people. In a time when people tear themselves to pieces with ambition and nervousness and covetousness, they are relaxed. All of our so-called successful men are sick men, with bad stomachs, and bad souls, but Mack and the boys are healthy and curiously clean. They can do what they want."«

[473] Vgl. hierzu auch das Gespräch zwischen Mary French und Gus Moskowski in J. Dos Passos, *The Big Money* (1936), abgedr. in: ders., *U.S.A.*, S. 131f: »"I dunno why I string along with these damn Pollacks." He looked her straight in the face and grinned when he said that. She smiled back at him. "I understand why," she said. He made a gesture with his elbow as they turned a corner past a group of ragged kids making mudpies; they were pale flubby filthy little kids with pouches under their eyes. Mary turned her eyes away but she'd seen them, as she'd seen the photograph of the dead woman with her head caved in. "Git an eyeful of cesspool alley the land of opportunity," Gus Moskowski said way down his throat.«

Die beiden Tagelöhner George und der schwachsinnige Lennie hingegen, so ungleich sie als Paar auch sind, versuchen dieser Einsamkeit gerade dadurch zu entkommen, dass sie die Werte der Freundschaft und Gemeinschaft, und damit auch der sozialen Verantwortung füreinander, über alle anderen Werte stellen.

> »Slim looked approvingly at George for having given the compliment. [...] "You guys travel around together?" His tone was friendly. [...] "Ain't many guys travel around together," he mused. "I don't know why. Maybe ever'body in the whole damn world is scared of each other." "It's a lot nicer to go around with a guy you know," said George.«[474]

Doch wird diese Idylle zerstört, als der mit riesigen Körperkräften ausgestattete, aber schwachsinnige und deshalb für seine Taten nicht verantwortliche Lennie unabsichtlich die Frau seines Juniorarbeitgebers Curley tötet. Im Verlauf der Verfolgung trifft George seinen Freund und Wandergefährten Lennie am Flussufer sitzend an, einem vorher für Notfälle zwischen den beiden verabredeten Treffpunkt. Das zwischen den beiden stattfindende Gespräch über den beabsichtigen Kauf einer Farm, auf der sie sich niederlassen wollen, um endlich in Frieden leben zu können, entspricht der Truslow Adams'schen Vision des *American Dream* und evoziert vor dem geistigen Auge des Leser das Bild eines Garten Eden. Umso überraschender ist dann der weitere Verlauf, der trotz und gerade wegen der kurz zuvor erfolgten Ankündigung Georges, er wolle nicht zulassen, dass man Lennie ein Leid antue, dem Leser kaum fassbar erscheint.

> »Lennie said, "Tell how it's gonna be." George had been listening to the distant sounds. For a moment he was business-like. "Look across the river, Lennie, an' I'll tell you so you can almost see it." [...] "We gonna get a little place," George began. [...] "Go on," said Lennie. George raised the gun and his hand shook, and he dropped his hand to the ground again. "Go on," said Lennie. "How's it gonna be. We gonna get a little place." [...] Lennie giggled with happiness. "An' live on the fatta the lan'." "Yes." Lennie turned his head. "No, Lennie. Look down there across the river, like you can almost see the place." Lennie obeyed him. George looked down at the gun. There were crashing footsteps in the brush now.[...] The voices came close now. George raised the gun and listened to the voices. Lennie begged, "Le's do it now. Le's get that place now." "Sure, right now. I gotta. We gotta." And George

---

[474] J. Steinbeck, *Of Mice and Men* (1937), New York, 1947, S. 63f.

raised the gun and steadied it [...]. The hand shook violently, but his face set and his hand steadied. He pulled the trigger. [...] Lennie jarred, and then settled slowly forward to the sand, and he lay without quivering.«[475]

Angesichts eines solchen Endes stellt sich dem Leser die Frage, was für Lennie eigentlich schlimmer als der Tod hätte sein können. Die von Steinbeck gewählte Szenerie entspricht dem Fluss Jordan, an dessen anderem Ufer das Paradies beginnt. Lennie stirbt also mit dem Bild des Paradieses vor seinem inneren Auge, in der Hoffnung auf ein Land, in welchem er und George – und Candy und der Neger Crooks, und mit ihnen alle Ausgestoßenen und Verfolgten – „live on the fatta the lan'."[476] Viel schwerer ist nun das weitere Leben für George in der Erkenntnis des endgültigen Scheiterns.[477] Er nimmt zwar seine Verantwortung gegenüber Lennie wahr, indem er ihn selber erschießt, musste sich aber schon angesichts der Leiche von Curleys Frau eingestehen, dass es mit diesem Unglücksfall auch für ihn keine lebenswerte Vision mehr geben wird, wenn die Jagd auf den flüchtigen Lennie erst beginnt.

Die Hoffnung auf ein besseres Leben als jenes eines Tagelöhners, der zu niemandem gehört und der nichts besitzt, hat sich mit dem Tod seines Freundes Lennie aufgelöst. Aber – und hier tritt die Kritik des Autor besonders stark in den Vordergrund – es ist die Gesellschaft, die George zu seiner Handlung zwingt. Dem Leser wird mit dem Eingeständnis des Scheiterns zunehmend klar, dass die Erfüllung der Vision an die Person Lennies gekoppelt war.

Dennoch schildert Steinbecks *Of Mice and Men* nicht nur die Geschichte eines Scheiterns, denn obwohl George ohne Hoffnung weiterleben muss, sich selber aufgeben und denselben monotonen Lebensstil so vieler anderer mit Glücksspiel und Frauen nachahmen wird,[478] so hat zumindest

---

[475] op. cit., S. 181-184.

[476] op. cit., S. 183.

[477] Steinbeck hat seinem Protagonisten nicht zufällig den Namen ‚Milton' gegeben, der an den Verfasser John Milton (1608-1674) von *Paradise lost* (1667/1674) rekurriert.

[478] op. cit., S. 164: »George said, "I'll work my month an' I'll take my fifty bucks an' I'll stay all night in some lousy cat house. Or I'll set in some poolroom till ever'body goes home. An' then I'll come back an' work another month an' I'll have fifty bucks more."«

Lennie es mit Georges Hilfe geschafft, sich seinen Traum zu erfüllen, indem er im Bewusstsein desselben gestorben ist. Es scheint, als wolle Steinbeck an dieser Stelle behaupten, dass eine Verbesserung der Umstände auf Erden unmöglich und der Tod dementsprechend eine Erlösung sei.

Ihren Höhepunkt erreicht die Kritik Steinbecks schließlich in seinem Roman *The Grapes of Wrath*, der die Zeit der großen Dürre im Bundesstaat Oklahoma schildert. Die verarmten Farmerfamilien machen sich auf den Weg nach Kalifornien, um dort Arbeit zu suchen und einen Neuanfang zu schaffen. So wie damals der Westen das „Gelobte Land" zu sein versprach, so ist es für die Menschen aus Oklahoma nun das fruchtbare Kalifornien mit seinem milden Klima und seinen grünen Tälern. Aber die *Frontier* ist schon geschlossen, der Westen existiert nicht mehr und das Land in Kalifornien ist schon von anderen in Besitz genommen worden. Die Welt ist verteilt und wer bis dahin keinen Platz bekommen hat, der geht eben leer aus.

> »Maybe we can start again, in the new rich land – in California, where the fruit grows. We'll start over. But you can't start. Only a baby can start. You and me – why, we're all that's been. The anger of a moment, the thousand pictures, that's us. This land, this red land, is us; and the flood years and the dust years and the drought years are us. We can't start again.«[479]

Und so scheint zunächst auch *The Grapes of Wrath* die Geschichte von der Unmöglichkeit des amerikanischen Traums, von falschen Versprechen, die schon lange nicht mehr eingelöst werden können – und auch nicht eingelöst werden sollen, wiewohl man am Mythos gerne festhält, der immer wieder seine Dienste in der Steuerung der Massen erfüllt.

Durch den ehemaligen Prediger Casy, der die Familie Joad auf ihrer Reise von Oklahoma nach Kalifornien so lange begleitet, bis er sich bei einer Razzia für den nur auf Bewährung entlassenen Tom opfert, lässt der Autor diesmal gar verkünden, dass es Gott nicht (mehr) gibt, was eine Weiterentwicklung der von Pilon in *Tortilla Flat* eingenommenen Position darstellt. Stattdessen gibt es (nur noch) die Menschen, die in einer Gesell-

---

[479] J. Steinbeck, *The Grapes of Wrath* (1939), abgedr. in: ders., *The Grapes of Wrath and Other Writings 1936-41*, New York, 1996, S. 302.

schaft zusammenleben. Diese Menschen tun Gutes oder Schlechtes und sie tun dieses aus einer obskuren Überzeugung heraus oder für ihren persönlichen Vorteil.

Aber dennoch gibt Steinbeck sich nicht geschlagen, sondern ruft auf zum Kampf. Die noch zaghaften, von Misserfolg gekrönten Befreiungsversuche Babbitts und Stocktons, die Resignation der Antihelden von Dos Passos, all das wischt Steinbeck mit einem Handstreich vom Tisch. Zwar sieht er, wie Hemingway, die Welt in der Verantwortung, aber letzten Endes ist die Welt eben so, wie sie ist. Und gemacht wird sie doch von Menschen. So ist auch die Situation der Farmer aus Oklahoma eingestandenermaßen mehr als ernst, keineswegs ist sie für Steinbeck aber hoffnungslos.

>»The women watched the men, watched to see whether the break had come at last. The women stood silently and watched. And where a number of men gathered together, the fear went from their faces, and anger took its place. And the women sighed with relief for they knew it was all right – the break had not come; and the break would never come as long as fear could turn to wrath.«[480]

Bei Steinbeck wandelt sich die Enttäuschung, die bei Hemingway noch in einem Rückzug ins Private geendet hatte, schließlich in einen Zorn, der es Ausgebeuteten nunmehr ermöglicht, sich gegen die Ungerechtigkeit aktiv zur Wehr zu setzen. Denn wie der Titel des Romans schon besagt: Der Zorn der Unterdrückten kann Früchte tragen und die Hoffnung ist nicht verloren, solange aus Enttäuschung noch Wut werden kann.

---

[480] op. cit., S. 671.

4.2.3. Die Wiederbelebung der *Manifest Destiny* in der italienischen Literatur

Ebenso wie für die amerikanischen Autoren der Glaube an die *Manifest Destiny*, an ihren Status als Auserwählte, verloren gegangen war, vermochten auch die italienischen Schriftsteller nicht an das vom Faschismus deklarierte Sendungsbewusstsein zu glauben. Gott hatte sich für die *Lost Generation* auf den Schlachtfeldern des Ersten Weltkrieges von den Menschen verabschiedet, die nunmehr auf sich allein gestellt mit der neuen Situation zurechtkommen mussten. In Italien hatte sich in der Zwischenkriegszeit der Faschismus etablieren können, der mit seiner von Mussolini verfassten Doktrin ein ebensolches religiös motiviertes Sendungsbewusstsein präsentierte, wie es auch der *Manifest Destiny* innewohnt:

> »Il fascismo è una concezione religiosa, in cui l'uomo è veduto nel suo immanente rapporto con una legge superiore, con una Volontà obiettiva che trascende l'individuo particolare e lo eleva a membro consapevole di una società spirituale.«[481]

Die Ausführungen über die Faschisierung der Gesellschaft und über die Opposition zum Faschismus haben hinreichend gezeigt, dass dieser Anspruch der faschistischen Ideologie im Falle Paveses und Vittorinis nicht zu überzeugen vermochte. Betrachtet man das Werk C. Paveses, so scheinen seine Romane Geschichten persönlichen Scheiterns zu erzählen, in denen der Verlust von Illusionen eine zentrale Rolle einnimmt. In den beiden 1941 veröffentlichten Romanen *Paesi tuoi* und *La spiaggia* schildert der Autor, einmal in die Atmosphäre bäuerlichen Lebens und den ewigen Kreislauf der Natur eingebettet, das andere Mal anhand von großbürgerlichen Kreisen in der Sommerfrische, die Einsamkeit und Entfremdung der Menschen von sich und ihrer Umwelt. Im Roman *Paesi tuoi*, dessen Handlung zur Zeit des Faschismus spielt,[482] ist der Turiner Mechaniker

---

[481] B. Mussolini, *La dottrina del fascismo*, S. 118.

[482] Der Roman wird allgemein als Beispiel für die Haltung der Inneren Emigration bei Pavese interpretiert, stellt er mit seiner verrohten und blutrünstigen Darstellung des bäuerlichen Lebens doch die Verkehrung der faschistischen „Blut-und-Boden-Ideologie" dar.

Berto gerade aus dem Gefängnis entlassen worden. Allein und ohne Arbeit nimmt er schließlich das Angebot seines bisherigen Zellengenossen Talino an, während der Erntezeit auf dem Hof seines Vaters zu arbeiten. Berto ist als Städter von der gewalttätigen und unheilschwangeren Atmosphäre des bäuerlichen Lebens, die auf dem Hof vorherrscht, abgestoßen und fasziniert zugleich. Alles wird dem Zyklus der Natur unterworfen, von welcher der Mensch nur ein kleiner Bestandteil ist.

> »„Bella campagna" gli dico. Lontano lontano la collina finiva in quella punta pelata e mi metto a respirare il letame e si sentivano già i grilli. „Ci voleva una notte d'acqua, per il fieno" dice il vecchio, guardando in aria. „Era tanto sangue nelle vene..." Gli faccio: „Ce n'è del lavoro in campagna, eh?" „Ognuno il suo. Ma la terra mangia più di noi." „Sarebbe?" „Sarebbe che non basta la fatica. Bisogna spenderci quel poco guadagno, per averla pronta l'anno dopo."«[483]

Selbst als der auf Berto eifersüchtige Talino seine Schwester Gisella während der Ernte mit der Heugabel ersticht, reiht sich dieses Blutopfer nahtlos in den ewigen Kreislauf von Saat und Ernte ein. So erschütternd und abstoßend der Mord an der eigenen Schwester für den Betrachter Berto auch ist, so kommt er dennoch nicht überraschend. Geahnt hatten alle, dass etwas passieren würde, hatte Talino seine Schwester Gisella doch Jahre zuvor schon vergewaltigt. Überraschend ist deshalb lediglich der Gleichmut, mit dem ein solches Ereignis in Kauf genommen wurde, die Selbstverständlichkeit, mit welcher Vinverra, der Vater der beiden Geschwister und Hofbesitzer, seine Kinder als Bestandteil des ewigen Kreislaufs der Natur betrachtet. Für Vinverra handelt es sich bei der Bluttat um ein Schicksal, dem man nicht entkommen konnte, und während Gisella noch im Sterben liegt und die Carabinieri auf der Suche nach dem flüchtigen Talino sind, hält Vinverra die übrigen Familienmitglieder und Helfer dazu an, die Ernte weiter einzufahren. Und selbst für Berto scheinen die Blutflecken auf der Tenne als sichtbares Anzeichen des Mordes mit einem Mal ihren Schrecken zu verlieren:

> »Il medico ci tenne sospesi fino a notte, e i carabinierei erano andati da un pezzo e arrivava gente dalle cascine, quando Vinverra esce sulla porta e

---

[483] C. Pavese, *Paesi tuoi* (1941), Milano, 1985, S. 68.

borbotta: "Bisogna finire quel grano. Tu Gallea, prendi qualcuno e libera il carro." [...] Si vedevano ancora nel portico le macchie di sangue. Cosa c'è di speciale, pensavo, tutti i giorni le strade ne bevono. Ma a guardarlo e pensare che quel fango era il calore di Gisella che se ne andava, veniva freddo anche a me.«[484]

Die Ursache für eine solche Anpassung liegt in Bertos Orientierungslosigkeit und seiner mangelnden Bereitschaft, Verantwortung zu übernehmen. Selbst wenn ihn noch ein leichtes Schaudern bei dem Gedanken daran überkommt, dass die Erde das Blut Gisellas, die gerade im Sterben liegt, getrunken hat, bleibt er dennoch beim Kommentar der Geschehnisse stehen. Denn als er die Gelegenheit hat, den flüchtigen Mörder Gisellas, die ja immerhin zwischenzeitlich seine Geliebte geworden war, der Polizei zu überantworten, lässt er Talino stattdessen laufen, entzieht sich also der eigenen Verantwortung:

> »Non so ancora adesso perché non gli sono volato addosso a buttarlo per terra. [...] "Tocca ai carabinieri" dicevo, "tanto Gisella è morta, tanto torno a Torino. Deve andare in gallera, e tocca ai carabinieri."«[485]

Mit einer solchen Haltung, welche die Isolation des Einzelnen ausdrückt, ist die eigentliche Problematik aber keineswegs gelöst, denn die menschliche Gemeinschaft bleibt zerstört und ein Ersatz für das verlorene Glück ist nicht in Sicht.[486]

Auch in dem Roman *La spiaggia*, in dem das komplizierte Beziehungsgeflecht zwischen dem Erzähler, seinem Jugendfreund Doro und dessen Gattin Clelia geschildert wird, ist das durch die Isolation des Einzelnen entstandene Vakuum nicht erneut gefüllt.

Denn obwohl Clelia und Doro als glücklich miteinander verheiratet gelten, kristallisiert sich doch schnell heraus, dass sie beide unfähig sind,

---

[484] op. cit., S.176f.

[485] op. cit., S. 191f.

[486] Auch ein Ausflug in die eigene Vergangenheit bietet hier noch keinen Ausweg. Vgl. hierzu z.B. C. Pavese, *La spiaggia* (1941), Torino, 1965, S. 16: »Doro si fermò, squadrandomi. – Che ti credi! Che io faccia il ritorno alle origini? Quello che importa ce l'ho nel sangue e nessuno me lo toglie.« Die hier bekundete Haltung wird später von Pavese in der Person Clelias in *Tra donne sole*, die nicht mit der Clelia aus *La spiaggia* identisch ist, weiterentwickelt, um in Anguilla, den Heimkehrer aus *La luna e i falò* ihre Vollendung zu finden, für den die Heimkehr sogar zwingende Notwendigkeit sein wird.

miteinander zu kommunizieren. Die Ursache hierfür sieht Doro in dem Prozess des Älterwerdens, der für ihn den Verlust des jugendlichen Eifers und der Illusionen mit sich bringt.[487] So leben sie zwar miteinander, aber jeder Versuch, wirkliche Gemeinsamkeiten zu schaffen, scheitert an der Isolation der Figuren. Fast scheint es so, als hätten die Menschen sich mit diesem Zustand abgefunden, denn selbst ein möglicher Neuanfang in Form einer Schwangerschaft Clelias wird eher als ärgerlich und störend empfunden,[488] obwohl man sich kaum einen besseren Hoffnungsträger auf eine neue Zukunft vorstellen könnte, als ein neugeborenes, unschuldiges Kind.[489]

Erst mit dem fünf Jahre später, also nach Kriegsende veröffentlichten *Il compagno* (1946) sollte diese Hoffnungslosigkeit und Leere im Dasein der Menschen ein, obwohl hier noch vorläufiges Ende finden. Wenngleich dieser Roman von Pavese unter ideologischen Vorzeichen geschrieben wurde, in seinem Mittelpunkt steht der kommunistische Widerstand gegen

---

[487] Vgl. auch op. cit., S. 68: »Però, disse, non erano quei quadri scemi che dipingeva a tempo perso ciò che gli faceva rabbia, ma di aver perso la foga e la voglia di parlare con me di tante cose, questo sí. Quali cose? Mi squadrò fieramente senza staccarsi, e cominciò a dire che se la prendevo cosí non si lagnava piú, perché anch'io invecchiavo e si vede che capitava a tutti.« Auch in den Augen Pablos verdrängt der Alltag die Visionen, aus denen der Mensch neue Kraft schöpfen kann. Vgl. hierzu C. Pavese, *Il compagno* (1946), Torino, 1968, S. 56: »Uno ricorda solamente quel che si fa per abitudine. Tutto il resto sparisce. Quello che hai detto e che hai creduto non c'è piú.« Außerdem zur Kraft der Visionen das Gespräch zwischen Clelia und Momina vor dem Spielkasino in C. Pavese, *Tra donne sole* (1949), abgedr. in: ders., *La bella estate* (1949), Torino, 1994, S. 259: »-Lei gioca? -Non credo alla fortuna. -Che altro c'è nella vita, - disse Momina rallentando. La gente sogna l'automobile per venire a guadagnarsi l'automobile, che poi le serve per tornarci... Questo è il mondo.«

[488] Vgl. hierzu C. Pavese, *La spiaggia*, S. 89: »[...] e allora gli dissi che secondo i suoi desiderî la signora aveva fatto la buona moglie e concepito un bambino. Berti mi guardò senza sorridere [...]. –È seccante,- gli dissi, -che succedano di queste cose. Le signore come Clelia non dovrebbero mai cascarci.«

[489] Diese Aussage wird im Dialog zwischen der Erzählerin Clelia und Momina wieder aufgegriffen und expliziert. Vgl. hierzu C. Pavese, *Tra donne sole*, S. 248f: »Ma lei [Momina] non rise. –Chi fa figli,- disse fissando il bicchiere, -accetta la vita. Tu l'accetti la vita? –Se uno vive l'accetta,- dissi, -no? I figli non cambiano la questione. [...] Non avevo mai pensato in quel modo alle cose che Momina aveva detto, eran tutte parole, lo sapevo, "siamo qui per divertirci", ma intanto era vero che non aver figli vuol dire aver paura di vivere.«

den Faschismus,[490] so gibt er gleichzeitig das erste Mal offen Auskunft darüber, wie drückend das Regime Mussolinis und seiner Handlanger tatsächlich auf den Gemütern gelastet hatte:

> »- Qui da voi non è niente, – mi disse. Mi raccontò della Germania e delle carceri di Spagna. Mentre parlava mi venivano i sudori. – Abbiamo contro tutto il mondo, – mi diceva. – Non farti illusioni. È questo che qui non volete capire. Difendono il piatto e la tasca, i borghesi. Sono pronti a far fuori metà della terra, a scannare i bambini, pur di non perdere la greppia e lo staffile. Arriveranno anche in Italia, sta' sicuro. Parleranno magari di Dio o della mamma.«[491]

In diesem Gespräch zwischen dem spanischen Widerstandskämpfer Gino Scarpa und Pablo, dem Genossen, offenbart sich der direkte Zusammenhang zwischen faschistischem Regime und dem Gefühl der Gottverlassenheit. Der Faschismus mit seinem Anspruch auf Hegemonie hat analog zur *Manifest Destiny* ebenfalls Gott zu seiner Legitimation bemüht, wie die Ausführungen zur faschistischen Ideologie und zu Mussolini als „uomo della provvidenza" schon hinreichend belegt haben. Die Taten, die im Namen der neuen „Religion" verübt worden sind, lassen sich aber mit einem Weltbild christlicher Prägung nicht in Einklang bringen.[492] So wie die *Lost Generation* sich mit ihren Erfahrungen nach dem Ersten Weltkrieg allein gelassen fühlte, so ist auch dieses Mal für die italienische Autoren als Resultat aus dieser Diskrepanz der Mensch auf sich allein gestellt. Und allein muss er nun einen Ausweg aus seiner Orientierungslosigkeit finden. Mit

---

[490] Vgl. hierzu auch die naiv anmutende Schilderung der politischen Zusammenhänge in C. Pavese, *Il compagno*, S. 103: »Un giorno misi le mani su quel pacco di libri. [...] Raccontavano come era andata la guerra del '15 e la storia del Fascio e la marcia su Roma. C'erano dentro i socialisti e tutti quanti, contadini, operai, metallurgici, squadre d'azione. I fascisti li avevano carcerati e picchiati, ammazzato e piú in gamba, e incendiate le case del popolo. [...] Chi pagava i fascisti erano sempre i signori, e gli squadristi i loro figli. Faceva rabbia legger come tanta gente che lavora s'era fatta fregare da quattro padroni. « Wohl auch deshalb wurde der Roman *Il compagno* von der Kritik (und von Pavese selber) als ein dem damaligen Zeitgeist entspringendes Zugeständnis an den PCd'I bezeichnet.

[491] op. cit., S. 127

[492] Wie allein und verlassen sich der Mensch fühlt und welchen Bezugspunkt die Religion spielt, zeigt auch der folgende Auszug aus C. Pavese, *Tra donne sole*, S. 293: »Camminando nel giardino, Rosetta ci raccontò che l'anno prima voleva farsi monaca. [...] Per conservare del rispetto per il mondo e la gente, bisogna fare a meno di tutto. Il convento risolve.«

dem Untergang des Faschismus scheint ein solcher Neuanfang nun wieder möglich und so überrascht es nicht, dass Pablo sich vom Müßiggänger zum verantwortungsvollen Aktivisten entwickelt. Auch seine dem Leser gleich zu Beginn des Romans mitgeteilte jugendliche Abenteuerlust und der Glaube an eine bessere Zukunft sind keineswegs unerwartet:

> »Potevo dirgli ch'ero stufo della vita che facevo e che avrei preferito suonare per vivere? Che il mondo era grande e che volevo cambiare? girarlo e cambiare? Quel mattino sapevo soltanto che qualcosa avrei fatto. Tutto doveva ancor venire.«[493]

Und so ziehen die Protagonisten der folgenden Romane Paveses tatsächlich in die Welt, um dort ihr Glück zu machen. Clelia Oitana aus *Tra donne sole* (1949) verlässt in jungen Jahren ihre Heimatstadt Turin und zieht nach Rom, um dort Karriere zu machen. Als reife Frau kehrt sie nun im Auftrag ihre Firma zurück, um in ihrer Heimatstadt eine Filiale zu eröffnen. Ebenso wenig wie Doro und Clelia aus *La spiaggia* hat die namensgleiche Clelia es zwischenzeitlich gelernt, ihr Glück im Leben mit anderen Menschen zu finden. Immer noch scheinen die Menschen nicht füreinander geschaffen, so dass ein jeder in der Welt für sich allein steht:

> »M'accorsi, camminando, che ripensavo a quella sera diciassette anni prima, quando avevo lasciato Torino, quando avevo deciso che una persona può amarne un'altra piú di sé, eppure io stessa sapevo bene che volevo soltanto uscir fuori, metter piede nel mondo, e mi occorreva quella scusa, quel pretesto, per fare il passo. [...] Non si può amare un altro piú di se stessi. Chi non si salva da sé, non lo salva nessuno.«[494]

Durch einen Zufall – die junge Rosetta versucht sich ausgerechnet in jenem Hotel, in dem auch Clelia wohnt, das Leben zu nehmen – kommt diese sehr schnell in Kontakt mit der Turiner Oberschicht, welche sich in erster Linie durch ihre Langeweile und ihren zur Schau getragenen Ekel vor der Welt und dem Leben auszeichnet.[495] So versuchen sich die einzel-

---

[493] C. Pavese, *Il compagno*, S. 9.

[494] C. Pavese, *Tra donne sole*, S. 230f.

[495] Vgl. hierzu op. cit., S. 266: »Momina che mi stava raccontando quanto forte la prendesse a volte il disgusto – non la nausea di questo o di quello, di una serata o di una stagione, ma lo schifo di vivere, di tutto e di tutti, del tempo che va cosí presto eppure non passa mai – Momina accese una sigaretta e suonò il clacson. – Ne riparliamo, – disse ridendo.«

nen Mitglieder in allen erdenkbaren Posen, welche die Planung einer Theaterinszenierung von Rosettas Selbstmordversuch ebenso mit einschließen wie eine zu dritt in einem Hotelzimmer durchlebte Nacht oder den kollektiven Besuch eines Bordells. Letzten Endes versuchen sie alle mit ihren Attitüden doch nur, die Leere ihres Dasein zu überdecken und vor sich selber zu verbergen. Eine Leere und Einsamkeit im Dasein, die von Clelia gleichermaßen empfunden wird. Zwar ist es ihr gelungen, ihren persönlichen Traum vom Erfolg zu realisieren, aber es ist niemand mehr da, mit dem sie ihren Triumph teilen könnte. So wird Clelia dann auch bitter enttäuscht, als sie eine alte Schulfreundin in Turin besucht, weil sie feststellen muss, dass die Kameraden der Vergangenheit, die Freunde ihrer Jugend mittlerweile in alle Winde verstreut oder tot sind.[496] Eine neue Erkenntnis hat sie allerdings durch ihren Fortgang und ihre Rückkehr sehr wohl gewonnen: nämlich, dass für den persönlichen Reifungsprozess das Zusammenleben mit anderen einen notwendigen Schritt darstellt:

> » Le [Rosetta] dissi che ai tempi ch'ero stata innamorata, per quanto capissi benissimo – queste cose si sanno – ch'eravamo due matti, che il mio uomo era un incapace, che se ne stava in casa a dormire mentr'io correvo per Roma, malgrado tutto questo, non s'impara a bastar da soli se non si è fatta l'esperienza in due.«[497]

Clelia verkörpert somit das Übergangsstadium von Hemingways Frederick Henry *A Farewell to Arms*, für den es ebenfalls kein Entrinnen aus der Isolation gibt und der aus diesem Grunde das Zusammenleben mit anderen Menschen für sinnlos erachtet, und der Familie Joad aus Steinbecks *The Grapes of Wrath*, für die der Zusammenhalt unter den Menschen die Voraussetzung zur eigenen Erlösung ist.

---

[496] Vgl. hierzu op. cit., S. 253: »Chiamò le figlie. Avrei voluto andarmene. Quello era tutto il mio passato, insopportabile eppure cosí diverso, cosí morto. M'ero detta tante volte in quegli anni – e poi piú avanti, ripensandoci –, che lo scopo della mia vita era proprio di riuscire, di diventare qualcuna, per tornare un giorno in quelle viuzze dov'ero stata bambina a godermi il calore, lo stupore, l'ammirazione di quei visi familiari, di quella piccola gente. E c'ero riuscita, tornavo; e le facce la piccola gente eran tutti scomparsi. Carlotta era andata, e il Lungo, Giulio, la Pia, le vecchie. Anche Guido era andato. Chi restava, come Gisella, non le importava più di noi, né di allora. Maurizio dice sempre che le cose si ottengono, ma quando non servono più.«

[497] op. cit., S. 303.

Diese Erkenntnis spiegelt sich auch in der Person der pubertierenden Schneidergehilfin Ginia aus *La bella estate* (1949) wider, die in ihrer Grundstruktur Clelia gleicht, bevor jene nach Rom geht, um Karriere zu machen. Ginia lebt mit ihrem Bruder Severino zusammen, für den sie den Haushalt führt. Ihre Tage verbringt sie im Schneideratelier, die Abende mit ihren mehr oder weniger gleichaltrigen Freundinnen, bis sie eines Tages auf die um einige Jahre ältere Amelia trifft, die sie insgeheim wegen ihres Lebensstils als Erwachsene bewundert und die sie zugleich darum beneidet. Ginia wird von Amelia in die Boheme Turins eingeführt und verliebt sich unglücklich in den Maler Guido, für den sie allerdings nicht mehr als eines von vielen flüchtigen Abenteuern ist. Nach einer ihre ganze Beziehung mit Guido andauernden emotionalen Irrfahrt erkennt Ginia schließlich, und dieses ist die eigentliche Neuerung des Romans, dass sie alleine dem Daseinskampf (noch) nicht gewachsen ist:

> »Ma Ginia non riusciva a disperarsi davvero. Capiva di esser stata lei stupida. Tutta la mattina pensò di ammazzarsi, o almeno di essersi presa la polmonite. Cosí sarebbe stata colpa loro e avrebbero avuto rimorso. Ma ammazzarsi cosí non valeva la pena. Era lei che aveva voluto far la donna e non c'era riuscita.«[498]

Auch mit der von ihr gezogenen Konsequenz aus dieser Erkenntnis stellt Ginia einen Einzelfall im Werke Paveses dar: Denn während seine übrigen Protagonisten im Stolz ihrer Einsamkeit dahinschwelgen, kehrt Ginia wieder in die Obhut Amelias zurück, die sie als ihre Mentorin anerkannt hat.[499]

Ebenso wie im Falle Clelias aus *Tra donne sole* ist es auch für Anguilla, den Protagonisten aus Paveses letztem Roman *La luna e i falò*, die Suche nach Anerkennung und Zuneigung gewesen, die den in seiner Heimat als Bastard Verhöhnten in die Fremde getrieben hat. Ebenso wie Clelia geht es auch ihm nicht um die Anerkennung der Fremden, sondern um den Respekt und die Liebe jener Menschen, bei denen er aufgewachsen ist, die er

---

[498] C. Pavese, *La bella estate* (1949), abgedr. in: ders., *La bella estate* (1949), Torino, 1994, S. 81.

[499] op. cit., S. 83: »Senti, Ginia, al cinema non c'è niente di bello. –Andiamo dove vuoi,- disse Ginia, -conducimi tu.«

verlassen hat, um später zurückkommen und sie mit seinem Erfolg beeindrucken zu können, und die nun bei seiner Rückkehr nicht mehr am Leben sind:

> »Gli [Nuto] dissi che non tanto era stata l'America quanto la rabbia di non essere nessuno, la smania, piú che di andare, di tornare un bel giorno dopo che tutti mi avessero dato per morto di fame. In paese non sarei stato mai altro che un servitore, che un vecchio Cirino (anche lui era morto da un pezzo, s'era rotta la schiena cadendo da un fienile e aveva ancora stentato piú di un anno) e allora tanto valeva provare, levarmi la voglia, dopo che avevo passata la Bormida, di passare anche il mare.«[500]

Für den Leser ist der Erzähler Anguilla zunächst lediglich ein Heimkehrer, diesmal aus Amerika, wo er sein materielles Glück gemacht hat.[501] Nach Jahren der Wanderung ist er nun an den Ausgangsort seiner Wanderung, ein kleines Dorf in den piemontesischen *Langhe*, zurückgekehrt, um sich dort niederzulassen.

Diese Heimkehr drückt aber über ihre Funktion im Roman auch die Abkehr Paveses von seiner Vision Amerikas aus. Zumindest für Anguilla, der ja dort gewesen ist, ist Amerika nun nicht mehr das „Gelobte Land", das es noch für den ehrgeizigen Masin aus *Ciau Masino* dargestellt hat,[502] der das Land noch nicht aus eigener Erfahrung kannte. Für Anguilla strahlt Amerika keinen verheißungsvollen Glanz mehr aus, sondern ähnelt stattdessen immer mehr der eigenen Heimat. Und auch Kalifornien, das er am Ende

---

[500] C. Pavese, *La luna e i falò* (1950), Torino, 1968, S. 104.

[501] Vgl. hierzu auch C. Reymond, "I temi dell'America e del ritorno in patria ne *IL Fondo Del Sacco* di Martini e ne *La Luna E I Falò* di Pavese", in: *Etudes des Lettres*, Lausanne, 1984, V 4 (Oct.-Dez.), S. 31: »Immagine di un paese di Cuccagna, l'America è anche, e soprattutto, il paese da dove si torna ricchi e con la conoscenza di qualche bella parola inglese..«

[502] Vgl. hierzu auch erneut C. Pavese, *Ciau Masino*, S. 60: »I film americani. Costava poco entrare in quei cinemi e si vedevano le cose piú belle. Buck Jones, Giorgio O'Brien, Olive Bordeu, Sue Carol - il mare, il Pacifico, le foreste, le navi. Ma soprattutto le cittadine dell'America, quelle case nitide in mezzo alle campagne, quella vita schietta e elementare. Tutto era bello. Gli uomini, individui sicuri, forti, con un sorriso tra i denti, pugni sodi ed occhio aperto. Le ragazze, sempre le stesse dai villaggi alle metropoli, corpo chiaro, volto allegro, sereno, anche in mezzo alle sventure. Si usciva leggeri da quei film.« Nicht zufällig trägt dieses Kapitel die Überschrift *Arcadia*. In dieser Beschreibung lässt sich auch die mit Amerika verknüpfte Erwartungshaltung eines unverdorbenen und ursprünglichen Leben des damals noch jungen Pavese erkennen, das in seiner Fantasie dem faschistischen Alltag Italiens konträr entgegenstand.

seiner transkontinentalen Wanderung erreicht, scheint nach den langen Jahren in der Fremde dem eigenen Herkunftsort mit einem Mal nicht mehr unähnlich. Faktisch hat also ein Umdenken Anguillas stattgefunden, das eine Neubewertung Amerikas mit sich bringt. Doch obwohl seine Vision sich im Rahmen der amerikanischen Realität nicht verwirklichen ließ, hat dies nicht den Verzicht auf sie zur Folge.

Vielmehr führt diese Erfahrung den mittlerweile innerlich gereiften Anguilla zu der Erkenntnis, dass er seine Suche an anderer Stelle fortsetzen muss. Er hat über den Umweg seines Exils (wie der Leser später mitgeteilt bekommt, ist Anguilla vor den Faschisten geflohen) festgestellt, dass das Ziel seiner Sehnsüchte nicht vom Ort abhängig ist, an dem er sich befindet, sondern von ihm selber – eine Erkenntnis, die sich noch mehrmals bestätigen wird.

>>Di Nuto musicante avevo avuto notizie fresche addirittura in America – quanti anni fa? – quando ancora non pensavo a tornare, quando avevo mollato la squadra ferrovieri e di stazione in stazione ero arrivato in California e vedendo quelle lunghe colline sotto il sole avevo detto: «Sono a casa». Anche l'America finiva nel mare, e stavolta era inutile imbarcarmi ancora, cosí m'ero fermato tra i pini e le vigne.«[503]

Aus dieser Erfahrung kristallisiert sich dann die Kindheit als jener mythische Ort heraus, dem wir schon bei Andersons Bruce Dudley aus *Dark Laughter* begegnet sind, als fiktives Amerika, für das man die heimatlichen Hügel nie hätte verlassen müssen. Für Pavese selber war Amerika ein Kindertraum, für Anguilla, seinen fiktionalen Stellvertreter, hat sich der Traum nicht durch die Emigration nach Amerika, sondern erst durch seine Rückkehr nach Hause erfüllt. Anguilla beendet seine Reise, die ihn aus Piemont über das Meer bis nach Amerika gebracht hat, letztlich wieder in seiner Heimat am Ausgangspunkt seiner Wanderung. Erst hier findet er all das, wonach er zwanzig Jahre lang in der Fremde gesucht hat. Hier finden wir die Vollendung der schon von bei Clelia artikulierten Notwendigkeit eines Umweges, um so zur persönlichen Reife gelangen zu können.

---

[503] C. Pavese, *La luna e i falò*, S. 15.

Allerdings hatte Anguilla auch seinen Preis für den von ihm gemachten Umweg zur Erkenntnis zu zahlen: Die meisten Freunde und Bekannten aus seiner Jugendzeit sind tot oder verschollen. Allein sein Freund Nuto ist noch da, jener von Anguilla so bewunderte Freund und Mentor, der ihm auch in der Fremde immer nahe war. Für Nuto ist es eine Selbstverständlichkeit, dass der Einzelne hinter dem Kollektiv zurückstehen muss, wenn es darum geht, Unrecht zu bekämpfen. Nuto sieht die (Neu-) Gestaltung der menschlichen Gesellschaft als kollektive Aufgabe, der sich niemand ruhigen Gewissens entziehen kann:

> »Nuto che aveva visto tanti paesi e sapeva le miserie di tutti qui intorno, Nuto non avrebbe mai chiesto se quella guerra era servita a qualcosa. Bisognava farla, era stato un destino cosí. Nuto l'ha molto quest'idea che una cosa che deve succedere interessa a tutti quanti, che il mondo è mal fatto e bisogna rifarlo.«[504]

Doch erst im Vergleich der beiden Lebensformen, dem Verhaftetsein in traditionellen Strukturen, welche die Übernahme persönlicher Verantwortung erforderlich machen und der individuellen Freiheit, welche die Gefahr von Wurzellosigkeit und Vereinsamung in sich birgt, gewinnt die Verankerung in der Gesellschaft ihren eigentlichen Stellenwert. Erst, wenn der Mensch im Einklang mit seiner Umwelt lebt, wenn er seine eigenen Wurzeln erkennt, erst dann hat er ein erfülltes Leben, das er sinnvoll für die eigene Entwicklung und den Erhalt der Gemeinschaft einsetzen kann.

So übernehmen die beiden Freunde Nuto und Anguilla am Ende des Romans in Kenntnis des Lebens und seiner Gesetzmäßigkeiten die „Patenschaft" für den Jungen Cinto, dessen Vater die gesamte übrige Familie und sich selber umgebracht hat. Die freiwillige Übernahme einer solchen Aufgabe stellt aber auch die Erfüllung eines Grundanliegens des Winthropschen Modells der „Christian Charity" dar, nämlich die Wiedergutmachung bzw. Korrektur alter Fehler, um auf diesem Wege zu einer neuen und besseren Gesellschaft beizutragen. Genau dieses Anliegen wird von Anguilla und Nuto in der Person des Cinto eingelöst, dem somit die Rolle

---

[504] op. cit., S. 30. Im Gedanken an eine Rekonstruktion der Welt trifft sich Pavese auch mit Vittorini, der seinem Werke die Vorstellung einer *mondo offeso* zugrunde legt, wie die folgenden Ausführungen noch verdeutlichen werden.

des Hoffnungsträgers für eine bessere Zukunft zufällt:

>»-Ce n'è delle cose da cambiare,- disse Nuto. Allora gli dissi che Cinto era sveglio e che per lui ci sarebbe voluta una cascina come la Mora era stata per noi. – La Mora era come il mondo, – dissi. – Era un'America, un porto di mare. Chi andava chi veniva, si lavorava e si parlava... Adesso Cinto è un bambino, ma poi cresce.«[505]

Und genau an dieser Stelle, an welcher sich der Zyklus bei Pavese schließt, nimmt die Gesellschaftsutopie Vittorinis ihren Ausgangspunkt. Auch sein Anliegen ist die Realisierung einer Gesellschaft, welche von dem Gefühl einer Verbundenheit mit und Geborgenheit in der Welt regiert wird, die der Autor mit dem Stadium der Kindheit verbindet. Nur selten gelingt es dem jungen in Florenz lebenden Vittorini allerdings noch, einen emotionalen Zugang zu dieser naiven und unschuldigen Daseinsform zu finden. Anlässlich einer Reise, die ihn nach Mailand geführt hat, wohin er später übersiedelt, schreibt er schließlich im Vorwort zur ersten Ausgabe seines *Il garofano rosso* (1948):

>»Ne tornai innamorato di luoghi e nomi, del mondo stesso, come ero stato altre volte solo nella mia infanzia. [...] Nell'emozione di uno stato così felice io avrei, ora, potuto trovarmi molto perplesso dinanzi al mio libro. In ogni racconto del mio libro chiamato *Piccola borghesia*, ch'era stato pubblicato nel 1931, non avevo avuto altro motivo di scrivere; in tutto il già scritto del *Garofano rosso* era la stessa cosa, non per altro scrivevo [...].«[506]

Für Vittorini gilt hierbei jedoch, wie schon in den Ausführungen zu den Autoren zu Beginn der Arbeit bemerkt, eine Besonderheit: Er hatte zu Beginn seines Engagements tatsächlich im Faschismus die Möglichkeit gesehen, das Versprechen auf eine neue und bessere Gesellschaft einzulösen. Erste Hinweise auf diese Verbindung von Gesellschaftsutopie und zeitgenössischer politischer Landschaft lassen sich in seinem Roman *Piccola borghesia* (1931) finden, in welchem der Autor dem Faschismus die Rolle zuweist, die Erziehung der Jugend durchzuführen, die für Vittorini ebenso wie für Pavese Hoffnungsträger der neuen Zukunft ist.[507]

---

[505] op. cit., S. 39.

[506] E. Vittorini, *Il garofano rosso* (1948), Milano, 1980, S. 204.

[507] Vgl. hierzu E. Vittorini, *Piccola borghesia*, abgedr. in: ders. *Le opere narrative* (1974), Bd. I, Milano, 1990, S. 64: »„Educarlo, educarlo" diceva, [...]„il Fascismo per ora non ha altri

Auf der anderen Seite steht die Welt der Erwachsenen, die ihre ehemaligen Ideale verraten und sich dem Daseinskampf ergeben haben. Hier findet sich der Ursprung des Konfliktes zwischen dem jungen Alessio Mainardi aus *Il garofano rosso* (1948)[508] und seinem gestrengen Vater, von ihm kurzerhand *La Morale* genannt, der von seinem Sohn die Anpassung an die gesellschaftlichen Konventionen fordert, obwohl er selber in seiner Jugend Anhänger sozialistischer Ideale war. Die Abwendung von denselben wird von *La Morale* mit einer dem normalen Verlauf der Welt innewohnenden Notwendigkeit begründet, der zufolge ein jeder Mensch zunächst an sich selber zu denken hat, wenn er nicht im Daseinskampf unterliegen will:

> »„Ragazzo mio" disse mio padre senza guardarmi perché certo sapeva che il suo sguardo avrebbe subito stabilito tra me e lui il distacco del rimprovero „il socialismo è un'idea e uno può avere avute delle idee. Anzi è un'idea generosa e uno della mia condizione può aver voluto essere una volta generoso. Ma poi nella vita s'impone la necessità di salvarsi ognuno per conto suo."«[509]

Diese vom Vater heraufbeschworene Notwendigkeit wird von Alessio jedoch bezweifelt, der weiterhin an seinen jugendlichen Idealen des Sozialismus – hierin gleicht er seinem Vater – und der Antibürgerlichkeit festhält. Ohnehin entzieht sich die Welt, in der seine Eltern leben, seinem Verständnis und er fühlt sich von den beiden Personen, die ihm eigentlich allein durch ihre Funktion im familiären Kontext Sicherheit und Geborgenheit gewähren sollten, eher bedroht als beschützt. In seiner Fantasie gleichen die beiden Eltern zwei Kannibalen, die auch vor dem Opfer der eigenen Kinder auf dem Altar ihrer Liebe nicht zurückzuschrecken scheinen:

> »Eppure la mamma doveva esser nata diversa; come il normanno suo padre, come le orientali sue sorelle essa avrebbe potuto alimentare di molto soave olio di sé la comune fiamma del mondo. Ma il babbo l'aveva alzata su un altare oscure e le immolava il mondo e ogni giorno la spegneva con le sue

---

doveri. Educare, educare, signori. Occorre mortificarci. La salvezza d'Italia è nei giovani. A noi spetta soltanto prepararne il carattere."«

[508] Die Geschichte wurde vorab in Einzelepisoden von 1933-1936 in der Zeitschrift *Solaria* veröffentlicht, als Buch hingegen erst 1948 publiziert.

[509] E. Vittorini, *Il Garofano rosso*, S. 80.

mani pelose all'amore degli altri e ogni giorno avrebbe potuto darle uno dei suoi figli stessi in pasto senza che lei battesse palpebra.«[510]

Il garofano rosso lässt sich über weite Strecken als Generationenkonflikt zwischen Eltern und Kindern interpretieren.[511] Aber die Verzweiflung Alessios erschöpft sich nicht im Konflikt mit seinen Eltern. Für ihn deuten alle Erfahrungen, die er im Verlaufe des Sommers macht, darauf hin, dass es generell keine anhaltende Bindung zwischen den Menschen gibt: Weder die Beziehung zwischen Eltern und Kindern, noch zwischen den Geschwistern untereinander hat auf Dauer Bestand. Auch die Freundschaft zu dem um einige Jahre älteren Tarquinio wird harten Bewährungsproben unterzogen, als jener die von Alessio begehrte Giovanna verführt. Schließlich erscheint es Alessio, als bestehe die ganze Welt nur aus Leid und Kampf, als habe sich die Güte und das Mitleid aus den Herzen der Menschen endgültig verabschiedet:

> »Era come fossero passati degli anni, a pensarci fisso. Aveva piovuto e piovuto e tanta bontà se n'era andata. Non doveva più esserci stata bontà nel mondo, da allora. Perché ora ci si poteva ferire, si era cominciato a combatterci e non si sapeva chi contro chi.«[512]

Der Verlust der Güte, welche die Welt so dringend braucht und ohne die sie nicht bestehen kann, das Aufbegehren gegen ein solches Schicksal und die Suche nach einem Neuanfang, das sind Motive, die ihren Ursprung in Alessios idealistischer Grundhaltung haben, die ihn – der an dieser

---

[510] op. cit., S. 74.

[511] So sind Alessios Sympathien für den Faschismus und seine „antibürgerliche" Haltung als Ablehnung gegen die Welt seines Vaters zu verstehen, wie aus seinen Gedanken anlässlich einer von Tarquinio gehaltenen Rede über das Wesen des Faschismus deutlich wird. Vgl. op. cit., S. 21: »„Tutta questa gazzarra, in cui comunisti, massoni e liberali si trovano unanimi sotto un vessillo da Esercito della Salvezza rivela la mentalità piccolo-borghese e nient'affatto rivoluzionaria dei vecchi partiti italiani. E per il fascismo è un bene, ve lo dico io. Il fascismo, che credevate reazionario, ne uscirà rivoluzionario davvero e antiborghese..." Mi veniva in mente con queste sue parole che erano anche mie, come lo avevo visto a volte inveire contro taluni dissidenti figli di bottegai, nell'aula della sezione. Ah il fascino della parola "antiborghese"! E che voglia di fucilate!« Hier lässt sich eine der von H. Marek *Elio Vittorini und die moderne europäische Erzählkunst (1926-1939)*, festgestellten Überarbeitungen lokalisieren, mit welcher der Autor sein eigenes frühes linksfaschistisches Engagement zu erklären versucht hat.

[512] op. cit., S. 129.

Stelle auch als stellvertretend für den Autor betrachtet werden darf – zum Sozialfaschismus der Anfangsjahre geführt haben. Denn ebenso wie die Figuren von Dos Passos und Steinbeck mit ihrem ausgeprägten Bewusstsein für soziale Probleme sehen auch Tarquinio und Alessio in den vorherrschenden Eigentumsverhältnissen die wesentliche Ursache für das Unglück unter den Menschen.[513]

Diese Thematik wird von Vittorini in seinem 1936 geschriebenen, dann allerdings aufgrund des Spanischen Bürgerkriegs unterbrochenen und erst 1956 veröffentlichten Romans *Erica e i suoi fratelli* fortgesetzt. Erica lebt mit ihrer Familie am Rande der „großen Stadt". Die ökonomische Situation der Familie spitzt sich im Verlaufe der Erzählung dramatisch zu.

Die von Vittorini evozierte Atmosphäre erinnert stark an jene, der auch die Joads in Steinbecks *The Grapes of Wrath* ausgesetzt sind: Die Familie leidet unter der allgemeinen wirtschaftlichen Rezension, der Vater bringt zunächst immer weniger Lohn nach Hause, bis er schließlich wie vor ihm schon die meisten anderen seine Stellung ganz verliert. Im Gegensatz zur Familie Joad, die sich zum gemeinsamen Aufbruch und Neuanfang in Kalifornien entschließt, verlässt Ericas Vater entgegen allen von der Mutter vorgebrachten Argumenten die Familie und macht sich allein auf die Suche nach einer neuen Arbeit, um sich den Lebensunterhalt zu verdienen:

> »Disse che sarebbe partito. Lontano nelle montagne costruivano strade. Sarebbe andato a guadagnarsi il salario lassú. [...] Bisognava non lasciarsi stringere dalla miseria, darsi subito rimedito. A loro avrebbe mandato metà del salario. –Possiamo seguirti,- disse la madre. Ma lui non volle. Seguirlo? Ora lavorare era come essere al fronte, disse. Il lavoro era un momento qua, un momento là, e uno doveva corrergli dietro dove era. Come correre tutta una famiglia?«[514]

Als der Vater schließlich in der Fremde erkrankt, richtet Ericas Mutter den Kindern die verbliebenen Vorräte, die ärmliche Behausung und etwas

---

[513] Vgl. hierzu auch op. cit., S. 94: »Caro Mainardi – leggo della tua crisi di coscienza sugli operai, dei tuoi discorsi col guardiano eccetera. Bene, sei l'amico che ti ho sempre creduto e mi congratulo con me stesso di averti. Ma non fantasticare per questo che non sei fascista e che sei comunista.«

[514] E. Vittorini, *Erica e i suoi fratelli. La garibaldina* (1956), Milano, 1980, S. 27.

Geld und reist im hinterher, um ihn zu pflegen. Im Grunde ist sie, die ohnehin mehr aus Pflichtgefühl bei ihren Kindern geblieben war, glücklich darüber, wieder zu ihrem Gatten gelangen zu können und lässt ihre Kinder ohne großes Bedauern zurück. Ericas Eltern setzen mit ihrem Verhalten letztlich schon die von Alessio entworfene Schreckensvision um, in welcher selbst die eigenen Kinder dem persönlichen Glück der Eltern geopfert werden. Die von der Mutter in Aussicht gestellte baldige Rückkehr verzögert sich immer weiter, so dass schließlich die Vorräte und das Geld zu Ende gehen. Die Gemeinschaft der Siedlung geht, als sie erst begreift, dass die Kinder von den Eltern schutzlos zurückgelassen worden sind, dazu über, das wenige Hab und Gut zu plündern. Wohltaten werden nur um den Preis der Demütigung erwiesen, so dass Erica sich letztlich prostituiert, um auf diesem Wege die eigene und die Existenz ihrer Geschwister zu sichern.

Die Anklage der Missstände legt Vittorini erneut wie im Falle Alessios in die Hände der Kinder und Jugendlichen, denn Erica ist die Einzige, die trotz ihres neuen von der Gesellschaft als unmoralisch empfundenen Lebenswandels in ihrem Wesen unberührt und unschuldig bleibt, arbeitet sie doch durch die Not gezwungen als Prostituierte, ohne dabei gleichzeitig zu einer Prostituierten zu werden.

> »Per lei, quello che lei fosse, non costituiva problema, naturalmente. Non pensava: Io sono... Ma solo: Io faccio... E questo sempre e solo riferendosi a quelle tre ore in cui faceva. Per il resto essa era una ragazza con una casa e una sorella e un fratellino, che badava a loro tre e puliva, spazzava, cucinava.«[515]

Die Soldaten hingegen, die sich ihrer bedienen, die Nachbarn aus der Siedlung, die eigenen Eltern, sie alle sind die Beleidiger der Welt, die nur an sich selber denken, sind mit dem Makel der Heuchelei und des Betruges gezeichnet. In einer Welt, in der die Starken sich nicht mehr der Schwachen annehmen, kann es aber kaum noch Hoffnung geben.

---

[515] op. cit., S. 110.

Die Reaktion auf solcherlei Missstände findet ihren Ausdruck in den „astratti furori"[516] des Protagonisten und Erzählers Silvestro in *Conversazione in Sicilia* (1941).[517]

> »Io ero, quell'inverno, in preda ad astratti furori. Non dirò quali, non di questo mi son messo a raccontare. Ma bisogna dica ch'erano astratti, non eroici, non vivi; furori, in qualche modo, per il genere umano perduto. Da molto tempo questo, ed ero col capo chino. Vedevo manifesti di giornali squillanti e chinavo il capo; vedevo amici, per un'ora, due ore, e stavo con loro senza dire una parola, chinavo il capo [...].«

Hier wird die jugendliche Wut und Unzufriedenheit Alessios endlich präzisiert, wenngleich der Protagonist Silvestro, wie so viele andere, angesichts des schweren Schicksals den Kopf gesenkt hält. Nicht mehr der Einzelne steht mit seinem Verlangen, seinen Sehnsüchten und Wünschen im Vordergrund. Nicht die persönliche Enttäuschung ruft die „astratti furori" hervor, sondern die Trauer um das verloren scheinende Menschengeschlecht, das gedemütigt sein Haupt gesenkt hält und sich in sein Schicksal ergeben hat. Das neue Element der stark symbolistischen *Conversazione in Sicilia* ist die Rückkehr des mittlerweile *erwachsenen* Silvestro an die Stätte seiner Kindheit, denn der Weg aus diesem unglücklichen Dasein kann nur dadurch erfolgen, dass der Mensch sich auf seine Ursprünge besinnt. Dafür kehrt Silvestro zurück in eine Zeit, in der er selber noch unschuldig war und sich noch nicht durch Eigennutz an der Welt vergangen hatte, denn nur in der Konfrontation mit der Unschuld kann er begreifen, welches Unrecht tatsächlich an der Welt begangen wurde und welche Maßnahmen zur Beendigung desselben notwendig sind.

Auch hier hat der Autor sich ebenso wenig wie in den vorangegangenen Romanen von der mythischen Bedeutung der Kindheit gelöst. Dies verbindet ihn neben Pavese auch mit Sherwood Anderson, der seinen Protagonisten John Stockton ebenfalls in seine Old Harbor zurückkehren lässt, um dort den Kontakt zu den eigenen Wurzeln wiederherzustellen. Auch für

---

[516] E. Vittorini, *Conversazione in Sicilia*, S. 131.

[517] Als Vorabdruck erschienen 1938/39 in der Zeitschrift *Letteratura*, als Buch schließlich 1941 publiziert.

Silvestro beginnt seine eigentliche Reise erst mit seiner Ankunft in seinem Heimatdorf.

> »E mi parve ch'essere là non mi fosse indifferente, e fui contento d'esserci venuto, non esser rimasto a Siracusa, non aver ripreso il treno per l'Alta Italia, non aver ancora finitio il mio viaggio. Questo era il piú importante nell'essere là: non aver finito il mio viaggio; anzi, forse, averlo appena cominciato; perché cosí, almeno, io sentivo [...].«[518]

Zuvor trifft er jedoch im Zug auf den mitreisenden „Gran Lombardo", der ihm das erste Mal die Notwendigkeit eines neuen Wertesystems für die Menschheit vor Augen führt.[519] Die alten Werte, so der „Gran Lombardo", seien ungenügend und ließen die Menschen unbefriedigt zurück. Die alten Werte, und dies darf auch im Sinne des herrschenden Faschismus gedeutet werden, gegen den der Autor mittlerweile Opposition bezogen hat, haben die Welt zu dem gemacht, was sie ist: zur „mondo offeso", zur beleidigten Welt, die an ihren Beleidigern gerächt werden muss.

> »Non ogni uomo è uomo, allora. Uno perseguita e uno è perseguitato; e genere umano non è tutto il genere umano, ma quello soltanto del perseguitato. Uccidete un uomo; egli sarà piú uomo. E cosí è piú un malato, un affamato; è piú genere umano il genere umano dei morti di fame.«[520]

Diese vom Erzähler vorgetragene Aufteilung der Welt in gute und böse Menschen, in Verfolgte und Verfolger, die ein weiteres Mal auf die zeitgenössische Situation unter dem Faschismus anspielt, gelingt es Vittorini erst in dem 1945 veröffentlichten Widerstandsroman *Uomini e no* zu überwinden, für den Mario Praz inhaltliche Ähnlichkeiten mit Hemingways *For Whom the Bell Tolls* festgestellt hat.[521] In dem Roman, den Vitto-

---

[518] E. Vittorini, *Conversazione in Sicilia*, S. 177.

[519] Vgl. hierzu op. cit., S. 160f: »-Non perché io abbia qualcosa di particolare da rimproverarmi,- disse. -Nient'affatto. E nemmeno parlo in senso di sacrestia... Ma non mi sembra di essere in pace con gli uomini. Avrebbe voluto avere una coscienza fresca, cosí disse, fresca, e che gli chiedesse di compiere altri doveri, non i soliti, altri, dei nuovi doveri, e piú alti, verso gli uomini, perché a compiere i soliti non c'era soddisfazione e si restava come se non si fosse fatto nulla, scontenti di sé, delusi.«

[520] op. cit., S. 249f.

[521] Vgl. auch M. Praz, "Hemingway in Italy", S. 122: »The minute narration of the torture of the peddler Giulaj, on whom a German officer sets his dogs, finds a counterpart in the description in Hemingway's novel of the massacre of all the fascists of a small town, done to death

rini vor dem Hintergrund seiner eigenen Resistenza-Erfahrungen verfasst hat, kämpft der Protagonist N2 als Anführer einer Gruppe von Partisanen in Mailand gegen die deutschen Nationalsozialisten und die mit ihnen kooperierenden Faschisten der Republik Salò. Gleich zu Beginn erklärt die alte Selva, eine Sympathisantin der Widerstandskämpfer, ihm und der von ihm nach wie vor begehrten, jedoch mittlerweile unerreichbaren Jugendliebe Berta den Sinn ihres gemeinsamen Kampfes, der weit über die Befreiung vom Faschismus hinausgeht. Tatsächliches Ziel des Kampfes ist es, die Menschen glücklich zu machen:

> »E sempre guardava uomo e donna. „Perdio!" disse. „Bisogna che gli uomini siano felici. Che senso avrebbe il nostro lavoro se gli uomini non potessero essere felici?" [...] „Avrebbe un senso tutto il nostro lavoro?" „No, Selva. Non lo credo." [...] „Credo che niente avrebbe un senso." [...] „Bisogna che gli uomini possano esser felici. Ogni cosa ha un senso solo perché gli uomini siano felici."«[522]

Die Partisanen in *Uomini e no* sind keine Intellektuellen, keine Demagogen oder idealistischen Wirrköpfe, die ein politisches Programm verwirklichen wollen, sondern ganz schlichte Durchschnittsbürger mit gutmütigen Gesichtern. Friedfertige Menschen wie Coriolano, Barca Tartaro oder Pico Studente, die eine Familie und Freunde haben, die keine direkte Not leiden und keinen direkten Repressalien durch die Faschisten ausgesetzt sind und die dennoch aus ihrer inneren Notwendigkeit heraus zur Waffe greifen und gegen das Regime und den Terror kämpfen:

> »Coriolano era un uomo semplice: aveva una faccia aperta e buona, e spesso diceva: «Io non so». Ma anche Mambrino aveva una faccia buona, l'aveva tonda e buona. E Barca Tartaro l'aveva ferma e buona. Pico Studente l'aveva acuta e buona. Tutti questi uomini erano semplici, erano pacifici, semplici [...]. Perché, ora, lottavano? Perché vivevano come animali inseguiti e ogni giorno esponevano la loro vita? Perché dormivano con una pistola sotto il cuscino? Perché lanciavano bombe? Perché uccidevano? «[523]

---

between two lines of peasants armed with flails. Enne 2, the protagonist of Vittorini's book, is in love with a girl, Berta; they go to the house of an old woman, Selva, who belongs to the movement. Now Selva's behavior to the lovers reminds one immediately of the behavior of elderly Pilar, the partisan woman, to the couple, Robert Jordan and Maria.«

[522] E. Vittorini, *Uomini e no* (1945), Milano, 1980, S. 12f.

[523] op. cit., S. 49.

Ziel ihres Kampfes ist das von Selva geforderte Glück der Menschen, die konkrete Umsetzung der bisher nur symbolischen „altri doveri" des „Gran Lombardo", die Rückkehr zum Menschsein, das Gefühl des „Dennoch-Mensch-Seins" trotz all der unmenschlichen Verbrechen, die von den einen begangen und von den anderen erlitten worden sind. Im Gegensatz zu den vorangegangenen Romanen wird hier die bisherige Trennung in gute und böse, schuldige und unschuldige Menschen tendenziell aufgehoben.

Stattdessen betrachtet der Erzähler den Menschen nun als Ganzes mit all seinen guten und schlechten Eigenschaften, die in ihm vereint sind und zu ihm gehören. Denn will man die alten Fehler nicht wiederholen, die zur „mondo offeso" der *Conversazione in Sicilia* geführt haben, dann gilt es nunmehr den Menschen in seiner Gesamtheit zu akzeptieren, um in diesem Bewusstsein eine Wiederholung der Ereignisse der Vergangenheit unmöglich zu machen:

> »Questo è il punto in cui sbagliamo. Noi presumiamo che sia nell'uomo soltanto quello che è sofferto, e che in noi non è scontato. [...] Noi non pensiamo che agli offesi. O uomini! O uomo! Appena vi sia l'offesa, subito noi pensiamo con chi è offeso, e diciamo che è l'uomo. Sangue? Ecco l'uomo. Lagrime? Ecco l'uomo. E chi ha offeso che cos'è? Mai pensiamo che anche lui sia l'uomo. Che cosa può essere d'altro?«[524]

Ein solchermaßen veränderter Blickwinkel schafft aber faktisch die Möglichkeit zu einem gemeinsamen Neuanfang, der die beiderseitigen Schuldzuweisungen in den Hintergrund drängt und den Schwerpunkt auf eine mögliche gemeinsame Zukunft verlagert. In letzter Konsequenz ist dieses Unterfangen Vittorini hier allerdings noch nicht gelungen, was angesichts der zeitlichen Nähe von Partisanenkampf und fiktionaler Verarbeitung durchaus verständlich ist. Der Ruf nach Rache und Sühne wird erneut in der ersten Fassung der später überarbeiteten *Le donne di Messina*[525] laut und verdeutlicht, dass die ideologischen Abgründe keineswegs schon überwunden sind.

---

[524] op. cit., S. 171f.

[525] Die ersten fünfzehn Kapitel sind 1947/48 in *La Rassegna d'Italia* erschienen, die erste Buchfassung wurde 1949, die zweite dann 1964 publiziert.

Nach dem Waffenstillstand lassen sich in einem vom Krieg zerstörten Bergdorf die unterschiedlichsten Menschen nieder, um einen gemeinsamen Neuanfang zu wagen. Ihr Zusammentreffen ist eher zufällig, ihre Gemeinsamkeit besteht zunächst lediglich darin, dass sie alle unterwegs sind. Sie alle sind ausgehungert von der langen Isolation durch den Krieg, in der sie den Kontakt zu sich und ihren Mitmenschen verloren haben. Die Reise ist für sie ein Mittel, um diese Isolation aufzubrechen, um in den Kriegswirren verloren gegangene Verwandte und Bekannte wiederzufinden – und mehr als alles andere – um die Welt und das eigene Dasein als Mensch wieder neu zu entdecken:

> »Si precipitarono alle porte di bronzo che si riaprivano, e a battere su di essa, tutti questi uomini e donne rimasti fermi due anni di qua o di là della linea gotica; e non vi fu uno solo che non fece o non progettò di fare un piccolo viaggio almeno di una giornata, almeno di trenta o quaranta chilometri, almeno su un carro tirato da buoi, per rivedere qualcuno o qualcosa. Che cosa? Non sempre, certo, era la propria madre, né sempre la moglie o il marito o i figlioli. Non era sempre qualcuno o qualcosa di già conosciuto; né la propria città nativa. Ma era ristabilire il contatto con l'*altro* di noi, con il *resto* [...].«[526]

Ganz Italien scheint unterwegs zu sein: Heimkehrer, Arbeitslose, Kinder, die ihre Eltern suchen, Frauen, die ihre Männer suchen. Sie alle verbindet das im Krieg erlittene Schicksal miteinander. Unter Leitung des ehemaligen Faschisten Ventura beginnen sie, die ihre Reise nur zufällig an dieser Stelle kurz unterbrochen hatten, mit dem Aufbau einer neuen Gemeinschaft, die auf dem freiwilligen Zusammenhalt der Menschen basiert. Einige verschwinden im Laufe der Zeit, kehren aber meist zurück, da bei aller Armut und Mühsal das Leben in der Gemeinschaft ihnen zumindest ein Ziel und Geborgenheit gibt. Dinge, die sie außerhalb in einer nach wie vor feindlichen Umwelt nicht finden können.

Allerdings steht in der ersten Version von 1949 das Scheitern der von Vittorini skizzierten Gesellschaftsutopie im Vordergrund. Die Welt mit ihren Streitigkeiten in Person von „Carlo il Calvo" holt die Gemeinschaft ein. Carlo soll im Auftrag der Grundeigentümer, auf deren Boden die Gemeinschaft sich angesiedelt hat, feststellen, wann Abgaben für die Nutzung

---

[526] E. Vittorini, *Le donne di Messina* (1964), Milano, 1980, S. 6.

eingefordert werden können. Er erkennt Ventura als ehemaligen Faschisten und verrät diesen, der sich ihm in den Weg stellt und das Dorf zu schützen versucht, an die Partisanen, welche daraufhin in das Dorf eindringen, um Ventura gefangen zu nehmen. Nachdem Ventura in einer Kurzschlusshandlung seine Geliebte Siracusa getötet hat, wird er von den Partisanen gefasst und hingerichtet. Carlo hingegen wird von der Gemeinschaft aus Rache für seinen Verrat getötet. Die der Welt angetane Schmach wird hier nicht gerächt und die Gemeinschaft zerbricht erneut an der feindlichen Umwelt, vor der es kein Entkommen gibt.

In der zweiten Version hingegen variiert das Ende. In einer dem Roman vorangestellten „Nota all'edizione del 1964" distanziert Vittorini sich nachdrücklich von der Erstveröffentlichung und weist vor allem auf den „überarbeiteten und überdachten" zweiten Teil hin,[527] in welchem Ventura sich zunächst vor den Partisanen versteckt und schließlich wieder in das Dorf zurückkehrt, um mit Siracusa das einmal begonnene Leben fortzusetzen. Ohne dabei ihre Bedeutung einzubüßen, rückt die Vergangenheit hier aber doch soweit in den Hintergrund, dass sie einen Neubeginn ohne Schuldzuweisung nicht mehr verhindert. So kann Siracusa, stellvertretend für die Gemeinschaft, die durch die Anwesenheit der Partisanen mittlerweile um Venturas faschistische Vergangenheit weiß, jenem mitteilen, dass nicht das Gestern, sondern das Heute wesentlich für die Beurteilung eines Menschen ist:

> »„Non c'è bisogno di spiegazioni... Tutto si spiega da sé, anche quello che ha cercato di ottenere quel tuo tipo della moto e che tu non gli hai lasciato avere. Hai ragione. Non vi è niente che tu debba spiegarci..." [...] „Di prima non ci interessa... Noi non è mai chiesto a nessuno che cosa fosse stato prima. E perché dovremmo chiederlo a te? Sono affari tuoi... Io è stato solo per come tu eri adesso che ti chiedevo conto... Per come tu eri diventato con noi."«[528]

---

[527] Vgl. hierzu E. Vittorini, "Nota all'edizione del 1964", in: ders., op. cit., Einband, ohne Seitenangabe: »Una prima stesura di questo libro è stata pubblicata quattordici anni fa e non è mai stata, per mio esplicito desiderio, ristampata. L'attuale stesura è frutto di una revisione eseguita a intermittenze, nel '52, nel '57 e nell'inverno di quest'anno. Divisa in due parti, essa è da considerare, rispetto all'originaria, solo corretta e riordinata nella prima metà e invece riscritta, e anche ripensata, nella seconda.«

[528] op. cit., S. 299f.

Auch die zu erwartende Amnestie wird von Siracusa hier schon angedeutet, so dass Ventura sich tatsächlich nur für einige Zeit verborgen halten muss, um danach ein neues Leben ohne Angst vor den Schatten der Vergangenheit zu beginnen. Ebenso wie Pavese geht auch Vittorini mit dem Entwurf seiner Gesellschaftsutopie über jener der amerikanischen Schriftsteller hinaus, indem er die schon in *Uomini e no* angedeutete Gleichsetzung der Menschen jenseits ihrer Zugehörigkeit zu ideologischen Lagern umsetzt.

Denn dieses ist allen Protagonisten der hier besprochenen Romane gemeinsam: Mögen sie sich noch so einsam fühlen, mag ihre Situation noch so katastrophal sein, so sind sie dennoch alle Mitglieder der menschlichen Gemeinschaft. Und sie alle wissen darum, dass es diese Gemeinschaft ist, die sie stärkt und ihnen ein menschenwürdiges Dasein erst ermöglicht, auch wenn sie es zu leugnen scheinen, wie es bei den Figuren von Dos Passos der Fall ist. Letzten Endes braucht es die Solidarität zwischen den Menschen und so nehmen sich im Werke Paveses die beiden Freunde Anguilla und Nuto des Jungen Cinto an, Amelia kümmert sich um Ginia, Pablo und Amelio kämpfen mit den Kommunisten gegen den Faschismus und Clelia sorgt sich um Rosetta. Vittorinis Exfaschist Ventura bezahlt seine Schuld an der Welt, indem er beim Aufbau der neuen Gemeinschaft eine tragende Rolle übernimmt. Der Protagonist N2 in *Uomini e no* opfert sich ebenso wie Robert Jordan aus *For Whom the Bell Tolls* für seine Kameraden und die „mondo offeso". Sie alle stellen trotz ihrer vorgeblichen Lebensmüdigkeit mit ihren letzten Taten ihren Idealismus und ihren Glauben an eine bessere Welt erneut unter Beweis. Und so bleibt dem Leser der Eindruck, dass trotz allen erlittenen und zugefügten Unrechts für die Menschheit dennoch Hoffnung besteht. Solange aber diese Hoffnung besteht, solange ist auch das Versprechen der *Manifest Destiny* nicht außer Kraft gesetzt, zu einer ausgewählten Gemeinschaft zu gehören, die nunmehr nicht mehr auf Amerika reduziert ist, sondern die überall dort zu finden ist, wo wieder Menschen sind.

4.3. Die *Frontier*
4.3.1. Die Mehrschichtigkeit in der Bedeutung der *Frontier*

Ein weiterer wesentlicher Bestandteil des *American Dream* ist die *Frontier*, die sich nach Freese über ihren (statischen) Charakter als Trennlinie zwischen zwei Bereichen bzw. Zuständen hinaus vor allem durch das psychologische Moment der beständigen Herausforderung definiert:

> »The basic constituents of this Dream are [...] the assurance that, in the context of civilization's irresistible westward movement, ever new borderlines are to be crossed and obstacles to be surmounted, that is, the idea of the continual challenge of respective Frontiers [...].«[529]

Die Geschichte des Wilden Westens, des ehrlichen Siedlers, des aufrechten Cowboys und des wilden Indianers sind untrennbar mit der *Frontier* verbunden. Hier fanden die amerikanischen Literaten ihre ersten Motive, hier fanden später die Filmmogule Hollywoods immer wieder dankbaren Stoff für ihre Geschichten, in welchen die Grenze erobert und der wilde Indianer vertrieben werden musste, um die Zivilisation voran zu bringen. Die Vorstellung von einer beständigen Herausforderung impliziert allerdings, dass die Konnotationen der *Frontier* weit über eine rein geografische Dimension hinausgehen.

Einen ersten Ansatz zu ihrer vielschichtigen Bedeutung finden wir bei J. Hector St. John de Crèvecoeur in seinen *Letters from an American Farmer* (1782). Die Grenze, die es in der „Neuen Welt" zu überwinden gilt, um sich eine Existenz aufbauen zu können, ist mehr im Bewusstsein verankert, als dass sie geografisch fassbar wäre. Der Grenzgänger nach Art St. John de Crèvecoeurs muss sich von seinen alten europäischen Gewohnheiten und Erfahrungswerten lösen und sich der Weite eines Kontinents anpassen, welcher auch 300 Jahren nach seiner Entdeckung längst noch nicht völlig erschlossen ist:

> »We have no princes, for whom we toil, starve, and bleed; we are the most perfect society now existing in the world. Here man is free as he ought to be; nor is this pleasing equality so transitory as many others are. Many ages will not see the shores of our great lakes replenished with inland nations, nor the

---
[529] P. Freese, *The American Dream and the American Nightmare*, S. 19f.

unknown bounds of North America entirely peopled. Who can tell how far it extends? Who can tell the millions of men whom it will feed and contain? For no European foot has as yet traveled half the extent of this mighty continent!«[530]

Denn trotz der bisher in Besitz genommenen Landmassen ist für St. John de Crèvecoeur keine Beschränkung in der weiteren Ausdehnung in Sicht. Im Kontrast zum repressiven Feudalsystem Europas zeichnet sich das Leben des Siedlers in Amerika vor allem dadurch aus, dass er frei ist. Die einzigen Beschränkungen, die ihm in seiner Ausdehnung auferlegt werden, sind zunächst die ihn umgebende Wildnis und der ihm eigene Mut. Ob er in die Wildnis eindringt, ob er sie erobert, ob er den Daseinskampf erfolgreich bestehen wird: All das hängt nun ausschließlich von den persönlichen Fähigkeiten des Menschen ab. Und so scheint es, als würde sich die Grenze an dieser Stelle eher durch ihr „Nicht-Vorhandensein" als durch ihre Existenz im Bewusstsein der Siedler manifestieren.

Die Vielschichtigkeit der *Frontier* erläutert schließlich G. Raeithel, der insgesamt drei unterschiedliche dem Verständnis des Begriffs zugrunde liegende Ansätze erkennt: Zum einen bezeichnet der Begriff *Frontier* die konkrete Linie zwischen besiedeltem und unbesiedeltem Gebiet, d.h. die Grenze zwischen Zivilisation und Wildnis, wie sie die Siedler unter John Winthrop erlebten, der sich selber – so eine Anekdote – einmal in der Wildnis verirrt hatte, die sein Haus umgab. Diese geografische Komponente erfährt eine zusätzliche Ausweitung, wenn man sie auf die spärlich besiedelten Gebiete anwendet, wie es die amerikanischen Behörden mit ihren Angaben zur Bevölkerungsdichte des amerikanischen Kontinents taten. Hier wurde die *Frontier* als Gebiet verstanden, das mehr als zwei und weniger als sechs Bewohner pro Quadratmeile aufwies. In beiden Fällen handelt es sich bei der Frontier aber um einen konkret fassbaren und dementsprechend zu benennen geografischen Ort. Der *Process* dieser Besiedelung hingegen, und hierbei handelt es sich um die dritte Konnotation, die dem Begriff innewohnt, war 1890 offiziell als vollendet erklärt wor-

---

[530] J. H. St. John de Crèvecoeur, "Letters from an American Farmer", S. 559.

den,[531] was wiederum F. J. Turner im Jahr 1893 zu seiner berühmt gewordenen Rede zum Wesen der *Frontier* vor dem amerikanischen Historikerkongress veranlassen sollte.[532]

Mit einem solchen Besiedelungsprozess ging natürlich auch die Entwicklung nationaler Eigenarten einher. So sehen Lamar/Thompson den *Process* als wesentlichen Bestandteil der *Frontier*, weisen aber gleichzeitig auf die Wechselwirkung hin, welche die beiden Begriffe aufeinander haben.[533] Denn ebenso wie die *Frontier* besitzt auch der Begriff *Process* mehrere Bedeutungen: Zum einen handelt es sich hierbei um einen Teil in einer Reihe sich beständig wiederholender Abschnitte, zum anderen um das Ergebnis, das aus einer solchen Aneinanderreihung von Einzelabschnitten resultiert:[534]

> »The word *process*, like the word *frontier*, has an ambiguous meaning. In American English, in fact, the term *frontier* depends for its most important historical meaning and imaginative connotation upon the several meanings of *process*. *Process* can mean any set of changes that in aggregate lead to some end. It can also mean a single sequence in a set or series of recurring sequences. The word therefore may also designate the cumulative effects of such a series of recurring sequences.«[535]

Für die Vereinigten Staaten findet sich diese beständige Wiederholung in der andauernden Verschiebung der Grenzlinie und der Besiedelung des bis dahin noch unkultivierten Landes. Der *Process* dauerte so lange an, bis das Grenzgebiet mit Erreichen der oben definierten Einwohnerstärke zu existieren aufgehört hatte.

---

[531] Vgl. auch G. Raeithel, *Geschichte der Nordamerikanischen Kultur*, Bd. 1, S. 329.

[532] Zu Turners Amerika-Verständnis, das auf dem unerschütterlichen Glauben an die *Manifest Destiny* beruht, vgl. auch A. Boime, *The Magisterial Gaze: Manifest Destiny and American Landscape Painting*, S. 3f: »In the context of an international fair, manifestly devoted to American domination and located at the gateway to the West, Turner struck up a theme that would have been familiar to every auditor. He suggested that his imaginary readers climb the Cumberland Water Gap, and from there looking westward they could view the United States "like a huge page in the history of society."«

[533] Vgl. erneut H. Lamar/L. Thompson (ed.), *The Frontier in History*.

[534] Diese Differenzierung ist vor allem hinsichtlich der Verzahnung von *Frontier* und *Self Improvement* interessant.

[535] H. Lamar/L. Thompson (ed.), *The Frontier in History*, S. 43.

Für die vorliegende Arbeit stellt sich nun vor allem die Frage, wie das amerikanische Bewusstsein die täglichen Erfahrungen im Umgang mit der *Frontier* verkraftet hat. Dabei ist vor allem zu berücksichtigen, dass das Überschreiten einer Grenze durchaus in zwei Richtungen wirken kann, nämlich sowohl nach hinten auf die zurückgebliebene Gesellschaft, wie auch nach vorne auf die neu zu gründende Gesellschaft.

Die *Frontier* hat zunächst in der amerikanischen Wahrnehmung eine ausgesprochen positive Konnotation, erfährt im Laufe der Entwicklung allerdings, je nach Blickwinkel des Betrachters, unterschiedliche Deutungen. Allerdings überwiegt auch im heutigen Verständnis zweifelsohne die positive Ausdeutung unter Berücksichtigung der weiter oben schon ausgeführten Phänomene einer beständigen Herausforderung, welcher der wagemutige Kämpfer sich stellt, der sich gegen die dahinter befindliche Wildnis zur Wehr zu setzen weiß.

Für die Gemeinschaft hingegen bedeutet das Überschreiten der *Frontier*, dass der Grenzgänger mit seinem Fortgang auch seinen Platz im Sozialgefüge räumt, der somit wiederum den verbliebenen Mitgliedern zur eigenen Ausdehnung dient. Gleichzeitig kommen die von ihm gewonnenen neuen Erkenntnisse ebenfalls der alten Gemeinschaft zugute, erschließen sich auf diese Art doch zuvor noch unbekannte Gebiete, die eine weitere Abwanderung ebenso ermöglichen wie den Zufluss von neuen Ressourcen.

In der alten Winthropschen Ausdeutung hingegen wurde die *Frontier* zunächst als Schutz gegen die feindliche Wildnis und ihr Überschreiten als gleichbedeutend mit dem Ausbrechen aus der Gemeinschaft empfunden. Die Ursachen hierfür sind vielfältig: Zum einen konnte das Verlassen der Gemeinschaft durch den Grenzgänger als dessen Ablehnung eben jenes Wertesystems interpretiert werden, das die Gemeinschaft in ihrer Existenz zusammenhielt. Zum anderen barg das Verlassen der Gemeinschaft durch den Einzelnen in sich aber auch die reale Gefahr des Zerfalls derselben, die ja von einer feindlichen Wildnis umgeben war, der man nur durch den Zusammenhalt der Menschen untereinander erfolgreich trotzen konnte.[536]

---

[536] Vgl. hierzu z.B. die Ausführungen zur kolonialen Rechtsprechung bei G. Raeithel, *Geschichte der Nordamerikanischen Kultur*, Bd. 1, S. 123-132.

Andererseits kann auch das Überschreiten der *Frontier* durch den Grenzgänger unterschiedliche Ursachen haben: Zum einen kann der Anlass für seinen Fortgang passiver Natur sein, indem er z.B. aufgrund von persönlichem Fehlverhalten oder Interessenskonflikten von der Gemeinschaft aktiv ausgeschlossen wurde. Handelt es sich hingegen um einen aktiven Fortgang, so kann dieser je nach Perspektive des Betrachters erneut unterschiedlich beurteilt werden: Positiv betrachtet befreit das Überschreiten der *Frontier*, die immer auch im übertragenen Sinne zu verstehen ist, den Grenzgänger scheinbar von altem gesellschaftlichem Regelwerk und kulturellem Ballast und versetzt ihn somit in die Lage, wieder Neues und Unberührtes zu entdecken. Durch das Überschreiten der Grenze und das Vordringen ins Niemandsland scheinen ihm nun auch wieder jene Möglichkeiten offenzustehen, welche die Regeln der Gemeinschaft bisher unmöglich gemacht hat. Ein solcher Wagemut des Grenzgängers kann aber auch negativ interpretiert werden: In einem solchen Falle steht er dann gleichbedeutend mit der Bindungsunfähigkeit, die den unsteten Charakter immer wieder von der Zivilisation forttreibt, weil er sich mit einer geregelten Existenzform innerhalb der Grenzen nicht abfinden kann, obwohl er doch gleichzeitig selber begründende Kraft dieser Zivilisation ist.[537] In allen Fällen muss die Beurteilung des Individuums jedoch im Kontext der Gesellschaft stattfinden, deren Regeln und Konventionen die Grenze bilden, welche überschritten wird. Denn schon N. Elias hat seinen soziologischen Untersuchungen darauf hingewiesen, dass der Mensch den gesellschaftlichen Normen, die ihn geprägt haben, nie wirklich entkommen kann:

> »Der Einzelne hat in dieser Hinsicht keine sehr große Wahl. Er wird in eine Ordnung und in Institutionen bestimmter Art hineingeboren; er wird mit mehr oder weniger Glück durch sie und auf sie hin konditioniert. Und selbst wenn er diese Ordnung und diese Institutionen wenig schön und wenig zweckmäßig findet, kann er nicht einfach seine Einwilligung zurückziehen und aus der bestehenden Ordnung herausspringen. Er mag sich ihr als Abenteurer, als „Tramp", als Künstler oder als Bücherschreiber zu entziehen

---

[537] Ein Beispiel hierfür ist die Lebensgeschichte Daniel Boones (ca. 1734-1820), der als Entdecker von Kentucky die ersten Siedlertrecks in das neu entdeckte Land führte, dort aber selber nur kurz verweilte und sich immer weiter auf die Suche nach neuen unentdeckten Gebieten begab.

suchen, er mag sich am Ende auf eine einsame Insel flüchten, noch als
Flüchtling vor dieser Ordnung ist er ihr Produkt. Sie zu mißbilligen und vor
ihr zu fliehen ist kein geringerer Ausdruck der Bedingtheit durch sie, als sie
zu preisen und zu rechtfertigen.«[538]

Es gibt also letztlich, gleichgültig welchen Weg das Individuum einschlägt – sei es als konstituierendes und vorantreibendes Mitglied der Gesellschaft, sei es, indem er versucht, sich ihr zu entziehen – keine Möglichkeit, der Konditionierung durch die eigene Sozialisation dauerhaft zu entkommen. Hiermit sind gelegentliche Exzesse jedoch nicht ausgeschlossen, die sich in ihre Rolle als Ventil für die Emotionen, die sich unter dem Druck gesellschaftlicher Konventionen angestaut haben, dem „normalen" Bewertungsmaßstab entziehen.[539]

Die folgenden Ausführungen sollen nun verdeutlichen, welche Rolle die amerikanischen Autoren der *Frontier* als Bestandteil des *American Dream* zugeteilt und wie sie dieselbe bewertet haben. Die daran anschließenden Ausführungen zu Pavese und Vittorini sollen dem Leser erneut die Adaptionen dieses Phänomens auf die Werke der beiden Autoren vor Augen führen.

---

[538] N. Elias, *Über den Prozeß der Zivilisation*, Bd. 2, S. 475.

[539] Vgl. hierzu z.B. die Bewertung des *Grand sneak* in den Werken von Sinclair Lewis durch C. Pavese, „Sinclair Lewis" (1930), in: ders., *Saggi letterari*, S. 9: »Questi americani hanno inventato un nuovo modo di bere. Parlo, s'intende, di un modo letterario. Un personaggio, a un certo punto di un romanzo pianta lí tutto: belle maniere, lavoro – famiglia, quando l'abbia – e solo, o in compagnia di un amico del cuore, scompare qualche tempo per la solita spedizione: *he has gone on the grand sneak*, si è buttato alla gran fuga. Talvolta l'assenza dura giornate. La condotta del ribelle nel frattempo è molto semplice: da un baccano di canzoni e di bei motti, a un muso angosciato e meditante. Alla fine il personaggio torna al posto nella vita. È un po' abbacchiato e smorto, ma ha una nuova coscienza di se stesso: la macchina della civiltà non lo possiede interamente, la vita è ancora degna.«

4.3.2. Grenzgänger im eigenen Land: die *Frontier* in der amerikanischen Literatur

Im Falle von Sinclair Lewis' *Babbitt* wird der Entdecker- und Eroberungsdrang, das mit der *Frontier* verbundene Gefühl einer beständigen Herausforderung auf die Geschäftswelt übertragen. Für George Babbitt ist es zunächst der Wille zum Erfolg, der ihn dazu bewegt, ständig neue Grenzen zu überschreiten.

Und wo könnte man mehr Erfolg haben, als im (scheinbaren) Niemandsland, das noch keinem Menschen gehört, in dem es also noch keine Konkurrenz gibt. Im übertragenen Sinne bedeutet dies die Konzentration auf immer neue Geschäfte. Zwar sind George Babbitt und sein Freund Paul Riesling im Grunde ihres Herzen immer noch Knaben, doch kreisen ihre Fantasien nicht mehr um die Abenteuer ihrer Helden aus Jugendträumen, sondern um die Eroberung neuer Absatzmärkte:

> »To them, the Romantic Hero was no longer the knight, the wandering poet, the cowpuncher, the aviator, nor the brave young district attorney, but the great sales-manager, who had an Analysis of Merchandizing Problems on his glass-topped desk, whose title of nobility was "Go-getter", and who devoted himself and his young samurai to the cosmic purpose of Selling – not of selling anything in particular, for or to anybody in particular, but pure Selling.«[540]

Erneut tritt an dieser Stelle auch der inhärente Widerspruch des *American Dream* zu Tage: Denn da es keine „unbesetzten" Gebiete mehr gibt, kann die eigene Freiheit, hier also der persönliche Erfolg, nur zu Lasten anderer gehen. Andererseits stehen Kompromisse und Verzicht als Voraussetzung für ein friedliches Miteinander den Regeln der Geschäftswelt konträr entgegen, die in solchen Verhaltensmaximen lediglich persönliche Beschneidung, Einschränkung und Verlust erblickt. Somit ist der Grundstein für die Auseinandersetzungen im Verteilungskampf gelegt. Die amerikanische Geschäftswelt erlaubt die Selbstverwirklichung des Einzelnen nur scheinbar, funktioniert sie tatsächlich doch im streng sozialdarwinistischen Sinne, indem sie eine beständige Profitoptimierung unter gleichzeitiger

---

[540] S. Lewis, *Babbitt*, S. 143.

Verdrängung der Konkurrenten fordert und dies zum alleinigen Lebensinhalt erhebt. Diese einseitige Gewichtung ist es schließlich auch, die Babbitt aus der Unzufriedenheit mit seinem Dasein heraus zu neuen Ufern treibt.

Babbitt entspricht damit jenem oben skizzierten Grenzgänger, der sich nunmehr von jenen gesellschaftlichen Konventionen zu befreien versucht, deren Mitbegründer und Stütze er zugleich ist. Die ihn umgebende Gesellschaft erweist sich zunehmend als feindlich und zwingt ihn über den Umweg der von ihm empfundenen Defizite in seinem Leben, neue Daseinsformen auszuprobieren. Allerdings bietet der Autor dem Leser keinerlei Alternative zum bestehenden Gesellschaftskonzept an.

So erscheint der Konflikt Babbitts im Kampf gegen die Restriktionen der Zenither Gesellschaft ebenso paradox wie sein späteres Unterliegen unvermeidlich. Die zum Schutze der konservativen Werte gegründete Brave-Bürger-Liga erscheint Babbitt, der doch selber ein tragender Teil dieser Gesellschaft ist und dementsprechend auch ihre Wertvorstellungen mitgeprägt hat, mit einem Male als eine Bedrohung für seine ohnehin nur noch kärgliche Individualität, gegen die er sich zur Wehr zu setzen versucht:

> »"I know what the League stands for! It stands for the suppression of free speech and free thought and everything else! I don't propose to be bullied and rushed into joining anything, and it isn't a question whether it's a good league or a bad league or what the hell kind of league it is; it's just a question of my refusing to be told I got to-"«[541]

Die von Babbitt angestrebte Befreiung lässt sich allerdings nicht realisieren und so fügt er sich schließlich unter Verzicht auf weitere Exzesse und Alleingänge wieder in die Strukturen der Zenither Gesellschaft ein. Babbitt tritt also hinter die überschrittene Grenze zurück, da er nicht in der Lage war, ohne den Schutz der Gemeinschaft zu existieren. Die Grenze bei Lewis hat also einen einengenden Charakter, verspricht die hinter ihr wohnende Gesellschaft ihren Mitgliedern zwar Schutz vor den jenseitigen Gefahren, beschneidet aber gleichzeitig die Entwicklungsmöglichkeiten des Individuums.

---

[541] op. cit., S. 374.

Hiermit findet die Geschichte aber keineswegs ihr Ende. Der alte amerikanische Pioniergeist scheint wiederaufleben zu wollen in Babbitts Sohn Ted, auf den jener all seine eigenen gescheiterten Träume und Hoffnungen überträgt. Die Charakterstärke des Jungen, der sich soeben ohne Einwilligung seiner Eltern verheiratet hat und der auch unter dem Druck des Familienrates an seiner Entscheidung festhält, imponiert dem Vater so sehr, dass er in seinem Sohn eben jenen Hoffnungsträger zu erkennen vermeint, der die von ihm selber nie gelebten Ideale nun verwirklichen könne.

>"Well-" Babbitt crossed the floor, slowly, ponderously, seeming a little old. [...] "I've never done a single thing I've wanted to in my whole life! I don't know 's I've accomplished anything except just get along. [...] Well, maybe you'll carry things on further. [...] Well, those folks in there will try to bully you and tame you down. Tell 'em to go to the devil! [...] Don't be scared of the family. No, nor all of Zenith. Nor of yourself, the way I've been. Go ahead, old man! The world is yours!"«[542]

Babbitt gesteht an dieser Stelle zwar sein eigenes Scheitern ein, dem Leser wird aber bewusst, dass seinen Sohn eine ähnliche Zukunft erwarten wird. Er durchläuft ganz dieselben Stadien, wie es Babbitt seinerzeit getan hat: ein abgebrochenes Studium, eine frühzeitige Eheschließung und ein schneller Einstieg in das Geschäftsleben, um sein eigenes Geld zu verdienen. Die weitere Entwicklung ist durchaus als der Norm entsprechend denkbar, d.h. Kinder, Ehe, Monotonie, Ausbruch, Rückkehr und anschließende Übergabe an den eigenen Sohn. Vor diesem Zyklus, der sich beständig wiederholen mag, ist dann auch kein befriedigender Ausweg aus der Krise in Sicht.

Während Sinclair Lewis die Einengung des Individuums durch die Gesellschaft und den vergeblichen Versuch beschreibt, sich hieraus zu befreien, beginnt Sherwood Anderson mit seiner Schilderung zu einem Zeitpunkt, zu dem die Menschen die Grenze zwischen sich und ihrer Herkunft schon überschritten haben. In den Augen Bruce Dudleys scheint es ein geradezu neurotischer Drang zu sein, der weite Teile der Bevölkerung zu einem permanenten Wechsel ihres Wohnortes drängt. Jeder hat Angst, et-

---

[542] op. cit., S. 401.

was zu verpassen an dem Ort, an dem er sich gerade befindet. Jeder ist der Überzeugung, an anderer Stelle könne er sein Glück machen und sich aus einer Misere befreien, die primär in den Köpfen der Menschen existiert. So führt die Freude an der beständigen Herausforderung den Einzelnen dazu, sein Hab und Gut zu verkaufen und immer weiter zu ziehen, nur um an jedem neuen Ort feststellen zu müssen, dass es dort genauso ist wie am letzten, dass er also einer Illusion hinterherläuft:

> »[...] there popped into Bruce's mind a story one of the boys in the newspaper office had told him. It was a story about certain people, Iowa people, Illinois people, Ohio people. [...] "They are in business or they own a farm and suddenly they begin to feel they aren't getting anywhere. Then they sell the little farm or the store and buy a Ford. They start travelling, men, women and kids. Out they go to California and get tired of that. They move on down to Texas and then to Florida. The car rattles and bangs like a milkwagon but they keep on the go. Finally they get back to where they started and then begin the whole show all over again. [...] There's a lot of them. It's the American passion for being on the go, a little going to seed, I guess."«[543]

Diese Schilderung trifft auch auf die Situation zu, in der sich Aline und John befinden. Beide sind mit ihrem Leben unzufrieden und auf der Suche nach etwas, das sie nicht benennen können. Zwar lässt der Roman das Ende offen – die beiden brechen gemeinsam in eine neue Zukunft auf – doch liegt die Vermutung nahe, dass die beiden das Schicksal der übrigen Bevölkerung teilen werden: eine beständige Wiederholung des Wanderritus, eine andauernde Suche nach neuen Grenzen, hinter denen sich doch nur Altbekanntes verbirgt.

Die eigentliche Aufgabe aber bleibt ungelöst: die Rückkehr zu den eigenen Wurzeln. Das dies durchaus möglich ist, erkennt der Leser anhand der Figur des Sponge Martin, der von Bruce Dudley für seine handwerkliches Geschick, seine Ruhe und seine Existenz im Einklang mit seiner Umwelt bewundert wird. Aber gerade Sponge Martin hat sich sein Lebtag nicht vom Platz bewegt hat, hat Old Harbor nie verlassen. Um genau diese Sicherheit, um das Wissen darum, wo man hingehört, beneidet Bruce den Alten, während er selber, den es in seiner Jugend nach Abenteuern dürstete, sich jetzt mit den Fragen nach dem Sinn des Lebens quält.

---

[543] S. Anderson, *Dark Laughter*, S. 88.

» Although he was old Sponge did not seem tired when the day's work was done but as soon as he got home and had eaten he wanted to sleep. All afternoon, on Sunday, after the Sunday dinner, at noon, he slept. Was the man entirely satisfied with life? Did his job, satisfy him, his wife, the house in which he lived, the bed in which he slept? Did he have no dreams, seek nothing he could not find? [...] The man and woman had stayed within the limits of their powers, had moved freely within a small but clear circle of life. [...] Being satisfied or not satisfied with life had nothing to do with Sponge Martin.«[544]

Im Schicksal Sponge Martins spiegelt sich der beschützende Aspekt der Grenze wider: Seine Frau und er sind nie über die Grenzen ihrer Möglichkeiten hinausgetreten, und haben sich mit dem beschieden, was sie ohne größere Anstrengungen erreichen konnten. Als Konsequenz hieraus sind sie mit ihrem Leben zufrieden und stehen somit im Kontrast zu Bruce, der den anderen Weg gewählt hat und über seine Grenzen hinausgetreten ist, um die Welt (neu) zu entdecken, und der gleichzeitig mit diesem Schritt den Kontakt zu den eigenen Wurzeln verloren hat. Welche Bedeutung dieser Kontakt für Bruce aber besitzt, lässt sich daran erkennen, dass sein gesamtes Wertesystem ins Schwanken geraten ist, dass selbst ein Baum nicht mehr ein Baum ist, dass für Bruce mit einem Mal nichts mehr auf der Welt wirklich sicher und verlässlich ist. Die tiefe persönliche Unsicherheit des Protagonisten ist es, die letzten Endes auch den Ausgang seines Abenteuers so ungewiss macht, weiß der Leser doch nicht, ob es Bruce wirklich gelingen wird, in das alte gesellschaftliche Wertesystem zurückzukehren. Die Etablierung eines neuen individuellen Wertesystems hingegen ist, eingedenk der bei Elias ausgeführten Konditionierung des Individuums, nicht denkbar:

»Under certain circumstances you had thought you knew just about what you would do, but all of your thoughts were, as likely as not, lies. After all, it might be, you never knew anything really until it had touched your own life, your own body. There is a tree growing in a field. Is it really a tree? What is a tree? Go touch it with your fingers. Stand back several feet and hurl your body against it. It is unyielding – like a rock. How rough the bark

---

[544] op. cit., S. 116f.

is! Your shoulder hurts. There is blood on your cheek. A tree is something to you but what is it to another?«[545]

Die wesentliche Gemeinsamkeit zwischen Lewis und Anderson ist jedoch, dass für ihre Romanfiguren eine Grenze existiert, die sie überschreiten können. Sowohl Babbitt wie auch Dudley sehen sich als Individuen im Kontrast zu einer für sie greifbaren Gesellschaft, verkörpert durch die Familie Babbitt einerseits und Stockton/Dudleys Frau Bernice andererseits.

Die Romanfiguren Hemingways hingegen stellen ein Übergangsstadium dar, denn mit dem Ersten Weltkrieg hat sich die bisher bestehende Ordnung aufgelöst, ohne dass sich ein neues Wertesystem etabliert hätte.

Während also die Figuren von Lewis und Anderson aktiv ihren Weg aus einer Gesellschaft heraus suchen, die sie um den größten Teil ihrer Individualität beraubt hat, sind die Romanfiguren Hemingways zunächst ausgesprochen reaktiv, erschüttert von der Erkenntnis, dass es keine Gesellschaft mehr gibt, der gegenüber man sich in der eigenen Existenz definieren könnte. Genau dies ist es, was die Romanfiguren Hemingways so desillusioniert und verloren erscheinen lässt: ihre unendliche Einsamkeit.

Ihr einziger verbliebener Referenzpunkt ist die Erfahrung des Kampfes, die auch den zentralen Punkt im Werke Hemingways bildet. Da es nun keine Gesellschaft mehr gibt, gegen die man sich absetzen, an der man sich messen kann, muss der Mensch sich nun mit sich selber konfrontieren, in der Hoffnung, auf diesem Wege ein neues Wertesystem herausbilden zu können. Sei es nun als Mitglied der Internationalen Brigaden im Spanischen Bürgerkrieg wie Robert Jordan in *For Whom the Bell Tolls* oder beim Stierkampf wie Pedro Romero in *The Sun also Rises*: Immer erfährt der Mann die Grenzen seiner persönlichen Möglichkeiten im Kampf. Grenzen, die er zuvor gar nicht als solche wahrgenommen hat, geht er doch ganz im Vertrauen auf die eigene Unbesiegbarkeit in die Schlacht. Ist er siegreich, so wird sein Selbstvertrauen gestärkt und er macht sich auf die Suche nach dem nächsten Gegner und dem nächsten Kampf, entspricht mit seinem Verhalten also exakt dem *Frontiersman*, ist er doch immer auf der

---

[545] op. cit., S. 139.

Suche nach der nächsten Grenze. Aber die Erfahrungen haben gezeigt, dass niemand auf Dauer nur siegreich sein kann:

>»All that winter, with a bad sore throat, he had killed men who came, wearing the stick bombs hooked up on a harness under their shoulders with the heavy, calf-hide packs and the bucket helmets. They were the enemy. [...] He was hit three times that winter, but they were all gift wounds; small wounds in the flesh of the body without breaking bone, and he had become quite confident of his personal immortality since he knew he should have been killed in the heavy artillery bombardment that always preceded the attacks. Finally, he did get hit properly and for good. No one of his other wounds had ever done to him what the first big one did. I suppose it is just the loss of immortality, he thought.«[546]

Und mit dieser Erfahrung der persönlichen Verwundbarkeit geht eine Veränderung des Bewusstseins einher, denn auch wenn der Mann nicht an seinen Wunden stirbt, so ist er nicht mehr derselbe wie zuvor. Der Glaube an die eigene Allmacht, die Überzeugung, den Gegner niederschmettern und unversehrt aus dem Kampf nach Hause zurückkehren zu können, ist schlagartig vernichtet; das einzig möglich scheinende Substitut für das verloren gegangene gesellschaftliche Wertesystem hat sich ebenfalls als untauglich erwiesen.

Angesichts solcher Erschütterungen stellt sich die Frage, wie die Protagonisten mit dem Bewusstsein ihrer Verwundbarkeit umgehen. Im Falle von Brett Ashley und Jake Barnes aus *The Sun also Rises* fällt vor allem das Widersprüchliche ihrer Situation auf, denn obwohl Jake aufgrund einer während des Krieges erlittenen Verwundung zur körperlichen Liebe unfähig ist, begeben die beiden sich immer wieder in Situationen, die frustrierend enden müssen, da die sexuelle Erfüllung ihres Verlangens nicht stattfinden kann. Während Brett allerdings, obwohl sie sich mit den Gegebenheiten nicht abfinden mag und die sexuelle Konfrontation immer wieder aufs Neue provoziert, sich letztlich dem Problem nicht stellt, sondern ihre Enttäuschung mit wechselnden Liebhabern kompensiert, bemüht sich der in seiner Verzweiflung allein zurückgelassene Jake seine psychischen Wunden durch die Erschaffung eines, allerdings sehr zynischen,

---

[546] E. Hemingway, *Across the River and into the Trees*, London, 1950, S. 30f.

Werteausgleichssystems zu heilen, von dem er genau weiß, das es ebenfalls keinen Bestand haben kann:

> »No idea of retribution or punishment. Just exchange of values. You gave up something and got something else. Or you worked for something. You paid some way for everything that was any good. [...] Either you paid by learning about them, or by experience, or by taking chances, or by money. Enjoying living was learning to get your money's worth and knowing when you had it. You could get your money's worth. The world was a good place to buy in. It seemed like a fine philosophy. In five years, I thought, it will seem just as silly as all the other fine philosophies I've had.«[547]

Letzten Endes bleibt das Individuum in seinem Bestreben nach Glückseligkeit auch mit dieser Philosophie allein, denn auch die utilitaristische, explizit von moralischen Werten freigehaltene Vorstellung eines Gebens und Nehmens vermag die Bedürfnisse nach zwischenmenschlicher Nähe nicht zu ersetzen. So bleibt den Figuren Hemingways, wollen sie nicht zugrunde gehen – was sie freilich oft genug tun – nur ein Kompromiss zwischen ihrem von Stolz auf die eigenen Fähigkeiten geprägten Selbstbildnis und einem Pragmatismus, der ihnen zumindest das eigene physische Überleben ermöglicht:[548]

> »'Better to die on our feet than to live on our knees,' the Colonel said. 'Though you better get on your belly damn fast if you want to stay alive in plenty places.'«[549]

So gelingt es ihnen zumindest, ihre moralische Integrität zu bewahren, da sie zwar vom Schicksal vernichtet, nicht jedoch besiegt werden können, solange sie ihren Kampf nicht aufgeben, der somit gleichzeitig zu ihrem Lebensinhalt wird.[550]

---

[547] E. Hemingway, *The Sun also Rises*, S. 148.

[548] Vgl. hierzu auch Ch. I. Glicksberg, *The Literature of Nihilism*, Lewisburg-London, 1975, S. 49f: »His heroes are nihilistic hedonists who have pierced the pasteboard mask of life and profess to have outgrown all illusions, knowing that death waits for all men and that it may strike at any moment. The death-motif pervades practically all of Hemingway's work.«

[549] E. Hemingway, *Across the River and into the Trees*, S. 36.

[550] Vgl. hierzu auch die Interpretation von F. Scafella (ed.), *Hemingway: Essays of Reassessment*, S. 185f: »His [Hemingway's] compulsive work habits, his inordinate need to demonstrate that he will stand up to any physical test with courage and stamina, his forceful advocation of a code of honor in which achievement is measured by the ability to best one's competitors in a rule-defined ordeal – these things suggest that it was not so much compen-

Auch die Romanfiguren von John Dos Passos kommen aus der gleichen von Hoffnungslosigkeit geprägten Situation des Krieges, aus dem Niemandsland zwischen den Weltkriegen, dem *Waste Land* ohne Hoffnung.[551] Auch hier hat sich die Gesellschaft aufgelöst und es gibt keinen Zusammenhalt unter den Menschen mehr. Stattdessen steht jeder isoliert und für sich allein, von der allgemeinen Entwicklung in ihren Bann gezogen. Der einzige Bezugspunkt in der Definition des eigenen Daseins ist die Frage nach Besitz und Besitzlosigkeit. Die einzelnen Individuen konzentrieren ihre gesamte Aufmerksamkeit darauf, ihren Besitzstand gegen andere abzugrenzen und zu bewahren, oder aber zu vermehren. Selbst die Zugehörigkeit zu unterschiedlichen Klassen ist hierbei nicht von Belang, denn selbst der Ärmste unter den Armen besitzt noch eine Kleinigkeit, die von einem anderen begehrt wird, und kein Reicher ist so reich, dass er nicht nach Vermehrung seines Besitzes strebte.

Immer sind es nur einzelne Charaktere wie etwa Jimmy Herf aus *Manhattan Transfer*, oder Mary French, Ben Compton und Gus Moskowski aus der Trilogie *U.S.A.*, die sich gegen die sozialen Ungerechtigkeiten zur Wehr setzen versuchen, um so die Welt zumindest ein klein wenig zu verbessern.[552] Doch für den Leser bleibt kein Zweifel, dass diese Idealisten letztlich scheitern werden, ja scheitern müssen, weil sie in ihrer Ohnmacht

---

satory success that Hemingway lusted after as it was a desperate urgency to avoid the humiliation of failure.«

[551] Vgl. hierzu R. Asselineau: „Ein amerikanischer Romantiker des 20. Jahrhunderts: Ernest Hemingway", in: H. Weber, *Hemingway*, S. 69: »Die Situation des Menschen im 'Waste-Land' zwischen den beiden Weltkriegen scheint ohne Hoffnung. Für diejenigen, die nicht den Glauben des Feldgeistlichen aus den Abruzzen teilten [*A Farewell to Arms*], blieb als einzige Lösung die Selbstzerstörung durch Alkohol oder sexuelle Abenteuer, bei denen man sich die Syphilis holte wie Rinaldi: "self-destruction day by day", wie er einmal sagt.«

[552] Vgl. hierzu U. Schubert, *Reportage und Reportageroman als Kunstformen bei John Dos Passos*, S. 203: »Die intensive Wiederbelebung von Worten wie „freedom", „democracy", „fraternity", „equality" und anderen wurde als ein Anliegen von U.S.A. erkannt. Hier bemühte sich der Erzähler aber auch im weiteren Sinne, auf die Verfälschung im Klischee aufmerksam zu machen, auf die Lüge und leere Pose, die sich hinter den abgegriffenen Worten verbergen. Allerorts wurde in der Trilogie das Bemühen beobachtet, den Menschen die Augen zu öffnen für die Mißstände ihrer Zeit, für die Inauthentizität und Unredlichkeit des Gefühls und des Denkens, die in den „ruined words" zutage treten.«

allein einem von Selbstsucht und Profitgier geprägten System gegenüberstehen,[553] das selbst die Ärmsten in ihrem Bestreben korrumpiert und dazu anhält, sich von den noch ärmeren Leidensgenossen abzusetzen:

> »The day Mary French admitted to herself for the first time that the highpaid workers weren't coming out and that the lowpaid workers were going to lose their strike she hardly dared look Gus in the face when he called for her to take her home. [...] "What can you do when the woikin'class won't stick together. Every kind of damn foreigner thinks the others is bums and the 'Mericans they think everybody's a bum 'cept you an' me. Wasn't so long ago we was all foreigners in this man's country."«[554]

Der Kampf für die gerechte Sache, für eine bessere gemeinsame Zukunft, verlangt jedoch, wenn er Erfolg haben soll, von allen die Bereitschaft zu Kompromissen und persönlichen Einschränkungen, verlangt die Erschaffung eines neuen Wertesystems, das allen Mitgliedern der Gemeinschaft ein gleichermaßen menschenwürdiges Dasein ermöglicht. Eben dieses liegt aber gar nicht im Interesse der Allgemeinheit, basiert die Welt der *U.S.A.*-Trilogie doch auf dem Prinzip der Ausgrenzung und der Ausbeutung, was die Erschaffung eines paritätischen Systems in sich unmöglich macht.

Etwas anders gestaltet sich dagegen die Darstellung der *Frontier* im Werke John Steinbecks. In seinem Roman *Tortilla Flat* erbt der Protagonist Danny von seinem Großvater zwei Häuser, wodurch er nun das erste Mal in seinem Leben mehr besitzt, als das, was er am Leibe trägt. Danny steht vor der für ihn ungeheuren Aufgabe, sich neu definieren zu müssen. Der Besitz war bisher die Grenze, die ihn von der übrigen Gesellschaft getrennt hatte. Wie wird er sich nun entscheiden, da das Schicksal ihn mit seinem neuen Reichtum „gestraft" hat: Wird er diesen hegen und vermehren – und dafür sein altes Leben, seine Anschauungen, seine Freunde hinter sich zurücklassen, oder wird er der Versuchung widerstehen. Danny

---

[553] Vgl. hierzu auch F. Fingerhuth, *John Steinbeck und John Dos Passos. „American tradition" und gesellschaftliche Wirklichkeit*, S. 144: »Ein zentrales Thema in Dos Passos' gesamtem Romanwerk ist die Ohnmacht des Individuums angesichts von außen wirkender Kräfte.«

[554] J. Dos Passos, *The Big Money*, S. 139.

wird vom Schicksal auf die Probe gestellt und die Gefahr eines persönlichen Scheiterns ist groß, wie sein Freund Pilon überzeugend zu berichten weiß:

> »"It is not the first time," Pilon went on. "When one is poor, one thinks 'If I had money I would share it with my good friends.' But let that money come and charity dies away. So it is with thee, my once-friend. Thou art lifted above thy friends. Thou art a man of property. Thou wilt forget thy friends who shared everything with thee, even their brandy." His words upset Danny. "Not I," he cried. "I will never forget thee, Pilon."«[555]

Und tatsächlich bewahrheitet sich Pilons Prophezeiung nicht. Zwar unterliegt Danny zunächst der gesellschaftlichen Verantwortung, die der Besitz von Gütern mit sich bringt, indem er das zweite der beiden Häuser an seinen Freund Pilon gegen Geld untervermietet, doch bringt ein Unglücksfall den Eigentümer Danny ebenso wie auch seinen Mieter Pilon, der sich mittlerweile durch eine Untervermietung seinerseits in demselben moralischen Dilemma wie Danny befindet, wieder auf den rechten Weg.

> »He had indulged in a little conventional anger against careless friends, had mourned for a moment over that transitory quality of earthly property which made spiritual property so much more valuable. He had thought over the ruin of his status as a man with a house to rent; and all this clutter of necessary and decent emotion having been satisfied and swept away, he had finally slipped into his true emotion, one of relief that at least one of his burdens was removed. "If it were still there, I would be covetous of the rent," he thought. "My friends have been cool toward me because they owed me money. Now we can be free and happy again."«[556]

Es gelingt Danny also nicht nur, seine Identität trotz des über ihn hereingebrochenen Reichtums zu bewahren, er bleibt sich auch im über ihn hereinbrechenden Verlust selber treu und teilt das noch verbliebene Haus zukünftig mit seinen Freunden. Die Utopie einer (amerikanischen) Gesellschaft ohne Anhäufung persönlichen Eigentums mag dem Leser als Fantasterei erscheinen, aber das Eigentum steht an dieser Stelle synonym für Macht und Unterwerfung. Der Mensch ist in seiner Grundstruktur nicht

---

[555] J. Steinbeck, *Tortilla Flat*, S. 8.

[556] op. cit., S. 26.

schlecht, sondern er wird schlecht aufgrund falscher Wertvorstellungen und fehlgeleiteter Zielsetzungen.[557]

In der Anhäufung von Eigentum und dem daraus resultierenden sozialen Gefälle liegt der Schlüssel zum Verständnis einer Menschheit, die auf der Suche nach Fortschritt und Erfolg zum Wohle aller über ihre eigenen Grenzen hinausgetreten und nun auf der Suche nach sich selber ist.

Eben dieser Situation sehen sich die Joads in *The Grapes of Wrath* ausgesetzt. Im Gegensatz zu Danny, über den der Schicksalsschlag des Reichtums in Form seines Erbes hereingebrochen ist, werden die Joads durch die Dürre und die Armut gezwungen, ihr Heim zu verlassen, um sich an anderer Stelle eine neue und bessere Zukunft aufzubauen. In beiden Fällen existiert auf der anderen Seite der Grenze eine Gemeinschaft, an der man sich messen kann.

Doch während es Danny und seinen Freunden noch gelingt, sich vor den Gefahren jenseits der Grenze zu schützen, indem sie an ihren alten Werten festhalten, befinden sich die Farmer aus *The Grapes of Wrath* in einer Situation, in der sie dem Druck von außen nicht länger standhalten können. Die sozialen Unruhen, die den Roman thematisch beherrschen, gleichen jenen, die Dos Passos geschildert hat.

Mussten die Farmer sich zunächst nur gegen eine feindliche Natur zu Wehr setzen, immer in der Hoffnung, wenigstens dies eine Mal eine vernünftige Ernte einzufahren, mussten sie zunächst immer wieder gegen sich selber ankämpfen, gegen die Enttäuschung, gegen die Mutlosigkeit, wenn sie ihre von der Sonne, dem Wind und dem Regen zerstörten Felder ansahen, so müssen sie sich schließlich eingestehen, dass ihre Armut das Produkt einer nie zu befriedigenden Profitgier der Landeigentümer ist.

Der darauf folgende Exodus soll nicht nur die Möglichkeit zu einem neuen Lebensunterhalt schaffen. Für den ehemaligen Prediger Casy hat die

---

[557] Vgl. hierzu W. M. Frohock, *The Novel of Violence in America*, S. 124f: »In *Cannery Row* and *Tortilla Flat* Steinbeck's people have no commitments to society and no inhibitions worth mentioning. They get drunk, and fight, and afterward their kindliness and native innocence make them extremely sorry if they have hurt someone or burned a house or done anything else to be ashamed of. They have an admirable talent for taking life exactly as it comes, with a cheerfulness which is the virtue of the uncorrupted. None is truly vicious.«

Vertreibung der Menschen von ihren Farmen, von ihrem Grund und Boden, in dem sie selber verwurzelt waren, weit mehr ausgelöst. Die Erkenntnis der Farmer, dass sie ausgebeutet werden, verleiht ihrem Aufbruch über die Suche nach Ländereien hinaus auch den Charakter einer Suche nach einer neuen Identität:

>»Casy picked the backs of his long knotty fingers. "They's stuff goin' on and they's folks doin' things. Them people layin' one foot down in front of the other, like you says, they ain't thinkin' where they're goin', like you says – but they're all layin' 'em down the same direction, jus' the same. An' if ya listen, you'll hear a movin', an' a sneakin', an' a rustlin', an'- an' a res'lessness. They's stuff goin' on that the folks doin' it don't know nothin' about – yet. They's gonna come somepin outa all these folks goin' wes' – outa all their farms lef' lonely. They's comin' a thing that's gonna change the whole country."«[558]

Verharren bedeutet den Untergang, und so machen sich die Farmer schließlich auf den Weg in eine ungewisse Zukunft. Doch selbst, wenn Casys Prophezeiung sich als richtig erweisen sollte, so ändert dies doch nichts an dem Umstand, dass die Entscheidung der Farmer auf externe Zwänge zurückgeht, sie ihre Heimat nicht freiwillig verlassen haben.

Denn wie Mutter Joad sich gegenüber ihrem ältesten Sohn Tom beklagt, haben die bisherigen Grenzen auch eine Schutzfunktion inne gehabt, die mit dem Exodus der Familie nun plötzlich wegfällt. Stattdessen sind die Joads stellvertretend für viele andere mit einem Male dem Ansturm einer feindlichen Umwelt ausgesetzt, die sie zum einen dazu gezwungen hat, ihr schützendes Heim zu verlassen, und der sie zum anderen nichts entgegenzusetzen haben. Die Folgen sind entsprechend katastrophal: Der Familienzusammenhalt bricht auseinander. Großvater und Großmutter sterben unmittelbar nach Verlassen der Farm und setzen für den Leser ein erstes erkennbares Zeichen des Verfalls. Danach geht alles Schlag auf Schlag: Jeder geht nun plötzlich eigene Wege, möchte seine eigenen Interessen verfolgen und vergisst dabei völlig, dass es gerade der Schutz der Familiengemeinschaft war, der ihm sein bisheriges Leben ermöglicht hat:

---

[558] J. Steinbeck, *The Grapes of Wrath*, S. 394f.

» Ma said angrily, "Tom! They's a whole lot I don' un'erstan'. But goin' away ain't gonna ease us. It's gonna bear us down." And she went on, "They was the time when we was on the lan'. They was a boundary to us then. Ol' folks died off, an' little fellas come, an' we was always one thing – we was the fambly – kinda whole and clear. An' now we ain't clear no more. I can't get straight. They ain't nothin' keeps us clear. Al – he's a-hankerin' an' a-jibbitin' to go off on his own. An' Uncle John is jus' a-draggin' along. Pa's lost his place. He ain't the head no more. We're crackin' up, Tom. There ain't no fambly now."«[559]

Wie die Äußerungen Mutter Joads zeigen, hat die Grenze für sie und ihre Familie eine positive Bedeutung gehabt, hat sie die Familie doch vor dem Ansturm der Wildnis beschützt, unter dem sie jetzt auseinander zu brechen droht. Dennoch wird sich die Lage im weiteren Verlaufe des Romans als nicht ganz so hoffnungslos erweisen, wie sie hier scheint, da anstelle der alten Familienbande neue Gemeinschaftsstrukturen treten, indem die leidenden Farmer zur Selbsthilfe greifen und sich untereinander beistehen. Steinbecks Models folgt an dieser Stelle der schon im Werke von Dos Passos angemahnten Forderung auf den Verzicht persönlicher Vorteile, um so die gesamtgesellschaftliche Situation zu verbessern.

---

[559] op. cit., S. 628.

4.3.3. Grenzgänger und Heimkehrer: die *Frontier* in der italienischen Literatur

Auch im Werk Cesare Paveses hat die *Frontier* einen ambivalenten Charakter, doch wird vom Autor ein eindeutiger Schwerpunkt auf ihre Bedeutung für das Individuum gelegt, der somit wieder stärker an die Perspektive von Lewis und Anderson anknüpft. Einerseits hungert der Protagonist Masino aus der frühen Kurzgeschichte *Ciau Masino* nach neuen Erfahrungen, die ihn am Ende dazu bewegen werden, sich als Korrespondent für seine Zeitung nach Amerika zu begeben, um aus einem der „paesi »piú significativi per la futura civiltà del domani«"[560] zu berichten. Letztlich liegt Masinos Reisewünschen aber seine Bindungsunfähigkeit und die Angst vor Verantwortung zugrunde. Er hat weder Frau noch Kinder noch Freunde und möchte auch keine haben, um sich so frei und unabhängig fühlen zu können, da er in den menschlichen Beziehungen lediglich Fesseln zu erkennen vermag, die ihn am Leben hindern würden:

> »Basti che [...] Masino era convinto di non essere fatto per vivere insieme a una donna. E non si parla ora di moglie o di figli: neanche di un'innamorata da passeggiare alla sera chiacchierando e sbaciucchiando per ingannare il tempo, Masino sapeva che farsi. E forse il motivo che si seccava era proprio questo, che s'immaginava la bella come una cosa da ingannare il tempo, mentre la sola donna che conta è quella che ci lega mani e piedi, ma allora c'è l'altro inconveniente della schiavitú e insomma Masino non ne voleva sapere.«[561]

Masino steht als Außenseiter einer menschlichen Gemeinschaft gegenüber, mit der er sich nicht zu identifizieren vermag und der er durch sein Verhalten eine klare Absage erteilt. Sein sehnlichster Wunsch ist die Fahrt in die Fremde, nach Amerika. Allerdings deutet Pavese in den Zweifeln, die Masino überkommen – wenngleich der Protagonist hier noch in der Lage ist, sie erfolgreich zu unterdrücken – schon das Motiv des Heimkehrers an, das seine Vervollkommnung später in Anguilla erfahren wird. Die Neugier, die Masino in die Fremde treibt, die Lust auf Reisen und

---

[560] C. Pavese, *Ciau Masino*, S. 128.

[561] op. cit., S. 10.

fremde Länder stehen hier schon gleichberechtigt neben der Angst vor dem Neuen und Unbekannten, und es bleibt dem Leser überlassen, sich die weitere Zukunft Masinos vorzustellen.

> »Ancor un'ora. Il treno imboccò i Giovi. Qui Masino si chiuse nel paletò, accese una sigaretta e fissò a terra. Non aveva compagni di viaggio. L'Oceano Indiano. Singapore. Il Pacifico. Poi S. Francisco. Panama. Niente avventure, come andare a Cavoretto. Ma il mondo era bello. Cercò di sonnecchiare per sopire il noioso fervore intimo e l'ansia. Non piú parlare italiano. Ma era bello il Piemonte. Maiale! bello è andare altrove. Cosí si fa, Masino.«[562]

Die Thematik des Individuums, das sich seiner ihm von der Gesellschaft zugedachten Rolle am liebsten entziehen möchte, wird in *La spiaggia* wieder aufgegriffen. Der verheiratete Doro hat sich auf die Reise in seine Heimat gemacht, um dem Alltag seines Ehelebens zu entkommen und die Grenze zwischen Vergangenheit und Gegenwart aufzuheben, die ihn daran hindert, zu sich selber zu finden. Wenngleich Doro selber seinem Verhalten sehr unkritisch gegenübersteht, so klingt in den Reflexionen des Erzählers schon der potentiell aggressive Charakter eines solchen Unterfangens an,[563] signalisiert er doch den übrigen Mitgliedern der Gemeinschaft, im Falle Doros seiner Frau Clelia, die Ablehnung der gemeinsamen Werte und zugleich das Bestreben, eigene Wege zu gehen. Letztlich scheitert Doros Unterfangen und er muss feststellen, dass die Rückkehr in vergangene Zeiten nicht möglich ist. Schon für ihn gibt es keine andere Möglichkeit mehr, als sein Schicksal zu akzeptieren und sich an die Gegenwart anzupassen, wenn er wirklich glücklich werden will:

> »Cominciavo a capire che nulla è piú inabitabile di un luogo dove si è stati felici. Capivo perché Doro un bel giorno aveva preso il treno per tornare fra le colline, e la mattina dopo era tornato al suo destino.«[564]

---

[562] op. cit., S. 130f.

[563] Vgl. hierzu C. Pavese, *La spiaggia*, S. 30: »Adesso che Clelia non c'era, chiesi a Doro se avevano rifatto la pace. [...] E Doro disse: - Fa la pace chi ha fatto la guerra. Che guerra mi hai visto fare sinora? - Lí per lí stetti zitto. Tra me e Doro, con tanta confidenza che pure avevamo, l'argomento di Clelia non era mai stato discusso. Stavo per dirgli che si può far guerra per esempio saltando sul treno e scappando, ma esitavo, e in quel momento Clelia mi chiamò.«

[564] op. cit., S. 90.

In den beiden Figuren Masino und Doro und ihren persönlichen Motiven entfaltet sich bereits das gesamte Bedeutungsspektrum der *Frontier* im Werke Paveses. Einerseits sind die Romanfiguren begierig darauf, eine neue, eine eigene Welt jenseits der von ihnen tagtäglich erlebten zu entdecken und zu erobern. Dies ist z. B. bei Masino ebenso wie bei Clelia in *Tra donne sole* der Fall. Beide – und mit ihnen auch Pablo aus *Il compagno* – ziehen in die Fremde, mag es nun Amerika oder Rom sein, um dort ihr Glück zu machen, von dem sie sicher sind, dass es noch auf sie wartet.

In der Fremde, auf der anderen Seite der Grenze, wird ihnen dann jedoch bewusst (Clelia und Anguilla), dass die Ursache für das von ihnen unternommene Abenteuer in dem Wunsch nach Anerkennung und Bestätigung durch die alte Gemeinschaft zu finden ist, die sie gerade dafür verlassen haben. Die Protagonisten versuchen also, sich in Abgrenzung zu ihrer kleinen bekannten Welt neu zu definieren. Um die Früchte für ihre Bemühungen ernten zu können, ist allerdings die erneute Rückkehr in die alte Gemeinschaft notwendig.

Doch schon der Fall Doros deutet an, dass ein Überschreiten der Grenze, in seinem Falle der Umzug von Turin nach Genua, wo er mit Clelia nach der Hochzeit lebt, eine spätere Rückkehr in das vorherige Dasein unmöglich machen wird. Der erneute Zugang zum Stadium der Unschuld bleibt den nun um die Erfahrungen in der Fremde bereicherten Figuren verwehrt.

Doch während Doro sich für den Leser zunächst noch als unfähig erweist, seine neue Rolle anzunehmen und seine Existenz als Ehemann und werdender Vater konstruktiv mit Leben zu füllen, gelingt Anguilla als *La luna e i falò* schließlich die Synthese zwischen Altem und Neuem.

Ein wichtiger Zwischenschritt ist für Anguilla allerdings die Erkenntnis, dass das Individuum sich mit dem Verlassen der gemeinschaftlichen Strukturen nun allein gegen eine feindliche Umwelt zur Wehr setzen muss, was eine latente Angst mit sich bringen kann. Fazit einer solchen Wechselwirkung von Vereinsamung und Angst ist schließlich der Ausbruch unkontrollierter Gewalt. So weiß Anguilla nach seiner Heimkehr von der als übermäßig stark empfundenen Gewaltbereitschaft der Amerikaner zu berichten, welche er auf die Isolation der Menschen zurückführt, die er als das Ergebnis ihres ständigen Vorwärtsstrebens ansieht.

>»Che anche loro, questa gente, avesse voglia di buttarsi sull'erba, di andare d'accordo coi rospi, di esser padrona di un pezzo di terra quant'è lunga una donna, e dormirci davvero, senza paura? Eppure il paese era grande, ce n'era per tutti. C'erano donne, c'era terra, c'era denari. Ma nessuno ne aveva abbastanza, nessuno per quanto ne avesse si fermava, e le campagne, anche le vigne, sembravano giardini pubblici, aiuole finte come quelle delle stazioni, oppure incolti, terre bruciate, montagne di ferraccio.«[565]

Die Ursache hierfür ist, ebenso wie bei Steinbecks Familie Joad und den Farmern, in der Wechselwirkung zwischen Land und Mensch zu sehen: Das Land wird dadurch wertvoll, dass der Mensch es kultiviert und es zum Ausgleich dafür den Menschen ernährt, der sich wiederum über weite Strecken mit ihm identifiziert. Die Unfähigkeit, an einem Ort zu bleiben, und die Angst, das Leben nicht in vollen Zügen auszuschöpfen, verhindern für die Amerikaner schließlich ein zufriedenes und glückliches Dasein. Nur im Verständnis ihrer Selbst als Teil eines großen Ganzen können aber die Menschen die Lösung ihres inneren Zwiespalts finden. Dementsprechend kann die Alternative, so die von Anguilla gezogene Konsequenz, nur in einer Rückkehr zu den eigenen Ursprüngen bestehen, die im Gegensatz zu den noch zaghaften Versuchen Doros allerdings dieses Mal mit dem klaren Wissen um die Fehler geschieht, die begangen worden sind.

Die Darstellung der *Frontier* im Werke Vittorinis findet, ebenso wie bei Pavese, ihren Ausgangspunkt in der Ablehnung gesellschaftlicher Konventionen. Doch während es bei Masino die eigene Bindungsunfähigkeit ist, die ihn zu seinem Fortgang treibt, ist es im Falle Alessio Mainardis aus *Il garofano rosso* die Auflehnung gegen die Welt der Erwachsenen, verkörpert durch seine Eltern, die in Auflösung begriffen ist und die er als verlogen empfindet. Für Alessio verspricht der Faschismus die Errichtung einer neuen klar gezogenen Grenze, die der in ihr lebenden Gemeinschaft Schutz vor äußeren Anfeindungen gewährt.

---

[565] C. Pavese, *La luna e i falò*, S. 17.

Wie das gesellschaftliche Beziehungsgeflecht im Nachfolgeroman *Erica e i suoi fratelli* verdeutlicht, ist der Mensch zum Tier geworden und hat sich seines Menschseins entledigt.[566] Jeder denkt nur noch an sich und an seinen eigenen Vorteil. Tatsächlich hat sich das Regelwerk der Gemeinschaft aufgelöst, die somit auch nicht mehr in der Lage ist, ihren Mitgliedern irgendwelchen Schutz zu bieten. Erica ist durch ihre Situation gezwungen, aus der Gesellschaft heraus hinter die Grenze der allgemeinen Moral zu treten und sich zu prostituieren. Zum einen tritt für den Leser an dieser Stelle die Heuchelei der Konventionen offen zu Tage, denn dieselben Menschen, die Erica durch ihr eigenes Verhalten zu einem solchen Schritt gezwungen haben, fühlen sich nun einerseits erleichtert darüber, dass Erica ihren Lebensunterhalt nun allein bestreiten kann, verachten diese aber andererseits für die von ihr ausgeübte Tätigkeit:

> »Ormai Erica aveva fatto, il suo problema di fame era risolto, e loro del cortile non dovevano piú stare in ansia per una soluzione. Il moribondo era morto; non si doveva piú camminare in punta di piedi. E se il moribondo era morto invece di salvarsi, si poteva sempre gettare la colpa su qualcuno, su una madre. Le donne guardarono Erica sgomente della disgrazia, della morte, ma piene di sollievo in fondo all'animo che non vi fosse piú a turbare, a far pensare, un problema della salvezza di lei.«[567]

Zum anderen gewinnt Erica durch ihre Arbeit als Prostituierte das Vertrauen in sich und die eigenen Kräfte zurück. Die Tatsache, dass die Prostitution nur Mittel zum Zweck ist, ein persönliches Opfer, das Erica für ihre Geschwister bringt, verdeutlicht dem Leser, dass die bis dato gesellschaftliche Verantwortung nun auf den Schultern des Einzelnen lastet. Dennoch kann ein solchermaßen isoliertes Vorgehen des Individuums letztlich keine befriedigende Lösung des gesamtgesellschaftlichen Problems sein.

---

[566] Die Ursprünge für diese Entwicklung in Vittorinis Werk lokalisiert E. Sallager, „Elio Vittorinis Roman *Uomini e no*", S. 28, schon im Linksfaschismus des Autors: »Der scheinbar antithetisch zum Menschen gebrauchte *lupo (cane)* stammt gleichfalls aus Vittorinis linksfaschistischer Periode und hatte dort die Form der Doppelallegorie *agnello-serpente* und *volpe-serpente*, welche jeder Mensch in sich habe. Das allgemeine Wohl könne nur erreicht werden, wenn jeder einzelne den *volpe-serpente* in sich tötet und, solcherart „befreit", sich der Kollektivität unterordnet.«

[567] E. Vittorini, *Erica e i suoi fratelli*, S. 107.

Die Editionsgeschichte des Romans hat an anderer Stelle schon verdeutlicht, dass die realpolitischen Ereignisse jener Tage ein Festhalten an der faschistischen Utopie als Lösungsansatz für das gesellschaftliche Dilemma unmöglich gemacht hatten. Als Konsequenz hieraus schickt Vittorini seine Protagonisten auf die Suche nach Alternativen, die sie wie schon beschrieben an die Stätten der Kindheit führen.

In *Conversazione in Sicilia* wird der Zerfall der gesellschaftlichen Strukturen schließlich evident: Die Kinder haben vor langer Zeit ihre Eltern verlassen. Während der Bruder im Krieg gefallen ist, im Glauben an zerfallene Werte, für die er sich geopfert hat,[568] lebt der Erzähler Silvestro in Mailand, wo er eines Tages eine Nachricht von seinem Vater erhält. In seinem Brief teilt der Vater ihm mit, er habe seine Ehefrau, Silvestros Mutter, verlassen, und bittet den Sohn, sich um dieselbe zu kümmern. Silvestro macht sich daraufhin auf den Weg nach Sizilien, einem fiktiven Sizilien wie Vittorini in einer dem Text nachgestellten Note nochmals explizit betont, wo er, der ohnehin eine abstrakte Wut, die „astratti furori" in sich verspürt, den vielfachen Erscheinungsformen der „mondo offeso" begegnet, die alle denselben Ursprung haben: die Notwendigkeit der „nuovi doveri", welche der „Gran Lombardo" auf der Reise im Zug anmahnt.[569]

Doch wenngleich hier schon die Forderung nach Rückkehr zum Menschensein, zum *piú uomo* artikuliert wird,[570] so gelingt die Umsetzung derselben erst in dem Roman *Uomini e no*, in welchem der Faschismus nun auch nach außen eine bis dahin kaum vorstellbare Grausamkeit im Mitein-

---

[568] Vgl. hierzu auch den Dialog zwischen Silvestro und dem toten Soldaten, seinem Bruder, der zugleich als Anklage gegen den Faschismus zu lesen ist, in E. Vittorini, *Conversazione in Sicilia*, S. 318: »Infine chiesi: - È una brutta cosa [essere morto]? - Ohimè, sí, - rispose lui. - Legato schiavo, trafitto ogni giorno di piú sul campo di neve e di sangue. - Ah! - io gridai. È questo che rappresentate? - Per l'appunto, - il soldato rispose. -A questa gloria appartengo. Dissi io: - Ed è molto soffrire? - Molto, - disse lui. - Per milioni di volte. Io: - Per milioni di volte? Lui: - Per ogni parola stampata, ogni parola pronunciata, per ogni millimetro di bronzo innalzato.«

[569] Vgl. hierzu op. cit., S. 162: »[...] ci volesse una nuova coscienza, e nuovi doveri da compiere, per sentirsi piú in pace con gli uomini [...].«

[570] Vgl. hierzu das Vorwort in E. Vittorini, *Il garofano rosso*, S. 219: »*Más hombre*, io pensavo. [...] Che cosa vuol dire *más hombre*? Immagino voglia dire, se l'espressione esiste, «più uomo», ma nella mia storia è esistita, certo esiste nel libro che fu poi Conversazione [...].«

ander des menschlichen Daseins präsentiert. Dem Leser scheint der Faschist außerhalb des menschlichen Daseins zu stehen. Er kann kein Mensch sein, ist mitleidlos in seinem Verhalten wie ein Tier, tötet und schaut zu, wenn andere töten, ohne darüber auch nur zusammenzuzukken.[571]

Aber die solchermaßen gezogene Grenze zwischen Faschisten und Partisanen ist auf Dauer zu simpel, als dass sie beibehalten werden könnte. Stattdessen muss sie lagerübergreifend gezogen werden, zwischen „Menschen und Nicht-Menschen" wie der Titel bekundet. Denn nicht nur der Gepeinigte, Verfolgte und Gequälte verdient die Aufmerksamkeit und das Mitleid, sondern auch jener, der mit Grausamkeit und Mordlust unter den Menschen wütet, der sich selber aus den Reihen der Gemeinschaft ausschließt und demzufolge wieder in dieselbe integriert werden muss. Wichtig ist es, die Menschen wieder zusammenzuführen und nicht nach Vergeltung für eine Grausamkeit zu rufen, die man auch ganz gut selber hätte begehen können, da man die gleichen Anlagen und Fähigkeiten dazu hat, wie jener, der sich durch seine Taten schuldig gemacht hat:

> »L'uomo, si dice. E noi pensiamo a chi cade, a chi è perduto, a chi piange e ha fame, a chi ha freddo, a chi è malato, e a chi è perseguitato, a chi viene ucciso. [...] Noi abbiamo Hitler oggi. E che cos'è? Non è uomo? Abbiamo i tedeschi suoi. Abbiamo i fascisti. E che cos'è tutto questo? Possiamo dire che non è, questo anche, nell'uomo? Che non appartenga all'uomo?«[572]

So ist es nur folgerichtig, dass die meisten der Partisanen aus der Gruppe um N2 im Kampf gegen die Faschisten sterben, sind sie doch genauso schuldig bzw. unschuldig wie ihre Gegner. Ein neues Wertesystem, das den Menschen in ihrem Dasein Halt gibt, lässt sich nur gemeinsam er-

---

[571] Vgl. hierzu E. Vittorini, *Uomini e no*, S. 72f: »Nella grande sala del primo piano si stavano scegliendo, sopra una lista di trecento nomi, quaranta nominativi di uomini da tirar fuori di cella quella stessa notte, condurre in due camion all'Arena, mettere contro un muro e fucilare. Senza interrogatorio, senza difesa, senza nemmeno una concreta accusa [...]. Quei ragazzi biondi erano occupati completamente dalle loro tavolette di cioccolato, il milite dietro al tavolo era occupato completamente da quei ragazzi biondi, i militi intorno al cane erano completamente occupati dal cane, eppure la cosa che accadeva di sopra accadeva per via di loro, e mai avrebbe potuto accadere se tutti loro non fossero stati lì a mangiar cioccolato e giocare con un cane.«

[572] op. cit., S. 166.

schaffen, wie die zweite Version von *Le donne di Messina* nochmals bestätigt, in welcher die Verfolgten und Vertriebenen nun unter Führung des ehemaligen Faschisten Ventura eine neue Gemeinschaft aufbauen. Erst mit der Überwindung der alten Feindschaften und dem Zusammenfinden der Menschen jenseits von Ideologien, kann die Schaffung der neuen Gemeinschaft gelingen, die ihre Mitglieder wiederum erneut beschützt.

Den Romanfiguren Paveses wie auch Vittorinis gelingt es also im Gegensatz zu jenen Hemingways und Dos Passos', das *Waste Land*, in welchem sie sich unter dem Faschismus verirrt hatten, wieder zu verlassen und eine neue Gesellschaft zu konstituieren, d.h. eine neue Grenze zu schaffen, hinter die sie sich zurückziehen können und die denselben schützenden Charakter hat, wie der Leser ihn schon aus den Werken von Anderson und Steinbeck kennt. Clelia und Anguilla, Silvestro und Ventura haben den Weg nach Hause zurückgefunden.

4.4. Das *Self Improvement*
4.4.1. *Success* und *Progress*: der Beitrag des Individuums zur Gesellschaft

Im letzten Abschnitt zum *American Dream* sollen die Teilaspekte des *Success* und des *Progress* untersucht werden, die beide eng mit der *Manifest Destiny* verknüpft sind. Doch während die *Manifest Destiny* ihren Schwerpunkt auf das komplette Sozialgefüge gelegt hat, d.h. das Individuum in seiner Funktion als Teil der Gesellschaft betrachtet wird, stehen die beiden obigen Komponenten für die persönliche Entwicklung des Menschen. Denn letztlich ist es jeder Einzelne, der Erfolg haben und in seiner Entwicklung voranschreiten muss. Die Ergebnisse dieses Prozesses fließen wiederum in die Gemeinschaft ein, die ihren Erfolg und Fortschritt aus den Teilleistungen ihrer Mitglieder summiert. Schon Freese weist in seiner Definition des *American Dream* auf die enge Verknüpfung der Einzelkomponenten miteinander hin:

> »The basic constituents of this Dream are the future-orientated belief in a steady improvement of individual, communal and societal conditions of existence, that is, the belief in Progress; the conviction that everybody can realize his highest ambitions by means of his own endeavours, that is, the belief in the attainability of Success [...].«[573]

Ebenso wie im Falle der *Frontier* besitzen die Begriffe *Success* und *Progress* eine mehrschichtige Interpretationsebene, die im vorliegenden Falle sowohl gesellschaftlicher wie auch individueller Natur ist. Die bisherigen Ausführungen haben gezeigt, dass hier die „Achillesferse" des *American Dream* anzusiedeln ist, und so lautet auch die einhellige Kritik der Autoren, dass es der Mensch als Individuum ist, der seine Partikularinteressen über das Wohl der Gemeinschaft gestellt und somit zugleich den Grundstein zur Auflösung derselben gelegt hat.

Mit dem Auseinanderbrechen der Gemeinschaft ist aber auch das Individuum in seinem beinahe aussichtslosen Kampf gegen eine feindliche

---

[573] Vgl. erneut die Definition von P. Freese, *The American Dream and the American Nightmare*, S. 19.

Umwelt auf sich allein gestellt, denn die Gemeinschaft war ihm ja nicht nur Beschränkung, sondern zugleich Stütze und Schutz. Der Schlüssel zum Verständnis des *Self Improvement* ist ein weiteres Mal in John Winthrops „A Model of Christian Charity" zu finden, in welcher er die Vision einer Gesellschaft auf Erden entwirft, wie er sie sich für die Zukunft erhofft. Zentraler Punkt ist die von Winthrop geforderte Nächstenliebe, die gleichzeitig Ausdruck der Liebe des Schöpfers zu den Menschen sein soll. Winthrop stellt hierfür die These auf, dass eine Gesellschaftsform die Summe aller individuellen Verhaltensnormen widerspiegelt. Verhält sich also z.B. der Einzelne entsprechend den Regeln und Verhaltensweisen des Christentums, dann wird auch die Gesellschaft, in welcher er lebt, von christlicher Prägung und Gesinnung sein.

> »There is likewise a double law by which we are regulated in our conversation one towards another in both the former respects: the law of nature and the law of grace [...]. By the first of these laws man as he was enabled so withal [is] commanded to love his neighbor as himself. Upon this ground stands all the precepts of the moral law, which concerns our dealings with men. To apply this to the works of mercy, this law requires two things: first, that every man afford his help to another in every want or distress; secondly, that he performed this out of the same affection which makes him careful of his own goods, according to that of our Savior.«[574]

Insbesondere in einer solch isolierten Gemeinschaft, wie es jene der ersten Siedler in Amerika war, hätte ein aggressiveres Verhalten gegenüber dem Nächsten Unfrieden und Kampf, allerdings die Auflösung oder den Untergang der Gemeinschaft zur Folge haben können, so dass Winthrops Forderung nach Nächstenliebe auch seine Erkenntnis widerspiegelt, dass die von ihm angeführten Siedler aufeinander angewiesen waren, um ihr Überleben zu sichern.

Ein wichtiger Baustein, um von vornherein Unzufriedenheit zwischen den Mitgliedern der Gemeinschaft zu vermeiden, ist die Rückführung der persönlichen Situation auf die Gnade Gottes. Das bedeutet, dass zunächst alle Menschen voreinander gleich und auch gleichermaßen aufeinander angewiesen sind – ein wichtiger Aspekt, den Truslow Adams' später wie-

---

[574] J. Winthrop, "A Model of Christian Charity", S. 32.

der aufgreift. Besitzt nun der eine dennoch mehr als der andere, dann argumentiert Winthrop mit der höheren Macht Gottes, die demjenigen mit einem gottgefälligen Lebenswandel mehr zugesteht als jenem mit einem ungefälligen Lebenswandel. Armut wird also als das Resultat eines persönlichen Fehlverhaltens betrachtet. Gleichzeitig hält Winthrop aber den Wohlhabenderen dazu an, den Ärmeren freiwillig an seinem Reichtum teilhaben zu lassen, um so das Erregen von Neid und den Ausbruch sozialen Unruhen zu vermeiden.

> »Thirdly, that every man might have need of other, and from hence they might be all knit more nearly together in the bonds of brotherly affection. From hence it appears plainly that no man is made more honorable than another or more wealthy, etc., out of any particular and singular respect to himself, but for the glory of his creator and the common good of the creature, man.«[575]

Dieser pragmatische Ansatz, der dazu dienen sollte, die neue Gemeinschaft lebensfähig zu machen, wurde im Laufe der Jahrhunderte immer wieder aufgegriffen und unter den verschiedensten Gesichtspunkten elaboriert. So z.B. auch von Benjamin Franklin (1706-1790), der unter anderem in seiner *Autobiography* einen Tugendkatalog veröffentlichte, in welchem er die seiner Auffassung nach maßgeblichen Verhaltensregeln für das gesellschaftliche Zusammenleben zusammenfasste. Franklins Spektrum reicht dabei von pragmatischen Aspekten, wie dem Aufruf zur Sauberkeit, um Krankheiten und Seuchen zu vermeiden, bis zur Aufforderung, mit dem eigenen Lebensstil den Erlöser Jesus zu imitieren.[576] Im Zuge der weiteren Entwicklung legt Franklin allerdings einen zunehmend eindeutigen und einseitigen Schwerpunkt auf den Aspekt des *Money Making*, in

---

[575] op. cit., S. 31.

[576] Vgl. hierzu insbesondere die Punkte fünf und sechs als typisch puritanische Tugenden, die auch als entscheidende Grundlagen für den späteren Kapitalismus verstanden werden, der somit auf ein irregeleitetes Verständnis des Winthropschen Ansatzes zurückgeht. B. Franklin, *The Autobiography* (1771-90, 1868), zitiert nach: N. Baym et. al., *The Norton Anthology of American Literature*, S. 462: »5. FRUGALITY. Make no Expense but to do good to others or yourself: i.e. Waste nothing. 6. INDUSTRY. Lose no Time. Be always employ'd in something useful. Cut off all unnecessary Actions.« Außerdem H. R. Lamar: "An Overview of westward Expansion", in: W. Truettner (ed.), *The West as America. Reinterpreting Images of the Frontier, 1820-1920*, Washington, 1991, S. 2.

dem der ursprünglich eingeforderte Fleiß zugunsten einer persönlichen und gesellschaftlichen Entwicklung nunmehr auf die persönliche Komponente reduziert wird, die moralische Verpflichtung gegenüber der Allgemeinheit hingegen entfällt.

>>As you have desired it of me, I write the following Hints, which have been of Service to me, and may, if observed, be so to you. Remember that TIME is Money.<<[577]

Hinzu kommt schließlich die Komponente der Machbarkeit des persönlichen Erfolges, des *personal success*, gilt doch Amerika bei den Einwanderern *per se* als die bessere Alternative zu ihren bisherigen Lebensumständen. St. John de Crèvecoeur vertritt aus diesem Blickwinkel eine ähnlich pragmatische Lebensauffassung wie Franklin. Er reduziert die Verbundenheit der europäischen Immigranten mit dem neuen Kontinent und die Ursachen hierfür auf die einfache Formel „ubi panis ibi patria."[578]

Und da im alten Europa die meisten der späteren Emigranten unter dem vorherrschenden Feudalsystem zu leiden hatten, so St. John de Crèvecoeur, gibt es für sie keinen Anlass, sich Europa gegenüber weiterhin verbunden zu fühlen. Vielmehr liegt es angesichts dieser Erfahrungen nahe, dass sie ihr eigene Zukunft im Land der unbegrenzten Möglichkeiten erblicken. Es sind also zunächst die europäischen Einwanderer, die mit ihrer Vision von einer besseren Zukunft in der Neuen Welt den Grundstein zur Konstituierung des später von Truslow Adams mit Namen benannten *American Dream* gelegt haben.[579] Eng verbunden mit dem Glauben an den Fortschritt, d.h. der Verbesserung der Lebensumstände und dem Entwurf einer gerechteren Gesellschaftsform, ist also von vornherein auch der

---

[577] B. Franklin, "Advice to a Young Tradesman, Written by an Old One. To My Friend A.B.", zitiert nach: P. Freese (ed.), *The American Dream. Humankind's Second Chance?*, S. 18.

[578] Vgl. auch J. H. St. John de Crèvecoeur, "Letters from an American Farmer", S. 561: »What attachment can a poor European emigrant have for a country where he had nothing? The knowledge of the language, the love of a few kindred as poor as himself, were the only cords that tied him: his country is now that which gives him land, bread, protection, and consequence: *Ubi panis ibi patria* is the motto of all emigrants.«

[579] Vgl. hierzu A. Boime, *The Magisterial Gaze: Manifest Destiny and American Landscape Painting*, S. 6: »Yet if it was the Western Europeans who dreamed the American dream, it was they who could best understand its underlying dynamic.«

Glaube an die eigenen Fähigkeiten, die es in einem Gesellschaftssystem mit nicht zu starren Schranken zu ermöglichen schienen, die soziale Leiter emporzusteigen.[580]

Zusammenfassend lässt sich festhalten, dass der Ursprung der christlich geprägten Forderung nach *Self Improvement* in der Erkenntnis einer gegenseitigen Abhängigkeit der Menschen voneinander liegt, um sich solcherart das eigene Überleben in einer feindlichen Umgebung zu sichern. Hierbei wird ein Leistungs- und Belohnungsprinzip zugrunde gelegt, das einem jeden den persönlichen Erfolg und die persönliche Anerkennung durch die Gemeinschaft verspricht, die ihm gebühren. Im Kontrast zur europäischen Heimat glauben die Einwanderer in der Neuen Welt, u.a. auch durch die tägliche Erfahrung der *Frontier*, wieder an die Möglichkeit, ihr Schicksal selber gestalten zu können. Die Erkenntnis, dass es von einem jeden Einzelnen abhängt, welcher Wohlstand ihm zuteil wird, ob er als Farmer oder Jäger erfolgreich ist, bringt schließlich den *Selfmademan* hervor, für den sich die ursprüngliche moralische Komponente und die ehemals zum Wohle aller geforderte Leistungsbereitschaft allerdings auf die Frage nach den persönlichen Vorteilen reduzieren. Als Konsequenz hieraus löst sich die Gemeinschaft auf und jeder ist für sich allein in einen Daseinskampf verstrickt wird, den entsprechend den Gesetzen des Sozialarwinismus nur wenige wirklich siegreich bestehen können. Der *American Dream* ist nun tatsächlich zum *American Nightmare* verkommen, der sich für die inzwischen naturalisierten Europäer nicht mehr von den Lebensbedingungen in ihren alten europäischen Heimatländern unterscheidet.

---

[580] Dieser Anspruch scheint zunächst für alle Einwohner unabhängig von ihrer Herkunft und ihrer Konfession zu gelten, beschränkt sich letztlich aber erneut auf die *WASP*, also genau jener Gruppierung, die zur Zeit Winthrops aus England vor dem neu erstarkten Katholizismus nach Amerika ausgewandert ist. P. Clecak, *America's Quest for the Ideal Self*, New York-Oxford, 1983, S. 14f, weist nach, dass dieses bis heute gilt.

4.4.2. Die Kritik am *Self Improvement* in der amerikanischen Literatur

Hier setzt auch Sinclair Lewis mit seiner Kritik an, wenn er in seinem Roman *Babbitt* die Verfälschung des *Self Improvement* zum persönlichen Nutzen und die einem solchen Vorgehen innewohnende doppelte Moral anprangert. Denn letzten Endes, so Lewis, ist der *American Dream* ein Betrug an den Menschen, der nur wenigen wirklich zum Nutzen gereicht, welche wiederum, durch die ihnen zur Verfügung stehenden ungeheuren Finanzmittel gedeckt, die Macht schlechthin verkörpern. Denn es ist nicht die große Masse, die vom Erfolg und Fortschritt profitiert. Sie wird von einigen wenigen für den eigenen Vorteil funktionalisiert, ohne sich dessen bewusst zu sein. Es sind die Mächtigen, die Großbanken, vereinzelte Oligarchien, die dafür Sorge tragen, dass der Mythos am Leben bleibt, um so das System zu stabilisieren. Ein solcher Typus wird z.B. in W. W. Eathorne porträtiert, seines Zeichens Präsident der First State Bank und einer der wahren Herrscher Zeniths:

> »The Eathorne Mansions preserves the memory of the "nice parts" of Zenith as they appeared from 1860 to 1900. [...] But the house has an effect not at all humorous. It embodies the heavy dignity of those Victorian financiers who ruled the generation between the pioneers and the brisk "salesengineers" and created a somber oligarchy by gaining control of banks, mills, land, railroads, mines. Out of the dozen contradictory Zeniths which together make up the true and complete Zenith, none is so powerful and enduring yet none so unfamiliar to the citizens as the small, still, dry, polite, cruel Zenith of the William Eathornes; and for that tiny hierarchy the other Zeniths unwittingly labor and insignificantly die.«[581]

Die Existenz solcher Enklaven der Macht, denen es zugleich gelungen ist, die Welt in ihrem eigenen direkten Umfeld so zu konservieren, wie sie früher einmal war, belebt immer wieder aufs Neue den Traum vom eigenen Erfolg. Für George Babbitt, mit dem Eathorne geschäftlichen Umgang pflegt, scheint es durchaus erstrebenswert, eines Tages selber in einer vergleichbaren Position zu sein und über das Schicksal anderer Menschen be-

---

[581] S. Lewis, *Babbitt*, S. 213.

stimmen zu können, anstatt selber in einer beständigen Abhängigkeit zu leben. Hierfür werden alle zur Verfügung stehenden Mittel eingesetzt und so erklären sich dann auch die Widersprüchlichkeiten in dem von Babbitt vollmundig vertretenen Wertesystem, dessen eigentliche Aussage darin besteht, das alles erlaubt ist, was den Profit steigert, alles hingegen verboten ist, was ihn schmälern könnte. Tritt ein Geschäftsmann in eine Interessenvereinigung ein, so dient dies dem Gemeinwesen, organisiert ein Arbeiter sich hingegen in der Gewerkschaft, so handelt es sich hierbei um kommunistische Umtriebe, die eine Gefahr für Amerika darstellen und deshalb unterdrückt werden müssen. Babbitt selber ist sich der Heuchelei seiner Argumentation gar nicht bewusst, sondern glaubt felsenfest an die sprichwörtliche Chancengleichheit in Amerika:

> »As to industrial conditions, however, Babbitt had thought a great deal, and his opinions may be coordinated as follows: "A good labor union is of value because it keeps out radical unions, which would destroy property. No one ought to be forced to belong to a union, however. All labor agitators who try to force men to join a union should be hanged. In fact, just between ourselves, there oughtn't to be any unions allowed at all; and as it's the best way of fighting the unions, every business man ought to belong to an employers'-association and to the Chamber of Commerce. In union there is strenght. So any selfish hog who doesn't join the Chamber of Commerce ought to be forced to."«[582]

In dem von Babbitt skizzierten Interessenkonflikt zwischen Arbeitnehmern und Arbeitgebern offenbart sich schon in Ansätzen, wie stark der Einzelne an seinem geschäftlichen Erfolg gemessen wird. Die einseitige Ausrichtung auf die Ökonomie führt allerdings in einem zweiten Schritt zu Defiziten in der gesellschaftlichen Gesamtentwicklung. Das Dollarzeichen ist zum Symbol der Erziehung geworden und wer Reichtum besitzt, gilt als energisch und tüchtig. Nicht mehr die alten und lebenserfahrenen Männer unterrichten die Jünglinge, um sie zu Mitgliedern der Gemeinschaft zu erziehen, sondern die jungen Männer ziehen die alten mit ihrer Dynamik und Tatkraft in den Bahn.[583]

---

[582] op. cit., S. 44.

[583] Vgl. hierzu op. cit., S. 77: »He [Ted, Babbitt's son] snatched from the back of his geometry half a hundred advertisements of those home-study courses which the energy and foresight

Amerika wird vom Fortschrittsgedanken dominiert und toleriert dabei auch, dass jene, die nicht Schritt halten können, zurückgelassen werden. Aber ein solcher Zwang zum beständigen Fortschritt, immerhin ein originärer Anteil des *American Dream*, ist ein zweischneidiges Schwert. Wohl erhöht sich der Lebensstandard des Menschen und er kann sich bequemer einrichten. Doch wenn der Mensch einerseits durch die fortschreitende Modernisierung seinen Lebensstandard erhöht, so verliert er andererseits allzu leicht den Kontakt zu seinen Mitmenschen. Letztlich sind es eben nicht nur der Kühlschrank und das neue Auto, welche die menschlichen Bedürfnissen befriedigen, sondern zwischenmenschliche Ansprache, Zuneigung und Liebe sind für ein zufriedenes und ausgeglichenes Dasein gleichermaßen von Nöten. Gefühle, die in einer kalten und technisierten Welt wie jener George Babbitts aber keinen Platz mehr haben und die hinter sich ein scheinbar nicht mehr auszugleichendes Vakuum zurücklassen:

>»The Babbitts' house was five years old. It was all as competent and glossy as his bedroom. It had the best of taste, the best of inexpensive rugs, a simple and laudable architecture, and the latest conveniences. [...] In fact there was but one thing wrong with the Babbitt house: It was not a home.«[584]

Wie die vorhergehenden Ausführungen gezeigt haben, ist es dieses Vakuum, dieser unlösbare Widerspruch zwischen emotionalem Defizit und materialistischer Konzentration, welcher George Babbitt dazu treibt, zunächst aus seiner kleinen Welt auszubrechen, um schließlich doch wieder an seinen alten Platz zurückzukehren. Der dem Leser gelassene Interpretationsspielraum hinsichtlich der von Babbitt durchgemachten Entwicklung ist an anderer Stelle schon hinreichend diskutiert worden, doch ist mit der Übergabe der Verantwortung für eine neue Gesellschaft vom Vater auf den Sohn der Konflikt zwischen Individuum und Gesellschaft letzten Endes nicht befriedigend gelöst.

---

of American commerce have contributed to the science of education. The first displayed the portrait of a young man with a pure brow, an iron jaw, silk socks, and hair like patent leather. Standing with one hand in his trouserspocket and the other extended with chiding forefinger, he was bewitching an audience of men with gray beards, paunches, bald heads, and every other sign of wisdom and prosperity. Above the picture was an inspiring educational symbol – no antiquated lamp or torch or owl of Minerva, but a row of dollar signs.«

[584] op. cit., S. 15.

Eben solches gilt auch für Sherwood Anderson, der allerdings eine neue Komponente ins Spiel bringt, denn für ihn ist die Trennung zwischen dem Individuum und einer in Auflösung begriffenen Gesellschaft schon vollzogen. Hierdurch ist aber auch eine spätere Rückkehr wie jene Babbitts an seinen alten Platz im Sozialgefüge nicht mehr möglich. John Stockton, der Protagonist aus *Dark Laughter*, hat kein zu Hause mehr. Er, der seines Zeichens Reporter ist, das Sammeln und Verbreiten von Nachrichten also zu seiner Profession gemacht hat, muss erkennen, dass er die Fähigkeit zur Kommunikation mit seiner eigenen Frau Bernice und mit seiner Umwelt verloren hat, was ihn dazu führt, die bisherigen Wertigkeiten seines Lebens einer eingehenden Prüfung zu unterziehen. Dabei ist die Kommunikationsunfähigkeit kein partikuläres Problem John Stocktons, sondern trifft auf die gesamte Gesellschaft zu, wie die in den Handlungsablauf eingeflochtenen Reflexionen des Erzählers dem Leser immer wieder verdeutlichen. Stockton unterscheidet sich von der ihn umgebenden Gesellschaft dadurch, dass er die Ursachen für seine Isolation nicht länger bei anderen sucht, sondern wieder die Verantwortung für sein Schicksal in die eigenen Hände nimmt. Die Erkenntnis von der eigenen Isolation bringt John schließlich dazu, Chicago zu verlassen und sich nach einer längeren Wanderung in Old Harbor eine völlig neue Existenz aufzubauen, die sowohl einen Wechsel des Namens wie auch des Berufs mit sich bringt: Aus dem Reporter John Stockton wird nun der Lackierer Bruce Dudley. Die neue Identität des Protagonisten, der zudem in der Person Alines eine Gefährtin findet, die von denselben Motiven wie er bewegt wird, deutet für den Leser zumindest darauf hin, dass eine Befreiung des Individuums aus alten fehlgeleiteten Konventionen und Zwängen durchaus noch möglich ist. Damit erscheint es aber auch möglich, dass das Individuum durch den Aufbau einer neuen, besseren Existenz jenseits ökonomischer Wertigkeiten eine positive Entwicklung im Sinne eines echten *Self Improvement* durchmacht, das dann wiederum der Gesellschaft zugute kommen kann.

Die obigen Ausführungen haben gezeigt, dass die Romanfiguren von Lewis und Anderson noch von ihrem Gefühl geleitet werden, dass in ihrem

Leben ein emotionales Defizit herrscht. Der Wunsch, dieses Vakuum erneut zu füllen, bringt sie dazu, aus den alten Strukturen auszubrechen und einen Neuanfang zu wagen. In den Romanen Hemingways bestimmt nun hingegen die Angst als vorherrschendes Gefühl die Beziehungen der Figuren zueinander. Beispielhaft hierfür ist die Gesellschaft der Amerikaner um Jake Barnes und Lady Brett Ashley, die verzweifelt bemüht ist, ein neues eigenes Wertesystem zu entwickeln, indem sie sich ausschließlich auf die positiven Aspekte des Lebens beschränkt und die negativen auszublenden versucht. Lediglich der Erzähler Jake Barnes, der allerdings durch seine Verwundung eine Sonderstellung einnimmt,[585] artikuliert die dahinter stehende Lebenslüge der Angst, auf deren Basis keine neuen Dinge entstehen können, weil sie nur konserviert und nicht weiterentwickelt.[586]

Dass der Wunsch nach Geborgenheit aber nach wie vor vorhanden ist, zeigen Catherine Barkley und Frederick Henry aus *A Farewell to Arms* in ihrem Bemühen, sich inmitten der feindlichen und grausamen Welt des Krieges ein kleines eigenes Paradies zu schaffen. Die Notwendigkeit zu Kompromissen, die ein menschliches Miteinander auf Dauer erst ermöglichen, ist für sie hierbei eine Selbstverständlichkeit:

>»"We really are the same one and we mustn't understand on purpose." "We won't." [...] "We mustn't. Because there's only us two and in the world there's all the rest of them. If anything comes between us we're gone and then they have us." "They won't get us," I said.«[587]

---

[585] R. Daniel, "Hemingway and His Heroes", in: H. Weber (Hrsg.), *Hemingway*, S. 113, weist allerdings darauf hin, dass alle Helden Hemingways sich aufgrund ihrer persönlichen Fähigkeiten durch eine Sonderstellung innerhalb ihres Gesellschaftssystems auszeichnen: »In the first place, Hemingway's heroes are, like Prometheus, extraordinary men. Since there is no standard of right and wrong except the instincts of the hero, it follows that he should be without fault; and Hemingway gives no sign that he finds fault with any of them. But most of them are set apart in another way: they are possessed of some special skill that the ordinary man can only envy.«

[586] Wie Jake Barnes schon an anderer Stelle gesagt hat, muss man für alles im Leben bezahlen. Sei es nun Reichtum, Freude, Leid oder Schmerz, immer gilt es, einen Gegenwert zu entrichten, um das Gleichgewicht der Dinge nicht zu stören. Vgl. erneut E. Hemingway, *The Sun also Rises*, S. 148: »You gave up something and got something.«

[587] E. Hemingway, *A Farewell to Arms*, S. 139.

Zieht man das Ende des Romans ins Betracht so scheint dem Einzelnen letztlich allerdings nur noch die Resignation oder der Untergang zu bleiben.[588] Es bleibt dem Leser überlassen, die Frage zu beantworten, warum angesichts der Hoffnungslosigkeit des Daseins Figuren wie z.B. Robert Jordan aus *For Whom the Bell Tolls* dennoch dazu bereit sind, sich für die Gemeinschaft auch dann einzusetzen und den Feinden entgegenzustellen, wenn sie genau wissen, dass dies den persönlichen Untergang nach sich ziehen wird. Denn Jordan handelt ja nicht in blindem ideologischen Eifer, sondern im vollen Bewusstsein um die Konsequenzen seiner Tat, d.h. den eigenen Tod. Dieselbe Frage kann auch für Jake Barnes gestellt werden, der immer wieder zu Brett hält, obwohl er genau weiß, dass sein eigenes Verlangen nie erfüllt werden kann. Und dasselbe gilt auch für Frederick Henry, der sich vom Kriege desillusioniert dennoch auf das Wagnis einer ernsthaften Beziehung mit Catherine einlässt und schließlich sogar dazu bereit ist, mit ihr eine Familie zu gründen.

Obwohl Jordan, Barnes, Henry und mit ihnen viele andere scheitern und zugrunde gehen, so reicht die Wirkung ihrer Taten weit über die persönliche Niederlage hinaus. Denn die Überwindung der persönlichen Ängste, die mit einer solchen Selbstaufopferung verbunden sind, erhöhen letzten Endes die moralische Qualität der Handelnden und ihrer Taten. Somit wird der moralische Anspruch des *Self Improvement* von Hemingway an dieser Stelle wieder hergestellt, indem die ausgeführte Handlung zwar aus der inneren Notwendigkeit der eigenen Überzeugung entspringt, der Nutznießer dieser Tat aber nicht mehr länger nur der Einzelne, sondern wiederum die Gemeinschaft ist.

Mit wesentlich pessimistischerem Grundton präsentiert sich dem Leser das Werk von John Dos Passos, der in letzter Konsequenz nicht mehr

---

[588] Vgl. hierzu auch die Ausführungen von J. W. Aldridge, "Hemingway. Nightmare and Correlative of Loss", S. 41: »War was the common denominator to which the motive power of his world could always be reduced. It served him [Hemingway] as a barricade against every emotion; and every emotion was given a special poignancy and truth as it was set against the war. The code of his best heroes was the code of war, of primitive courage and honorable death. [...] Things went "fine" or things went "badly." [...] Lostness was the ultimate condition in both. In the end, something always collapsed.«

an die guten Eigenschaften im Menschen glauben mag. Echte Überzeugungen und Ideale, die über die persönliche Vorteilnahme hinaus reichen, sind seinen Figuren letztlich fremd, die jedoch, jede für sich genommen, den nicht unerheblichen Vorteil besitzen, sich selber von der Richtigkeit ihrer Handlungen überzeugen zu können.

So kann z.B. Richard „Dick" Ellsworth Savage, im Wandel der Zeiten von Ehrgeiz und Opportunismus geleitet, skrupellos und doch empfindsam durch die Welt ziehen, anderen Leid antun und sich selber verletzt fühlen, dabei immer geleitet von seinem Egoismus, der ihn auch über Leichen gehen lässt. Das Erschreckende an Dick Savage ist dabei keineswegs, dass sich eine bestehende Ordnung für ihn auflöst und er auf der Suche nach einem neuen Wertesystem ist, sondern dass er gar kein Wertesystem besitzt und sein Leben nur nach dem jeweiligen Augenblick ausrichtet. Nicht umsonst trägt er den Nachnamen „Savage", der Wilde und Unzivilisierte, ist doch auch sein Verhalten gegenüber der von ihm geschwängerten Anne Elisabeth als unzivilisiert zu interpretieren. Kurz bevor er sich von ihr trennt, schlägt Dick ihr noch vor, das Kind abtreiben zu lassen und die Geliebte seines zukünftigen Arbeitgebers zu werden, damit sie nicht allein in der Welt steht:

> »"Well, that's that," said Dick aloud to himself. He felt terribly sorry about Anne Elizabeth. Gee, I'm glad I'm not a girl, he kept thinking. He had a splitting headache. He locked his door, got undressed and put out the light. When he opened the window a gust of raw rainy air came into the room and made him feel better. It was just like Ed said, you couldn't do anything without making other people miserable. A hell of a rotten world.«[589]

„Man kann nichts tun, ohne anderen zu schaden", lautet Dicks lakonische Rechtfertigung für sein egozentrisches Verhalten, an dem er der Welt die Schuld gibt, die keine Alternative zulässt. Dick besitzt persönlich weder sittliche Reife noch Verantwortungsgefühl, steht damit aber längst nicht allein auf der Welt. Ganz im Gegenteil, die Romanfiguren von Dos Passos weisen alle entweder schon zu Beginn der Trilogie dieselben

---

[589] J. Dos Passos, *1919*, S. 396.

Schwächen wie Dick auf, oder aber sie entwickeln sich im Verlaufe der Zeit zu ebensolchen Egoisten, wie Dick einer ist.[590]

Die Ursachen für diese Entwicklung liegen in dem sterilen Perfektionismus einer Industriegesellschaft, die zwar permanent ihre Produktionsabläufe optimiert, dafür aber den Menschen seines Menschseins beraubt.[591] Einer solchen Rationalisierung kann auf Dauer nichts und niemand widerstehen. Und einmal in Gang gesetzt lässt sich das System des Kapitalismus nicht mehr stoppen. Das Beispiel Henry Fords verdeutlicht die Nachteile der beständigen Jagd nach Erfolg, denn auch wenn der einfache Arbeiter ein relativ gutes Einkommen hat und materiell abgesichert ist, muss er hierfür gleichzeitig die Einbuße seiner persönlichen Freiheiten akzeptieren, während der Gewinn der Unternehmungen letztlich nur einigen wenigen zugute kommt. Einer von ihnen ist z.B. Henry Ford, der seinen angehäuften Reichtum schließlich ebenso wie W. W. Eathorne in *Babbitt* darauf verwendet, um in seinem privaten Umfeld die Ruhe und Beschaulichkeit längst vergangener Tage wiederaufleben zu lassen.

> »The American Plan; automotive prosperity seeping down from above; it turned out there were strings to it. But that five dollars a day paid to good clean American workmen who didn't drink or smoke cigarettes or read or think, and who didn't commit adultery and whose wives didn't take in boarders, made America once more the Yukon of the sweated workers of the world; made all the tin lizzies and the auto-motive age, and incidentally,

---

[590] Vgl. hierzu z.B. auch die Entwicklung des Charley Anderson in *The Big Money*, der sich nach seiner Rückkehr aus dem Krieg mit seinem Bruder über den Tod der Mutter entzweit. Im weiteren Verlauf verlässt Charley, der zunehmend an der Habgier und Gefühlskälte seiner Verwandtschaft verzweifelt, die Heimatstadt, beginnt eine Affäre mit der verheirateten Eveline Hutchins, die er schließlich sitzen lässt, geht eine geschäftliche Partnerschaft mit einem ehemaligen Kriegskameraden ein, den er dann durch den Verkauf seiner Anteile an die Konkurrenz an den Rand des Ruins bringt, und entwickelt sich so sukzessive zu einem ebensolchen Egoisten, wie es auch der von ihm verabscheute eigene Bruder ist, bis er am Ende einsam und verarmt stirbt.

[591] Vgl. hierzu J. Dos Passos, *The Big Money*, S. 55: »At Ford's production was improving all the time; less waste, more spotters, strawbosses, stoolpigeons (fifteen minutes for lunch, three minutes to go to the toilet, the Taylorized speedup everywhere, reach under, adjust washer, screw down bolt, shovein cotterpin, reachunder adjustwasher, screwdownbolt, reachunderadjustscrewdownreachunderadjust until every ounce of life was sucked off into production and at night the workmen went home grey shaking husks).«

Ford the automobileer, the admirer of Edison, the bird-lover, the great American of his time.«[592]

Die hier geschilderten Mechanismen erinnern den Leser an die schon in *Babbitt*, wenngleich dort noch zurückhaltender formulierte Kritik, dass der im Zuge des *American Dream* beschworene Fortschritt, für den die Masse arbeitet, letztlich nur Einzelnen zugute kommt, mögen sie nun W. W. Eathorne oder Henry Ford heißen.

Dabei ist die Frage nach der Verantwortung und Schuld des Einzelnen an der gesellschaftlichen Entwicklung nur schwierig zu beantworten. Wie im Falle Charley Andersons scheinen auch die übrigen Romanfiguren Opfer und Täter zugleich zu sein, wenngleich man ihnen einen Vorwurf nicht ersparen kann: Sie alle unterliegen dem Moloch der Maschine oder der lockenden Versuchung des Reichtums und keiner von ihnen leistet wirklichen Widerstand.

So paradox es klingen mag, so gilt dieser Vorwurf selbst für diejenigen, die sich in ihrem Engagement für die Arbeiterklasse aufopfern und somit zumindest nach außen am Ideal einer gesamtgesellschaftlichen Verbesserung festhalten. Beispielhaft hierfür ist der engagierte Sozialist Don Stevens, der gegen Ende der Trilogie immer mehr auf eine moskautreue Linie einschwenkt – und das zu einer Zeit, als das eigentliche Anliegen der Russischen Revolution schon als gescheitert gilt und das in der UdSSR etablierte Unrechtsregime schon bekannt ist. Der ideologische Eiferer geht schließlich sogar soweit, dass er die eigenen Genossinnen und Genossen, wie z.B. Ben Compton, die moskaukritisch bleiben, aus der Arbeiterbewegung ausschließen lässt. Nicht der Kapitalismus ist also der Feind der Arbeiterbewegung, die sich mit ihren internen Auseinandersetzungen und Kämpfen gar nicht von demselben unterscheidet. Stattdessen greifen, wenngleich unter anderen ideologischen Vorzeichen, dieselben Mechanismen des Sozialdarwinismus, die weder für den Einzelnen, noch für die Gesellschaft eine konstruktive Lösung im Sinne eines *Self Improvement*

---

[592] op. cit., S. 51.

zulassen, so dass das verloren gegangene Versprechen des *American Dream* sich in den Romanen von Dos Passos nicht wieder beleben lässt.

Um ein Vielfaches optimistischer erscheinen dem Leser die von John Steinbeck erschaffenen Figuren, die sich vor allem durch ihre Selbstgenügsamkeit auszeichnen. Sie begehren nicht mehr als das, was der Augenblick ihnen zu geben bereit ist, nicht mehr als das, was sie für die Befriedigung ihrer primitiven Bedürfnisse benötigen. Einen Platz zum Schlafen, eine Mahlzeit, eine Flasche Wein und die Geborgenheit und menschliche Wärme, die nur echte Freundschaft vermitteln können. So macht Pilon aus *Tortilla Flat* nochmals deutlich, wie sinnlos das Anhäufen von Reichtümern ist, die Bedürfnisse abdecken sollen, welche über den Augenblick hinausgehen. Das Anhäufen materieller Güter, so Pilon, schafft nur Konkurrenzdenken und Begehrlichkeiten. Und wenn einer erst einmal damit anfängt, dann wollen die anderen bald ebensoviel besitzen, bis schließlich – so Pilon – doch alles in Relation zueinander wieder nur dasselbe wert ist wie am Anfang.

> »"If all the dew were diamonds," Pablo said, "we would be very rich. We would be drunk all our lives." But Pilon, on whom the curse of realism lay uneasily, added, "Everybody would have too many diamonds. There would be no price for them, but wine always costs money. If only it would rain wine for a day, now, and we had a tank to catch it in."«[593]

Es ist der Besitz von Eigentümern, der unfrei macht und dessen Anhäufung und Bewahrung schließlich in die menschliche Isolation führt, so könnte man etwas überspitzt die Botschaft Pilons zusammenfassen. So sieht z.B. Danny sich durch seinen Besitz zunehmend zu einer Haltung gezwungen, die gar nicht seine eigene ist, und kann erst dann wieder aufatmen, als das seinen Freunden vermietete Haus in Flammen aufgeht und niederbrennt. Zwar ärgert er sich entsprechend den gesellschaftlichen Konventionen „vorschriftsmäßig" über den Verlust, doch gewinnt sofort im Anschluss daran erneut der alte Bruder Leichtfuß erneut in ihm die Oberhand, der sich nun darüber freut, dass er mit seinen alten Kameraden zum gewohnten sorgenfreien Umgang miteinander zurückkehren kann.

---

[593] J. Steinbeck, *Tortilla Flat*, S. 15.

Danny durchläuft tatsächlich ein *Self Improvement*, eine Entwicklung und Verbesserung des eigenen „Ich" zum Wohle der Gemeinschaft. Denn er, der vormals nichts besaß, wurde durch die Erbschaft in Versuchung geführt und musste seine eigenen charakterlichen Grenzen erforschen, indem er sich der Frage ausgesetzt sah, wie er seinen Reichtum sinnvoll einsetzen solle. Durch die „Vermietung" des Hauses an seine Freunde ist er seiner sozialen Verpflichtung nachgekommen. Endgültig entkommen ist er der Versuchung des Geldes aber erst, als er darauf verzichtet, seinen Freunden für das niedergebrannte Haus Vorwürfe zu machen.

Danny steht somit als Beweis dafür, dass das Individuum der Forderung nach beständigem Erfolg und Fortschritt nicht nachgeben muss, sondern durchaus die Wahl der freien Entscheidung besitzt, wenn es dazu bereit ist, die Konsequenzen zu tragen. Denn in diesem Punkte ist Steinbeck sich mit Hemingway und Dos Passos einig: Gleichgültig, was man auch tut, immer muss man seinen Preis dafür entrichten.[594]

Sicherlich handelt es sich nach herkömmlichen Maßstäben bei „Danny und seinen Freunden" und bei „Mack und den Jungens", ihren Nachfolgern aus *Cannery Row*, um Faulenzer und Versager, doch besitzen sie jene Eigenschaften, die allgemein anerkannt für den Bestand einer Gemeinschaft notwendig sind.[595]

Und egal, wie arm und heruntergekommen der Einzelne auch ist, immer gibt es jemanden, dem es physisch oder psychisch noch schlechter

---

[594] So variiert die Bewertung der Handlungen je nach Standpunkt des Betrachters, wie die Einleitung zur *Cannery Row* verdeutlicht, die thematisch und stilistisch an *Tortilla Flat* anknüpft. Vgl. hierzu J. Steinbeck, *Cannery Row*, S. 273: »Cannery Row in Monterey in California is a poem, a stink, a grating noise, a quality of light, a tone, a habit, a nostalgia, a dream. [...] Its inhabitants are, as the man once said, "whores, pimps, gamblers, and sons of bitches," by which he meant Everybody. Had the man looked through another peephole he might have said, "Saints and angels and martyrs and holy men," and he would have meant the same thing.«

[595] Vgl. hierzu op. cit., S. 336: »"It has always seemed strange to me," said Doc. "The things we admire in men, kindness and generosity, openness, honesty, understanding and feeling, are the concomitants of failure in our system. And those traits we detest, sharpness, greed, acquisitiveness, meanness, egotism and self-interest, are the traits of success. And while men admire the quality of the first they love the produce of the second." "Who wants to be good if he has to be hungry too?" said Richard Frost. "Oh, it isn't a matter of hunger."«

geht, dem man helfen kann. Die Triebfeder für solcherlei Hilfe ist die Erkenntnis, dass keiner auf den anderen verzichten kann, dass der persönliche Erfolg und der Reichtum auf Dauer das Fehlen menschlicher Wärme nicht kompensieren und den Schutz menschlicher Bindung nicht ersetzen können. Aus diesem Grund ist z.B. George in *Of Mice and Men* von seinen Freund Lennie ebenso abhängig wie jener von ihm.

> »George went on. "With us it ain't like that. We got a future. We got somebody to talk to that gives a damn about us.[...]" Lennie broke in. "[...] An' why? Because ... because I got you to look after me, and you got me to look after you, and that's why."«[596]

Es besteht eine zwingende Notwendigkeit zur Solidarität, da der einzelne Mensch schwach und nicht überlebensfähig ist, sondern nur in der Gemeinschaft ein wirklich menschliches und gesichertes Dasein führen kann. Der typische Erfolgsmensch, der sein Lebensziel nur darin erkennt, andere zu seinem persönlichen Vorteil auszubeuten oder zu manipulieren, entfremdet sich somit nicht nur von seinen Mitmenschen, sondern auch von sich selbst. Begreift sich aber umgekehrt ein jeder nicht mehr nur als Individuum, sondern als Teil des Ganzen, dann ist auch die Lösung der sozialen Probleme mit einem Mal zum Greifen nahe.[597]

Mit dieser Erkenntnis ausgestattet haben die Protagonisten Steinbecks wieder ein Ziel vor Augen, auf das sie hinarbeiten können. Und indem sie sich für ihre Gemeinschaft einsetzen, entkommen sie gleichzeitig auch der Versuchung des Reichtums und aller mit ihm verbundenen Gefahren. Zusammenfassend lässt sich für Steinbeck festhalten, dass er durchaus an die Möglichkeit des *Self Improvement* glaubt. Seiner Überzeugung nach lässt sich somit auch das Versprechen der *Manifest Destiny* auf eine bessere und

---

[596] J. Steinbeck, *Of Mice and Men*, S. 28f.

[597] Vgl. hierzu auch die vom ehemaligen Prediger Casy und von Tom Joad seiner Mutter wiederholte Utopie einer Gesellschaft, in der die Menschen zueinander halten, in J. Steinbeck, *The Grapes of Wrath*, S. 665: » "Goes, 'Two are better than one, because they have a good reward for their labor. For if they fall, the one will lif' up his fellow, but woe to him that is alone when he falleth, for he hath not another to help him up.' That's part of her." "Go on," Ma said. "Go on, Tom." "Jus' a little bit more. 'Again, if two lie together, then they have heat: but how can one be warm alone! And if one prevail against him, two shall withstand him, and a three-fold cord is not quickly broken.'"«

gerechtere Gesellschaft – wenngleich mit Verspätung – noch einlösen. Zwingende Voraussetzung hierfür ist allerdings der Verzicht auf persönliche materielle Vorteilnahme zugunsten der Gemeinschaft, die somit ihrerseits wieder in die Lage versetzt wird, ihre Schutzfunktion gegenüber dem Individuum zu erfüllen.

4.4.3. Die Voraussetzung für einen Neuanfang: das *Self Improvement* in der italienischen Literatur

Die Figuren Paveses präsentieren in ihrem meist einsam geführten Daseinskampf eine wesentlich komplexere und uneindeutigere Auseinandersetzung mit der Frage nach dem *Self Improvement* als die Protagonisten Hemingways, Dos Passos oder Steinbecks, die zudem meist eine eindeutige positive bzw. negative Bewertung des Phänomens verkörpern.

Wie z. B. das Verhalten der Protagonisten Masino aus *Ciau Masino*, Clelia aus *Tra donne sole* und Anguilla aus *La luna e i falò* beweist, ist das Streben nach sozialem Aufstieg durchaus ein ausschlaggebender Faktor in der persönlichen Lebensplanung, dem, wenn es sich als notwendig erweist, auch die Beziehungen zu anderen Menschen geopfert werden. Das Denken und Handeln der Figuren wird beherrscht von dem Wunsch, die oft ärmlichen Verhältnisse hinter sich zu lassen und Erfolg zu haben. Der offensichtlichsten und zugleich am eindeutigsten beurteilten Darstellung dieses Phänomens begegnen wir in Linda aus *Il compagno*, die sogar zur Geliebten des Theaterdirektors Lubriani wird, von dem sie sich finanzielle Vorteile verspricht.[598]

Betrachtet man allerdings die einzelnen Figuren genauer, dann werden ihre unterschiedlichen Motivationen und die unterschiedlichen Ergebnisse

---

[598] Auf die einseitige positive Bewertung der kommunistischen Ideologie im Roman und die Ursachen hierfür wurde schon an anderer Stelle hingewiesen, so dass die negative Darstellung Lindas mit ihrer Gier nach Reichtum nicht zu überraschen vermag. Vgl. hierzu C. Pavese, *Il compagno*. S. 28: »-Perché mi dicevi che non si fa' quattrini? -Perché non li fai. -Basta darsi a un lavoro. -Un lavoro non basta. Ci vuole passione. –Non voglio mica diventare milionario. Mi basta portarti a ballare. -Lo vedi che non cerchi i quattrini?«

ihres Handelns schnell deutlich. So beurteilt Masino alles, was er tut, aus einer egozentrischen Perspektive ausschließlich im Hinblick auf sich selbst. Auch die Rettung des Arbeitskollegen Hoffmann vor dem Ertrinken bei einem gemeinsamen Badeausflug ist nichts, worüber Masino sich freuen kann. Stattdessen zeigt er sich über die geglückte Rettung sogar verärgert, da er sich hierdurch um das „Monopol der Erinnerung" betrogen sieht. Dem Leser wird deutlich, dass Masino offensichtlich an einem lebenden, d.h. real existierenden Hoffmann mit eigenen Gedanken und Gefühlen kein sonderliches Interesse hat.

> »Quando piú tardi, sotto la tettoia del barcaiuolo, Hoffmann rinvenne e si preparò ad essere ancora quello ch'era sempre stato, a Masino salí una gran rabbia. Gli era troppo piaciuta l'idea della morte. Masino si accorse che aveva sperato di restare solo, col monopolio della memoria del compagno.«[599]

Dass dieser überlebt hat, bedeutet für Masino, dass er seine Erinnerungen, auch jene an die Rettung, nun mit Hoffmann teilen muss. Ein geradezu unerträglicher Gedanke für ihn, der im weiteren Verlauf der Erzählung den Kontakt zu seinem Kollegen immer weiter einschränkt und somit ein weiteres Mal seine Bindungsunfähigkeit unter Beweis stellt.

Es bleibt allerdings offen, ob es die Unfähigkeit ist, mit anderen zu kommunizieren, die in der Konzentration auf den persönlichen Fortschritt und Erfolg kompensiert werden soll, oder ob es nicht umgekehrt das egozentrische Verhalten des Einzelnen ist, das ihn letztlich von seinen Mitmenschen isoliert.

Auch die Ehe zwischen Doro und Clelia in *La spiaggia* zeichnet sich vor allem dadurch aus, dass die beiden nicht ausreichend miteinander kommunizieren. Doro erkennt in dieser Unfähigkeit sogar die Wurzel des Übels, an welcher die gesamte Welt krankt.[600]

Versuche, aus diesem Kreislauf auszubrechen und den Kontakt zu den seinen Mitmenschen (wieder) herzustellen, wie im Falle Rosettas in *Tra*

---

[599] C. Pavese, *Ciau Masino*, S. 113.

[600] Vgl. hierzu C. Pavese, *La spiaggia*, S. 40: »Bisognerebbe avere il coraggio di svegliarsi e trovare se stessi. O almeno parlarne. Si parla troppo poco a questo mondo.«

donne sole, scheitern an der Kälte der anderen. Die Clelia Oitana, die sich selber aus ärmlichen Verhältnissen nach oben gearbeitet hat, stellt zwar insofern eine Weiterentwicklung dar, als sie einerseits die Motivation ihres Handels, den sozialen Aufstieg, und andererseits die Nichtigkeit der im Leben angehäuften materiellen Werte reflektiert.[601] Aber wenngleich ihr Weltbild durch die Erlebnisse leicht ins Wanken gerät, so ist es doch nicht erschüttert. Sie interessiert sich letztlich ebensowenig wie die übrigen Freundinnen der Turiner Gesellschaft für das Schicksal der vermissten Rosetta, will es auch gar nicht, obwohl ja immerhin bekannt ist, dass jene sich mit Selbstmordgedanken trägt. Und auch als der Suizid offiziell bestätigt wird, gilt ein *bon mot* immer noch mehr als die öffentliche Bekundung von Mitleid gegenüber der Toten oder ihren weinenden Eltern, bei denen man sich versammelt hat.

> »A me pareva di esser stata sorda e cieca, mi tornavano in mente le parole, le smorfie, gli sguardi di Rosetta, e sapevo di averlo saputo, sempre saputo, e non averci fatto caso. [...] Qualcuno diceva che il suicidio andrebbe proibito.«[602]

Doch trotz eines solch pessimistischen Weltbildes ist der Glaube an eine mögliche Verbesserung noch nicht verloren. Die Figurenkonstellationen in den Romanen *Il compagno* (Amelio-Pablo), *La bella estate* (Ginia-Amelia) und *La luna e i falò* (Nuto-Anguilla) zeigen mit ihrer Mentorenstruktur, dass der Mensch sich sehr wohl aus seiner Subjektivität und seinem Eigennutz befreien kann, um sich als Teil einer Gemeinschaft zu begreifen, dass ein *Self Improvement* also möglich ist. Zudem ist niemand von Geburt an schlecht, sondern wird erst durch die erlittene Behandlung bösartig, wie Nuto zu berichten weiß.[603] Entscheidend ist nicht der durch die Geburt erlangte Stand des Einzelnen, sondern die Gesellschaft, in der

---

[601] Vgl. hierzu Clelias Äußerungen gegenüber dem sie begleitenden Morelli angesichts der in Turiner Antiquitätenläden ausgestellten Ware in C. Pavese, *Tra donne sole*, S. 271: »-Fa pena, - gli dissi, -pensare che, morendo, le tue cose finiscono cosí in mano agli altri...«

[602] C. Pavese, *Tra donne sole*, S. 329.

[603] Vgl. hierzu C. Pavese, *La luna e i falò*, S. 85: »Allora Nuto si era messo a gridare che nessuno nasce pelandrone né cattivo né delinquente; la gente nasce tutta uguale, e sono solamente gli altri che trattandoti male ti guastano il sangue.«

er lebt und die von ihm mit gestaltet wird, was die Verantwortung des Individuums gegenüber seinen Mitmenschen dieses Mal klar betont. Die Fürsorge, die Nuto und Anguilla auf die Erziehung Cintos anwenden, darf trotz der immer noch nicht völlig besiegten Skepsis als kleiner Beitrag zur großen angestrebten Veränderung interpretiert werden und gibt somit erneut Raum für die Hoffnung auf eine bessere Zukunft.

Auch für Vittorini ist der Verzicht auf die persönliche (meist materielle) Vorteilnahme zugunsten der Gemeinschaft die Voraussetzung dafür, dass dieselbe ihre Schutzfunktion dem Individuum gegenüber wieder erfüllen kann.

In dem Roman *Il garofano rosso* ist es der junge Alessio, der dem Leser mit seiner Begeisterung für den frühen Faschismus und der seinem Vater gegenüber eingenommenen ablehnenden Haltung, die Verkehrung des ursprünglich von John Winthrop formulierten Ansatzes zu *progress* und *success* vor Augen führt. Im Verlaufe des Romans erfährt der Leser, dass der Vater früher ein begeisterter Anhänger sozialistischen Gedankengutes war, d.h. ebenso wie jetzt Alessio dazu beitragen wollte, das menschliche Dasein zu verbessern. *La Morale*, wie Alessio seinen Vater nennt, hat sich allerdings nicht wie bisher sein Sohn auf eine Anklage der Missstände beschränkt, sondern durch die Einführung der Ziegelbrennerei in Süditalien aktiv Einfluss auf die Verbesserung der dortigen Lebensumstände genommen und so den Fortschritt vorangetrieben.

Der Vorwurf des Sohnes an den Vater gilt der Tatsache, dass *La Morale* sich zunehmend von seinen sozialistischen Idealen entfernt und auf die Sicherung des eigenen Wohlstandes konzentriert hat, der sich zusammen mit dem Erfolg seiner unternehmerischen Initiative eingestellt hat. Ein Wohlstand, der in den Augen Alessios allerdings zu Lasten der Gemeinschaft, d.h. zu Lasten der angestellten Arbeiter geht.[604]

---

[604] Vgl. hierzu den Disput zwischen Alessio und seinem Vater in E. Vittorini, *Il garofano rosso*, S. 80f: »„Ma come!" dissi. „Sei stato socialista e non lo sei più!" [...] „Ragazzo mio" disse mio padre „[...] nella vita s'impone la necessità di salvarsi ognuno per conto suo." „Oh!" esclamai „allora tu ti salvi ... per via di loro che si perdono?" [...] Mio padre continuò a non guardarmi.«

Der zwischen den Interessen des Individuums und jenen der Gemeinschaft existierende Konflikt liegt, so scheint es, in der Natur des Menschen begründet und lässt sich dementsprechend auch nicht lösen. Diese Vermutung wird auch durch die Position des alten Arbeiters bestätigt, mit dem Alessio immer wieder über die Frage der Klassenunterschiede diskutiert. Auch der Alte, so erfährt Alessio von ihm, hätte ein Schicksal als Unternehmer keineswegs abgelehnt.

>„„E mio padre li tratta bene gli operai?" chiesi. „È un padrone onesto" mi rispose. „Ma è proprio padrone?" chiesi io. „Non è come un primo operaio?" Il vecchio andò con la mano da un punto a un altro indicando tutte insieme le cose intorno: „Non può essere" mi rispose. „È tutto suo." „ Pure era socialista" dissi io. „Già" disse lui. Mi misi a sedere sullo scalino della porta, più in basso di lui che stava su una sedia. „E io sono fascista" dissi „ma so che non vorrei essere padrone." Il vecchio sputò dall'altra parte il suo liquido sputo senza rumore. „Forse i tempi cambiano" disse. Succhiò dentro la pipa e soggiunse: „Ma se diventassi padrone io non capisco come farei a non voler essere padrone".«[605]

Die Erfahrungen von Erica in *Erica e i suoi fratelli* zeigen zudem, dass die Gier des Menschen nach Besitz auch nicht davor zurückschreckt, selbst die Unschuldigen und Schwachen, die Kinder um ihr weniges Hab und Gut zu betrügen.[606]

Eine Verbesserung dieser Verhaltensweisen ist zwar nicht in Sicht und dennoch ist die Lage nicht hoffnungslos, schickt der Autor doch den Protagonisten Silvestro seines nächsten Buches *Conversazione in Sicilia* auf die Reise, um die „altri, nuovi doveri" zu suchen, die an dieser Stelle für den Leser jedoch noch abstrakt bleiben. Silvestros Reise impliziert jedoch, dass es die „doveri", die Verpflichtungen des Einzelnen gegenüber seinen Mitmenschen tatsächlich gibt, dass man sie suchen muss, wenn man die Welt verändern möchte.

---

[605] E. Vittorini, *Il garofano rosso*, S. 85.

[606] So betrügt z.B. die Frau des „Eisenbahners" Erica um ihr Huhn, während andere ihr die Kohlen und einen Sack Mehl stehlen, aus dem die Kinder bisher Pasta gefertigt hatten. Alle zusammen stehlen den Kindern also die Möglichkeit, sich zu ernähren und treiben Erica damit in die Prostitution.

Benannt werden diese „doveri" schließlich von Berta in *Uomini e no*, die das Ziel des antifaschistischen Kampfes in einer einfachen Formel zusammenfasst: das Glück der Menschen. Die Partisanen setzen sich nicht für ihre persönlichen Belange, sondern für ein besseres Morgen, für eine neue Gesellschaft ein.

Der Weg hierzu führt zwar über den Kampf zwischen Beleidigern und Beleidigten, doch liegt der Schlüssel für einen Neuanfang letztlich in der Notwendigkeit, sich von Hass und Ressentiments zu befreien, d.h. die Spaltung der Gesellschaft aufzuheben.

Voraussetzung hierfür ist die Erkenntnis der Menschen, dass niemand wirklich frei von Schuld ist. Eine einseitige Unterscheidung zwischen Gut und Böse wird zunehmend unmöglich, scheinen die Partisanen und die Faschisten sich in ihrem Kampfe gegeneinander doch immer ähnlicher zu werden, wie der Erzähler am Beispiel von El Paso-Ibarruri erläutert. Dieser hat sich unter falscher Identität bei den Faschisten eingeschlichen und sitzt nun mit Hauptmann Clemm im Hauptquartier an einem Tisch, trinkt und lacht mit seinem Feind, den er später töten wird, und bringt sogar einen Tost auf Hitler aus. Die hierfür notwendige Selbstverleugnung lässt aber auch die ehemals eindeutige Grenze zwischen notwendigen Täuschungsmanövern und eigener Überzeugung zunehmend verschwinden.

> »Egli sta con loro, gioca con loro, e noi dobbiamo dire che un uomo nostro è come loro. Forse potrebbe dare uno di loro ai nostri cani. Potrebbe? Forse potrebbe. E noi possiamo anche adoperare le armi loro. Non essere semplici, voglio dire. Combattere quello che loro sono, senza più essere quello che noi siamo.«[607]

Die Ursachen für die einzelnen Handlungen liegen in den Menschen begründet, die sie ausführen, und sind aus dem größeren Kontext kaum noch zu erschließen. Die Gräueltaten der Faschisten entsprechen den Anschlägen der Resistenza; die eine Gruppe tötet, die andere übt Rache.[608]

---

[607] E. Vittorini, *Uomini e no*, S. 171

[608] In der Aufhebung der einseitigen Schuldzuweisung sieht M. Gesthuisen, *Elio Vittorini und sein literarisches Werk in der Zeit*, S. 142, die Stärken des Romans und des Autors: »Es zeugt vom Rang Vittorinis, daß er als einer der wenigen unter den Widerstandsautoren sich

Mit der Erkenntnis der beiderseitigen Unmenschlichkeit wächst jedoch der Wunsch nach einer Rückkehr zur Menschlichkeit, die eine Überwindung alter Gräben und die Perspektive auf ein zukünftiges friedvolles Zusammenleben erlaubt. Die notwendige moralische Kraft zu einem solchen Neuanfang besitzen die Romanfiguren Vittorinis allerdings erst in der zweiten überarbeiteten Version des Romans *Le donne di Messina* mit seinem bekannten positiven Ausgang, der auf Rache verzichtet.

Dabei ist es die persönliche Not,[609] welche die Menschen zwingt, sich nach dem Krieg in Gruppen zusammenzufinden, in denen jeder seine persönlichen Stärken zum Einsatz bringen kann, während seine Schwächen von den anderen Mitgliedern der Gruppe kompensiert werden. Ideologien und persönliche Überzeugungen werden abgelöst von der Notwendigkeit, eine Lösung für die aktuellen Probleme zu finden, die in der Frage nach dem täglichen Überleben kulminieren. Die Situation der Dorfbewohner ähnelt somit jener der ersten Siedler in Amerika: Sie alle finden sich vor dem Nichts und haben auch keinen Ort, an den sie zurückkehren könnten. Nur gemeinsam können sie die zu bewältigenden Aufgaben lösen, die Felder von zurückgelassenen Minen räumen und neu bestellen, die Häuser wieder aufbauen, sich eine neue Existenz schaffen. Die Gemeinschaft ist somit wieder Notwendigkeit, die Schutz vor der feindlichen Umwelt gewährt.

> »Essi non hanno princìpi, né forse sapevano che possono esistere dei princìpi. Solo hanno capito che non restava loro da scegliere. O avere le cose in comune, e lavorare a vantaggio comune; o rinunciare a star lì e tornare al viaggio avanti e indietro, al vagabondaggio, al bracciantato d'una settimana in un posto e una settimana in un altro posto, alla borsa nera la più spicciola, al piccolo ladrocinio.«[610]

---

die Frage nach der sittlichen Rechtfertigung des Aufstandes der Beleidigten gegen die Beleidiger, des Tötens aus dem Hinterhalt, das zehnfache Vergeltung hervorruft, immer wieder mit bohrender Radikalität stellt.«

[609] Dies erinnert an Frederick Henrys Überzeugung, dass erst die Niederlage die Menschen Demut lehrt und sie zu Christen macht. Hier ist auch gleichzeitig der „Wermutstropfen" im Menschenbild Vittorinis anzusiedeln, denn was sollte die Menschen davon abhalten, wieder in die alten Fehler zu verfallen, wenn sie die Not erst überwunden haben? Vgl. hierzu erneut E. Hemingway, *A Farewell to Arms*, S. 178: »"It is in defeat that we become Christian."«

[610] E. Vittorini, *Le donne di Messina*, S. 103.

Der weitere Verlauf des Romans verdeutlicht dem Leser, dass eine positive Entwicklung im Sinne der angemahnten „nuovi, altri doveri" möglich ist. Diese Entwicklung geht natürlich nicht von heute auf morgen vonstatten, aber es ist ein Anfang, den die Gemeinschaft unter Leitung Venturas vornimmt, der mit gutem Beispiel vorangeht und mit seiner Tatkraft versucht, seinen Teil der Schuld an der Gesellschaft abzutragen. Hier gelingt schließlich auch die Gleichsetzung der „nuovi doveri" mit dem *Self Improvement* des *American Dream*, denn Ventura trägt mit seiner persönlichen Entwicklung (*progress*) zur Entwicklung der dörflichen Gemeinschaft entscheidend bei (*success*), welche ihm nun wiederum Schutz vor seinen Verfolgern gewährt. Der Neuanfang für die Gemeinschaft ist also möglich und die Romanfiguren sind bereit, dafür einzutreten. Sei es nun die Verantwortung, die Anguilla für Cinto in *La luna e i falò* zu übernehmen bereit ist, sei es der Märtyrertod N2's in *Uomini e no*, sei es Venturas Übernahme der Verantwortung für die Bewohner des Dorfes in *Le donne di Messina*: Sie alle ordnen sich in ihren Handlungen einem höheren Ziel unter, das frei von Eigennutz ist, und sind auch dann noch dazu bereit, ihren Teil beizutragen, wenn es sie selber einen hohen Preis kostet.

5. Zusammenfassung und Ausblick

Die vorliegenden Ausführungen haben die von der Forschung vorausgesetzten Einflüsse der amerikanischen Literatur auf die italienische Prosa anhand der Werke von C. Pavese und E. Vittorini bestätigt und präzisiert. Der Kreis der rezipierten amerikanischen Autoren konnte auf die *Lost Generation* und ihre unmittelbaren Vorläufer beschränkt werden. Exemplarisch wurden von amerikanischer Seite die Autoren S. Lewis, S. Anderson, E. Hemingway, J. Dos Passos und J. Steinbeck für die Untersuchung herangezogen.

Das *tertium comparationis* zwischen den amerikanischen und italienischen Autoren ist die Auflösung gemeinschaftlicher Strukturen und die Entfremdung des Individuums, hervorgerufen durch die Erfahrungen des Ersten Weltkrieges, welche das Selbstverständnis der Kriegsteilnehmer nachhaltig erschüttert hatten. Da die alte Ordnung sich als nicht länger tragfähig erwiesen hatte, bestand die Notwendigkeit zu einer neuen Gesellschaftsutopie, um so die Perspektive auf eine mögliche Zukunft zu eröffnen.

Entscheidend ist hierbei auf amerikanischer Seite die Kritik der *Lost Generation* am *American Dream*, dessen Bestandteile *Manifest Destiny*, *Frontier*, *Success* und *Progress* (die letzten beiden Komponenten lassen sich auch unter dem Begriff *Self Improvement* zusammenfassen) einen Mythos darstellen, der jedem Amerikaner das für ihn größtmögliche Maß an Anerkennung und Erfolg verspricht, wenn er nur willens ist, sich dafür einzusetzen. Mit diesem erstmals 1931 in die öffentliche Diskussion eingeführten Schlagwort versuchte Amerika die verloren gegangene Utopie von der Errichtung einer gerechten Gesellschaft auf Erden, wie John Winthrop sie in seinem „Model of Christian Charity" skizziert hatte, zu kompensieren.

Seit seiner Entdeckung hatte der geografische Topos Amerika für jene Menschen als die Verkörperung ihrer Visionen gedient, die auf der Flucht aus dem feudalistischen Europa über den Atlantik reisten, um auf dem Neuen Kontinent ihr Schicksal selbst zu gestalten. Das hieraus resultierende Sendungsbewusstsein sollte sich im Laufe der Jahrhunderte verstärken, bis es schließlich in der Teilnahme am Ersten Weltkrieg kulminierte, der von amerikanischer Seite als *the war to end all wars* betrachtet worden war. Es schien, als könne man nun den Auftrag der *Manifest Destiny* erfüllen und die übrige Welt endgültig von der Überlegenheit des amerikanischen Wertesystems überzeugen.

Doch sowohl die traumatischen Erfahrungen auf den europäischen Schlachtfeldern (Hemingway) wie auch jene der anschließenden *Red Decade* (Dos Passos und Steinbeck) bewiesen, dass selbst Amerika seinen eigenen Idealen untreu geworden war. Es gab keine Gemeinschaft mehr, die dem Individuum schützende Strukturen dargeboten hätte, sondern die Gesellschaft wurde von einem nunmehr offensichtlichen Sozialdarwinismus beherrscht, in dem nur die Stärksten unter menschenwürdigen Bedingungen existieren konnten, die Masse hingegen für die Erwirtschaftung des einseitig verteilten Wohlstandes funktionalisiert worden war.

Die offen geäußerte Kritik der amerikanischen Autoren an den gesellschaftlichen Missständen bildete für Pavese und Vittorini, die sich als italienische Reaktion auf die erlittenen Traumata mit dem Faschismus und seinen totalitären Strukturen konfrontiert sahen, einen intellektuellen Anziehungspunkt auf der Suche nach einer alternativen Gesellschaftsutopie.

Entscheidend dazu beigetragen hat die Tatsache, dass die italienische Geisteswelt selber kein effektives Gegengewicht zum Faschismus zu bieten hatte: Die Intellektuellen Italiens hatten entweder für den Faschismus Partei ergriffen (Gentile), standen ihm nahe (Cecchi), hatten sich in die Innere Emigration zurückgezogen (Croce) oder waren, wenn sie noch nicht den faschistischen Gewalttakten und Repressalien zum Opfer gefallen waren (Gramsci und Ginzburg), ins Ausland geflüchtet, um den Kampf von dort aus fortzusetzen (*Giustizia e Libertà*). Innerhalb Italiens war keine nennenswerte Opposition festzustellen.

Die Tatsache, dass für den Zeitraum der faschistischen Herrschaft jedoch nachweisbar ein regelrechter *Boom* an Übersetzungen von amerikanischen Klassikern und Trivialliteratur stattgefunden hat, relativiert allerdings etwas den oppositionellen Charakter, welcher der Beschäftigung mit amerikanischer Literatur generell zugeschrieben wird. Wünschenswert wäre in diesem Zusammenhang eine weiterführende Untersuchung mit dem Ziel, die Frage der Amerikarezeption im Vorfeld des italienischen Faschismus zu erhellen, wie sie im Rahmen der vorliegenden Arbeit anhand des Futurismus kurz angerissen wurde.

Die Orientierung der italienischen Autoren nach Amerika war also auch die letzte noch offen stehende Alternative zum Faschismus, nachdem sich die UdSSR, wenngleich unter anderen ideologischen Vorzeichen, ebenfalls zunehmend als totalitär erwies, wie die Behandlung ihrer Veteranen aus dem Spanischen Bürgerkrieg zeigen sollte.

Im direkten Vergleich miteinander lässt sich schließlich die Kritik der amerikanischen Autoren an der Auflösung der Gemeinschaft und der Isolation des Individuums, das von einseitigen Wertvorstellungen fehlgeleitet wird, wie z.B. jener vom persönlichem (materiellen) Erfolg, im gleichen Ausmaß in den Werken der italienischen Autoren lokalisieren. Aber Pavese und Vittorini greifen die Kritik ihrer amerikanischen Vorbilder nicht nur auf und übertragen sie auf die italienischen Gegebenheiten, sondern sie entwickeln sie weiter.

Denn weder Sinclair Lewis noch Sherwood Anderson präsentieren überzeugende Lösungsansätze: Der eine verlagert die Probleme von einer Generation auf die nachfolgende, der andere schickt seine Protagonisten in eine Zukunft, die von ihm nicht weiter konkretisiert wird. Ernest Hemingways Œuvre zeichnet sich hingegen ebenso wie jenes von John Dos Passos durch Hoffnungslosigkeit aus. Hier wird der einsame Kampf des Helden gegen die Gesellschaft geschildert, der letzten Endes immer damit endet, dass der Held unterliegt. Der wesentliche Unterschied zwischen den beiden Autoren besteht in dem Faktum, dass Hemingways Protagonisten ein zumindest individuelles Wertesystem besitzen, an dem sie festhalten, während die Figuren von Dos Passos im Sog der Ereignisse treiben und als Opfer und Täter zugleich erscheinen. Erst John Steinbeck entwickelt in seinem Werk einen Lösungsansatz, wenngleich auch bei ihm der Weg zum Erfolg über den Kampf und die Gewalt führt, denn erst mit der Zerschlagung der alten Gesellschaft durch die bislang Unterdrückten und Entrechteten kann sich eine neue Gemeinschaft bilden.

Wesentlich optimistischer stellen sich hingegen die Lösungsansätze bei Pavese und Vittorini dar, die ihre Protagonisten im Zuge ihrer persönlichen Entwicklung erkennen lassen, dass die tatsächliche Erfüllung ihrer Existenz erst jenseits aller materiellen Bedürfnisse in der menschlichen Gemeinschaft zu finden ist. Auf diesem Wege wird schließlich sogar die Kluft zwischen Faschisten und Antifaschisten überwunden, da die Mitglieder der beiden Lager unter denselben menschlichen Stärken und Schwächen zu leiden haben und beide Seiten gleichermaßen für die Gestaltung einer neuen (gemeinsamen) Zukunft benötigt werden. Und so scheint es, als würde die dem *American Dream* zugrunde liegende europäische Vision von einer Gesellschaft, in welcher die Menschen miteinander und füreinander leben, zu guter Letzt in Europa ihre Wiederbelebung erfahren.

Durch die Textanalyse konnte in der vorliegenden Arbeit der schon 1968 von D. Schlumbohm angemahnte *geistige pattern* in Italien für die Zeit der Amerikarezeption unter dem Faschismus exemplarisch konkretisiert werden. Die Behauptung von einem erschöpfend erforschten Gebiet der Italianistik ist hiermit gleichermaßen entkräftet. Wenn die vorliegende Arbeit darüber hinaus Ansätze dafür liefert, um die italienische Literatur jener Zeit aus ihrer isolierten Position heraus zu führen, dann hat sie ihr Ziel erreicht. Denn nicht nur die Frage nach der Rezeption amerikanischer Einflüsse vor und während des italienischen Faschismus, sondern auch die Frage nach vorhandenen Wechselwirkungen zwischen den beiden Literaturen bietet noch ausreichende Betätigungsfelder und könnte somit exemplarisch dazu beitragen, die bestehenden geistigen und kulturellen Bande zwischen der Alten und der Neuen Welt weiter zu erhellen.

6. LITERATURVERZEICHNIS

AARON, D., *Writers on the Left*, New York, 1977

ALDRIDGE, J. W., "Hemingway. Nightmare and Correlative of Loss" (1951), in: Weber, H. (Hrsg.), *Hemingway*, Darmstadt, 1980, S. 27-43

ALLEN, W., *Tradition and Dream*, Bungay/Suffolk, 1965

AMENDOLA, G., *Der Antifaschismus in Italien*, übers. von T. Rafalski, Stuttgart, 1977

AMORUSO, V., „Cecchi, Vittorini, Pavese e la letteratura americana", in *Studi americani*, Roma, 1960, Nr. 6, S. 9-71

AMORUSO, V., *Le contraddizioni della realtà*, Bari, 1968

ANDERSON, D. D. (ed.), *Critical Essays on Sherwood Anderson*, Boston, Massachusetts, 1981

ANDERSON, D.D., "Sherwood Anderson and the Critics", in: Anderson, D. D. (ed.), *Critical Essays on Sherwood Anderson*, Boston, Massachusetts, 1981, S. 1-20

ANDERSON, S., *Dark Laughter*, New York, 1925

ANDREOLI-DE-VILLERS, J.-P., *Futurism and the Arts. A Bibliographie (1959-1973)*, Toronto-Buffalo, 1975

ANZ, T., „Expressionismus", in: Borchmeyer, D./Zmegac, V. (Hrsg.), *Moderne Literatur in Grundbegriffen* (1987), Tübingen, 1994, S. 142-152

APOLLONIO, U., *Der Futurismus. Manifeste und Dokumente einer künstlerischen Revolution 1909-1918*, übers. von C. Baumgarth/H. Hohenemser, Köln, 1972

ARAGNO, P., „Futurismus und Faschismus. Die italienische Avantgarde und die Revolution", in: Grimm, R./Hermand, J. (Hrsg.), *Faschismus und Avantgarde,* Königstein/Taunus, 1980, S. 83-91

ARNOLD, H. L. (Hrsg.), *Text+Kritik. Zeitschrift für Literatur. Italienischer Neorealismus*, München, 1979, Heft 63

ARVIN, N., "Mr. Anderson's New Stories", in: Anderson, D. D. (ed.), *Critical Essays on Sherwood Anderson*, Boston, 1981, S. 45-47

ASOR ROSA, A., *Scrittori e popolo. Il populismo nella letteratura italiana contemporanea* (1964), Torino, 1988

ASSELINEAU, R., „Ein amerikanischer Romantiker des 20. Jahrhunderts: Ernest Hemingway" (1971), in: Weber, H. (Hrsg.), *Hemingway*, Darmstadt, 1980, S. 62-75

ASSUNTO, R., *Theorie der Literatur bei Schriftstellern des 20. Jahrhunderts*, übers. von C. Baumgarth, Reinbek b. Hamburg, 1975

BAASNER, F. (Hrsg.), *Literaturgeschichtsschreibung in Italien und Deutschland*, Tübingen, 1989

BAASNER, F., „«L'uomo che dominò due generazioni». Die öffentlichen Reaktionen auf den Tod Benedetto Croces 1952 und ihre Hintergründe", in: *Italienisch. Zeitschrift für Italienische Sprache und Literatur*, Frankfurt/M., 1989, Bd. 22, S. 62-72

BAASNER, F., „Deutsche Geschichten der italienischen Literatur", in: ders. (Hrsg.), *Literaturgeschichtsschreibung in Italien und Deutschland. Traditionen und aktuelle Probleme*, Tübingen, 1989, S. 1-16

BACHTIN, M., *Literatur und Karneval*, Frankfurt, 1990

BADEN, H. J., *Literatur und Selbstmord. Cesare Pavese – Klaus Mann – Ernest Hemingway,* Stuttgart, 1965

BAIGELL, M., WILLIAMS, J. (ed.), *Artists against War and Fascism: Papers of the First American Artists' Congress*. New Brunswick, New Jersey, 1986

BAKER, C. (ed.), *Hemingway and his Critics. An International Anthology*, New York, 1961

BAKER, C., "Introduction: Citizen to the World", in: Baker, C. (ed.), *Hemingway and His Critics. An International Anthology*, New York, 1961, S. 1-18

BAKER, C., *Ernest Hemingway. A Life Story*, London, 1969

BAKKER, J., *Ernest Hemingway. The Artist as a Man of Action*, Assen, 1972

BALDENSPERGER, F., „Begriff und Gegenstand der Vergleichenden Literaturgeschichte", in: Rüdiger, H. (Hrsg.), *Komparatistik. Aufgaben und Methoden,* Stuttgart, 1973, S. 55-77

BALDISSONE, G., *Filippo Tommaso Marinetti,* Milano, 1986

BARATTA, G., „»Dieser Kopf soll zwanzig Jahre lang nicht denken – und dafür werden wir sorgen«. Gramscis Gefängnisgeschichten", in: *Zibaldone,* Hamburg, 1991, Bd. 11, S. 22-29

BARBERI SQUAROTTI, G., „Natura e storia nell'opera di Vittorini", in: Sipala, P. M./Scuderi, E. (a.c.d.), *Elio Vittorini. Atti del convegno nazionale di studi. Siracusa-Noto, 12-13 febbraio 1976,* Catania, 1978, S. 15-46

BARNETT, L. K., *Authority and Speech,* Athens/Georgia, 1993

BARRON, S./ECKMANN, S. (Hrsg.), *Exil. Flucht und Emigration Europäischer Künstler 1933 - 1945,* München-New York, 1997

BAYM, N. ET. al., *The Norton Anthology of American Literature* (1979), Vol. 1, New York-London, 1989

BAZZANELLA, A., „Die Stimme der Illiteraten. Volk und Krieg in Italien 1915-1918", in: Vondung, K. (Hrsg.), *Kriegserlebnis: Der Erste Weltkrieg in der literarischen Gestaltung und symbolischen Deutung der Nationen,* Göttingen, 1980, S. 334-351

BEACH, J. W., *Amerikanische Prosadichtung 1920-1940,* Aschaffenburg, 1947

BEEGEL, S. F. (ed.), *Hemingway's neglected Short Fiction. New Perspectives,* Ann Arbor, 1989

BENEDETTO, E., *Sodalizio con Marinetti,* Rom, 1986

BENJAMIN, W., *Das Kunstwerk im Zeitalter seiner technischen Reproduzierbarkeit,* 22. Aufl., Frankfurt/M., 1994

BENJAMIN, W., *Zur Kritik der Gewalt und andere Aufsätze* (1965), Frankfurt/M., 1978

BENSON, F. R., *Schriftsteller in Waffen. Die Literatur und der Spanische Bürgerkrieg,* Zürich, 1969

BERGAMI, G., „Antonio Gramsci", in: *Belfagor*, Firenze, 1979, Vol. 34, S. 411-434

BERGAMI, G., „Gramsci e il fascismo nel primo tempo del partito comunista d'Italia", in *Belfagor*, Firenze, 1978, Vol. 33, S. 159-172

BERGHAUS, G., *Futurism and politics: Between Anarchist Rebellion and Fascist Reaction, 1909-1944*, Providence-Oxford, 1996

BERTACCHINI, R., „*La Voce*: Le opere e i giorni", in: *Italianistica: Rivista di letteratura*, Pisa, 1988, Bd. 17, S. 315- 31793-109

BERTONCINI, G., „Cinema E Letteratura Del Neorealismo", in: *Italianistica: Rivista di letteratura*, Pisa, 1985, Bd. 14, S. 467-469

BETTI, E., *Die Hermeneutik als allgemeine Methode der Geisteswissenschaften*, Tübingen, 1962

BINETTI, V., *Cesare Pavese: Una vita imperfetta. La crisi dell'intellettuale nell'Italia del dopo-guerra*, Ravenna, 1998

BIONDILLO, G., *Carlo Levi e Elio Vittorini. Scritti di architettura*, Milano-Torino, 1997

BISAGNO, D., „Cesare Pavese: l'inedita corrispondenza di traduzione e scrittura", in: *Italianistica: Rivista di letteratura*, Pisa, 1988, Bd. 17, S. 503-520

BLUMENBERG, H., „Wirklichkeitsbegriff und Wirklichkeitspotential des Mythos", in: Fuhrmann, M. (Hrsg.), *Terror und Spiel. Problem der Mythenkonzeption*, München, 1971, S. 11-67

BO, C., „Il neorealismo, trent'anni dopo", in: *Lettere italiane: Rivista Trimestrale*, Firenze, 1975, V 27 (4), S. 396-409

BO, C., „Letteratura e Società", in: *Lettere italiane: Rivista Trimestrale*, Firenze, 1962, V 14 (4), S. 421-435

BO, C., *Inchiesta sul neorealismo*, Torino, 1951

BOCHMANN, K. (Hrsg.), *Antonio Gramsci. Gefängnishefte*, Bd. 1, Hamburg, 1991

BOHRER, K. H. (Hrsg.), *Mythos und Moderne*, Frankfurt/M., 1983

BOIME, A., *The Magisterial Gaze: Manifest Destiny and American Landscape Painting*, Washington-London, 1991

BOLLA, E., „Die italienische Literatur", in: von See, K. (Hrsg.), *Neues Handbuch der Literaturwissenschaft, Bd. 20: Zwischen den Weltkriegen*, Wiesbaden, 1983, S. 369-390

BOORSTIN, D. J., *Das Image: der amerikanische Traum* (1964), übers. von M. Delling/ R. Voretzsch, Reinbek b. Hamburg, 1987

BORCHMEYER, D./ZMEGAC, V. (Hrsg.), *Moderne Literatur in Grundbegriffen* (1987), Tübingen, 1994

BORTOLOTTI, N. (a.c.d.), *Annitrenta. Arte e Cultura in Italia*, Ausstellungskatalog, Comune di Milano, 1982

BRACHER, K. D., *Zeit der Ideologien*, Stuttgart, 1984

BRAMANTI, V., „Vittorini e le arti figurative", in: *Lettere italiane: Rivista Trimestrale*, Firenze, 1988, V 40, S. 270-280

BREMER, T. (Hrsg.), *Europäische Literatur gegen den Faschismus: 1922-1945*, München, 1986

BREMER, T., „Den Menschen neuschaffen. Kriegserfahrung und Sozialproblematik im neorealistischen Roman", in: Arnold, H. L. (Hrsg.), *Text+Kritik. Zeitschrift für Literatur. Italienischer Neorealismus*, München, 1979, Heft 63, S. 3-18

BREMER, T., „Der doppelte Widerstand. Literatur und Kampf gegen den Faschismus in Italien 1922-1945", in: ders. (Hrsg.), *Europäische Literatur gegen den Faschismus: 1922-1945*, München, 1986, S. 53- 79

BRINKLEY, A., *The End of Reform. New Deal Liberalism in Recession and War*, New York, 1995

BROCKMEIER, P., „Leben unter dem Faschismus: Gaddas ‚Gräßliche Bescherung'", in: *Italienisch. Zeitschrift für Italienische Sprache und Literatur*, Frankfurt/M., 1985, Bd. 14, S. 42-53

BROWN, D., "Hemingway in Russia", in: Baker, C. (ed.), *Hemingway and His Critics. An International Anthology*, New York, 1961, S. 145-161

BRUCCOLI, M. J., *Conversations with Ernest Hemingway*, Jackson-London, 1986

BRÜNING, E., „Die Entwicklung progressiver und sozialistischer Literatur in den USA", in: Dimow, G. et. al. (Hrsg.), *Internationale Literatur des sozialistischen Realismus 1917-1945. Aufsätze*, Berlin-Weimar, 1978, S. 357-385

BRÜNING, E., „Sinclair Lewis und die endgültige Emanzipation der amerikanischen Literatur", in: *Sitzungsberichte der Sächsischen Akademie der Wissenschaften zu Leipzig*, Berlin, 1982, Bd. 123, Heft 1

BRUSCAGLI, R., „Il muro della cultura fra Roma e New York", in: *Belfagor*, Firenze, 1982, Vol. 37, S. 101-106

BUCI-GLUCKSMANN, C., *Gramsci und der Staat. Für eine materialistische Theorie der Philosophie*, Köln, 1981

BÜDEL, O., „Die italienische Literatur 1890-1920", in: von See, K. (Hrsg.), *Neues Handbuch der Literaturwissenschaft, Bd. 19: Jahrhundertende-Jahrhundertwende (II. Teil)*, Wiesbaden, 1976, S. 189-230

BURBANK, R., *Sherwood Anderson*, New York, 1964

BUSH, C., *The Dream of Reason. American Consciousness and Cultural Achievement from Independence to the Civil War*, London, 1977

CALVESI, M. et. al., *Marinetti e il futurismo*, Roma, 1994

CAPELLÁN, A., *Hemingway and the Hispanic World*, Ann Arbor, 1985

CARAMEL, L. et. al. (Hrsg.), *Italiens Moderne: Futurismus und Rationalismus zwischen den Weltkriegen, Ausstellungskatalog des Museum Fridericianum Kassel, 28.1-25.3.1990, IVAM Centre Julio Gonzalez Valencia, 5.4-5.6.1990*, Kassel-Milano, 1990

CARDUCCI, N., *Gli intellettuali e l'ideologia americana nell'Italia letteraria degli anni trenta*, Manduria, 1973

CARPENTER, F. I., *American Literature and the Dream*, 2. Aufl., New York, 1968

CARPI, U., „Ancora su Croce e «La Voce»", in: *La Rassegna della letteratura italiana*, Firenze, 1967, Jg. 71, Bd. 3, S. 373-382

CATALANO, E., *Cesare Pavese. Fra politica e ideologia*, Bari, 1976

CATALANO, F., „Saggi e studi. Aspetti politici e sociali della resistenza italiana", in: *Belfagor*, Firenze, 1966, Vol. 21, S. 501-536

CECCHI, E., „Introduzione all'edizione del 1942", in: Vittorini, E. (a.c.d.), *Americana* (1941), Milano, 1985, S. 1037-1052

CECCHI, E., *America amara* (1938), abgedr. in: ders., *Saggi e viaggi*, Milano, 1997, S. 1115-1523

CECCHI, E., *Bitteres Amerika*, Oldenburg/Berlin, 1942

CECCHI, E., *Saggi e viaggi*, Milano, 1997

CEPLAIR, L., *Under the Shadow of War. Fascism, Anti-Fascism, and Marxists, 1918-1939*, New York, 1987

CESERANI, G. P. et. al., Modell Amerika: Die Wiederentdeckung eines Way of Life, übers. von W. Glinga, Münster, 1985

CESERANI, R., *Raccontare la letteratura*, Torino, 1990

CHARNITZKY, J., „Unterricht und Erziehung im faschistischen Italien. Von der Reform Gentile zur Carta della Scuola", in: Petersen, J./Schieder, W. (Hrsg.), *Faschismus und Gesellschaft in Italien*, Köln, 1998, S. 109-131

CHARNITZKY, J., *Die Schulpolitik des faschistischen Regimes in Italien (1922-1943)*, Tübingen, 1994

CHARNITZKY, J., *Giovanni Gentile und der Faschismus. Ein Verhältnis zwischen Kohärenz und Ambivalenz*, Frankfurt/M., 1995

CHASE, R., *The American Novel and its Tradition*, New York, 1957

CHASE, R.H., "Cesare Pavese and the American Novel", in: *Studi americani*, Roma, 1957, Nr. 3, S. 347-369

CHICCO VITZIZZAI, E. (Hrsg.), *Il neorealismo. Antifascismo e popolo nella letteratura dagli anni trenta agli anni Cinquanta*, Torino, 1977

CHLODOWSKI, R., „Rassegna di studi italiani in URSS nell'ultimo cinquantennio", in: *Lettere italiane: Rivista Trimestrale*, Firenze, 1988, V 40, S. 428-438

CHORON, J., *Der Tod im abendländischen Denken*, Stuttgart, 1967

CIANO, G., *Diario 1937-1943*, Milano, 1990

CILLO, G., *La distruzione dei miti*, Firenze, 1972

CIVELLO, P., *American Literary Naturalism and its Twentieth-century Transformations* (1994), Athens/Georgia, 1998

CLECAK, P., *America's Quest for the Ideal Self*, New York-Oxford, 1983

COLLEY, I., *Dos Passos and the Fiction of Despair*, London-Basingstoke, 1978

COLOMBO, G., *Guida alla lettura di Pavese*, Milano, 1988

CONKIN, P. K., *The New Deal*, New York, 1970

CONTARINO, R./TEDESCHI, M. (ed.), *Dal fascismo alla Resistenza*, Roma-Bari, 1980

CONTRERAS, B. R., *Tradition and Innovation in New Deal Art*, London-Toronto, 1983

COOKE, P. (ed.), *The Italian Resistance. An Anthology*, Manchester-New York, 1997

COOPER, S., *The politics of Ernest Hemingway*, Ann Arbor, 1987

CORTESI, L., „Palmiro Togliatti, la « Svolta di Salerno » e l'eredità gramsciana", in: *Belfagor*, Firenze, 1975, Vol. 30, S. 1-44

CORTESI, L., „Varietà e documenti. Storia del PCI e miseria del Riformismo", in: *Belfagor*, Firenze, 1977, Vol. 32, S. 185-207

COSTIGLIOLA, F., *Awkward Dominion. American Political, Economic and Cultural Relations with Europe 1919-1933*, Ithaca-London, 1984

CROCE, B., „Vergleichende Literaturgeschichte", in: Rüdiger, H. (Hrsg.), *Komparatistik. Aufgaben und Methoden,* Stuttgart, 1973, S. 89-92

CROCE, B., *Etica e politica* (1931), Bari, 1981

CROCE, B., *Filosofia – Poesia – Storia. Pagine tratte da tutte le opere a cura dell'autore*, Milano-Napoli, 1955

CROCE, B., *Geschichte Europas im neunzehnten Jahrhundert*, Memmingen, 1968, übers. von K. Vossler/R. Peters

CROCE, B., *Il dissidio spirituale della Germania con l'Europa*, Bari, 1944

CROCE, B., *La spagna nella vita italiana*, Bari, 1922

CROCE, B., *Lettere a Giovanni Gentile. 1896-1924*, Milano, 1981

CROCE, B., *Propositi e speranze (1925-1942). Scritti vari*, Bari, 1944

CROCE, B., *Was ist die Kunst?* (1913), übers. v. T. Poppe, Berlin, 1987

CRUPI, P., *Letteratura ed emigrazione*, Reggio Calabria, 1979

CUNLIFFE, M., *The Literature of the United States*, 3. Aufl., London, 1984

CUTINELLI RÈNDINA, E. (a.c.d.), *Carteggio Croce-Vossler 1899-1949*, Napoli, 1991

CUTLER, P., *The Public Landscape of the New Deal*, New Heaven-London, 1985

CZAPLICKA, J. (ed.), *Emigrants and Exiles*, Evanstown/Illinois, 1997

D'ACIERNO, P. (ed.), *The Italian American Heritage. A Companion to Literature and Arts*, New York-London, 1999

D'AGOSTINO, N., „Pavese e l'America", in: *Studi americani*, Roma, 1958, Nr. 4, S. 399-414

DAL CO, F., „Dai parchi alla regione. L'ideologia progressista e la riforma della città americana", in: Ciucci, G. et. al., *La città americana dalla guerra civile al New Deal*, Roma-Bari, 1973, S. 147-315

DAMIANI, C., *Mussolini e Gli stati Uniti 1922-1935*, Bologna, 1980

DANIEL, R., "Hemingway and His Heroes" (1947/48), in: Weber, H. (Hrsg.), *Hemingway*, Darmstadt, 1980, S. 107-118

DANIELE, C., „Le ambizioni sbagliate e il «caso Moravia» nella stampa comunista degli anni trenta", in: *La Rassegna della letteratura italiana*, Firenze, 1991, Jg. 95, Bd. 3, S. 150-157

DAVIDSON, A./WRIGHT, S. (ed.), *"Never give in": the Italian Resistance and Politics*, New York-Washington-Baltimore, 1998

DAVIS SCHLACKS, D., *American Dream Visions*, New York, 1994

DAVIS, H., "*La luna e i falò*: What Kind of Ripeness?", in: *Italian Studies*, Leeds, 1984, V 39, S. 79-90

DE CAMILLI, D., „Cesare Pavese e i nomi dei personaggi", in: *Italianistica: Rivista di letteratura*, Pisa, 1993, Bd. 22, S. 211-236

DE CAMILLI, D., „Pavese e altri diaristi", in: *Italianistica: Rivista di letteratura*, Pisa, 1976, Bd. 1, S. 93-109

DE FELICE, R., "Fascism and Culture in Italy: Outlines for further Studies", in: *Stanford Italian Review*, Saratoga/Calif., 1990, Bd. 8, S.5-11

DE FELICE, R., "Italian Fascism and the Middle Classes", in: Larsen, S. U. et. al. (ed.), *Who were the Fascists? Social Roots of European Fascism*, Bergen-Oslo-Tromsö, 1980, S. 312-317

DE FELICE, R., *Die Deutungen des Faschismus*, Göttingen, 1980, Schröder, J. (Hrsg.)

DE LAS NIEVES MUÑIZ MUÑIZ, M., *Introduzione a Pavese*, Bari, 1992

DE LUCA, I., „Rassegna della letteratura italiana in URSS. Studi e traduzioni 1917-1975", in: *Lettere italiane: Rivista Trimestrale*, Firenze, 1980, V 32, S. 87-123

DE NICOLA, F., *Introduzione a Vittorini*, Bari, 1993

DE TOMMASO, P., „Ritratti critici di contemporanei. Elio Vittorini", in: *Belfagor*, Firenze, 1965, Vol. 20, S. 552-578

DE TOMMASO, P., „Ritratto di Cesare Pavese", in: *Rassegna della letteratura italiana*, Firenze, 1965, Jg. 69, Bd. 3, S.545-578

DEMETZ, P., *Worte in Freiheit. Der italienische Futurismus und die deutsche literarische Avantgarde 1912-1934*, München, 1990

DEMOTT, R. (ed.), *John Steinbeck. Working Days. The Journals of "The Grapes of Wrath" 1938-1941*, London, 1989

DESIDERI, L. (a.c.d.), *Per Vittorini. Materiale bibliografico e documentario (giornata di studio, 28. novembre 1986)*, Empoli, 1986.

DIERKING, J. (Hrsg.), *Sherwood Anderson. Erzähler des amerikanischen Traums*, Hamburg, 1990

DIERKING, J., „Sherwood Anderson: Erzähler des amerikanischen Traums", in: ders. (Hrsg.), *Sherwood Anderson. Erzähler des amerikanischen Traums*, Hamburg, 1990, S. 45-51

DIGGINS, J. P., *Mussolini and Fascism: The View from America*, Princeton, New Yersey, 1972

DIMOW, G. et. al. (Hrsg.), *Internationale Literatur des sozialistischen Realismus 1917-1945. Aufsätze*, Berlin-Weimar, 1978

DÖHL, R., „Dokumentarliteratur", in: Borchmeyer, D./Zmegac, V. (Hrsg.), *Moderne Literatur in Grundbegriffen* (1987), Tübingen, 1994, S. 82-88

DONALDSON, S. (ed.), *The Cambridge Companion to Hemingway*, Cambridge N.Y., 1996

DOS PASSOS, J., *1919* (1930), abgedr. in: ders., *U.S.A.*, New York, 1938

DOS PASSOS, J., *Manhattan Transfer*, Boston, 1925

DOS PASSOS, J., *The 42nd Parallel* (1932), abgedr. in: ders., *U.S.A.*, New York, 1938

DOS PASSOS, J., *The Big Money* (1936), abgedr. in: ders., *U.S.A.*, New York, 1938

DOS PASSOS, J., *U.S.A.*, New York, 1938

DURANT, W. J., *Interpretations of life*, New York, 1970

DURHAM, P./JONES, E. L., *The Frontier in American literature*, New York, 1969

EDENER, W. *Die Religionskritik in den Romanen von Sinclair Lewis*, Heidelberg, 1963

ELIAS, N., *Über den Prozeß der Zivilisation. Soziogenetische und psychogenetische Untersuchungen* (1939), 2 Bde, Frankfurt/M., 1988

ELTZ, J., *Der italienische Futurismus in Deutschland 1912-1922*, Bamberg, 1986

ENGELER, C., Massimo Bontempelli ed i suoi romanzi nel tempo (1929-1937), Zürich, 1992

ENZENSBERGER, H. M., „Nachwort zu *Winesburg, Ohio*", in: Dierking, J. (Hrsg.), *Sherwood Anderson. Erzähler des amerikanischen Traums*, Hamburg, 1990, S.38-41

FALCETTO, B., *Storia della narrativa neorealista*, Milano, 1992

FARINACCI, R., *Die faschistische Revolution*, München, 1939

FEILER, A., *Amerika – Europa*, Frankfurt, 1926

FERNANDEZ, D., „Il mito degli Stati Uniti per gli intellettuali italiani nel periodo fascista", in: *Lettere italiane: Rivista Trimestrale*, Firenze, 1977, V 29 (4), S. 416-426

FERNANDEZ, D., *Il mito dell'America negli intellettuali italiani dal 1930 al 1950*, Caltanisetta-Roma, 1969

FERRARI, P., „Influssi nordamericani e miti nella poesia di Cesare Pavese", in: *Italyan Filolojisi/Filologia italiana*, 1981, V 11 (12), S. 79-87

FIEDLER, L. A., *Love and Death in the American Novel*, New York, 1969

FINGERHUTH, F., *John Steinbeck und John Dos Passos. „American tradition" und gesellschaftliche Wirklichkeit*, Hamburg, 1981

FISCHER, M. S., *Nationale Images als Gegenstand vergleichender Literaturgeschichte. Untersuchungen zur Entstehung der komparatistischen Imagologie*, Bonn, 1981

FLEMING, R., *The Face in the Mirror. Hemingway's Writers*, Tuscaloosa/Alabama, 1994

FOHRMANN, J., „Geschichte, Nation, Literaturgeschichte", in: Baasner, F. (Hrsg.), *Literaturgeschichtsschreibung in Italien und Deutschland. Traditionen und Aktuelle Probleme*, Tübingen, 1989, S. 50-59

FRAHNE, K. H., *Von Franklin bis Hemingway. Eine Einführung in die Literatur Nordamerikas*, Hamburg, 1949

FRANK, A. P., „Die amerikanische Literatur 1890-1914/18", in: von See, K. (Hrsg.), *Neues Handbuch der Literaturwissenschaft, Bd. 19: Jahrhundertende-Jahrhundertwende (II. Teil)*, Wiesbaden, 1976, S. 1-34

FRANK, W., "Emerging Greatness", in: Anderson, D. D. (ed.), *Critical Essays on Sherwood Anderson*, Boston, Massachusetts, 1981, S. 21-24

FRANKLIN, B., The Autobiography (1868), abgedr. in: Baym, N. et. al., *The Norton Anthology of American Literature* (1979), Vol. 1, New York-London, 1989, S. 408-522

FREESE, P. (ed.), *The American Dream. Humankind's Second Chance?*, München, 1996

FREESE, P., *'America'. Dream or Nightmare* (1990), Essen, 1994

FREESE, P., *The American Dream and the American Nightmare*, Paderborn, 1987

FRIEDLÄNDER, S., „Überlegungen zur Historisierung des Nationalsozialismus", in: Diner, D. (Hrsg.), *Ist der Nationalsozialismus Geschichte? Zur Historisierung und Historikerstreit*, Frankfurt/M., 1987, S. 34-50

FROHOCK, W.M., *The Novel of Violence in America*, 2. Aufl., Dallas, 1971

FUNKE, H.-G., „Die Problematik des «Impegno» im neorealistischen Roman am Beispiel von Vittorinis *Uomini e no* und Paveses *La casa in collina*", in: *Italienische Studien*, Wien, 1987, Bd. 10, S. 41-58

FUSSELL, E., *Frontier: American Literature and the American West*, Princeton, New Jersey, 1965

GAGGIN, J., *Hemingway and Aestheticism*, Philadelphia, 1986

GALASSO, G., „Die Umgestaltung der Institutionen. Das faschistische Regime in der Machtergreifungsphase", in: Petersen, J./Schieder, W. (Hrsg.), *Faschismus und Gesellschaft in Italien*, Köln, 1998, S. 19-47

GALINSKI, H., *The Frontier in American History and Literature*, Frankfurt, 1960

GANS, H. J. ET AL. (Hrsg.), *On the Making of Americans. Essays in Honour of David Riesman*, Philadelphia, 1979

GARIN, E., „Ritratti critici di contemporanei. Gaetano Salvemini", in: *Belfagor*, Firenze, 1976, Vol. 31, S. 613-637

GEIGER, T., *Die Masse und ihre Aktion*, Stuttgart, 1926

GENTILE, E., *Storia del partito fascista*, Bari, 1991

GENTILE, G., *Opere Complete. Politica e Cultura (XLV)*, Vol. Primo, Firenze, 1990

GENTILE, G., *Opere Complete. Politica e Cultura (XLVI)*, Vol. Secondo, Firenze, 1990

GERIGK, H.-J., *Die Russen in Amerika*, Stuttgart, 1995

GEROGIANNIS, N. (ed.), *Ernest Hemingway: Complete Poems*, 10. Aufl., Lincoln/Nebraska, 1992

GESTHUISEN, M., *Elio Vittorini und sein literarisches Werk in der Zeit*, Münster (Wesel), 1987

GHIRARDO, D., *Building New Communities. New Deal America and Fascist Italy*, Princeton/New Jersey, 1989

GIANCOTTI, F. (a.c.d.), *Alberto Bragaglia. Il futurismo europeo*, Ausstellungskatalog, Milano, 1997

GIESE, F., *Girlkultur. Vergleiche zwischen amerikanischem und europäischem Lebensgefühl*, München, 1925

GIOANOLA, E., *Cesare Pavese. La poetica dell'essere*, Milano, 1971

GIUDUCCI, A., *Invito alla lettura di Pavese*, Milano, 1972

GLEISS, M. (Hrsg.), *Rifugio precario: artisti e intellettuali tedeschi in Italia: 1933-1945,* Milano, 1995

GLICKSBERG, CH. I., *The Literature of Nihilism*, Lewisburg-London, 1975

GÖBEL, W., *Sherwood Anderson: Ästhetizismus als Kulturphilosophie*, Heidelberg, 1982

GOETZ, H., *Der freie Geist und seine Widersacher. Die Eidverweigerer an den italienischen Universitäten im Jahre 1931*, Frankfurt/M., 1993

GOETZ, H., *Intellektuelle im faschistischen Italien. Denk- und Verhaltensweisen (1922-1931)*, Hamburg, 1997

GOVONI, C., *Lettere a F. T. Marinetti (1909-1915)*, Milano, 1990

GRAF, J., *Die notwendige Reise. Reisen und Reiseliteratur junger Autoren während des Nationalsozialismus*, Stuttgart, 1995

GREGOR, J. A., *Young Mussolini and the Intellectual Origins of Fascism*, Berkeley-Los Angeles-London, 1979

GRENBERG, B. L., *Some Other World to Find*, Illinois, 1989

GREWE, A., *Das Amerikabild der französischen Schriftsteller zwischen den beiden Weltkriegen*, Heidelberg, 1985

GRIFFIN, P., *Less than a Treason. Hemingway in Paris*, New York-Oxford, 1990

GRIMM, G., *Rezeptionsgeschichte. Grundlegung einer Theorie. Mit Analysen und Bibliographie*, München, 1977

GRIMM, R., „Innere Emigration als Lebensform", in: Grimm, R./Hermand, J. (Hrsg.), *Exil und innere Emigration. Third Wisconsin Workshop*, Frankfurt, 1972, S. 31-74

GRIMM, R./HERMAND, J. (Hrsg.), *Faschismus und Avantgarde,* Königstein/Taunus, 1980

GRONDA, G. (a.c.d.), *Per conoscere Vittorini*, Milano, 1979

GUGLIEMINETTI, M./ZACCARIA, G., *Cesare Pavese*, Firenze, 1977

GURKO, L., "The Pursuit of Heroism" (1968), in: Weber, H. (Hrsg.), *Hemingway*, Darmstadt, 1980, S. 119-125

GURKO, L., *Ernest Hemingway and the Pursuit of Heroism*, New York, 1968

GWYNN, F. L./BLOTNER, J. L., *Gespräche mit Faulkner*, Bremen, 1996

HALFELD, A., *Amerika und der Amerikanismus. Kritische Betrachtungen eines Europäers*, Jena 1927

HARDT, M., *Geschichte der italienischen Literatur*, Düsseldorf, 1996, S. 629-923

HARRIS, J., *Federal Art and National Culture. The Politics of Identity in New Deal America*, Cambridge/USA, 1995

HARTEN, J. (Hrsg.), *Wir setzen den Betrachter mitten ins Bild. Futurismus 1909-1917*: *Ausstellungskatalog Städtische Kunsthalle, 15. März-28. April 1974*, Düsseldorf, 1974

HARTH, D./GEBHARDT, P. (Hrsg.), *Erkenntnis der Literatur. Theorien, Konzepte, Methoden*, Stuttgart, 1982

HEINEY, D., *America in Modern Italian Literature*, New York, 1964

HEMINGWAY, E., *A Farewell to Arms* (1929), abgedr. in: ders., *Three Novels of Ernest Hemingway: The Sun also Rises. A Farewell to Arms. The Old Man and the Sea*, New York, 1962

HEMINGWAY, E., *Across the River and into the Trees*, London, 1950

HEMINGWAY, E., *For Whom the Bell Tolls* (1940), London, 1955

HEMINGWAY, E., *The Old Man and the Sea* (1952), London, 1955

HEMINGWAY, E., *The Sun also Rises* (1926), abgedr. in: ders., *Three Novels of Ernest Hemingway: The Sun also Rises. A Farewell to Arms. The Old Man and the Sea*, New York, 1962

HENNINGSEN, M., „Das amerikanische Selbstverständnis und die Erfahrung des Großen Kriegs", in: Vondung, K. (Hrsg.), *Kriegserlebnis: Der Erste Weltkrieg in der literarischen Gestaltung und symbolischen Deutung der Nationen*, Göttingen, 1980, S. 368-386

HENNINGSEN, M., *Der Fall Amerika. Zur Sozial- und Bewußtseinsgeschichte einer Verdrängung*, München, 1974

HERBERT-MUTHESIUS, A., *Bühne und bildende Kunst im Futurismus*, Heidelberg, 1985

HERMAND, J., „Das Konzept Avantgarde", in: Grimm, R./Hermand, J. (Hrsg.), *Faschismus und Avantgarde,* Königstein/Taunus, 1980, S. 1-19

HESSE, E., *Die Achse Avantgarde-Faschismus. Reflexionen über Filippo Tommaso Marinetti und Ezra Pound*, Zürich, 1991

HEWITT, A., *Fascist Modernism: Aesthetics, Politics, and the Avant-Garde*, Stanford/California, 1993

HEYDENREICH, T., „Vergessene Neorealisten, vergessener Widerstand", in: *Zibaldone*, Hamburg, 1995, Bd. 19, S. 45-52

HICKS, G., "The Politics of John Dos Passos" (1950), in: Hook, A. (ed.), *Dos Passos: a Collection of Critical Essays*, Englewood Cliffs/New Jersey, 1974

HINTERHÄUSER, H., *Der Weg des Lyrikers C. Pavese*, Krefeld, 1969

HINTERHÄUSER, H., *Italienische Lyrik im 20. Jahrhundert*, München, 1990

HINZ, M., *Die Zukunft der Katastrophe. Mythische und rationalistische Geschichtstheorie im italienischen Futurismus*, Berlin-New York, 1985

HOCHSCHILD, J. L., *Facing up to the American Dream. Race, Class and the Soul of the Nation*, Princeton, New Jersey, 1995

HOFER, I., *Das Zeiterlebnis bei Cesare Pavese und seine Darstellung im dichterischen Werk*, Winterthur, 1965

HOLTHUSEN, H. E., *Der unbehauste Mensch. Motive und Probleme der modernen Literatur*, München, 1951

HONOUR, H., *The European Vision of America. Ausstellungskatalog des Cleveland Museum of Art*, Cleveland, Ohio, 1975

HONOUR, H., *The New Golden Land. European Images of America from the Discoveries to the Present Time*, London, 1976

HOOK, A. (ed.), *Dos Passos: a Collection of Critical Essays*, Englewood Cliffs/New Jersey, 1974

HORTON, R. W./EDWARDS, H. W., *Backgrounds of American Literary Thought*, New York, 1967

HÖSLE, J., *Cesare Pavese*, Berlin, 1964

HÖSLE, J., *Die italienische Literatur der Gegenwart. Von Cesare Pavese bis Dario Fo*, München, 1999

ICKSTADT, H., „Die Amerikanische Moderne", in: Zapf, H. (Hrsg.) *Amerikanische Literaturgeschichte*, Stuttgart, 1996, S. 218-280

ISNENGHI, M., „Per la storia delle istituzioni culturali fasciste", in: *Belfagor*, Firenze, 1975, Vol. 30, S. 249-275

ISNENGHI, M., „Romanzo dell'Italia fascista: l'eroico imprenditore", in: *Belfagor*, Firenze, 1978, Vol. 33, S. 728-732

ISNENGHI, M., *Il mito della grande guerra*, 3. Aufl., Bologna, 1989

JASPERS, K., *Die geistige Situation der Zeit* (1931), Berlin-New York, 1979

JASPERS, K., *Psychologie der Weltanschauungen* (1919), München, 1985

JOLLOS-MAZZUCCHETTI, L., *Die andere Achse. Italienische Resistenza und geistiges Deutschland*, Hamburg, 1964

JONES, H./RAKESTRAW, D. A. (ed.) *Prologue to Manifest Destiny. Anglo-American Relations in the 1840s*, Wilmington/Delaware, 1997

JURJEWA, L. M., „Die weltliterarische Bedeutung des Spanienthemas", in: Dimow, G. et. al. (Hrsg.), *Internationale Literatur des sozialistischen Realismus 1917-1945. Aufsätze*, Berlin-Weimar, 1978, S. 617-643

KAES, A., „Massenkultur und Modernität. Notizen zu einer Sozialgeschichte des frühen deutschen und amerikanischen Films", in: Trommler, F. (Hrsg.), *Amerika und die Deutschen. Bestandsaufnahme einer 300jährigen Geschichte*, Opladen, 1986, S. 651-665

KALLENBERG-SCHRÖDER, A., *Die Darstellung der Familie im modernen amerikanischen Drama untersucht an ausgewählten Dramen von Arthur Miller, Tennessee Williams und Edward Albee*, Frankfurt/M., 1990

KÄNDLER, K., „Die internationale Schriftstellervereinigung zur Verteidigung der Kultur", in: Dimow, G. et. al. (Hrsg.), *Internationale Literatur des sozialistischen Realismus 1917-1945. Aufsätze*, Berlin-Weimar, 1978, S. 582-616

KANDUTH, E., „Il luogo della morte nell'opera di Giorgio Bassani", in: *Italianistica: Rivista di letteratura*, Pisa, 1993, Bd. 22, S. 273-279

KAPLAN, L. S., "The Frontier and the American Character", in: Galinski, H. (Hrsg.), *The Frontier in American History and Literature*, Frankfurt, 1960, S. 26-37

KAPP, V. (Hrsg.), *Italienische Literaturgeschichte*, Stuttgart, 1992

KAZIN, A., "Dos Passos, Society and Individual" (1942), in: Hook, A. (ed.), *Dos Passos: a Collection of Critical Essays*, Englewood Cliffs/New Jersey, 1974, S. 101-119

KAZIN, A., *On Native Grounds. An Interpretation of Modern American Prose Literature* (1942), New York, 1970

KERÉNYI, K. (Hrsg.): *Die Eröffnung zum Zugang des Mythos* (1967), Darmstadt, 1996

KETELSEN, U.-K., „Literatur und Faschismus", in: von See, K. (Hrsg.), *Neues Handbuch der Literaturwissenschaft, Bd. 20: Zwischen den Weltkriegen*, Wiesbaden, 1983, S. 35-54

KIESEL, H., „Gläubige und Zweifler. Zur Rezeption von Oswald Spenglers »Untergang des Abendlandes«.", in: *Jahrbuch des Archivs der deutschen Jugendbewegung*. Hrsg. von der Stiftung Jugenburg Ludwigstein und dem

Archiv der deutschen Jugendbewegung Burg Ludwigstein. Bd. 16. Witzenhausen 1986/87, S. 157-184

KINNAMON, K., "Hemingway and Politics" in: Donaldson, S. (ed.), *The Cambridge Companion to Hemingway*, Cambridge N.Y., 1996, S. 149-169

KIRCHNER, D., *Doppelbödige Wirklichkeit. Magischer Realismus und nichtfaschistische Literatur*, Tübingen,1993

KLAUTKE, E., *Amerika im Widerstreit. Vergleichende Untersuchungen zur Auseinandersetzung mit den Vereinigten Staaten in Deutschland und Frankreich während der „Klassischen Moderne" 1900-1933*, Dissertation, Heidelberg, 1999, noch unveröffentlicht

KLAUTKE, E., *Die Amerikanismusdebatte in der Weimarer Republik*, Magisterarbeit, Heidelberg, 1995, unveröffentlicht

KLEIN, H. M., „Weltkrieg und Bürgerkriege in der Literatur", in: von See, K. (Hrsg.), *Neues Handbuch der Literaturwissenschaft, Bd. 20: Zwischen den Weltkriegen*, Wiesbaden, 1983, S. 195-216

KNOX, G. A., *Dos Passos and "The Revolting Playwrights"*, Lund, 1964

KOEBNER, T., „Einleitung", in: von See, K. (Hrsg.), *Neues Handbuch der Literaturwissenschaft, Bd. 20: Zwischen den Weltkriegen*, Wiesbaden, 1983, S. 1-8

KRAATZ, B., „Angst vor Hitler. Interview mit dem Mussolini-Biographen Renzo de Felice", in: *Zibaldone*, Hamburg, 1989, Bd. 8, S. 75-87

KRÄMER, G., *Artusstoff und Gralsthematik im modernen amerikanischen Roman. Prinzipien der Verarbeitung und Transformation, der Rezeption und Funktion*, Gießen, 1985

KROTZ, F., *Interpretationen amerikanischer Prosa unserer Zeit: Anderson, Hemingway, Faulkner, Steinbeck*, Bonn, 1979

KRUSE, H., *Schlüsselmotive der amerikanischen Literatur*, Düsseldorf, 1979

KURELLA, A., *Das Eigene und das Fremde*, Berlin, 1981

KUSENBERG, K. (Hrsg.), *Ernest Hemingway in Selbstzeugnissen und Bilddokumenten. Dargestellt von Georges-Albert Astre*, Reinbek b. Hamburg, 1979

LAJOLO, D., *Il „vizio assurdo". Storia di Cesare Pavese*, Milano, 1960

LAMAR, H./THOMPSON, L. (ed.), *The Frontier in History*, New Haven-London, 1981

LARSEN, S. U. et. al. (ed.), *Who were the Fascists? Social Roots of European Fascism*, Bergen-Oslo-Tromsö, 1980

LEDEEN, M. A., "Renzo de Felice and the Controversy over Italian Fascism", in: Mosse, G. L. (ed.), *International Fascism: New Thoughts and New Approaches*, London-Beverly Hills, 1979, S. 125-140

LEE, A. R. (ed.), *Ernest Hemingway: New Critical Essays*, London, 1983

LEEKER, J., „Die Darstellung des Faschismus bei Carlo Levi", in: *Italienisch. Zeitschrift für Italienische Sprache und Literatur*, Frankfurt/M., 1991, Bd. 26, S. 40-56

LENZEN, V., *Cesare Pavese. Tödlichkeit in Dasein und Dichtung*, München, 1989

LEVI CAVAGLIONE, P., *Guerriglia nei Castelli Romani*, Torino, 1945

LEWIS, S., *Babbitt*, New York, 1922

LEWIS, S., *Main Street*, New York, 1920

LIEBSCHER, D. G., „Organisierte Freizeit als Sozialpolitik. Die faschistische Opera Nazionale Dopolavoro und die NS-Gemeinschaft Kraft durch Freude 1925-1939", in: Petersen, J./Schieder, W. (Hrsg.), *Faschismus und Gesellschaft in Italien*, Köln, 1998, S. 67-90

LILL, R., *Geschichte Italiens in der Neuzeit* (1980), Darmstadt, 1988

LINK, H., *Rezeptionsforschung. Eine Einführung in Methoden und Probleme*, Stuttgart, 1976

LOHNER, E., „Die Amerikanische Literatur", in: Baruch, G. (Hrsg.), *Hauptwerke der amerikanischen Literatur*, München, 1975

LOMBARDO, A., „La critica italiana sulla letteratura americana", in: *Studi americani*, Roma, 1959, Nr. 5, S. 9-49

LOMBARDO, A., *L'America e la cultura letteraria americana*, Bologna, 1981

LORENZI-DAVITTI, P., *Pavese e la cultura americana*, Messina-Firenze, 1975

LUGNANI, L., „Cecchi giovane e la «Voce»", in: *Rassegna della letteratura italiana*, Firenze, 1966, Jg. 70, Bd. 1, S. 37-64

LUKÁCS, G., *Zerstörung der Vernunft*, Darmstadt. 1974

LUND, M., *America's Continuing Story* (1993), Detroit, 1999

LUPERINI, R., „Gramsci, la critica «neogiolittiana» e gli intellettuali del primo novecento", in: *Belfagor*, Firenze, 1977, Vol. 32, S. 365-394

LUPERINI, R., „I poeti italiani del novecento: problemi di metodo e di meriti", in: *Belfagor*, Firenze, 1979, Vol. 34, S. 189-205

LUPERINI, R., *Gli esordi del Novecento e l'esperienza della «Voce»*[3], Roma-Bari, 1981

LUTI, G., *La letterarura nel ventennio fascista. Cronache letterarie tra le due guerre: 1920- 1940* (1987), Firenze, 1995

LYNN, K. S., *Hemingway* (1987), Cambridge/Massachusetts-London/England, 1995

LYTTLETON, A., "Fascism in Italy: Second Wave", in: Mosse, G. L. (ed.), *International Fascism: New Thoughts and New Approaches*, London-Beverly Hills, 1979, S. 45-71

MACCHIONI JODI, R., „Cecchi prosatore fra gli inglesi e «La Ronda»", in: *Rassegna della letteratura italiana*, Firenze, 1982, Jg. 86, Bd. 3, S. 429-446

MADDEN, D. (ed.), *American Dreams, American Nightmares*, Carbondale/Illinois, 1970

MAINE, B., *Dos Passos. The Critical Heritage*, London-New York, 1988

MALSCH, F. W., *Künstlermanifeste: Studien zu einem Aspekt moderner Kunst am Beispiel des italienischen Futurismus*, Weimar, 1997

MALVEZZI, P./PIRELLI, G. (a.c.d.), *Lettere di condannati a morte della Resistenza italiana*, Torino, 1955

MANACORDA, G., „Come fu pubblicata »Americana«", in: Sipala, P. M./ Scuderi, E. (a.c.d.), *Elio Vittorini. Atti del convegno nazionale di studi. Siracusa-Noto, 12-13 febbraio 1976*, Catania, 1978, S. 63-68

MAREK, H., *Elio Vittorini und die moderne europäische Erzählkunst (1926-1939)*, Heidelberg, 1990

MARINETTI, F. T., *Les mots en liberté futuristes*, Milano, 1919

MARINETTI, F. T., *L'uomo e l'artista*, Milano, 1921

MAS, R. (a.c.d.), *Dossier Marinetti*, Barcelona, 1994

MASOERO, M. (a.c.d.), *Giornate Pavesiane: Torino, 14 febbraio - 15 marzo 1987*, Torino, 1987

MASSARA, G., *Americani – L'immagine Letteraria Degli Stati Uniti In Italia*, Palermo, 1984

MAYER, H., „Innere und Äussere Emigration", in: Grimm, R./Hermand, J. (Hrsg.), *Exil und innere Emigration. Third Wisconsin Workshop*, Frankfurt, 1972, S. 75-87

MCCAFFERY, J. K. M. (ed.), *Ernest Hemingway: The Man and His Work*, New York, 1969

MECKLENBURG, N., *Erzählte Provinz. Regionalismus und Moderne im Roman*, Königstein/Ts., 1982

MEIER, H. (Hrsg.), *Zur Diagnose der Moderne*, München, 1990

MEINERT, J., „Erinnerung an Natalia Ginzburg", in: *Zibaldone*, Hamburg, 1992, Bd. 13, S. 90-95

MELOGRANI, P., "The Cult of the Duce in Mussolini's Italy", in: Mosse, G. L. (ed.), *International Fascism: New Thoughts and New Approaches*, London-Beverly Hills, 1979, S. 73-90

MEREGALLI, F., „Über die literarhistorische Epocheneinteilung", in: Baasner, F. (Hrsg.), *Literaturgeschichtsschreibung in Italien und Deutschland. Traditionen und aktuelle Probleme*, Tübingen, 1989, S. 106-112

MESSENT, P., *Ernest Hemingway*, Basingstoke-Hampshire-London, 1992

MIGGE, T., „»Eine Zeit voller Leidenschaft« Ein Gespräch mit Vittorio Foa", in: *Zibaldone*, Hamburg, 1995, Bd. 19, S. 19-32

MILLS, N., *The Crowd in American Literature*, Louisiana State University Press, 1986

MÖLLER OSMANI, K., *In einem andern Land. Ernest Hemingway und die „Junge Generation"*, Würzburg, 1996

MOSSE, G. L. (ed.), *International Fascism: New Thoughts and New Approaches*, London-Beverly Hills, 1979

MOSSE, G. L., „Faschismus und Avantgarde", in: Grimm, R./Hermand, J. (Hrsg.), *Faschismus und Avantgarde,* Königstein/Taunus, 1980, S. 133-149

MUGHINI, G./SCUDIERO, M., *Manifesti italiani: dall'Art Nouveau al Futurismo, 1895-1940*, New York, 1997

MÜLLER, W., „Innerer Monolog", in: Borchmeyer, D./Zmegac, V. (Hrsg.), *Moderne Literatur in Grundbegriffen* (1987), Tübingen, 1994, S. 208-211

MÜLLER, J.-D., „Literaturgeschichte/Literaturgeschichtsschreibung", in Harth, D./Gebhardt, P. (Hrsg.), *Erkenntnis der Literatur. Theorien, Konzepte, Methoden*, Stuttgart, 1982, S. 195-227

MUSSOLINI, B., *Der Faschismus. Philosophische, politische und gesellschaftliche Grundlehren (Das Faschistische Manifest)*, übers. von H. Wagenführ, München, 1933

MUSSOLINI, B., *La dottrina del fascismo* (1932), in: Susmel, E. e D. (a.c.d.), *Opera omnia di Benito Mussolini XXXIV.*, Firenze, 1961, S. 115-138

MUSSOLINI, B., *La mia vita*, Pref. di S. Bertoldi, Trad. di M. Mazzanti, Milano, 1983

MUTTERLE, A. M., „«Ciau Masino»: Dal plurilinguismo al monologo interiore", in: *Belfagor*, Firenze, 1970, Vol. 25, S. 559-591

NACCI, M., *L'antiamericanismo in Italia negli anni trenta*, Torino, 1989

NAGEL, J. (ed.), *Critical Essays on Ernest Hemingway's*: *The Sun also Rises*, New York, 1995

NAGEL, J., "Brett and the other Women in *The Sun also Rises*", in: Donaldson, S. (ed.), *The Cambridge Companion to Hemingway*, Cambridge N.Y., 1996, S. 87-108

NAHAL, CH., *The Narrative Pattern in Ernest Hemingway's Fiction* (1971), Rutherford-Madison-Teaneck 1972

NASH, J. M., *Kubismus, Futurismus und Konstruktivismus*, München, 1975

NATOLI, C., „Antifaschismus und Resistenza in der Geschichte des italienischen Einheitsstaates", in: Petersen, J./Schieder, W. (Hrsg.), *Faschismus und Gesellschaft in Italien*, Köln, 1998, S. 306-327

NEUBERT, H. (Hrsg.), *Antonio Gramsci – vergessener Humanist? Eine Anthologie*, Berlin, 1991

NICCOLINI, E., „Der frühe Vittorini", in: *Zibaldone*, Hamburg, 1989, Bd. 8, S. 88-96

NICOLAISEN, P., *Ernest Hemingway: Studien zum Bild der erzaehlten Welt*, Neumünster, 1979

NOLTE, E. (Hrsg.), *Theorien über den Faschismus*, 4. Aufl., Köln, 1976

NOLTE, E., *Der Faschismus in seiner Epoche. Action française, Italienischer Faschismus, Nationalsozialismus* (1963), München-Zürich, 1984

O'HEALY, A., *Cesare Pavese*, Boston/Massachusetts, 1988

O'NEILL, T., „La scoperta dell'America ovvero Ipotesi per come componeva Sciascia", in: *Lettere italiane: Rivista Trimestrale*, Firenze, 1995, V 47, S. 565- 597

OLDSEY, B. S., *Hemingway's Hidden Craft. The Writing of 'A Farewell to Arms'*, Pennsylvania State University, 1979

ORTEGA Y GASSET, J., *Der Aufstand der Massen* (1930), Hamburg, 1967

ORTEGA Y GASSET, J., *Die Vertreibung des Menschen aus der Kunst* (1925), München, 1964

OTT, U., *Amerika ist anders: Studien zum Amerika-Bild in deutschen Reiseberichten des 20. Jahrhunderts*, Frankfurt/M., 1991

PADOVANI, G., „Vittorini e la letteratura meridionale negli anni Trenta", in: Sipala, P. M./Scuderi, E. (a.c.d.), *Elio Vittorini. Atti del convegno nazionale di studi. Siracusa-Noto, 12-13 febbraio 1976*, Catania, 1978, S. 141-149

PANICALI, A., „Elio Vittorini: dal «Quaderno sardo» a «Sardegna come un'infanzia»", in: *Rassegna della letteratura italiana*, Firenze, 1969, Jg.73, Bd. 2-3, S. 425-431

PANICALI, A., *Il primo Vittorini*, Milano, 1974

PANICALI, A., *Il romanzo del lavoro. Saggio su Elio Vittorini*, Lecce, 1982

PAPA, A., „Napoli Americana", in: *Belfagor*, Firenze, 1982, Vol. 37, S. 249-264

PAPINCHAK, R. A., *Sherwood Anderson. A Study of Short Fiction*, New York, 1992

PAPPALARDO La Rosa, F., *Cesare Pavese e il mito dell'adolescenza*, Torino, 1996

PATRUCCO Becchi, A., „Marx und Gramsci auf das Abstellgleis", in: *Zibaldone*, Hamburg, 1991, Bd. 11, S. 5-12

PAUTASSO, S., *Guida a Pavese*, Milano, 1980

PAUTASSO, S., *Il laboratorio dello scrittore*, Firenze, 1981

PAVESE, C., „Ieri e oggi" (1947), in: ders., *Saggi letterari*, Torino, 1968, S. 173-175

PAVESE, C., „Il comunismo e gli intellettuali" (1946, unveröffentlicht), in: ders., *Saggi letterari*, Torino, 1968, S. 207-216

PAVESE, C., „Il fascismo e la cultura" (1945, unveröffentlicht), in: ders., *Saggi letterari*, Torino, 1968, S. 205-206

PAVESE, C., „Il poeta dei destini" (1943), in: ders., *Saggi letterari*, Torino, 1968, S. 62-72

PAVESE, C., „John Dos Passos" (1933), in: ders., *Saggi letterari*, Torino, 1968, S. 105-118

PAVESE, C., „Leggere" (1945), in: ders., *Saggi letterari*, Torino, 1968, S. 201-203.

PAVESE, C., „L'influsso degli eventi" (1946, unveröffentlicht), in: ders., *Saggi letterari*, Torino, 1968, S. 221-224

PAVESE, C., „Richard Wright" (1947, Radioübertragung), in: ders., *Saggi letterari*, Torino, 1968, S. 169-171

PAVESE, C., „Sherwood Anderson" (1931), in: ders., *Saggi letterari*, Torino, 1968, S. 35-49

PAVESE, C., „Sinclair Lewis" (1930), in: ders., *Saggi letterari*, Torino, 1968, S. 9-33

PAVESE, C., *Il compagno* (1946), Torino, 1968

PAVESE, C., *Il diavolo sulle colline* (1949), abgedr. in: ders., *La bella estate* (1949), Torino, 1994

PAVESE, C., *Il mestiere di vivere* (1952), Torino, 1990

PAVESE, C., *La bella estate* (1949), abgedr. in: ders., *La bella estate* (1949), Torino, 1994

PAVESE, C., *La casa in collina* (1948), Torino, 1990

PAVESE, C., *La luna e i falò* (1950), Torino, 1968

PAVESE, C., *La spiaggia* (1941), Torino, 1965

PAVESE, C., *Lettere 1926-1950*, Bd. I, Torino, 1968

PAVESE, C., *Lettere 1926-1950*, Bd. II, Torino, 1968

PAVESE, C., *Paesi tuoi* (1941), Milano, 1985

PAVESE, C., *Racconti*, Bd. I, Torino, 1968

PAVESE, C., *Racconti*, Bd. II, Torino, 1968

PAVESE, C., *Saggi letterari*, Torino, 1968

PAVESE, C., *Tra donne sole* (1949), abgedr. in: ders., *La Bella estate* (1949), Torino, 1994

PAVESE, C., *Vita attraverso le lettere*, Torino, 1966

PAVONE, C., *Una guerra civile. Saggio storico sulla moralità nella resistenza* (1991), Torino, 1994

PAYNE, S. G., "The Concept of Fascism", in: Larsen, S. U. et. al. (ed.), *Who were the Fascists? Social Roots of European Fascism*, Bergen-Oslo-Tromsö, 1980, S. 14-25

PETERSEN, J., „Mythos Resistenza", in: *Zibaldone*, Hamburg, 1995, Bd. 19, S. 5-17

PETERSEN, J./Schieder, W. (Hrsg.), *Faschismus und Gesellschaft in Italien*, Köln, 1998

PETRONIO, G., „Geschichtlichkeit der Literatur und Literaturgeschichte", in: Baasner, F. (Hrsg.), *Literaturgeschichtsschreibung in Italien und Deutschland. Traditionen und aktuelle Probleme*, Tübingen, 1989, S. 133-144

PETRONIO, G., *L'attività letteraria in Italia* (1963), Sancasciano-Firenze, 1990

PINTOR, G., *Doppio diario 1936-1943*, Torino, 1978

PISANO, L., „La cultura degli esuli italiani di fronte all'espansione coloniale del fascismo (1935-39)", in: Sechi, M. (a.c.d.), *Fascismo ed esilio. Aspetti della diaspora intellettuale di Germania, Spagna e Italia*, Pisa, 1988, S. 13-38

POLHEIM, K. K., *Kleine Schriften zur Textkritik und Interpretation*, Bern, 1992

POPPE, R., *Ernest Hemingway. Aus dem Erzählwerk*, Hollfeld/Ofr., 1978

PRAZ, M., "Hemingway in Italy", in: Baker, C. (ed.), *Hemingway and his Critics. An International Anthology*, New York, 1961, S. 116-130

PROCACCI, G. *Geschichte Italiens und der Italiener*, München, 1983

PROCACCINI, A., "Pavese: On the Failure of Under-standing", in: *Italica*, V 62 (3), S. 214-229

PUCCINI, D., „Introduzione", in: Sechi, M. (a.c.d.), *Fascismo ed esilio. Aspetti della diaspora intellettuale di Germania, Spagna e Italia*, Pisa, 1988, S. 9-10

PULETTI, R., „L'esordio narrattivo di D'Annunzio e quello lirico-saggistico di Pavese", in: Perfetti, F., (a.c.d.), *D'Annunzio e il suo tempo. Un bilancio critico*, Genova, 1993, S. 67-96

RAEBURN, J., *Fame Became of Him. Hemingway as Public Writer*, Bloomington, 1984

RAEITHEL, G., *Geschichte der Nordamerikanischen Kultur. Vom Bürgerkrieg bis zum New Deal*, Bd. 2, Frankfurt/M, 1995

RAEITHEL, G., *Geschichte der Nordamerikanischen Kultur. Vom New Deal bis zur Gegenwart*, Bd. 3, Frankfurt/M, 1995

RAEITHEL, G., *Geschichte der Nordamerikanischen Kultur. Vom Puritanismus bis zum Bürgerkrieg*, Bd. 1, Frankfurt/M, 1995

REGN, G., „Futurismus (ital.)", in: Borchmeyer, D./Zmegac, V. (Hrsg.), *Moderne Literatur in Grundbegriffen* (1987), Tübingen, 1994, S. 163-167

REICHEL, E., „Antonio Gramsci und die Literatur. Italiens Beitrag zur marxistischen Ästhetik", in: *Italienisch. Zeitschrift für Italienische Sprache und Literatur*, Frankfurt/M., 1986, Bd. 15, S. 49-64

REICHEL, E., „Der Revolutionär, der Fremde und der Heimkehrer. Protagonisten des neorealistischen Romans in Italien", in: *Italienisch. Zeitschrift für Italienische Sprache und Literatur*, Frankfurt/M., 1988, Bd. 19, S. 2-16

REISKE, H., *Die USA in den Berichten italienischer Reisender*, Meisenheim /Glan, 1971

REMARQUE, E. M., *Im Westen nichts Neues* (1929), Köln, 1971

REYMOND, C., „I temi dell'America e del ritorno in patria ne *IL Fondo Del Sacco* di Martini e ne *La Luna E I Falò* di Pavese", in: *Etudes des Lettres*, Lausanne, 1984, V 4 (Oct.-Dez.), S. 29-43

REYNOLDS, M. S., *Hemingway's Reading 1910 - 1940. An Inventory*, Princetown/New Jersey, 1981

RIDEOUT, W. B. (ed.), *Sherwood Anderson: a Collection of Critical Essays*, Englewood Cliffs/New Jersey, 1974

RIESMAN, D. *Die einsame Masse* (*The Lonely Crowd. A Study of the Changing American Character*, 1950), übers. von R. Rausch, Hamburg, 1970

RIESZ, J., „Der Untergang als 'spectacle' und die Erprobung einer 'ecriture fasciste' in F. T. Marinettis 'Mafarka le Futuriste' (1909)", in: Schulz-Buschhaus, U./ Meter, H. (Hrsg.), *Aspekte des Erzählens in der modernen italienischen Literatur*, Tübingen, 1983, S. 85-99

RIESZ-MUSUMECI, P., „Der Fall Tozzi", in: Schulz-Buschhaus, U./ Meter, H. (Hrsg.), *Aspekte des Erzählens in der modernen italienischen Literatur*, Tübingen, 1983, S. 115-124

RINALDI, R., *Miracoli della stupidità. Discorso su Marinetti*, Torino, 1986

RITTER, A. (Hrsg.), *Deutschlands literarisches Amerikabild*, Hildesheim-New York, 1977

ROBERTS, D. D., "Petty Bourgeois Fascism in Italy: Form and Content", in: Larsen, S. U. et. al. (ed.), *Who were the Fascists? Social Roots of European Fascism*, Bergen-Oslo-Tromsö, 1980, S. 337-347

RODRIGUEZ-HUNTER, S., *Rendezvous im literarischen Paris*, Berlin, 1995

ROPERS, R. H., *Persistent Poverty. The American Dream Turned Nightmare*, New York, 1991

ROSEN, R. C., *John Dos Passos. Politics and the Writer*, Lincoln-London, 1981

ROSENBERG, A., *Der Mythus des 20. Jahrhunderts*, 12. Aufl., München, 1933

ROSENBERG, E. S., *Spreading the American Dream: American Economic and Cultural Expansion 1890-1945*, New York, 1982

ROSENGARTEN, F., *The Italian Anti-Fascist Press (1919-1945). From the Legal Opposition Press to the Underground Newspapers of World War II*, Cleveland, 1986

ROTERMUND, E., „Exilliteratur", in: Borchmeyer, D./Zmegac, V. (Hrsg.), *Moderne Literatur in Grundbegriffen* (1987), Tübingen, 1994, S. 123-134

ROVIT, E., *Ernest Hemingway*, Boston, 1963

RÜDIGER, H. (Hrsg.), *Komparatistik. Aufgaben und Methoden*, Stuttgart, 1973

SACCONE, A., *Marinetti e il futurismo. Materiali per lo studio della letteratura italiana*, Napoli, 1984

SALLAGER, E., „Elio Vittorinis Roman *Uomini e no*", in: *Italienisch. Zeitschrift für Italienische Sprache und Literatur*, Frankfurt/M., 1981, Bd. 5, S. 18-33

SALOUTOS, T., "The Significance of the Frontier in American History", in: Galinski, H. (Hrsg.), *The Frontier in American History and Literature*, Frankfurt, 1960, S. 13-25

SALVADORI, M. L., *Gramsci e il problema storico della democrazia*, Torino, 1970

SALVATORELLI, L., „Nationalfaschismus", in: Nolte, E. (Hrsg.), *Theorien über den Faschismus*, 4. Aufl., Köln, 1976, S. 118-137

SARASON, B. D., *Hemingway and the Sun Set*, Washington, 1972

SARTINI BLUM, C., *The Other Modernism: F. T. Marinetti's Futurist Fiction of Power*, Berkeley-Los Angeles, London, 1996

SCAFELLA, F. (ed.), *Hemingway: Essays of Reassessment*, New York-Oxford, 1991

SCARAMUCCI, I., „La «ricerca umana» di Vittorini", in: Sipala, P. M./ Scuderi, E. (a.c.d.), *Elio Vittorini. Atti del convegno nazionale di studi. Siracusa-Noto, 12-13 febbraio 1976*, Catania, 1978, S. 103-118

SCHEER-SCHÄZLER, B., „Die Literatur der USA", in: von See, K. (Hrsg.), *Neues Handbuch der Literaturwissenschaft, Bd. 20: Zwischen den Weltkriegen*, Wiesbaden, 1983, S. 455-486

SCHEFFEL, M., *Magischer Realismus. Die Geschichte eines Begriffs und ein Versuch seiner Bestimmung*, Tübingen, 1990

SCHEUER, G., *Mussolinis langer Schatten*, Stuttgart, 1996

SCHIOPU, M., „Literatura Americana si Poetica Neorealismului La Vittorini si Pavese", in: *Revista de Istorie si Teorie literara*, Bucurest, 1980, V 29 (1), S. 61-70

SCHIRMER, W. F., *Geschichte der englischen und amerikanischen Literatur. Bd. 8: Das Zwanzigste Jahrhundert*, Tübingen, 1983

SCHLUMBOHM, D., „Der Einfluß der amerikanischen Literatur auf die moderne italienische Prosa (insbesondere auf die Werke Paveses und Vittorinis). Ein Forschungsbericht", in: *Romanistisches Jahrbuch*, Hamburg, 1968, Bd. 19, S. 133-162.

SCHLUMBOHM, D., *Die Welt als Konstruktion. Untersuchungen zum Prosawerk Cesare Paveses*, Münchener Romanistische Arbeiten, München, 1978

SCHMELING, M. (Hrsg.), *Weltliteratur heute. Konzepte und Perspektiven*, Würzburg, 1995

SCHMIDT-BERGMANN, H.-G., *Die Anfänge der literarischen Avantgarde in Deutschland. Über Anverwandlung und Abwehr des italienischen Futurismus*, Stuttgart, 1991

SCHMIDT-BERGMANN, H.-G., *Futurismus: Geschichte, Ästhetik, Dokumente*, Reinbek b. Hamburg, 1993

SCHMOLLINGER, A., *»Intra muros et extra«. Deutsche Literatur im Exil und in der Inneren Emigration. Ein exemplarischer Vergleich*, Heidelberg, 1999

SCHNITZER, D., *The Pictorial in Modernist Fiction from Stephen Crane to Ernest Hemingway*, Ann Arbor, 1988

SCHREITER, J., *Hermeneutik – Wahrheit und Verstehen. Darstellung und Texte*, Berlin, 1988

SCHUBERT, U., *Reportage und Reportageroman als Kunstformen bei John Dos Passos*, Diss. Heidelberg, 1969

SCHULENBURG, L. (Hrsg.), *Drahtlose Phantasie. Auf- und Ausrufe des italienischen Futurismus* (1985), Hamburg, 1992

SCHULZ-BUSCHHAUS, U./METER, H. (Hrsg.), *Aspekte des Erzählens in der modernen italienischen Literatur*, Tübingen, 1983

SCRIVANO, R., „Vittorini nel fascismo e dopo", in: Sipala, P. M./Scuderi, E. (a.c.d.), *Elio Vittorini. Atti del convegno nazionale di studi. Siracusa-Noto, 12-13 febbraio 1976*, Catania, 1978, S. 47-61

SECHI, M. (a.c.d.), *Fascismo ed esilio. Aspetti della diaspora intellettuale di Germania, Spagna e Italia*, Pisa, 1988

SECHI, M. (a.c.d.), *Fascismo ed esilio II. La patria lontana: testimonianze dal vero e dall'immaginario*, Pisa, 1990

SEIDLMAYER, M., *Geschichte Italiens*, Stuttgart, 1989

SETTEMBRINI, D., "Mussolini and the Legacy of Revolutionary Socialism", in: Mosse, G. L. (ed.), *International Fascism: New Thoughts and New Approaches*, London-Beverly Hills, 1979, S. 91-123

SFORZA, C., *L'Italia dal 1914 al 1944. Quale io la vidi*, Roma, 1945

SILONE, I., *Der Fascismus. Seine Entwicklung und seine Entstehung*, Reproduktion der Erstauflage von 1934, Frankfurt/M., 1984

SIPALA, P. M./ Scuderi, E. (a.c.d.), *Elio Vittorini. Atti del convegno nazionale di studi. Siracusa-Noto, 12-13 febbraio 1976*, Catania, 1978

SITI, W., *Il neorealismo nella poesia italiana 1941-1956*, Torino, 1980

SOLDATI, M., *America primo amore* (1935), Milano, 1990

SOLDATI, M., *Opere, Vol. I: Racconti Autobiografici*, Milano, 1991

SPALEK, J. M./Bell, R. F. (ed.), *Exile: The Writer's Experience*, Chapel Hill, 1982

SPAUNHORST, F.-P., *Literarische Kulturkritik als Dekodierung von Macht und Werten am Beispiel ausgewählter Romane von Upton Sinclair, Frank Norris, John Dos Passos und Sinclair Lewis. Ein Beitrag zu Theorie und Methode der Amerikastudien als Kulturwissenschaft*, Frankfurt/M., 1987

SPENGLER, O., *Der Untergang des Abendlandes. Umrisse einer Morphologie der Weltgeschichte* (1918), München 1989

SPILKA, M., "The Death of Love in *The Sun Also Rises*", in: Baker, C. (ed.), *Hemingway and his Critics. An International Anthology*, New York, 1961, S. 80-92

ST. JOHN DE CRÈVECOEUR, J. H., *Letters from an American Farmer* (1782), abgedr. in Auszügen in: Baym, N. et. al. (ed.), *The Norton Anthology of American Literature* (1979), Vol. 1, New York-London, 1989, S. 557-582

STANTON, E. F., *Hemingway and Spain*, Seattle-London, 1989

STANZEL, F. K., *Theorie des Erzählens*, Göttingen, 1979

STAUDER, T., „Giame Pintor. Vom bürgerlichen Intellektuellen zum Widerstandskämpfer", in: *Zibaldone*, Hamburg, 1989, Bd. 8, S. 40-50

STEINBECK, J., *Cannery Row* (1945), abgdr. in: *The Short Novels of John Steinbeck*, New York, 1953, S. 273-362

STEINBECK, J., *Of Mice and Men* (1937), New York, 1947

STEINBECK, J., *The Grapes of Wrath* (1939), abgdr. in: ders., *The Grapes of Wrath and Other Writings 1936-1941*, New York, 1996

STEINBECK, J., *Tortilla Flat* (1935), abgdr. in: *The Short Novels of John Steinbeck*, New York, 1953, S. 3-104

STERN, G., *Literarische Kultur im Exil. Literature and Culture in Exile*, Dresden-München, 1998

STIPES WATTS, E., *Ernest Hemingway and the Arts*, Urbana-Chicago-London, 1971

STOUCK, D., "*Winesburg, Ohio* as a Dance of Death", in: Anderson, D. D. (ed.), *Critical Essays on Sherwood Anderson*, Boston, Massachusetts, 1981, S. 181-195

STRELKA, J. P., *Literatur und Politik*, Frankfurt-New York, 1992

STRESAU, H., *Köpfe des 20. Jahrhunderts. Ernest Hemingway*[3], Berlin, 1985

STROMBERG, K., *Zelda und F. Scott Fitzgerald. Ein amerikanischer Traum*, Berlin, 1997

STURZO, L., „Das bolschewistische Rußland und das fascistische [sic!] Italien", in: Nolte, E. (Hrsg.), *Theorien über den Faschismus*, 4. Aufl., Köln, 1976, S. 221-234

TARAMELLI, E., *Viaggio nell'Italia del neorealismo: la fotografia tra letteratura e cinema*, Torino, 1995

TEDESCHINI LALLI, B. (a.c.d.), *Repertorio bibliografico della letteratura americana in Italia*, Vol. 1: 1945-1949, Coordinatore: Robert Perrault, Vol. 2: 1950-1954, Coordinatore: Alessandra Pinto Surdi, Roma, 1966

TEODORI, M., „L'eclissi della sinistra americana: dissenso e opposizione negli anni '50", in: *Belfagor*, Firenze, 1979, Vol. 34, S. 677-694

TESIO, G., „Augusto Monti", in: *Belfagor*, Firenze, 1979, Vol. 34, S. 157-188

THAMER, H. U./WIPPERMANN, W., *Faschistische und Neofaschistische Bewegungen*, Darmstadt, 1977

THOMANECK, J. K., *Ernest Hemingway: Adverb und Adjektiv als Stil- und Deutungsmittel*, Kiel, 1969

THOMPSON, A. D., " 'Slow Rotation Suggesting Permanence': History, Symbol and Myth in Pavese's Last Novel", in: *Italian Studies*, Leeds, 1979, V 34, S. 105-121

TODOROV, T., *Die Eroberung Amerikas. Das Problem des Anderen*, Frankfurt, 1985

TODOROV, T., *Einführung in die fantastische Literatur*, Frankfurt, 1992

TOWNSEND, K., *Sherwood Anderson*, Boston, 1987

TRILLING, L., "Hemingway and his Critics", in: Baker, C. (ed.), *Hemingway and his Critics. An International Anthology*, New York, 1961, S. 61-70

TRILLING, L., "The America of John Dos Passos" (1938), in: Hook, A. (ed.), *Dos Passos: a Collection of Critical Essays*, Englewood Cliffs/New Jersey, 1974, S. 93-100

TROMMLER, F., „Literatur und Sozialismus", in: von See, K. (Hrsg.), *Neues Handbuch der Literaturwissenschaft, Bd. 20: Zwischen den Weltkriegen*, 1983, S. 9-34

TRUETTNER, W. (ed.), *The West as America. Reinterpreting Images of the Frontier, 1820-1920*, Washington, 1991

TURI, G., „Faschismus und Kultur", in Petersen, J./Schieder, W. (Hrsg.), *Faschismus und Gesellschaft in Italien*, Köln, 1998, S. 91-107

TURI, G., *Il fascismo e il consenso degli intellettuali*, Bologna, 1980

TYSON, L., *Psychological Politics on the American Dream*, Columbus, 1994

VARANINI, G., „Sull'opera narrativa di Giorgio Bassani: la scrittura", in: *Italianistica: Rivista di letteratura*, Pisa, 1988, Bd. 17, S. 451-466

VENTURI, G., „Ritratti critici di contemporanei. Cesare Pavese", in: *Belfagor*, Firenze, 1967, Vol. 22, S. 431-454

VERDONE, M. (a.c.d.), *Manifesti futuristi e scritti teorici di Arnaldo Ginna e Bruno Corra*, Ravenna, 1984

VERsluys, K. (ed.), *Neo-Realism in Contemporary American Fiction*, Amsterdam-Atlanta, 1992

VILLARD, H. S./Nagel, J., *Hemingway in Love and War. The Lost Diary of Agnes von Kurowsky. Her Letters and Correspondance of Ernest Hemingway*, Boston, 1989

VITTORINI, E. (a.c.d.), *Americana* (1942), Milano, 1985

VITTORINI, E., „Autobiografia. Americanismo non solo per dispetto" (1938), in: ders., *Diario in pubblico* (1957), Milano, 1980, S. 84f

VITTORINI, E., „Letteratura americana. La nuova leggenda" (1941), in: ders., *Diario in pubblico* (1957), Milano, 1980, S. 141-143

VITTORINI, E., „Letteratura americana. Le Origini" (1941), in: ders., *Diario in pubblico* (1957), Milano, 1980, S. 99-103

VITTORINI, E., „Letteratura americana. Storia contemporanea" (1941), in: ders., *Diario in pubblico* (1957), Milano, 1980, S. 135-141

VITTORINI, E., „Maestri cercando" (1929), in: ders., *Diario in pubblico* (1957), Milano, 1980, S. 5-7

VITTORINI, E., „Un comunismo come via" (1947), in: ders., *Diario in pubblico* (1957), Milano, 1980, S. 258f

VITTORINI, E., „Una letteratura nata moderna: l'americana"(1946), in: ders., *Diario in pubblico* (1957), Milano, 1980, S. 229

VITTORINI, E., „Un'educazione politica (Guerra di Spagna)" (1945), in: ders., *Diario in pubblico* (1957), Milano, 1980, S. 179f

VITTORINI, E., *Conversazione in Sicilia* (1941), Milano, 1986

VITTORINI, E., *Diario in pubblico* (1957), Milano, 1980

VITTORINI, E., *Erica e i suoi fratelli. La Garibaldina*, (1956), Milano, 1980

VITTORINI, E., *Il garofano rosso* (1948), Milano, 1980

VITTORINI, E., *Il sempione strizza l'occhio al Frejus* (1947), Milano, 1980

VITTORINI, E., *Le donne di Messina* (1949/1964), Milano, 1980

VITTORINI, E., *Piccola borghesia* (1931), in: ders. *Le opere narrative* (1974), Bd. I, Milano, 1990, S. 3-158

VITTORINI, E., *Uomini e no* (1945), Milano, 1980

VOIGT, K., *Zuflucht auf Widerruf. Exil in Italien 1933-1945*, Stuttgart, 1989

VON FALKENHAUSEN, S., *Der zweite Futurismus und die Kunstpolitik in Italien 1922 bis 1943*, Frankfurt/Main, 1979

VON SEE, K. (Hrsg.), *Neues Handbuch der Literaturwissenschaft, Bd. 20: Zwischen den Weltkriegen*, Wiesbaden, 1983

VON SEE, K. (Hrsg.), *Neues Handbuch der Literaturwissenschaft, Bd. 19: Jahrhundertende-Jahrhundertwende (II. Teil)*, Wiesbaden, 1976

VONDUNG, K. (Hrsg.), *Kriegserlebnis: Der Erste Weltkrieg in der literarischen Gestaltung und symbolischen Deutung der Nationen*, Göttingen, 1980

VONDUNG, K., „Die verlorene Einheit", in: ders. (Hrsg.), *Kriegserlebnis: Der Erste Weltkrieg in der literarischen Gestaltung und symbolischen Deutung der Nationen*, Göttingen, 1980, S. 387-389

WAGNER, B., „Gramsci als Literaturkritiker der faschistischen Jahrzehnte", in: *Zibaldone*, Hamburg, 1991, Bd. 11, S. 40-49

WAGNER, L. W., *Dos Passos. Artist as American*, Austin-London, 1979

WALDHORN, A. (ed.), *Ernest Hemingway: a Collection of Criticism*, New York, 1973

WEBER, B., *Sherwood Anderson*, Minneapolis, 1964

WEBER, F.-J./RIHA, K. (Hrsg.), *Vergessene Autoren der Moderne IV: F. T. Marinetti (1876-1944) Futuristische Dichtungen (1912)^{2}*, übers. von E. Hadwiger, Siegen, 1985

WEBER, H. (Hrsg.), *Hemingway*, Darmstadt, 1980

WELLERSHOFF, D., *Der Gleichgültige. Versuche über Hemingway, Camus, Benn und Beckett* (1963), Köln, 1975

WHIPPLE, T. K., "Dos Passos and the U.S.A. " (1938), in: Hook, A. (ed.), *Dos Passos: a Collection of Critical Essays*, Englewood Cliffs/New Jersey, 1974, S. 87-92

WHIPPLE, T.K., "Sherwood Anderson", in: Anderson, D. D. (ed.), *Critical Essays on Sherwood Anderson*, Boston, Massachusetts, 1981, S. 53-55

WHITE, J. J., *Literary Futurism. Aspects of the First Avant Garde*, Oxford, 1990

WHITE, R. L. (ed.), *Sherwood Anderson/Gertrud Stein. Briefwechsel und ausgewählte Essays*, übers. von J. Dierking, Baden-Baden, 1985

WHITING, Ch., *Papa Goes to War*, Worcester, 1990

WILKINSON, M., *Hemingway and Turgenev. The Nature of Literary Influence*, Ann Arbor, 1986

WILLIAMS, K. J., *A Storyteller and A City. Sherwood Anderson's Chikago*, DeKalb/Illinois, 1988

WINTER, J. M., „Die Geschichte der »verlorenen Generation« in Großbritannien", in: Vondung, K. (Hrsg.), *Kriegserlebnis: Der Erste Weltkrieg in der literarischen Gestaltung und symbolischen Deutung der Nationen*, Göttingen, 1980, S. 115-145

WLASSICS, T., „Nota sull'«America» di *La luna e i falò*", in: *Cenobio: Rivista Trimestrale di Cultura*, 1985, July-September, V 34 (3), S. 206-208

WOLFZETTEL, F., „Ländlicher Sozialroman und Kollektivroman: Anmerkungen zu einem Typus der italienischen Sozialliteratur des 20. Jahrhunderts", in: Schulz-Buschhaus, U./ Meter, H. (Hrsg.), *Aspekte des Erzählens in der modernen italienischen Literatur*, Tübingen, 1983, S. 155-175

WOOLF, St. J., „Miscellanea, Varietà e Letteratura odierna", in: *Belfagor*, Firenze, 1965, Vol. 20, S. 71-91

WOOLF, V., "American Fiction", in: Dierking, J. (Hrsg.), *Sherwood Anderson. Erzähler des amerikanischen Traums*, Hamburg, 1990, S. 22-24

ZANGRANDI, R., „Noterelle e schermaglie. La Resistenza e i giovani in rivolta", in: *Belfagor*, Firenze, 1969, Vol. 24, S. 479-486

ZANGRANDI, R., *Il lungo viaggio attraverso il fascismo*, Milano, 1962

ZANOBINI, F., *Elio Vittorini. Introduzione e guida allo studio dell'opera vittoriniana. Storia e antologia della critica*, Firenze, 1980

ZIBORDI, G., „Der Faschismus als antisozialistische Koalition", in: Nolte, E. (Hrsg.), *Theorien über den Faschismus*, 4. Aufl., Köln, 1976, S. 79-87

ZIMMERMANN, E., *Emigrationsland Süditalien*, Tübingen, 1982

ZIMMERMANN, P., „Die Reportage", in: von See, K. (Hrsg.), *Neues Handbuch der Literaturwissenschaft, Bd. 20: Zwischen den Weltkriegen*, Wiesbaden, 1983, S. 141-160

ZIRMUNSKIJ, V., „Die literarischen Strömungen als internationale Erscheinungen", in: Rüdiger, H. (Hrsg.), *Komparatistik. Aufgaben und Methoden*, Stuttgart, 1973, S. 104-126

ZUCCOTTI, S., *The Italians and the Holocaust. Persecution, Rescue, and Survival*, New York, 1987